U0928355

符文军 金波◎主编

军事知识全知道

时事出版社

图书在版编目（CIP）数据

军事知识全知道/符文军，金波主编．—北京：时事出版社，2010.10

ISBN 978-7-80232-347-6

Ⅰ.①军... Ⅱ.①符... ②金... Ⅲ.①军事—青少年读物 Ⅳ.①E-49

中国版本图书馆 CIP 数据核字（2010）第 176054 号

出版发行：时事出版社

地　　址：北京市海淀区万寿寺甲 2 号

邮　　编：100081

发行热线：（010）88547590　　88547591

读者服务部：（010）88547595

传　　真：（010）68418647

电子邮箱：shishichubanshe@sina.com

网　　址：www.shishishe.com

印　　刷：北京市兴城福利印刷厂

开本：787×1092　1/16　　印张：25　　字数：515 千字

2010 年 10 月第 1 版　　2010 年 10 月第 1 次印刷

定价：35.00 元

前　言

青少年对世界充满好奇，好奇心促使他们去探究事物，增长知识。孩子自从学会摆弄小“手枪”时起，就对枪械发生了兴趣，这其实也是对军事知识发生兴趣的开始。孩子们都喜欢“热闹”的电视画面，这其中也包括战争场面。所以，在孩子们的朦胧意识中，“战争”是一个很神奇、很刺激人的东西。其实，军事知识是人类活动的重要的经验结晶，是一个人乃至全人类知识总库的重要组成部分。如果加以正确的引导，一定能让孩子们懂得更多、更深入的军事知识，从而丰富孩子们的内心世界，使他们在茫茫人海中，出类拔萃。

也许有的家长认为，在和平年代，没有必要让孩子掌握军事方面的学问。其实，青少年掌握这方面的知识，用途是多种多样的。军事知识不仅展示了它的科技之美、力量之美、韬略之美，并有励志人生的作用。

军事力量是一个国家科技水平的展示，实力的体现。每一件先进武器无不凝聚着科学的力量和科技人员的智慧和辛勤劳动，从一个侧面表现了人类的创造智慧和社会的发展进步。在现代战场上，战争的较量其实就是武器装备的较量，也就是科技的较量。

尤为重要的是，对于青少年来说，军事知识对他们具有不可替代的励志作用。从古到今，那些叱咤风云的将帅，无不具备坚定的意志、指挥若定的韬略和出生入死的敬业精神。他们改变了一个国家、一个民族的命运，也创造和改变了历史轨迹。读了他们的事迹，总是让人振奋和折服。如果对他们的事迹加以区分和正面指导，对孩子的成长无疑是有作用的。

了解和掌握军事知识，有利于青少年从一个侧面了解人类的历史。据统计，历史上人类共发生了大大小小的战争1万多起，每一起战争都给人类的社会秩序和人们的生活造成了重大破坏，同时也推动了历史的前进，促进了科学技术的发展和社会生活方式的改变。了解这些知识，有益于我们认识战争的危害，珍惜和平的来之不易，从而激发青少年从小树立捍卫和平的观念，增强民族自信心和自豪感。

本书从战略战术、将帅风云、武器装备、军衔军姿、经典战例等几个方面着手，以问答的形式，比较全面地阐述了有关军事领域的知识和历史，既有概貌，也有典故；既注重知识，也注重情趣，尤其是在介绍战争故事和将帅风云方面，使故事性和知识性融为一体，力图使其成为一部可读性强的军事小百科。

在编写过程中，我们参考和借鉴了许多军事理论专著和网络文章，谨对有关专家们的劳动成果表示衷心感谢！由于水平所限，疏漏之处在所难免，恭请读者批评指正，以便再版时加以完善。

编　者

1 战略战术

2　将帅风云

3 古代兵器

4 现代兵器

目录

5 军种军校

6　军衔军姿

7 经典战例

8 战争逸事

战略战术

◉战备等级有哪些种

一级战备，即当局势极度紧张，针对国家的战争征候十分明显时，部队所处的战备状态。部队的主要任务是进入临战战备动员；战备值班人员昼夜值班，通信指挥网全时收听，保障不间断指挥；运用各种侦察手段，严密监视敌人动向，进行应急扩编，战备预备队和军区战备值班部队，按战时编制满员，所需装备补充能力优先保障；完成阵地配系；落实各项保障；部队人员、兵器、装备疏散隐蔽伪装；留守机构组织人员向预定地区疏散；完善行动方案，完成一切临战准备，部队处于待命状态。

二级准备，即局势恶化，对国家已构成直接军事威胁时，部队所处的战备状态。部队的主要任务是深入进行战备动员；战备值班人员严守岗位，指挥通信顺畅，严密掌握敌人动向，查明敌人企图；收拢部队；发放战备物资，抓紧落实后勤、装备等各种保障；抢修武器装备；完成应急扩编各项推备，重要方向的边防部队，按战时编制齐装满员；抢修工事、设置障碍；做好疏散部队人员、兵器、装备的准备；调整修订作战方案；抓紧临战训练；留守机构展开工作。

三级战备，即局势紧张，周边地区出现重大异常，有可能对国家构成直接军事威胁时，部队所处的战备状态。部队的主要任务是进行战备动员；加强战备值班和通信保障，值班部队（分队）能随时执行作战任务；密切注视敌人动向，及时掌握情况；停止休假、疗养、探亲、转业和退伍；控制人员外出，做好收拢部队的准备，召回外出人员；启封、检修、补充武器装备器材和战备物资；必要时启封一线阵地工事；修订战备方案；进行临战训练，开展后勤、装备等各级保障工作。

四级战备，即国外发生重大突发事件或者国家周边地区出现重大异常，有可能对国家安全和稳定带来较大影响时，部队所处的战备状态。部队的主要任务是进行战备教育和战备检查；调整值班、执勤力量；加强战备值班和情况研究，严密掌握情况；保持通信顺畅；严格边境管理；加强巡逻警戒。

◉为什么说战争从古到今一直没有停止过

最早的战争出现在中石器时代的初期。这说明，人类从原始人群到现在，在大约二三百万年的历史长河中，有战争的历史还不到一万年。原始社会的战争是由氏族部落之间或部落联盟之间，为了争夺赖以生存的土地、河流、山林等天然财富，甚至为了抢婚、血族复仇而发生冲突，进而演变成原始状态的战争。这种战争，同阶级社会的战争有着本质的区别。它不具有政治目的和阶级压迫、奴役的性质，战争中的俘虏，不是杀掉，就是吃掉。

后来，随着生产力和畜牧业的发展，父权制取代母权制，农业、手工业、商品生产有了发展，生产物品有了剩余，有了私有财产，出现了主人和奴隶，萌芽了私有制、阶级，使“古代部落对部落的战争，已经开始蜕变为在陆上和海上掠夺家畜、奴隶和财宝而不断进行的抢劫，变为一种正常的营生”。从此以后，战争变成了政治的工具、阶级斗争的最高手段。私有制、阶级压迫和经济利益的冲突，成为发生战争的基本根源。

到20世纪末，在有文字记载的3500多年的时间里，世界上共发生过14535次战争。帝国主义、霸权主义是现代战争的根源。在当今和未来，引发战争的因素是多种多样的，其中主要的有争夺势力范围、领土争端、边界纠纷、掠夺战略资源、争夺市场、意识形态斗争、宗教矛盾、民族矛盾等等，这些因素是现代战争的直接动因。

◉战争的性质是怎样划分的

战争分为正义战争和非正义战争，这是由进行战争的政治目的决定的。正义战争包括：奴隶农民起义、农民革命战争、阶级解放战争、民族解放战争、反侵略战争、自卫战争等等。正义战争是为人民利益而战的，对社会的发展起着巨大的推动作用，是历史发展的火车头。

与此相反，非正义战争包括：争霸战争、反革命战争、殖民战争、帝国主义战争、侵略战争等等，是为维护剥削阶级的利益和反动阶级的政治服务的，违背了人民的根本利益和社会的发展方向，是把人民推向灾难的战争。

拥护正义战争，反对非正义战争，这是我们对待战争的根本态度。

◉什么是战略

战略是筹划和指导战争全局的方略。即根据对国际形势和敌对双方政治、军事、经济、科学技术、地理等诸因素的分析判断，科学预测战争的发生与发展，制定战略方针、战略原则和战略计划，筹划战争准备，指导战争实施所遵循的原则和方法。

在西方，“战略”一词源于希腊语，意为军事将领、地方行政长官。后来演变成军事术语，指军事将领指挥军队作战的谋略。公元 579 年，罗马皇帝毛莱斯用拉丁文写了一本名为《Stratajicon》的书，被认为是西方第一本战略著作。在中国，战略一词历史久远，“战”指战争，略指“谋略”。春秋时期孙武的《孙子兵法》被认为是中国最早对战略进行全局筹划的著作。在现代，“战略”一词被引申至政治和经济领域，其涵义演变为泛指统领性的、全局性的、左右胜败的谋略、方案和对策。

◉战略的基本类型有哪些

战略的基本类型是进攻战略和防御战略。许多国家把正确确定战争目的和作战目标，及主动权、灵活性、统一指挥、集中兵力和节约兵力以及机动、突然和快速反应等问题，当作战略的一般原则。这些都反映了战略思想的某种共同性。但是由于战争的性质不同，各个国家政治、经济、文化、科技以及民族、宗教、军事传统等条件的不同，以致统帅个人素质的差异，又使不同时代、不同国家的战略，具有不同的特色。研究在各个不同历史阶段、不同地域和民族、不同性质的战争的战略，应该着眼其特点和着眼其发展。

◉战略有什么地位和作用

战略是国家根本性的军事政策，是军事活动的主要依据，是运用军事力量支持和配合国家进行政治、经济、外交斗争的重要保障。它既指导战时，也指导平时；既指导军事力量的运用，也指导军事力量的建设；既指导准备与实施战争，赢得战争的胜利，也指导遏制战争，维护和平。战略正确与否，决定战争的胜负，事关国家和民族的荣辱兴衰。战略对战役法（指导战役的方法）和战术具有指导作用，同时战役法和战术对战略也有着重要影响。

◉什么是战役

战役，即军队为达到战争的局部目的或带全局性的目的，根据战略赋予的任务，在战争的一个区域或方向，于一定时间内按照一个总的作战企图和计划，进行的一系列战斗的总和。

战役是介于战争与战斗之间的作战行动。它是战争的一个局部，直接服务和受制于战争全局，也不同程度地影响战争全局。它直接运用战斗，也为战斗的成败所直接影响。

现代战役，通常是诸军种、兵种共同进行的合同战役。按作战的目的和性质分，有进攻战役和防御战役。按参战的军种分，有陆、海、空等军种的独立战役，有陆海、陆空、海空及陆海空等几个军种的联合战役。按作战行动空间分，有陆上战役、海上战役、空中战役等。按作战规模分，有大型战役（如大的战区或方面军群进行的战役），中型战役（如中等战区或方面军进行的战役），小型战役（如小的战区或集团军进行的战役）。

◉什么是会战

会战，即战争双方主力或战区主力间的作战。也指战争双方主力的决战。会战一词含义随着战争实践和军事学术的发展而有所变化。中国古代兵书《孙子·虚实篇》中就有“故知战之地，知战之日，则可千里而会战”的论述。那时会战系指在预期的时间、地点同敌军相会并交战。此后，会战也指会聚己方军队同敌军进行规模较大的作战行动。

世界各国对会战的解释不尽相同。苏联认为，会战是指交战双方重兵集团在极重要的方向或战区为获得战争（战局）的战略性胜利，而同时或先后所实施的一系列进攻战役和防御战役。美国则认为，会战是指两军具有相当规模的武装力量之间的一次冲突。

◉中国古代军事制度有什么特点

中国古代军事制度古称“军制”、“兵制”。它随着国家、军队的产生而产生，并与整个国家的经济、政治制度相适应，体现着统治阶级的意志，为统治阶级的利益服务。从夏朝到清朝道光年间，中国军制经历了奴隶社会和封建社会两大发展阶段，它随着政治制度的变化，由简单到复杂、由低级到高级的发展演变。主要内容包括：军事体制、编制、管理教育、训练、军事职官、兵役动员、军队调发与战时指挥、粮饷兵器与马政保障等各项制度。其基本作用在于保障军事建设，以便有效地准备和实施战争，确保统治权的稳固与发展。

奴隶社会军制的特点，一是与王权为中心的政治制度相适应，王是最高军事统帅，常常亲自统军出征，方国诸侯的军队虽有一定独立性，但战时要听王的调用；二是常备军由王卫队发展演变而来，并不断扩大，在征战中起主要作用，战时军队主要靠临时征发；三是实行奴隶主贵族血缘种族兵役制和军政一体、文武不分的民军制；四是军政官吏实行世卿世禄制，与宗法制度相适应。

封建社会军事制度，在中国封建社会经历了由春秋战国到秦、汉，由三国、两晋、南北朝到隋、唐，由五代十国、宋、辽、夏金到元、明、清三次大分裂和三次大统一。与此相应，封建军制也经历了初创期、发展期和晚期。封建军制的核心是与君主专制主义政治制度相配合的军事集权制，表现为，一是皇帝是当然的最高军事统帅，一般亲掌军队组建、调动、命将与指挥权；二是统兵、调兵与战时指挥系统三权分离，便于分而治之；三是以皇亲国戚和亲信近臣任监军，监督将领，控制军队；四是保持一支精强的以宿卫军为骨干的中央军，借以居内驭外，巩固皇帝的独尊地位；五是以中外相维、文武相制的手法，来制约和控制军权。

◉什么是车战

车战，即中国古代以马拉木质战车的交战为主的作战方式。有关资料推断，夏代已开始使用战车进行小规模车战，经商代、西周以迄春秋，战车一直是这一时期军队的主要作战装备，驾乘战车作战即成为这一时期战争的特征。

车战的基本作战单位是乘。乘是以战车为中心配以一定数量的甲士和步卒（步兵），再加上相应的后勤车辆与徒役编组而成。所以乘是车、卒组合的基本单元，也是当时军队的基本编制单位。古代车战分攻守两种，攻车直接对敌作战，守车用于屯守及载运辎重。文献中所称的战车一般指攻车，又称兵车。考古发掘证实，商代的战车为四马两轮，木质结构，重要部位一般还饰以青铜车器，西周和春秋时期的战车形制大体略同。四马两轮式战车是中国车战的定型用车。

◉古代战车是如何乘坐的

从周代史料看，战车乘法为每车载甲士三名，按左、中、右排列。左方甲士持弓，主射，是一车之长，称“车左”，又名“甲首”；右方甲士执戈（或矛），主击刺，并有为战车排除障碍之责，称“车右”，又名“参乘”；居中的是驾驭战车的御者，车上一般还备有若干有柄的格斗兵器，如戈、殳、戟、酋矛、夷矛等，插放在战车舆侧，供甲士在作战中使用。主将之车，乘法特殊，主将居中，御者居左。此外还有四人共乘之法，叫“驷乘”，但这属临时搭载性质，并非编制通例。每乘战车所隶属的步卒，据我国古代著名兵书《司马法》记载，春秋以前为二十二人编制，其中包括七名车下甲士和十五名步卒，连同三名车上甲士，共计二十五人，为一步兵两，配合战车作战。

◉战车是如何交战的

战车作战的基本战术原则是：舆侧接敌，左右旋转。战车在接敌过程中，主要是车左以弓矢在舆侧射击杀伤敌人；接敌后则须与敌车接舆近战。为了保护舆侧不使敌车接近，战车轮毂都设计得很长，故又称“长毂”。作为一种保护措施，一般均在轮毂两端加有坚固华美的铜套，此外还要在轴端加上兽饰。所以欲与敌车接舆，就必须先行错毂。两车错毂是一个互相闪避、寻找战机的复杂的运动过程，需要不间断地进行旋转。因此车战的驾车要领规定，战车的前进和后退都要严格保持在一条直线上，车身左右旋转要能达到90°的直角。在此战术原则基础上，遂形成了战车的初级战术编队。

有关资料表明，在车战的战场上，即使车阵被敌击溃，战车也不能单独行动，仍是两两成双，称“双车编组”。“双车编组”由左右两辆战车组成，其中一辆是主车，另一辆则称“副车”。这样的编组目的，是为了便于从左右两个方向同时接近敌车的舆侧，以形成对敌车的夹击；而在防御中，两车又能互相掩护一个侧面，不至左右受敌。这样的一个双车编组，便是战车最基本的战术编队。由此组成的战车队也便成双行排列，左列战车称“左偏”，右列战车称“右偏”，或统称曰“偏”。偏有九乘、十五乘、二十五乘、三十乘或五十乘战车组成。若干个这样的战车队再进行编组，即构成更高级的编队。

◉车阵战是怎么回事

春秋时代贵族都用马车作战，双方往往排列成了整齐的车阵，然后交战。例如，公元前707年，郑和“王师”、蔡、卫、陈等国交战，郑用左拒（方阵）来挡蔡、卫，用右拒来挡陈，用中军排列成“鱼丽之阵”来挡“王师”。又如公元前550年齐庄公伐卫，顺道伐晋，曾把军队编为六个队，有先驱（前锋军）、申驱（次前军）、贰广（庄公的禁卫队）、启（左翼）、胠（右翼）、大殿（后军）等名目。

这种整齐的车阵，一经交战，战败的车阵一乱，就很难整顿队伍、重新排列车阵继续作战，所以胜负很快就能决定。春秋时的大战，如城濮之战、邲之战、鞌之战胜负都在一天内就见分晓，鄢陵之战决胜负也只两日。吴攻入楚国，从柏举一战长驱直入楚都郢，前后也不过十天。

◉古代步兵作战起于何时

春秋时代，在中原各国中，郑、晋两国首先单独用步兵作战。公元前719年，宋、卫诸国联军曾打败郑的徒兵；公元前572年，晋合诸侯之师伐郑，又打败郑的徒兵于洧水上；公元前522年，郑国曾用徒兵进攻萑苻之泽的“盗”；公元前632年，晋文公曾作三“行”（徒卒）以御翟，公元前541年，晋和无终及群翟作战，又“毁车以为行”。郑、晋两国常和戎翟交战，戎翟居山地，不便车战，因而不得不改用步兵制胜。

这时，由于各国普遍采用郡县征兵制，广泛征发农民参加军队；同时由于铁兵器和远射有力的弩的使用，使得战斗方式不能不作相应的改变。自从铁兵器发明和应用以后，使军队的杀伤力大大增加了，特别是弩的发明，箭能更有力地远射，“射六百步之外”，使得密集的整齐的车阵无法抵御，遭受惨重的损失。这样就迫使战争方式不得不放弃传统的车战，改变为步兵的野战。以前车战时，一部分奴隶和平民是被征发来跟从贵族兵车服役或徒步作战的。到这时候，各国军队的主要成分是“徒步匹夫”的农民，农民向来没有御车作战的习惯和专门训练，其改作步兵作战，也是必然的趋势。

◉古代骑兵作战起于何时

古代骑兵的应用，也在春秋战国之间，最初还是和兵车混合编制的。例如，知伯要围攻赵，赵襄子曾派延陵生带了兵车和骑兵先到晋阳，部署防务。后来骑兵发展成为单独的部队，主要是为了配合步兵作战，作为奇袭冲锋之用，所以战国时代各国兵额，“带甲”都有几十万至百万，骑仅五六千匹至万匹。公元前305年赵攻中山，右左中三军由赵武灵王亲自统率，另由“牛翦将车骑，赵希将胡、代、赵”，“车骑”还只是五军之一。赵武灵王的“变服骑射”，是由于胡用骑兵，利用骑战，其势不得不用骑兵为主力。

孙膑曾经指出：“用骑有十利：一曰迎敌始至；二曰乘虚背敌；三曰追散乱击；四曰迎敌击后，使敌奔走；五曰遮其粮食，绝其军道；六曰败其关津，发其桥梁；七曰掩其不备，卒击其未整旅；八曰攻其懈怠，出其不意；九曰烧其积聚，虚其市里；十曰掠其田野，系累其子弟。此十者，骑战利也。夫骑者，能离能合，能散能集；百里为期，千里而赴，出入无间，故名离合之兵也。”孙膑所说骑战的十利，充分说明了骑兵奇袭冲锋的作用，既可以乘虚直入，乘胜追击，出其不意，攻其不备；又可以包抄后路，破坏后方。

◉什么是作战阵形

阵形就是古代军队的野战队形，它是人类战争发展到一定历史阶段的产物，盛行于冷兵器时代，消亡于热兵器时代。氏族社会，人类的战争表现为部落冲突，当时还没有军队，也没有什么指挥，战斗大多是一拥而上，如同群殴，自然也就无所谓“阵形”。随着历史的发展，奴隶制国家出现，奴隶主为了巩固统治和掠取奴隶（战争俘虏是奴隶的主要来源），开始编制有组织的军队，并且采用一定的队形，这就是原始的“阵”。“阵”是在军队产生的过程中，因为组织军队和指挥战斗的需要而出现的，融合了古代军制学和战术学的成果。东方的战阵起源于中国。

◉中国最早的阵形始于何时

中国最早的阵法，据说始于黄帝，黄帝为战胜蚩尤，从神那里学到阵法，但这只是传说，有据可考的是在商朝后期。公元前12世纪，商王武乙到武丁编制了左、中、右“三师”，从“三师”的命名来看，已经采用固定的阵形。公元前1066年，武王伐纣，“周师三百五十乘，陈于牧野”，“陈”通“阵”。

早期的阵形比较简单，按照“三师”的编制，呈一字或者方形排列，阵战法在西周和春秋的时代极为盛行，当时常见这样一种情况：两军约在某地会战，列阵整齐，相互攻伐……

中国的阵法是在春秋和战国发展成熟的，这一成果的代表有《六韬》、《吴子》和《孙膑兵法》。秦汉以后，我国历朝的军事家对阵法的发展还有：三国魏武帝曹操著《孟德新书》（已失传，仅余若干引用），有专章讲述行军布阵之法；（蜀）汉丞相诸葛亮“推演兵法，作八阵图”，“武侯八阵”流传后世，影响极广。《唐太宗与李卫公问对》（亦作《唐李问对》、《李卫公问对》）深研阵法。南宋岳飞留有兵法残篇讲授阵法。明代戚继光撰《纪效新书》、《练兵实纪》，详解阵法，戚继光自创的“鸳鸯阵”和“三才阵”，在抗倭战争中显现威力。我国的各朝军队均演练阵法。

◉日本阵法起源于何时

日本的阵法起源于中国。天平宝字四年（760）十一月十日，授刀舍人春日部三关、中卫舍人土师宿祢关成等六人与太宰府的大式吉备真备等将在军中演练“武侯八阵”和孙子的“九地”，以后自源平合战始，在实战中普遍地使用。“武侯八阵”经过历次战争的洗礼，结合日本的实际，发展成为鱼鳞、锋矢、鹤翼、偃月、方圆、雁行、长蛇、衡轭，编成这八阵的是日本战国名将武田信玄，因此又称“武田八阵”。“武田八阵”是很有代表性的阵形。

◉古代中国和日本的阵法有什么区别

阵法操练，是古代治军的重要方法。通过操练，教给士卒进退的规矩、聚散的法度，使他们熟悉各种信号和口令，在战斗时做到令行禁止，协调一致，只有这样，才能发挥整体合力。阵法操练是将乌合之众训练成军队的有效途径。今天各国军队使用的队列，就是古代阵法操练的延续。目前各国均使用西式队列，原来东方的队列已不可见，但是基本的原理是相同的。西式队列较东式队列严肃整齐，指挥多用口令，东式则是以旗号、金、鼓为主，日本使用军旗、法螺贝、太鼓、钟和军配。日本战国名将武田信玄擅长阵法训练，武田的军容，常使人感到危险。

中国的兵法重视谋略，阵法处在次要的位置，而在日本则受到相当的重视。这是因为，中国的战争规模远比日本为大，在动辄以“良将千员，带甲十万”的战争中，军队统帅主要进行战略和战役层面的思考，战术还在其次，同时也因为尊崇儒术，重文轻武，对阵法研究不够重视；而日本的战争多在千人级，军队统帅也是战术指挥员，不能不精研阵法，日本自镰仓以来一直是武家政权，阵法在历次战争中经受磨练，终于走向成熟。

◉为什么中国古代军事家都是自学成才的

中国古代缺少其他门类的专家大家，独大军事家层出不穷。和西方国家不一样，不需要什么“军校”来培养人才。中国历史上的伟大军事家，多是自学成材。比如刘邦、韩信、卫青、曹操、岳飞、曾国藩。

古代中国人崇尚谋略，鄙薄科学。那些智谋大师历来是中国人崇拜的对象：姜子牙、诸葛亮、刘伯温……而张仲景、张衡、祖冲之等科学家却不为普通人所知。到现在为止，谋略文化仍然在中国生机勃勃，随便找家书店一看，许多生存谋略类书籍占据了相当大的面积。中国人谋略化的思维方式与军事思维非常接近。而战场上需要的是随机应变，善于破坏规则，不择手段。战场上必须用最大的恶意去揣测对方，最大限度地利用对方的弱点，战场上可以光明正大地使用阴谋，欺骗对手，创造性地去示假隐真、欲擒故纵、调虎离山、借刀杀人、引蛇出洞、金蝉脱壳、围魏救赵、暗渡陈仓……

战场是中国人表现才智的最佳舞台。正如同西方人说中国人都是天生的商人一样，其实也可以说中国人都是天生的军事家。所以，中国古代关于实用技术的书籍很少，独兵书最多。现存的中国兵书达两三千部，有名者如《六韬》、《三略》、《孙子兵法》、《吴子兵法》、《孙膑兵法》、《司马法》、《尉缭子》、《唐李问对》、《将苑》、《登坛必究》、《虎钤经》、《兵经》……历来为问兵者所必习。

◉为什么“三十六计，走为上”

《三十六计》是根据我国古代卓越的军事思想和丰富的斗争经验总结而成的兵书，是中华民族悠久的文化遗产之一。“三十六计”一语，先于著书之年，语源可考自南朝宋将檀道济（？—公元436年），据《南齐书·王敬则传》：“檀公三十六策，走为上计，汝父子唯应走耳。”意为败局已定，无可挽回，唯有退却，方是上策。此语后人赓相沿用，宋代惠洪《冷斋夜话》：“三十六计，走为上计。”及明末清初，引用此语的人更多。于是有心人采集群书，编撰成《三十六计》。

“走为上”的意思是说，在敌方已占优势，我方不能战胜它，为了避免与敌人决战，只有三条出路：投降，讲和，撤退。三者相比，投降是彻底失败，讲和也是一半失败，而撤退不能算失败。撤退，可以转败为胜。当然，撤退绝不是消极逃跑，撤退的目的是避免与敌主力决战。主动撤退还可以诱敌，调动敌人，制造有利的战机。总之退是为进。

但是，何时走？怎样走？这里要随机应变，学问大得很。

◉为什么说《武经七书》是中国古代第一部军事教科书

《武经七书》是北宋朝廷作为官书颁行的兵法丛书，它由《孙子兵法》、《吴子兵法》、《六韬》、《司马法》、《三略》、《尉缭子》、《李卫公问对》七部著名兵书汇编而成。北宋政府颁行《武经七书》是遵照皇帝宋神宗的旨意进行的。为适应军事斗争、教学、考选武举的需要，宋神宗于元丰三年（1080 年）命令当朝最高学府国子监司业朱服等人组织力量校定、汇编、出版上述七书。武学博士何去非参与了此项工作。校定这七部兵书，用了三年多的时间，到元丰六年（1083年）冬才完成了刊行的准备工作。校定后的这七部兵书命名为《武经七书》，共 25 卷。这是北宋朝廷从当时流行的 340 多部中国古代兵书中挑选出来的，作为武学经典。可见，这七部兵书是何等重要。它是中国古代兵书的精华，是中国军事理论殿堂里的瑰宝。它不仅是中华民族的精神财富，也是世界人民共同的精神财富。它奠定了中国古代军事学的基础，对中国和世界发展近代、现代军事科学起了积极的作用。

◉为什么《六韬》被誉为兵家权谋类的始祖

《六韬》又称《太公六韬》、《太公兵法》，旧题周初太公望（即吕尚、姜子牙）所著，一般认为成于战国时代。全书以太公与文王、武王对话的方式编成。

该书在军事方面，主张“伐乱禁暴”，“上战无与战”，强调“知彼知己”，“密察敌人之机”，“形人而我无形”，“先见弱于敌”，要求战争指导者“行无穷之变，图不测之利”，机动灵活地运用各种战略战术。它认为作战中最重要的是奇正变化，“不能分移，不可语奇”。对于攻城，它认为最好的办法是围困打援，迫敌投降。它重视地形、天候对战术的影响。总结了步、车、骑兵种各自的战法及诸兵种的协同战术。它重视部队的编制和装备，详细记述了古代指挥机关的人员组成和各自的职责，提出了因士兵之所长分别进行编队的原则。它认为“凡三军有大事，莫不习用器械”，详细记述了古代武器装备的形制和战斗性能。它重视军中秘密通讯，记述了古代军中秘密通信的方式方法。它还重视将帅修养和选拔，认为“社稷安危，一在将军”，要求将帅不仅要谙熟战略战术、知进退攻守、出奇制胜的谋略，而且要懂得治乱兴衰之道，要能与士卒同甘苦，共安危，并提出了考察将帅的八条方法，即所谓“八徵”。

在军事哲理方面，《六韬》具有朴素的唯物主义思想。它一方面反对巫祝卜筮迷信活动，把它列为必须禁止的“七害”之一，另一方面又主张用天命鬼神去迷惑敌人。它具有朴素的辩证法思想，初步认识到了矛盾的对立和转化，提出了“板反其常”的重要辩证法思想，是对古代辩证法思想的重要贡献。它的许多军事思想都是建立在这一思想基础之上的。

总之，《六韬》是一部集先秦军事思想之大成的著作，对后代的军事思想有很大的影响，因而被誉为兵家权谋类的始祖。

◉孙武为什么被称为“兵圣”

孙武，字长卿，中国古代大军事学家、古代军事理论奠基者、春秋末期吴国将军，亦称孙子。据唐以后典籍记载，为齐国田氏（即陈氏）后裔，祖父田书伐莒（今莒县）有功，被齐景公赐姓孙氏，子孙因从此姓。

春秋时，战乱频仍，孙武避乱出奔吴国。身处诸侯争霸、列国兼并、大夫争权、社会变革的动乱之世，为寻求以战止战、保国安民的途径和方法，孙武入吴后长期避隐深居，潜心研究兵学，总结春秋时期及其以前的战争经验，著书立论，成兵法十三篇，这就是后人极力推崇的军事名著《孙子兵法》。时值吴王阖闾即位，在行人伍子胥辅佐下，整军经武，增强国力，欲破楚以图霸。经伍子胥多次举荐，孙武以所著兵法十三篇献吴王阖闾，深得阖闾赞赏，被任为将军。

《孙子兵法》集中反映了孙武丰富而深邃的军事思想。在中国和世界军事史上，孙武率先论述战争全局和战略全局的问题，最早揭示出“知彼知己，百战不殆”、“先胜而后求战”、“致人而不致于人”、“因敌而制胜”等指导战争的普遍规律，深刻总结出“以正合，以奇胜”、“攻其无备，出其不意”、“我专而敌分”、“避实而击虚”等一系列至今仍有科学价值的作战指导原则，闪耀着朴素的唯物主义和辩证法思想的光辉。《孙子兵法》以其博大精深的战略理论彪炳古今中外，孙武则以“兵圣”之誉而名垂千古。

孙武的军事思想集中反映在所著《孙子》十三篇中：

一是战争观。孙武十分重视战争问题的研究，指出：“兵者，国之大事，死生之地，存亡之道，不可不察也。”为了探求预知胜负的途径，孙武正确地阐述了战争胜利所必须具备的主客观因素及相互的辩证关系。他将客观因素概括为道、天、地、将、法“五事”，居“五事”之首的“道”既指修明政治，也包括争取民心和振奋士气。他高度重视政治在战争中的重要作用，触及到了政治与军事的主从关系。

二是作战指导思想。在作战指导上，孙武主张积极进攻。在实施战略进攻时，要秘密决策。在进攻作战中，孙武主张速战速决，反对旷日持久，是基于对当时国家经济承受能力和后勤供应的分析作出的抉择。在作战指挥上，强调争取主动权，要明利害、识众寡、辨分合、察虚实、善专分。在战术运用上，要示形惑敌，奇正多变，因敌制胜。

三是治军思想。孙武的治军指导思想是“令之以文，齐之以武”。“文”指厚赏、爱卒，“武”指重罚、严刑，二者相辅相成。他还注重将帅的选拔和任用，认为将帅是“生民之司命”，提出了“智、信、仁、勇、严”五条德才标准。

孙武的军事思想是建立在朴素的唯物论和辩证法基础上的。他强调“知彼知己”，以庙算“七孰”进行对比分析，讲求“战道”，探索战争规律，要从弱强乱治的矛盾中，看到向其对立面的转化，等等。这些都是具有思辨特征的哲学思考。孙武通过战争事物中对立范畴（敌我、攻守、全破等）的认识，揭示出它们之间的生克消长的关系，从而衍生出对各种作战方式的描述，推动了军事思想和军事学术的发展。孙武的军事思想揭示了军事领域中一些带普遍性的规律，对指导军事实践产生了重要作用。在现代战争中，他所揭示的某些规律仍有其生命力，其中很多原则还被移用到经营管理、体育竞赛等社会生活领域，受到世界上许多国家政治家、军事家、学者的重视，是世界公认的居于鼻祖地位的优秀军事理论遗产。

◉同其他兵书相比，《三略》的显著特色是什么

《三略》，又叫《黄石公三略》，是中国古代的一本著名兵书，原名《黄石公记》。《三略》共分上略、中略、下略 3 卷，共 3800 余字。旧题黄石公撰。学者一般认为此书是后人托名伪作，其真实作者已不可考，认为大约成书于西汉末年。

该书是一部糅合了诸子各家的某些思想、专论战略的兵书，其最显著的思想特色是兼容博采：主张以道家谋略取天下，以儒家思想安天下，以法家原则御将卒，以阴阳家观点识形势，以墨家人才观尚贤纳士。该书形成杂取诸家之长而又相辅相成、浑然一体且又独具特色的兵学思想体系。该书侧重从国家大战略的角度考察军事问题，注重论述治军御将。南宋晁公武称其：“论用兵机之妙、严明之决，军可以死易生，国可以存易亡。”

◉《吴子兵法》与《孙子兵法》齐名吗

《吴子兵法》简称《吴子》，是中国古代著名兵书，相传战国初期吴起所著，战国末年即已流传。《吴子》是在当时的战争和军事思想有了显著发展的历史条件下产生的。这时，军队成分的改变、铁兵器和弩的广泛使用以及骑兵的出现，引起了作战方式的明显变化。它反映了新兴地主阶级的战争理论、军队建设和作战指导方面的观点。

《吴子》主张“内修文德，外治武备”，把政治和军事紧密结合起来。它把战争区分为义兵、强兵、刚兵、暴兵、逆兵等不同性质，主张对战争要采取慎重的态度，反对穷兵黩武。

《吴子》主张兵不在多，“以治为胜”。治，就是建设一支训练有素的军队，要求选募良材、重用勇士和志在杀敌立功的人，作为军队的骨干，并“加其爵列”、“厚其父母妻子”；对士卒的使用要因人而异，使“短者持矛戟，长者持弓弩，强者持旌旗，勇者持金鼓，弱者给厮养，智者为谋主”，以发挥各自的特长；

要“任贤使能”，选拔文武兼备、刚柔并用、能“率下安众、怖敌决疑”的人为将。

《吴子》强调料敌用兵，因情击敌。针对齐、秦、楚、燕、韩、赵六国的政治、地理、民情、军队、阵势等不同特点，提出了不同的作战方针和战法。例如：对齐作战，“必三分之，猎其左右，胁而从之”；对秦作战，先示之以利，待其士卒失去控制时，再“乘乖猎散，设伏投机”等。

《吴子》继承和发展了《孙子兵法》的有关思想，在历史上曾与《孙子》齐名，并称为“孙吴兵法”，因而为历代兵家所重视。

◉为什么说《孙膑兵法》是一部不可多得的军事理论著作

《孙膑兵法》，又名《齐孙子》，以区别《孙子兵法》。为孙武之后孙膑所著。它提出了诸多深刻的军事见解，具有独特的理论价值。

在战争观上，它强调战争服从于政治、依赖于经济；认为“强兵之急”在于富国，只有国富、兵强、民安，才能“战胜而强立”；既反对企图垂衣而治的幻想，又反对穷兵黩武，强调积极备战，“事备而后动”。

在军队建设上，它把提高人的素质作为强兵的关键所在；强调治军不但要信赏明罚、令行禁止，还要对士卒进行系统的教育训练，包括政治教育、队列训练、行军训练、阵法训练、战法训练等多方面的内容，从而提高军队的全面素质。

在战争指导上，书中创造性地提出了以“道”制胜的观点。这里的“道”相当于我们现在所说的战争规律。在作战指导上，它提出了“必攻不守”的观点，创造性地发展了孙子的虚实理论。认为攻虚击弱乃是取胜的关键所在，也是作战理论的核心内容。这无疑丰富了孙子的虚实理论。千余年后，唐太宗李世民也不无感慨地说：“用兵识虚实之势，则无不胜焉！”

因此，《孙膑兵法》具有不可忽视的重要价值，它是战国时期一部不可多得的重要军事理论著作。

◉为什么说《司马法》是一部颇有争议的兵书

《司马法》是我国古代一部著名的兵书。相传是姜子牙所写，大约成书于战国初期。它流传至今已两千多年，亡佚很多，现仅残存五篇。它论述的范围极为广泛，基本涉及了军事的各个方面；保存了古代用兵与治兵的原则，包括夏商周三代的出师礼仪、兵器、徽章、赏罚、警戒等方面的重要史料。此外，还有很丰富的哲理思想，很重视战争中精神、物质力量之间的转化和轻与重辨证关系的统一。对于人的因素、士气的作用非常重视。

《司马法》按战争的目的，把战争分为正义与非正义两大类。认为平天下之乱而除万民之害、诛暴扶弱的战争是正义的。所以，为安人而杀人，杀之可也；为爱其民而攻其国，攻之可也；为止战而战，虽战可也。为扩大疆土或夺取财货、恃国之大而凌辱小国之民的战争是非正义的。

在战略战术上，《司马法》强调轻、重相结合的原则。“轻”、“重”有不同的含义，既指兵力的大小，人数的多少，又指兵器的长短、大小等。这种以轻、重来阐述军事问题的做法，是我国军事思想发展史上的一个重大成就。正如老子、孙子、范蠡分别将军事领域诸矛盾归结为刚柔、奇正、阴阳一样，都是把军事思想提高到了哲学的高度，这对建立我国军事辩证法思想的理论体系，具有非常重大的意义。

《司马法》对后世产生了很大影响，但是，它也有不可忽视的缺点，如突出仁义说教，把战争说成是仁慈的；美化上古教化，认为周不如商，商不如夏，夏不如虞，以至把战争看成是“德衰”的结果等。

◉《登坛必究》是一本什么样的书籍

《登坛必究》是一部中国古代军事类著作。明山阳（今江苏淮安）人、武科进士、骠骑将军王鸣鹤辑，万历二十七年（1599 年）刊行。全书共分 72 类，内容包括天文、地理、谋略、选将、训练、赏罚、敌情、海陆边防、大江守备、攻守城池、阵法布列、舰船器械、人马医护、河海运输以及文臣武将关于兵事的奏疏等。各卷大体以时代为经，依次排比，广征博引。他从“国家多事”的形势出发，主张“储将”练兵，增选器械，信赏明罚，采取“一面清野练兵备之于陆，一面鸠工造舟御之于海”，以适应御敌抗倭斗争需要。此书虽“专事汇集而鲜发挥”，但由于探源求全，对于后人研究中国古代军事历史有一定参考价值。但书中所辑六壬、太乙、奇门、占候，祭祷等内容，多迷信不经之谈。

◉《尉缭子》一书存在什么缺陷

《尉缭子》一书的作者尉缭，是战国时期著名的军事理论家。该书主要论述了对战争的总的看法，支持正义战争，反对非正义战争，论述了战争和政治、经济的联系，提出“以武为植，以文为种，武为表，文为里”，还提出了治军的 12 条正反面的经验。

关于战争的总的看法，尉缭认为，当时存在着两种不同性质的战争，反对杀人越货的非正义战争，支持“诛暴乱、禁不义”的正义战争。明确指出：“凡兵，不攻无过之城，不杀无罪之人。夫杀人之父兄，利人之货财，臣妾人之子女，此皆盗也。”

关于进行战争的战略战术，尉缭强调对战争要有全面的认识，指出有道、威胜、力胜等三种不同而又相互联系的取胜策略。认为懂得了这三种可以取胜的办法，就全面地掌握了战争的主动权。他指出战争中将帅指挥的重要性，并主张治军必须先立法制，并要执法严明，才能整齐统一，高山敢越，深水敢渡，坚阵敢攻，做到“天下莫能当其战”。对违背军纪、军令者要施以重刑，严惩战败、投降、逃跑的将领和士兵，使上下畏惧，专心向敌。

《尉缭子》具有素朴的唯物和辩证思想，大致反映了战国时军队和战争情况，继承《孙子兵法》、《吴子》有关军事思想。其所论甚广博，颇得用兵之意，对后世有重要影响。

但该书主张重刑、杀戮，甚至称道“善用兵者，能杀卒之半”，可“威加海内”，反映了封建阶级治军思想的残暴性。

◉为什么说《唐李问对》发展了前人的“奇正”思想

《唐李问对》，一作《李卫公问对》，是《唐太宗与李靖问对》一书的简称。全书因以李世民与李靖一问一答的形式写成而得名。该书共分3卷。卷上主要论述奇正、阵法、兵法和军队编制等问题。卷中主要论述如何戍守北边、训练军队、择人任势、避实击虚、增强部队的战斗力和排列营阵诸问题。卷下主要论述重刑峻法与胜负的关系，以及义利、主客、步兵对抗车骑、分合、攻守、御将、阴阳术数、临阵交战和对兵法的理解等问题。

其中“奇正”是中国古代军事理论中常用的一对概念。自黄帝以来的兵法都主张先正后奇，先仁义后权谲。曹操解释奇正说，先投入战斗的是正兵，后投入战斗的是奇兵；正面作战的是正兵，从侧翼发动攻击的是奇兵。该书认为投入战斗的主力部队是正兵，主将自己统率的出击部队是奇兵。奇正之分不在于投入战斗的先后，以及是正面作战还是迂回侧击。书中指出，奇正之分完全是人为的，奇正可以互相转化。训练部队时，可按奇正来划分，但在作战时，却不能有奇正有别、固定不变的观念，而应随机应变，以奇为正，以正为奇，变化无穷，使敌人捉摸不透，将我军的正兵误认作奇兵，将奇兵误认作正兵。

由于书中对奇正相互转化的辩证关系作了深刻的阐述，因而发展了前人有关“奇正相生”的思想。

◉为什么说《将苑》是一部论述为将之道的兵书

《将苑》是三国时诸葛亮所作，共分两卷，是一部中国古代论述为将之道的兵书。书中博采《孙子》、《吴子》、《尉缭子》、《六韬》、《三略》、《左传》等兵书史籍中的论兵妙语，分门别类地加以阐述，言简意赅，自成体系，概括了古代为将之道的各个方面。

书中对将帅进行了分类研究，认为从思想品德、性格特长上分，将材有九：仁将、义将、礼将、智将、信将、步将、骑将、猛将、大将。按能力器度分有十夫之将、百夫之将、千夫之将、万夫之将、十万人之将、天下之将，意在选拔任用将帅要量才而选，量力而用。它总结归纳了为将八弊，意在向将帅敲警钟。它认为将帅关系着国家兴亡、战争胜败、士卒的安危，因此，要求给予将帅自主权，重申“将之出，君命有所不受”的古训。

同时，书中对将帅提出了许多具体的条件和要求。首先强调将帅要自身修养好。它要求将帅不恃强，不怙势，宠之而不喜，辱之而不惧，见利不贪，见美不淫，以身殉国，忠贞不渝；要做到刚不可折，柔不可卷，不骄不吝，能总文武之道，操刚柔之术，先仁义而后智勇等。在治军方面，要求将帅要重视法制，信赏必罚，严号申令；要收揽和掌握有特长的人材；要身先士卒，关心和爱护部下，养兵像养自己的子女一样。在作战方面，要求将帅不恃众以轻敌，不做才以骄人；要懂得“兵机”、“兵势”、“因机而立胜”、“因天之时，就地之势，依人之利”；要熟悉战场地形地物，探明敌情；要懂得各种地形天候条件下的战法，如林战、丛战、谷战、水战、夜战等。

《将苑》一书，一直为后人所重视，流传比较广泛。它集中了古代将帅选拔、修养的精华，虽然不免打着封建阶级的印记，但其中许多思想至今仍有一定的借鉴价值。

◉《虎钤经》对古代军事思想作了哪些阐述和发挥

《虎钤经》是宋代阐述军事理论的兵书，许洞撰。它以“上言人谋，中言地利，下言天时”为主旨，兼及风角占候、人马医护等内容。它认为，用兵离不开天、地、人，要发挥其在战争中的作用。然而，三者的关系不是平列的，“先以人，次以地，次以天”，特别是人在战争中的作用尤为重要。因此，要求将帅除了具有能谋善断、严于执法的指挥才能之外，还要具备“去私循公”和“持身以礼、奉上以忠、忧乐与士卒同”的品格，以及“纳谋而能容”的修养和“明今鉴古”的洞察力。

该书主张谋划战争要作周密和全过程的考虑。强调“用兵之术，知变为大”。并围绕“知变”作了多方面的论述。尽管天时有吉凶，地形有险易，战势有利害，如能吉中见凶，凶中见吉；易中见险，险中见易；利中见害，害中见利，就能用兵尽其变。这一“知变”思想，也应用到灵活运用古兵法方面，独树一帜地提出了“逆用古法”的理论。

《虎钤经》还比较完备地记载了攻守城战法、器具以及水战、火攻等特种条件下的作战方法，汇集了不少阵法并创造了诸如飞鹗、长虹等阵法，还汇集了与军事有关的天文、历法、记时及识别方位等知识，有许多为其他兵书所失载。它述古时能参以己意，因此对古代军事思想作了许多新的阐述和发挥。所强调的灵活用兵原则，切中时弊，对当时具有一定的指导意义。

◉为什么说《兵经》的思想超过了前人

《兵经》是中国古代重要的兵学秘籍，它的作者为明末揭暄。该书共分三个部分，上卷智部，28 字条，主要讲设计用谋的方法、原则；中卷法部，44 字条，主要讲组织指挥及治军的方法、原则；下卷衍部，28 字条，主要讲天数、阴阳及作战中应注意的问题。

《兵经》提倡先发制人。它把“先”字放在通篇之首，并将先发制人的运用艺术分成四种境界：调动军队应能挫败敌人的计谋为“先声”；每每比敌人先占必争之地者为“先手”；不靠短兵相接，而靠预设下的计谋取胜为“先机”；不用争战应能制止战争、战事未发应能取胜为“先天”。“先为最，先天之用尤为最，能用先者，能运全经矣。”可见“先”是揭暄之首倡。“致人而不致于人”、“兵无谋不战”、“不战而屈人之兵”与“先发制人”的内在联系，都体现了在战争中积极进取的强烈竞争意识。

《兵经》提倡朴素的军事辩证法思想，力主灵活用兵。书中用“生”、“变”、“累”、“转”、“活”、“左”等字条，从各个方面阐发了变与常的辩证关系，如“累”中强调敌变我变的权变思想，“转”字提出反客为主，以逸待劳的转化思想，在兵法中单独提出者，当为《兵经》首创。

《兵经》问世不久，就被人视为“异书”，这正是其胆识和独创所致，说明其思想已经超过了前人。总之，这部书理论明确，深入浅出，篇中百字，可谓字字珠玑。百字内容，相互贯通，互为表里，互相对应，互相补充，先看后看，都给人启迪，有茅塞顿开之感。其中的哲理警句，也耐人寻味。

◉克劳塞维茨为什么被视为西方近代军事理论的鼻祖

克劳塞维茨（1780～1831），是德国军事理论家和军事历史学家，参加过 1806～1807 年的普法战争。法国大革命、历次拿破仑战争和 19 世纪初欧洲各国人民的民族解放运动，对于克劳塞维茨的世界观、军事观的形成，产生了决定性的影响。克劳塞维茨虽然对法国大革命持反对态度，但他同时也清楚地看出了这次革命在军事上引起的根本性变化，并对封建主义军事理论进行了尖锐的抨击。他的重要著作《战争论》，对近代西方军事思想的形成和发展起了重大作用。

该书从战争性质、战争理论、战略、战斗、军队、进攻与防御、战斗计划等方面较为完整系统地认证了有关战争的基本问题。书中还论述了作者对战争艺术的独特见解，包括对战争和政策关系的研究，“摩擦”在战争中所扮演的角色，士气的重要性等，科学地说明了许多复杂的军事现象，从而大大推动了 19 世纪战争理论和军事学术思想的发展。时至今天，其大部分内容仍可成功地应用于解决现代问题，更有人把他的著作奉为战略学的“圣经”被认为军人必读之书。

◉马汉的“海权论”有哪些影响

马汉（1840—1914）是海权论的创立者，美国卓越的海洋历史学家。他曾参加过美国内战，他在著名的“海权论三部曲”（《海上力量对历史的影响，1660—1783》、《海上力量对法国大革命和帝国的影响》、《海上力量的影响与1812年战争的关系》）中，第一次提出了以争夺制海权、控制海洋、消灭敌人舰队为首要任务的海权理论，认为海上贸易是致富的重要途经，是民族繁荣和强盛的主要因素，因此任何一个大国都要有自己的海上活动自由，控制海洋。而控制海洋的前提是国家要拥有足够的商品进行海上贸易，拥有足够的商务船只和基地，拥有足以保护海上交通线的强大海军。

马汉的“海权论”对世界产生了极大的影响，促使美国、日本、德国、俄罗斯等国海军的大规模发展，尤其是为美国的海外扩张创造了前所未有的条件。例如，1901年老罗斯福当选美国总统后，极受马汉海权思想之影响，致力于发展海权，除舰队的扩建及积极夺取太平洋各战略岛屿外，且开凿并控制巴拿马运河及加勒比海之战略海上基地，成为当今海权霸主。马汉被称为“带领美国海军进入20世纪的有先见之明的天才”。

英国对马汉之海权思想推崇备至，在1889年英国政府提出海军扩充计划时，马汉的理论成了最强力的辩护理由。法国很重视马汉对于法国海军政策的批评，并且称赞其思想具有真正的创造性。德皇威廉二世及海军部长铁毕兹亦深受马汉影响，致力于发展海军，但德国却忽略了马氏的一项重要训条：“一个国家无法同时发展陆权与海权。”导致德国陆军的战斗力因受经费的影响而削弱。

◉为什么说取得制空权是现代战争的取胜关键

一些军事家认为，杜黑的制空权概念过于绝对化，对空军的作用有所夸大，只要能够在关键战斗中占有相当的空中优势，即可保证作战的需要。更有甚者认为，在地空导弹飞速发展的趋势下，空军将会受到越来越多的限制，夺取制空权也会越来越困难，因此，在今后的战争中，交战双方都将很难占有制空权，空中将保持一种脆弱的平衡态势。

然而，现实与此相反，世界各国都在积极发展本国的空军力量，这是因为在当前的条件下，在战争中夺取制空权依然是非常关键的。拥有制空权的一方将占有极大的优势，空军在侦察、反应、机动、远距输送、核威慑方面有着无可比拟的优势。在二次世界大战中威名赫赫的闪电战，其实施的重要前提就是己方需要占据空中优势，空军能够对敌方地面部队进行有效的打击，协助装甲集群在短时间内突破对方的防线。现代战争中，西方国家的主要作战理论——“空地一体化”理论更是要求空军能够迅速地占据制空权。在这一理论中，空军的地位尤甚于闪电战，对空军的要求也更严格。一旦占据了制空权，战术上，我方在情报、机动、火力等各个方面都将占有不同程度的优势；战略上，敌方的纵深将失去作用，重要的经济、军事、政治目标存在被空中打击的危险。另外，绝对制空权也并不是完全不能实现的，在海湾战争、科索沃战争中，以美国为首的联军都取得了绝对制空权，这也直接影响了战争的进行方向。所以，空军应当全力争取绝对的制空权，而不能满足于局部的，相对的空中优势。

目前的国际形势十分复杂，大规模的、全面的战争很难发生，代之以局部的、地区的小规模武装冲突。在这种条件下，制空权的作用更加明显，也更易达到。单纯的地面防空力量很难对空中武装造成致命的威胁，制空权的归属仍然决定于双方空中力量的强弱，仅仅依赖于防空导弹技术的发展是不切实际的。因此，空军的建设是当务之急，重中之重，放弃制空权的想法无疑是错误的，失去了制空权的部队必将在战斗中处于十分不利的境地，轻则受人掣肘，重则被动挨打。所以，在现代战争中，制空权的争夺对于战争的影响是决定性的。

◉为什么把“空袭”比作“外科手术”

空袭作战，指占有优势的一方以空中力量和其他远战兵器，主要从空中打击敌国要害或敏感目标以显示力量，在政治上迫敌就范，起到警告、震慑和惩罚对手作用的作战行动。空袭作战以精锐的空中力量对敌要害目标实施“点穴”式打击，可达成对敌国战争决心、战争潜力的釜底抽薪，进而达到“牵一发而动全身”和“小战而屈人之兵”的目的。因此，空袭作战被称为“外科手术”式作战。

“外科手术”式作战是随着飞机的诞生、飞行技术战术的发展而逐步产生和发展起来的一种作战样式。人类历史上的首次空袭作战发生在 1911 年意土战争中，意大利飞行员用手掷方式向土耳其军队阵地投下了数颗榴弹，从此拉开了人类历史上空袭与反空袭作战的序幕。

“外科手术”式空袭作战理论的主要内容，一是合理确定“外科手术”式打击的目标；二是积极实施“点穴”式精确打击，即集中精确制导武器对敌要害目标实施有重点的高强度突击，强调准确发现和确定目标，进行正确的指挥控制，迅速实施精确有力的打击，“点穴”具有距离可控、目标可选、手段可调的特点，通常由精确探测、精确定位、精确摧毁和精确评估 4 个环节组成；三是大力发展“高精度、高效能”的打击力量。打击效力是决定作战效益的关键，主要取决于打击精度和毁伤效能两大要素。

◉空袭作战的特点是什么

空袭作战是从空中用航空炸弹、导弹、火炮、火箭等对敌方地面（水上）、地下（水下）目标进行的袭击。其任务是摧毁和破坏敌后方重要目标，削弱其军事实力和战争潜力；消灭和压制敌战场上的兵力兵器，支援己方军队作战。空袭的特点：

一是范围广泛。随着航天技术、空中加油技术、精确制导技术的发展和应用，现代高技术常规空袭，几乎不受空间限制，空袭的范围明显扩大。空袭的纵向行动上可始于太空，下可至于“一树之高”；空袭的横向行动可以抵达地球每个角落。

二是行动隐蔽。现代高技术条件下的空袭作战行动十分隐蔽，非常突然，空袭兵器的突防能力很强。一方面，隐身技术和超高空、超低空飞行技术的应用，能躲避防空雷达的“眼睛”；另一方面，机载空地导弹可使飞机远离被袭击目标实施“超视距”空袭，加上空袭兵器飞行速度快，大大缩短了被空袭一方的作战反应时间。还可以利用夜晚和恶劣气象条件实施空袭。高技术常规空袭还综合运用电子侦察、电子干扰和外交欺骗、心理欺骗等手段，使空袭行动更具有隐蔽性。

三是手段多样。高技术常规空袭作战已经形成了现代航空、航天兵器、弹道导弹、巡航导弹以及电子战武器的会攻战，出现了陆海空天一体和电子干扰“软杀伤”与各种炸弹、导弹“硬摧毁”的所谓“软硬打击”相结合的空袭大景观。

四是打击精确。现代高技术常规空袭，使用激光、红外、电磁制导的炸弹、导弹，平均命中偏差仅几米，打击精度大幅度提高，命中概率高达95％以上。

五是破坏严重。20世纪80年代以来，由于高技术的应用，许多常规武器也都具备了震撼人心的超常的毁伤威力和威慑作用。

当然，高技术常规空袭也有它不可克服的弱点，是可以对付的。譬如，高技术空袭作战需要信息、技术、物资等各方面周密、系统的保障，任何一个环节出问题，都会干扰空袭行动，降低空袭效果，甚至导致空袭失败和造成损失。实战中信息多，处理信息得出结论需要一定时间，如果掺入大量假信息，就会被假信息所欺骗，还会拖延信息处理时间，贻误战机。高技术常规武器对工作条件要求极高，辅助配套设施复杂，如得不到满足，就会影响其性能的发挥，而实际战场难以提供理想的保障条件。高技术条件下的空袭作战，各类物资消耗巨大，后勤补给困难，难以维持旷日持久的作战。

◉为什么“唯武器论”是片面的

在古代的冷兵器时代，取胜的关键是人和战术的安排，但最主要的是人，像秦国灭六国的统一战争中，如果没有秦军士兵的视死如归，犹如虎狼之势的战斗精神，则秦国的统一说不定要改写了。在热兵器时代的战争中，武器成了取胜的关键所在，在第二次世界大战中，德国如果没有装备精良的坦克和装甲车，那么闪电战将是一纸空文，日本如果不是凭着武器装备优于中国，在战场上，中国军队也不至于胜得那么艰难而悲壮，而在现代战争中，取胜的关键是人还是武器呢？

随着现代战争模式的改变，特别是美军在1991年对伊拉克和1999年对南联盟的两次军事打击中，依靠先进的现代化武器装备和精确的制导武器打赢了这两场战争，这是两场典型的不接触战争，依靠的是美军强大的海空军力量和强大的精确制导武器，在人员伤亡很少的情况下，摧毁了对方的大部分军事设施，取得了决定性的胜利，于是便有人提出了“唯武器论”的观点，认为依靠先进的制导武器和电子武器可以轻易地摧毁对方的防御，打击对方的军事重地，以最小的代价达到预期的战略目标。但是，在后来的两场战争中，我们又得到了不同的启示，美军在伊拉克的地面作战以及与伊反美武装的战斗中和俄罗斯军队对车臣叛匪的围剿中，以美俄的武器装备的精良程度，尚不足以打败弱势的敌对分子，而且还付出了相当大的代价，这就使我们不得不考虑武器是不是现代战争中的决定胜负的标准了。在这里，对方运用的是典型的游击战，美俄军队再先进的武器也无用武之地了，这就突显了人的因素，在这个意义上说，人就是决定战斗胜负的关键了。

美军以前是典型的“唯武器论”者，美军的指挥官始终坚信武器的先进与否，决定着战斗的胜负。诚然，这是战争中不可否认的事实，但是任何先进的武器都有其特定的使用条件。所谓的全天候也是有其局限性的，而且再好的武器也是由人去操作的，这也是不可否认的事实。所以，人和武器固然都是战争胜负不可缺少的因素，但现代战争中决定战争胜负的最关键之处，在于“信息”的获取和运用能力。

◉为什么《装甲战》被视为坦克兵的“圣经”

《装甲战》一书的作者是英国人富勒（1878—1966年），他是一位著名的军事理论家和军事史学家。他一生出版46部军事专著，且涉猎广泛，从军事理论到军事历史，从战略到战术均有独到的研究，而《装甲战》则是较早论述机械化战争论的理论著作。据悉，德国陆军曾将之视为坦克兵的圣经。

富勒认为，战略的目的是以武力而不是以文字来维护一种政治主张。这通常以作战来实现，其真正的目的不是摧毁物质力量，而是在精神上压倒敌人，作战的最终目标在于歼灭敌人是一种有害的观点，它否定了战争的真正目的，即建立更加美好的和平生活。

而要实现战争的真正目的，就必须终止使用破坏性手段，即战争必须逐步由武力争斗发展到智谋与士气斗争的阶段，必须用指挥艺术取代暴力，用瓦解士气或精神上的打击代替武力争斗或肉体攻击。

为此，部队必须高度机动化，并尽可能小型化，部队小型化，其后勤补给组织就可缩减，其机动性就会加强，就易于防护，其安全保障的困难和弱点也可得到某种程度的克服。具有一支编配均衡、机动灵活的小型军队，一支能适应激烈紧张运动且不经常在固定的交通线上活动的军队，指挥官的指挥才能就可得到高度发挥，就能运用智谋指挥作战，而不是只是把作战当作一种流血的行动。

《装甲战》于1932年首次出版时，几乎无人问津。但随着战争的发展，尤其是经历战争实践的检验后，其理论价值逐渐为人们所了解和认识。在20世纪40年代前期，《装甲战》被苏联军队当作军官的日常读物。在德国，古德里安、隆美尔等著名将领都将之视为战争圣经。在英、美等国，不仅把它作为准则使用，而且把它视为一种具有明显实用价值的论述战争的文件。战后，各国仍十分重视对《装甲战》的研究。

◉什么是常规战争

常规战争就是使用常规武器进行的战争，它是同核战争相对而言的。过去发生的战争都是常规战争，但在战争中有的国家使用过化学武器和细菌武器（生物武器）而遭到谴责。常规战争是随着常规武器的发展而发展的。古代作战使用冷兵器，交战双方距离很近，组织指挥比较简单。近代作战主要使用火枪火炮，战场规模显著扩大。现代战争中，飞机、坦克、自行火炮以及各种舰艇的大量使用，战场范围更加扩大，战争已成为诸军种、兵种合同作战的立体战。随着现代科学技术的迅速发展，各种常规精确制导武器和武器火控系统的出现，电子技术、激光技术、红外技术在军事领域的广泛运用，使常规战争具有更新的特点。

第二次世界大战后，不少国家发展装备了大量的核、化学、生物武器，但慑于这些武器的毁灭性威力，任何国家都不敢轻易大规模使用。许多军事专家认为，地区性的常规战争仍是目前及今后一个时期内的主要战争形式。

◉什么是常规武器

所谓常规武器，顾名思义，就是人类自有战争以来通常使用的那些武器，它是相对于有特殊杀伤机能的核、化学和生物武器而言的。换句话说，除了核、化学、生物武器之外的所有武器都是常规武器。

常规武器包括地面常规武器、航空常规武器和海上常规武器。

地面常规武器包括以坦克和装甲车辆为核心的地面突击武器；以火炮、火箭以及地地战术导弹为主的地面压制武器；以反坦克武器为主的地面防御武器；以防空导弹为主、小口径高炮为辅的防空武器；以枪械和其他各种单兵或班组携行武器组成的轻武器。

航空常规武器包括各种作战飞机、保障飞机及机载武器系统。作战飞机包括歼击机、轰炸机、歼击轰炸机、强击机、武装直升机、反潜飞机、电子对抗飞机等，它的突出特点是机动性强，可以独立实施作战，也可配合陆军、海军执行任务。机载武器包括空空武器和空地（舰）武器两大类。现代空空武器以导弹为主、航炮为辅；空地（舰）武器包括炸弹、火箭弹和空地（舰）导弹。

海上常规武器包括舰艇和海军飞机以及舰载、机载武器系统。舰艇可分为战斗舰艇和勤务舰船。战斗舰艇又分为潜艇和水面舰艇。潜艇具有隐蔽性好、机动性高和突击力强的特点，用于攻击水面舰艇、潜艇和陆上目标，并可担负侦察、布雷、破坏对方交通线等任务，是海上进攻和防御的重要力量。水面舰艇包括航空母舰、战列舰、巡洋舰、驱逐舰、护卫舰、导弹艇、反水雷舰艇、猎潜舰艇和登陆作战舰艇等。勤务舰船主要用于海上战斗保障、技术保障和后勤保障。水面战斗舰艇中，航空母舰是夺取海上战区制空权和制海权的主要舰种，是海上威慑力量和海空战斗群乃至国家海军的核心。现代战斗舰艇的主要武器有舰载机、导弹、舰炮、鱼雷、水雷、深水炸弹和反水雷武器系统等。

随着现代科学技术，特别是微电子技术、光电子技术、计算机技术的发展，各种先进的电子设备和光电设备与常规武器相结合，使常规武器向着高技术化方向迅速发展。

◉什么是有限战争，它能转化为世界大战吗

有限战争也叫局部战争，就是指在一定的地区内，使用一定的武装力量进行的战争。局部战争，在作战目的、武器和兵力使用等方面都有所限制，只在一定范围内对国际形势产生影响，因而有的国家又称它为有限战争。

历史上虽有许多战争带有局部战争的性质，但都没有“局部战争”的称谓。进入 20 世纪以来，世界上爆发了数百次战争，其中除两次世界大战以外，其他的都是局部战争。第二次世界大战结束以后，国际关系发生了巨大变化，美国和苏联成为主要的竞争对手，经过半个世纪的激烈角逐，双方的核武器力量势均力敌，常规武装力量也互有长短，它们有能力进行世界大战，但是因为谁也无法打赢一场大战而未敢首先动手。苏联解体以后，世界战略格局正在发生新的变化，争取和平的力量已经超过了战争力量，世界大战在较长时期内可能打不起来。但是，霸权主义、强权政治还存在，世界的各种矛盾还存在，军备竞赛依然在进行，国际社会还很不稳定，局部战争此起彼伏，连绵不断，成为当今世界的主要战争形态。

局部战争对大国来说，是在某些方面加以限制的战争，而对中、小国家来说，也可能是全力以赴的战争。如果处理不当，局部战争也可能发展为大规模的战争。在错综复杂的国际环境中，由于世界上许多社会基本矛盾尚未解决，强权政治、霸权主义仍然是产生战争的根源。局部战争与世界大战虽然没有必然的因果联系，但在一定条件下，也可能转化为世界大战。

◉什么是全面战争，它的理论是什么时候产生的

全面战争，就是国家实施总动员，全力以赴进行的战争。其基本战争行动样式和特征是，以武装斗争为主，军事、政治、经济、文化、科技、外交等各条战线的斗争紧密配合，协调一致地发挥国家的整体力量，以保证战争的胜利。

在世界军事学术史上，“全面战争”的概念，是马克思、恩格斯在研究欧洲战争的发展趋势中，于1854年首先提出来的。在帝国主义国家里，“全面战争”的理论产生于第一次世界大战之后。帝国主义进行的第一次世界大战，打了几个月之后，战略储备物资消耗殆尽，战争双方都被迫进行了国家经济动员，从而使战争的总体性大有发展。这一经验，促进了帝国主义“总体战”理论的产生和发展。最先提出“总体战”理论者，是德国纳粹党军事家K. 希尔1929年在该党的代表大会上提出来的。德国元帅鲁登道夫于1935年出版了《全民族战争论》（又译《总体战》、《全民战争》）一书，该书系统地阐发了“总体战”的理论和原则。其核心思想是，动员“全体国民参加”全民族的“全体性战争”，主张国家的一切领域都要服从战争准备与实施的需要，以保证争夺“生存空间”战争的胜利。这一理论，成为希特勒准备和进行第二次世界大战的理论和战争指导原则的基础。

◉新军事变革“新”在哪里

所谓新军事变革，也叫军事信息化变革，它的实质是工业时代以来建立起来的现行的机械化军事体系，向未来信息化军事体系的整体转型，即机械化基础上的信息化。

变革的基本内容，可以概括为四个“革新”、一个“转变”。四个“革新”是：革新军事技术，推进武器装备的信息化；革新体制编制，重新编组军队的结构；革新作战方法，以发挥信息化装备的优势；革新军事思想，以新的理念谋划作战与军队建设。一个“转变”是：通过上述四个方面的革新，推动战争形态从机械化战争向信息化战争的方向演变。

新军事变革的发展趋势，一是战争越来越注重效果。随着信息技术为军队作战日益提供种种前所未有的新能力，应当力求以尽量少的兵力投入、物力耗费和尽量短的时间，通过各种信息化的侦察探测手段，中远程精确打击，广泛开展特种战和心理战去达成最大的战略效果。二是作战方式向“网络中心战”发展。即借助计算机和互联网系统，把整个军队的侦察探测系统、指挥通信系统和火力打击系统，在很宽广的领域链接成为一个统一的信息网络，使各级、各军兵种、各部队、各部门以及各个作战单元、各种武器平台，包括单个的士兵之间能够作到快速的信息互通，从而实现一体化的联合作战。典型的作战表现就是“发现即被

摧毁”。三是军队信息化建设向网络化、智能化和太空化的方向发展。四是军队结构向规模轻便化、多能一体化和指挥扁平化的方向发展。规模轻便化，是为了增强部队的战略投送能力和机动作战能力，“改师为旅”就是其中的典型表现。指挥扁平化，就是把以往层级多、纵深长的指挥系统，改造成适合信息快速流通的扁平式“网”状体制。

◉什么是TMD和BMD

美国弹道导弹防御（BMD）主要有两个计划：一是战区导弹防御（TMD）计划；另一是国家导弹防御（NMD）计划。此外，还有一个是先进的弹道导弹防御技术（ABMDT）发展计划。这3个计划构成BMD计划。

TMD和NMD是两项独立的计划，但成果共享。两者的防御重点和范围有所不同。TMD强调的是保护美国在全球的军事设施（包括海军舰队），免遭导弹袭击。此外，TMD还要保护美国盟国和朋友的安全，所以TMD要在全球部署，包括美国舰队。

这两项计划都是大型计划，根据最近测算，两项计划总经费为1197亿～1227亿美元。自1991年开始，TMD和NMD两个计划正式列入财政年度开支。

◉ TMD和NMD的防御对象是谁

美国和苏联的弹道导弹防御计划由来已久，两国在20世纪60年代初就开始反导试验。在漫长的冷战岁月里，美国和苏联都把对方视为敌方。那时，美国所有战略反导计划都是针对苏联的，担心苏联陆基洲际导弹和潜艇洲际导弹的攻击。

冷战结束，进入20世纪90年代，尤其是在1991年海湾战争后，美国防部部长和中央情报局局长发表过多次讲话，表明什么是美国的战区观点。一言以蔽之，一切非美国盟国和朋友且拥有导弹的国家都被列为导弹战区，包括俄罗斯和中国等20多个国家，尤其是伊拉克、伊朗和朝鲜等被美国叫作“邪恶轴心”的国家。同时，美国还认为导弹战区正在不断扩张。

被美国视为导弹战区的国家遍及世界各地，而要保卫的是美国本土、美国在全球的军事设施以及盟国和朋友的安全。这样，要防御的就涵盖了从短程到洲际所有射程的弹道导弹。

◉ BMD如何防御弹道导弹

在空间域上，BMD分为3个层次：第1层次为天基警戒和拦截，包括预警卫星、天基雷达、天基激光武器和天基动能武器；第2层次为空基警戒和拦截，包括机载雷达、高空气球雷达、机载激光武器、机载动能武器；第3层次为地基警戒和拦截，包括陆基和舰基，如陆基防空雷达、舰基预警雷达、陆基低空拦截器、舰基低空防御系统、陆基高空拦截器和舰基高空防御系统。

在时间域上，BMD也分为3个阶段：导弹点火阶段，时间为从点火到100～300秒，高度为0～200公里；导弹途中阶段，耗时为3～30分（取决于射程）；导弹末端阶段，即着落前30秒，高度小于100公里。

BMD的3个空间层次系统的运作流程大致如下：先由天基警戒系统发出导弹预警信息，并及时传送给地基警戒和拦截系统。根据传来的包括导弹发射地点、时间和弹头轨迹等导弹预警信息，由地面导弹指挥中心发出命令。此后，一方面由地基警戒系统继续跟踪导弹，并进行拦截；另一方面由空基警戒系统也继续跟踪导弹，并进行拦截或对导弹发射地进行攻击。

◉什么是“宙斯盾”作战系统

“宙斯盾”作战系统是美国海军现役最重要的整合式水面舰艇作战系统。20世纪60年代末，美国海军认知自己在各种环境中的作战反应时间、火力、运作妥善率都不足以应付苏联大量反舰导弹的对水面作战系统的饱和攻击威胁。对此美国海军提出一个“先进水面导弹系统”的提案，经过不断发展，在1969年12月改名为“空中预警与地面整合系统”，英文缩写刚好是希腊神话中宙斯之盾，所以也译为“宙斯盾”系统。

◉“宙斯盾”作战系统有什么特点

一是反应速度快，主雷达从搜索方式转为跟踪方式仅需0.05秒，能有效对付作掠海飞行的超音速反舰导弹；二是抗干扰性能强，可在严重电子干扰环境下正常工作；三是反击能力强，该系统作战火力猛烈，可综合指挥舰上的各种武器，同时拦截来自空中、水面和水下的多个目标，还可对目标威胁进行自动评估，从而优先击毁对自身威胁最大的目标；四是可靠性强，能在无后勤保障的情况下，在海上连续可靠地工作40—60天。

◉什么是军队指挥自动化系统

在军队指挥系统中，综合运用以电子计算机为核心的各种技术设备，实现军事信息收集、传递、处理自动化，保障对军队和武器实施指挥与控制的人一机系统。在有些文献中，曾被称为“军队自动化指挥系统”。美国称为“指挥、控制、通信、计算机和情报系统”，简称C^4I。建立指挥自动化系统的目的是提高军队指挥和管理效能，从整体上增强军队战斗力。

随着遥感遥测、新一代计算机、自适应结构的通信网络和人工智能等新技术的采用，军队指挥自动化系统将朝着分布式和智能化方向发展，并将进一步提高系统的快速反应能力、抗毁生存能力、机动能力和适应能力。各类军队指挥自动化系统将形成整体、协调、有效的配套体系。战略指挥自动化系统将进一步受到重视，战术指挥自动化系统将得到更快发展，与武器系统的结合将更加紧密。

◉为什么电子战被称为“第四维战争”

电子战是指敌对双方争夺电磁频谱使用和控制权的军事斗争，包括电子侦察与反侦察、电子干扰与反干扰、电子欺骗与反欺骗、电子隐身与反隐身、电子摧毁与反摧毁等。保证自己使用电磁频谱、防止敌方使用电磁频谱的斗争，成为现代战争的第四维战场，大规模电子战将贯穿于战争的始终。因此，电子战被称为“第四维战争”。

由于信息技术的快速发展、军队电子化程度的迅速提高，电子战被作为直接用于攻防的作战手段，形成了“陆、海、空、天、电”多维立体战。电子战的攻击重点是敌方的 C^4I（军队指挥自动化）系统。海湾战争中，在多国部队连续高强度电子战的软、硬打击下，75％的伊军电子系统无法正常工作，使伊军成了聋子、哑巴、瞎子。

未来的高技术战争，电子战将发挥巨大作用，没有制电磁权就谈不上“制天、制空、制海、制陆”权。

◉什么是世界单兵装备发展的里程碑

美国陆军曾展示了一系列全新的单兵军事系统装备，其中“陆地勇士”单兵作战系统最引人注目。

“陆地勇士”单兵作战系统是美陆军组建数字化部队的重要步骤之一，被视为世界单兵装备发展的一个里程碑。该系统将士兵“看作为一个完整武器系统的核心”，并号称能够“赋予士兵前所未有的超强能力”。“陆地勇士”单兵作战系统将士兵和武器子系统、综合头盔子系统、计算机/无线电子系统（CRS）、软件子系统、防护服与单兵设备子系统这五个子系统一体化整合。主要设备包括便携式电脑，集瞄准具、步话机和发射天线于一体的头盔，各种传感器和新式的枪、弹合一步兵作战武器等。通过使用大量先进技术，“陆地勇士”系统不但拥有强大的火力和防护能力，还具有空前的网络战能力，能够实时向士兵提供作战地区的详细地图、自己和战友所处位置、指挥部最新作战命令及最新敌情通报等战场信息，可以从根本上全面提高士兵的攻击力、生存力和目标捕获能力。使用该系统后的美国陆军士兵，将能同时担负突击队员、空降兵、空中突击人员、轻载和机械化部队人员的作战职能。

从1991年美国首次提出“陆地勇士”概念至今，全球约有20个国家正在积极从事着未来单兵作战系统研究。未来士兵系统改变了传统战斗的概念，是一次“概念革命”，也是未来网络中心战战略的关键组成部分。在未来的战场上，普通士兵将不再“普通”。C^4I（指挥、控制、通信、计算机和情报）、杀伤力（武器和视力）、灵活性（导航、装备大小和重量）、生存性（战斗服、隐身和防弹衣）和后勤补给等方面的能力，使士兵从武器操纵者变为武器的核心；同时士兵拥有更强的战场感知与情报共享的能力，成为一个综合系统。未来单兵作战系统应用于战争，将使战场透明度大幅增加。

◉什么是“联合作战”，未来还需要“联合作战”吗

作为一种古老的作战概念，联合作战在上个世纪中期就开始被广泛应用。登陆作战常常被作为海陆空三军联合作战的模式化场面被人们认同。但是，联合作战并不仅仅只是有不同军兵种的人员或是装备参加的作战形式，它的实现也并非是海军司令向空军司令打个电话要求派出一个中队的飞机进行支援那么简单。

联合作战的精髓是统一、凝聚和相互信任。随着计算机技术的出现，军事技术领域发生了前所未有的革命，一系列以前难以想像的技术手段得以实现；随着计算机技术的发展而诞生的网络技术，使得信息的实时共享和交换成为可能，为联合作战的艺术提供了前所未有的技术平台。

现在的联合作战样式的光芒，都被集中在新的军事技术革命的产物上，信息技术成为各国军方的时髦话题。不可否认的是，信息技术革命带来了前所未有的又一次新军事技术革命。但这次革命会不会像原子弹一样，再次遏制联合作战艺术的发展呢?

需要注意的是，信息技术并非等同于联合作战，它只是为联合作战提供了前所未有的技术可能性。既然如此，让信息技术取代联合作战艺术显然是一个错误。根据军事历史的经验，现代的部队需要做的是，将未来的军事技术革命都纳入联合作战艺术发展的轨道，而不是相反。

◉为什么说非接触作战不会代替接触作战

非接触作战，其实质是“脱离接触、间接打击”，基本着眼点是在对手兵力兵器的作用距离外，对对手施以打击。

非接触作战是20世纪90年代后兴起的一种作战样式。对于这种作战样式，有学者认为：“传统意义上的接触作战，将被高技术条件下的非接触作战所替代。”但是，在伊拉克战争中，拥有强大非接触作战能力的美军并未放弃传统的接触作战，甚至在地面战中大打短兵相接的战斗。这就提醒我们，对非接触作战在未来战争中的地位和作用，要有一个理性的思考和认识才对。

在未来战争中，具有绝对技术优势的一方，因为作战目的的特殊性，也未必一定采取非接触作战这种单一作战样式。美军就曾坦言，非接触只是一种理想意义上的作战样式，完全意义上的非接触作战是不存在的，为了非接触作战，与敌有效的接触行动是不可避免的。同时，战争是交战双方的一种主客观较量，在双方实力大致对等的战场上，只要充分发挥主观能动性，实施接触作战的可能性依然存在。因而，我们不能以近几场局部战争中非接触作战地位的突显，就得出接触作战行将作古的结论。

◉什么是巷战

巷战，一般也被人们称为“城市战”，这是因为巷战是在街巷之间逐街、逐屋进行的争夺战，发生的地点通常都是在城市或大型村庄内。巷战具有以下两个显著特点：

一是敌我短兵相接，贴身肉搏，残酷性大。由于战斗几乎都是以步兵轻火力突击为主，又都在视距内进行，地形复杂莫测，因此在巷战中，重武器没有用武之地。城市中建筑物密集，高楼林立，提供主要火力支援的坦克和装甲车等由于自身结构的限制，无法将炮管抬到足够的高度，因此也就无法对高处目标进行有效射击。狭窄的街道还使坦克等大型战车无法掉头，从而使其侧面及尾部极易遭受攻击。在巷战中，部队的机动性受到严重制约；视野局限，使得观察、射击、协同非常不便，很多情况下部队战斗队形被割裂，只好分散成各个单元独立作战。

二是敌我彼此混杂，犬牙交错，危险性强。由于没有一条清晰的战线，敌我混杂，敌与平民混杂，形成了你中有我、我中有你的互相胶着状态，而进攻一方在明处，抵御一方躲在暗处，则更增加了巷战这种军事行动所具有的难度和风险。高大的建筑物和构筑在地下的掩体正是藏匿狙击手的好地方，出其不意的伏击与防不胜防的狙击，常常使进攻者胆颤心惊，陷入惊惶不安的恐惧中而不能自拔。

◉什么是游击战

游击战是非正规作战，以袭击为主要手段，具有高度的流动性、灵活性、主动性、进攻性和速决性，并能广泛动员群众投入战争。

游是走，击是打，游击战的精髓是敌进我退，敌退我进，敌疲我打，敌逃我追。遵循合理选择作战地点、快速部署兵力、合理分配兵力、合理选择作战时机、战斗结束迅速撤退五项基本原则的作战方式，叫做游击战。

游击战在中国有悠久的历史。在中国共产党领导的革命战争中，游击战具有十分重要的地位。红军根据敌强己弱的特点，依托根据地坚持游击战，保存和发展了自己；八路军、新四军深入敌后，大规模、长时期地开展游击战，抗击了60%以上的侵华日军和95%以上的伪军；解放战争时期，游击战有力地配合了正规战。长期的革命战争，使中国人民创造了许多独具特色的游击战战法，如地雷战、麻雀战、地道战等。

伴随着新型武器的发展，游击战的形式也有了新的发展。例如，20世纪90年代末，南斯拉夫防空部队用地对空导弹一举击落美军F－117隐身飞机。现在，世界上已有越来越多的国家在发展小型、快速的特种部队，以适应现代作战的需要。可见，将来的游击战也会成为正规部队的拿手好戏。

◉什么是伏击战

伏击俗称埋伏，在中国古代战争中曾广为运用。伏击战理论随着战争的实践而逐步发展。作为对运动之敌袭击的一种样式，预先将兵力隐蔽埋伏在敌必经道路的翼侧，待敌进入预定地区，突然攻歼敌人是伏击的基本战法。

伏击战一般分为待伏与诱伏两种。待伏，是在侦察到敌人出动的兵力、时间和必经之路后，预先设下埋伏，待机歼敌。诱伏，是以主要兵力在有利地形上设伏，然后用少数部队诱敌上钩，等敌人进入伏击圈后给予沉重打击；或者假攻一个点，引诱别的敌人前来增援，在路上伏击敌人的增援部队，即“围点打援”。伏击的对象，主要是敌战斗人员较少的运输队、汽车、火车、船队和零星小股分队，以及饥饿与疲惫不堪的战斗部队，以便速战全歼。

◉信息化条件下的伏击战有什么特点

信息化战争形态与以往战争形态相比，无论是作战方式、制胜机理，还是部队编制体制、武器装备都发生了深刻变化，进一步促使伏击战呈现更多的信息化特征。

传统意义上的伏击战，其本质就在于以静制动，以逸待劳。信息化条件下，这种兵力部署固定、缺乏机动性的“守株待兔”式的伏击方式，已明显不适应战场的客观环境。这主要是由于敌军拥有由先进的侦察器材构成的全纵深、高立体、高分辨、实时化的侦察监视系统，欲把较大兵力预先埋伏在敌行进方向上而不被敌发现是很难做到的，所以隐蔽伏击企图将十分困难。加之，信息化武器装备射程远、精度高、反应灵活、威力大，伏击部署一旦被敌侦知，则极可能遭敌远程精确火力的猛烈突击。此外，由于战场流动性强，不允许也不可能将伏击兵力长时间静止地部署在相对固定的地域内。因此，客观上要求部队必须改变以往静态待伏的行动方式，确立在机动中创造、捕捉战机的思想，力求通过坚决、快速的机动来达成伏击作战的目的。

从基本战术手段看，伏击战由“堵头截尾，猛攻两翼”发展为“全维部署，立体围歼”。以往，“堵头、截尾、斩腰”是伏击战的基本战术方法，即在伏击战中注重建立有重点的袋形部署，并根据敌情、我情及地形条件，将兵力区分为堵击、侧击、尾击及阻隔（援）部（分）队、合成预备队等编组，力求形成对敌的四面包围之势。信息化战场上，作战行动的整体性极大增强，体系对抗的特征也更加明显。空、地、海、天、电各战场领域一体化的全维作战成为主要作战方式。伏击战中，强敌可能利用其技术优势，抵消设伏带来的隐蔽突然性，降低达成作战目的的成功率。

因此，要达成伏击目的，必须在继承传统的战术手段的基础上，充分发挥精兵利器和各军兵种的协同作战效能，对伏击之敌形成“全维部署，立体围歼”之势。所谓“全维部署”，就是指在空、地、海、天、电全维空间进行兵力部署，在战场全时空内对敌形成优势；所谓“立体围歼”，就是指通过全维的兵力部署、火力组织等来达成对敌攻歼的立体性。其实质就在于，充分发挥信息化条件下部队的全维作战能力，通过一体化的打击手段，充分发挥设伏的隐蔽突然性，从而为全歼被伏之敌创造有利条件。

◉什么是强攻

强攻，就是经缜密的组织准备，强行攻击防御之敌的作战行动。是基本的进攻方式。缜密的组织准备，正确选择主攻方向和突破口是强攻的基础。

对防御之敌的强行攻击，是进攻战斗的基本方法之一。主要用于对坚固阵地防御或野战阵地防御之敌的攻击。对仓卒转入防御之敌或孤立薄弱据点之敌袭击不成时，也要转为强攻。组织实施强攻，要有周密计划和充分准备，正确选择主攻方向和攻击点，集中优势兵力火力，形成多梯队的攻击部署；强攻部队在猛烈的火力支援下，协调一致地连续冲击，坚决突破敌人的防御阵地。

◉什么是穿插

穿插，是利用敌人部署的间隙或薄弱部位插入其纵深或后方的战斗行动，是进攻作战的一种重要手段，目的是夺占敌纵深内的要点，分割和打乱敌人部署，为各个歼敌创造有利条件。穿插具有任务艰巨、腹背受敌、边打边插、独立战斗等特点。要周密计划准备，详细查明敌人防御间隙、薄弱部位和纵深内的兵力部署、地形、道路等情况，制定多种战斗方案。

穿插部队要具有独立作战能力，正确选择穿插路线，严密组织与正面部队的协同，明确远程火炮和航空兵支持的方法。穿插可在进攻发起前利用敌防御间隙秘密进行，或打开缺口后强行实施。穿插时要灵活处置各种情况，或绕过，或以部分兵力掩护，主力不停地插至指定目标，完成预定任务。

◉什么是歼灭战

歼灭战，就是全部或大部杀伤、生俘敌人，彻底剥夺敌人战斗力的作战，是一种不对称的战术，有很多具体的作战方式。歼灭战不以攻城夺地为惟一目标，而是以歼敌有生力量作为主要目的的歼灭战思想，有“一点集中，战必求歼，不管几路来，只管一路去”的特点。它是进攻战的基本原则，其主要特点是集中优势兵力，各个围歼敌人。对于在战略上处于劣势的军队来说，只有在战役战斗上打歼灭战，才能有效地、迅速地减杀敌人战略上的优势和主动，改变自己战略上的劣势和被动。

歼灭战是毛泽东人民战争思想中战略战术原则的核心，是贯彻积极防御战略方针的主要手段，是中国人民解放军迭挫强敌的最基本的作战原则。在未来战争中，不管出现什么新的情况，集中兵力打歼灭战，仍然是战胜强敌的主要手段。

◉什么是消耗战

消耗战，就是逐渐消耗敌人战斗力的作战方式。也指敌对双方得失相当或得不偿失的作战。相对于歼灭战而言，消耗战的目的是不断削弱敌人力量，以便最后战胜敌人。消耗战有战略消耗战和战役战斗消耗战之分。战役战斗上的歼灭战是达成战略消耗战的主要手段，因为没有战役和战斗的歼灭战，就不能有效地迅速地减杀敌人战略上的优势和主动，也不能有效地迅速地改变自己战略上的劣势和被动。达成战略消耗目的之辅助手段是战役战斗的消耗战。但一般来说，应力求不打得不偿失或得失相当的消耗战。

战略消耗战，主要依靠战役、战斗的歼灭战，并辅以战役、战斗的消耗战。战役战斗消耗战，通常是配合歼灭战而进行的，并为歼灭战创造有利条件。阵地防御作战一般是执行消耗战任务的，并力求以较小的代价大量消耗敌人。

◉什么是击溃战

击溃战，就是只把敌人打散，而不能消灭其全部或部分的作战行动。在战略上说，击溃战效果差，不能解决问题。但是，击溃战在一定条件下，也是必不可少的。

◉什么是运动战，是谁最早提出运动战战略

运动战是一种军事作战方式，依托较大的作战空间来换取时间，移动兵力，包围敌方，以优势兵力速战速决。运动战的特点：

一是战争双方（或多方）中实力较弱、对战场地形有了解的一方采用的一种积极的进攻方式，一般而言，运用这种作战方式的部队，通常会利用广阔的活动空间来转移军事力量，作战兵力经常昼夜兼程前往一个预定的战场进行埋伏，利用敌方分兵行动时，集结数倍于一个分队的力量展开包围战进行歼灭。

二是运动战要达成的战略目的，主要在于在大兵团多兵种合成运动当中寻求战机，以期达到逐步甚至一次全歼敌重兵集团，在大规模运动当中，消耗敌方有生力量和战争潜力。二战时期，美国对日本本土的大规模空袭，就是很好的运动战样板，在战略轰炸机大兵团运动当中，打击日本工业基础设施，以期在运动当中，逐步全歼和摧毁日本的工业能力，不断消耗其战争潜力。

最早系统地提出该作战策略及具体要义的是毛泽东。中国共产党在国共内战期间广泛地采用这种作战方式。一些军事评论家将这种战术效果称为“在运动中消灭敌人”。

◉运动战与阵地战有什么区别

在传统的防御方式中，在地理空间上，守方经常是依托防御工事进行消耗战，在战术上受制于工事的防御强度和敌军的反应战术，一般无法进行战术调整。而运动战显得更为灵活与主动，运动战摆脱了对防御工事的要求，经常利用放弃己方的工事作为诱饵，引诱敌军移动到己方伏击圈内，并利用敌军占领地区后分兵前进的机会予以围歼。由于运动战对地理因素以外的条件适应性很强，一旦敌军发现自己的行踪，也可以尽快利用地形进行转移，被包围的可能性比阵地战要小很多。

◉运动战与游击战有什么区别

很多人认为游击战和运动战是一回事，其实游击战与运动战各不相同，最大的区别是对战争的影响。运动战是利用大兵团伏击，消耗敌有生力量的一种决战方式，对战场的形势有较大的决定性。而游击战则是小规模部队（一般远小于运动战所投入的兵力）的袭扰，一般多为主力决战前的战术性准备，对战局的影响一般不大；另外，游击战本身调用的战斗力量很少，因而在机动灵活、时机选择上，要比运动战方便很多。

◉什么是“围点打援”，它是一种什么战术

所谓“围点打援”，就是围住一个城镇的敌人以之为诱饵，吸引其他地方的敌人增援，其真正目的是打增援的敌人，并达到歼灭援敌的战役目的。“围点打援”的重心在打援，所以兵力部署的重点是打援的力量，围城的兵力是辅助

力量。

但是，应该知道的是，如果围点攻击力度不够，敌人主力就不会增援，打援力量就派不上用场。“围点打援”有时和“攻城打援”很容易混淆，因为二者很接近，只是“攻城打援”要达到两个目的，既要攻下城池，也要歼灭援敌，而“围点打援”只打援敌，不包含攻下城镇。

“围点打援”是运动战的一种典型样式，是毛泽东十大军事原则的运动战、歼灭战的具体体现，在解放战争时期臻于完善。“围点打援”能否成功，涉及很多因素，包括双方兵力火力对比、围点与打援兵力分配、时机的掌握、指挥员的经验和意志都会影响到战役的成败。破“围点打援”的因素也很多，主要是守城指挥官的决心、增援部队的兵力和机动速度以及奔袭战术的运用。

◉什么是“引蛇出洞”，它与“围点打援”有什么区别

所谓“引蛇出洞”，是指采用诱惑或威迫等方法使敌方脱离坚固阵地、据点等难打之处，进入己方预设战场，然后加以歼灭。这一战法既适用于攻城夺关的战斗和战役，也适用于伏击战等作战。

“引蛇出洞”和“围点打援”这两种战法虽然有许多不同之处，但它们的要点是相通的，都是为了调动敌人，在运动中歼灭敌人。

在未来战争中，机动战（运动战）是歼灭敌人的主要作战形式，因此，“引蛇出洞”和“围点打援”之战法仍将是制敌之策。当然，运用这些战法时，一定不能忽视作战条件，包括敌情、我情和战场环境等的发展变化。

◉为什么说“急袭”和“追击”是取胜的两个环节

“急袭”，即下定决心和组织战斗要快捷，发起进攻要迅猛，攻势要凌厉，节奏要短促，其要旨在于一个“急”字。采取急袭战法，以迅雷不及掩耳之势，迅猛向敌发起进攻，能够一举打乱敌人的部署，割裂敌人的防御体系，不给敌方反应和喘息的机会。

溃败之敌，犹如惊弓之鸟，纵有千军万马，也是一盘散沙，纵有优势装备，也难以发挥作用。此时如能快速勇猛地对溃敌实施追击，便可乘胜发展，扩大战果，若是稍作停顿，则会坐失良机，给敌方留下还手之机。为此，古今中外的军事家都十分重视“追击”问题。德国军事家克劳塞维茨指出：“胜利的大小主要取决于追击时的猛烈程度；追击是取得胜利的第二步骤，在许多情况下，甚至比第一个步骤更重要。”

◉什么是阵地战

阵地战，就是军队在相对固定的战线上，进行阵地攻防的作战形式。包括坚

固阵地攻防作战，野战阵地攻防作战，城市和海岸、海岛的攻防作战等，是一种基本的作战形式。

古代战争中，防御者常依托深沟高垒的要塞和筑垒城市抵御对方的进攻，迫使进攻者长期围城和进行强攻。现代战争中，防御一方通常纵深配置兵力，组织完整的防御体系，构筑坚固工事，结合反冲击、反突击等攻势行动，消耗攻方力量，阻止攻方进攻，为转入反攻和进攻创造条件。

在未来战争中，阵地攻防作战将更加激烈、复杂。进攻一方为了摧毁对方的坚固阵地防御，可能使用常规火力或核火力，并进行化学武器、生物武器攻击，以坦克、摩托化部队的作战同空降兵的垂直包围相结合，实施高速度、大纵深的进攻；防御一方将依托坚固阵地，采取多梯队、大纵深的立体部署，强调攻防结合的火力运用，使阵地战符合打坦克、打飞机、打空降和防空、防炮、防导弹以及防核、防化学、防生物武器攻击的要求。

◉什么是地道战

地道战，顾名思义就是以地道为掩护打击敌人。在战争中双方装备相差较大的情况下，弱方利用有利因素是完全可以取得预想不到的效果的，其中地道战就是一例。

地道战自古便有，中国宋、明、清都有记载，但近代抗日战争中被中国军民发挥到了极致。在1942年左右，冀中等中国平原地区开始有个别村庄利用地窖来躲避倭寇的扫荡，直至后来发展到地窖相连，甚至村村相连，最终用于歼敌。

当然，地道战不仅中国有，二战时，在太平洋战争中，日军也曾用地道抵御过美军对日本本土的进攻，如硫磺岛战役期间，这种战术就给美军造成了较大的伤亡。在后来的越南战争中，越军也曾以此抵御敌军。

◉什么是遭遇战

遭遇战，是指双方在同一区域突然相遇，在还来不及进行兵力部署、弹药分配和战术布置的情况下，发生的战斗。结果往往是勇者胜。因为双方根本来不及思考和部署。夺取遭遇战胜利的基本方法是争取主动，先机制敌，包括先敌展开火力，先敌抢占有利地形，先敌发起冲击等，力求在急袭或伏击中歼灭敌人。

◉信息化条件下的遭遇战有什么新变化

在信息化条件下，由于战争形态、作战方式方法以及战场环境、作战力量的变化，遭遇战将发生重大变化。

一是遭遇战的规模小型化。信息化条件下，随着战场透明度的增大，战场侦察、监视手段的增多，遭遇战的规模将逐步趋于小型化。一方面，高度透明的信息化战场，使大规模遭遇战很难发生。另一方面，部队独立作战时机的减少，也大大降低了大部队与敌遭遇的机会。

二是遭遇战的机会进一步增大。信息化战争条件下，遭遇战规模在趋于小型化的同时，触发的机率在进一步增多、增大，也就是说，小规模遭遇战较之机械化战争条件下将更加频繁地发生。这是因为流动性和机动性是信息化战场的基本特征，在广阔无垠的非线式战场上，交战双方都企图通过高度的战场流动，寻找战机，创造战机，进而通过对对方“关节点”的打击，达到“牵一发动全身”的作战效果。

三是遭遇战的强度空前提高。信息化战争条件下，随着作战力量快速反应能力的提高，“小遭遇”将引发“大战斗”，甚至是高强度的区域“联合作战”，使遭遇战的强度空前增大。这是因为远战兵器第一时间参战，拓展了遭遇战的空间；加上部队快速反应能力的提高，使遭遇部队很快得到支援。

四是电磁优势成为争夺主动权的关键。信息化战争条件下，战场上的作战力量通过网络捆绑在一起，依赖于信息共享最佳地释放作战能量，强调的是体系与体系的对抗，系统与系统的角逐，失去了信息优势，遭遇部队各作战单元、平台、武器系统之间，就会造成通路堵塞，相互通不了、联不上，形不成攻击“拳头”，战斗力势必大大降低。所以，遭遇战中争夺电磁优势将更加突出重要。

五是遭遇战指导突出“最低伤亡”。信息化战争条件下，随着战场透明度的不断增强，武器装备信息化水平的不断提高，作战中追求最小伤亡，甚至“零伤亡”成为基本理念。

◉什么是破袭战

破袭战亦称破击战，是我军破坏敌人交通和通信等军事设施，借以打击敌人的一种传统战法。抗日战争和解放战争时期，敌人利用交通线分割包围我根据地，对我实行封锁或突然袭击。我根据地军民在共产党的领导下，开展了以破坏敌人交通线为主要目标的破袭战。进行破袭战，一般是利用夜暗、气候不良或敌人容易麻痹疏忽的时机，集中我之兵力，以灵活巧妙、隐蔽突然的行动，对既定的目标（如敌人的铁路）进行突然袭击。

◉什么是麻雀战

麻雀战是抗战期间，中国民兵常用的以弱胜强的游击战法。由民兵组成战斗小组，忽来忽去，忽聚忽散，主动灵活、神出鬼没地打击敌人。

麻雀战有三种手段：一是袭击，打击驻守之敌。民兵利用人熟地熟的有利条件，摸清敌人的各种情况，抓住敌人的活动规律，乘敌不备，突然袭击。二是伏击，在敌人必经之路，设下伏兵，拦头斩腰打尾巴；或者用几个人引敌人入套，用排枪、地雷大量杀伤敌人。三是阻击，采取分散隐蔽，瞅准时机，用冷枪杀伤敌人。民兵用这种方法，常常使敌人遭受伤亡，却不知道子弹是从哪里飞来的。对于离队、掉队的单个敌人或者少量敌人，以及敌人据点周围的哨兵、警卫等，更是民兵开展麻雀战捕捉和射杀的对象。

◉什么是持久战

持久战，就是持续时间较长的作战，相对于速决战而言。有战略的持久战和战役、战斗的持久战。战争中正义的一方，在敌强己弱的情况下，通常在战略上采用持久战的方针，通过长期的作战，逐步削弱敌人，转劣势为优势，变被动为主动，最后赢得战争的胜利。战役、战斗的持久战，通常是在特定的情况和需要下进行。历来兵家一般多忌旷日持久的战争，主张速战速决。但也有的主张以持久战疲惫、消耗对方，尔后击败之。这要根据当时的局势和战争条件而定。持久战是中国人民解放军在反对国内外敌人的战争中的一个重要的战略指导方针。

◉什么是闪电战

闪电战，即以装甲坦克部队为主力，不顾敌人的任何阻拦，强行推进，以求最短的时间推进最大的距离，再回头形成包围，步兵才在后面跟上，然后收拾敌人。这是一种冒险的做法，对敌人的士气影响很大，能迅速打乱敌人的作战计划。但遇到顽强的敌人很容易孤军深入，被切断后路，陷入危险。闪电战要求有强大的装甲部队，还要有强大的空军与之相配合。

◉什么是登陆战

登陆战，顾名思义，就是登上陆地进行作战。在古代登陆作战中，只是单纯从海上登陆进行作战。二战爆发后，随着飞机在战场上的广泛使用，空降兵这一新的兵种被投入战场，登陆战的含义因此被再次引伸。现代战争中的登陆战，可以从其登陆方式分为两种：一种是平面上的抢滩登陆；二是利用飞机进行的空降垂直登陆。

作战中，陆地上的进攻方式可以有许多种，而海上登陆作战的作战方式只有一种，那就是通过船支搭载士兵和空降兵空降进行登陆，登陆后再对敌发起进攻。由于其进攻手法的单一，因此，此种战法在各种军事行动中所承担的风险也是最大的。

登陆战由于其作战的模式，决定了其在运用时必须要达到出奇制胜的效果，所以，在登陆地点的选择上极为重要。对于防守的一方来说，进攻方肯定是从海上来，因此防守一方可以通过沿海陆地的长度对兵力、兵器进行分配，同时对防守一方来说，基本上属于依托大后方作战，可以建立大纵深的防御体系，也可以组建一支强大的战役预备队，随时把从海上发起登陆作战的一方赶下大海。

◉什么是抗登陆战

抗登陆战，是抗击渡海进攻之敌的防御战役。第一次世界大战前，抗登陆作战规模较小，主要是沿岸的陆上防御作战。第一次世界大战期间，作战规模扩大，作战行动增加了夺取制海权的海上作战，开始形成现代意义的抗登陆战役。第二次世界大战期间，随着航空母舰和远程航空兵的运用，抗登陆战役中出现了同时抗击海上登陆和空降兵空降登陆的作战，既能依靠陆上坚固阵地抗击，又能在对方集结上船、航渡时不断予以打击，发展成为诸军兵种共同进行的合同战役。

抗登陆战一般包括海上作战、空中作战及海岸、海岛防御作战，有时还有封锁海峡的作战。其主要特点：战场广阔，受地形、水文、气象等条件影响大，争夺制海权、制空权的斗争激烈，参战军兵种多，作战样式多且转换频繁，指挥协同复杂，各种保障任务繁重。在抗登陆作战上，必须充分准备，精心计划，实施集中统一指挥；集中优势兵力于主要方向，形成有重点的纵深、立体、稳固的防御体系；以顽强的坚守与积极的攻势行动，不断消耗和杀伤敌人，挫败其进攻企图。现代条件下，抗登陆战役的规模将进一步扩大，防护能力和远战能力将进一步增强，争夺制海权、制空权和制电磁权的斗争将更趋尖锐激烈。从远打起，先机制敌，对集结上船、航渡、换乘、突击上陆、垂直登陆、空降着陆之敌，分别适时地予以有力打击，歼灭敌有生力量，是完成抗登陆任务的重要作战手段。

◉什么是空降战

空降战，就是较大规模的空降兵力，通过空中机动后，在敌战略或战役纵深内实施进攻的战役，可在大规模合同战役中进行，有时也可独立实施，通常用以配合地面部队或登陆部队的进攻，加速实现战役或战略目的。空降战注重夺取、保持局部制空权和合理使用空降兵力。通常首先组织优势的地、空火力，摧毁敌防空兵器，打击敌空中力量，并有计划地采取伪装、佯动和电子干扰等措施；而后利用可乘之隙，实施隐蔽突然的空降，给敌出其不意的攻击。

现代条件下，空降战役的地位更趋重要，垂直包围、垂直登陆、远程奔袭和纵深打击等样式和手段被广泛运用。

◉什么是反空降战

反空降战，就是在己方战役或战略纵深内，歼灭较大规模空降之敌的战役。

目的是歼灭空降之敌，粉碎敌方以空降配合地面进攻或渡海登陆的企图。通常由战役军团在航空兵、战役战术导弹部队和地方部队、民兵协同下实施；有时在守备兵团协同下，与阵地防御战役或抗登陆战役配合进行。反空降作战对于稳定战局、巩固后方和支援正面作战等，具有重大作用。反空降战役具有被动性、突发性、激烈性、复杂性等特点。通常是在遭敌大规模空袭的被动条件下仓卒组织；情况变化突然，临战准备时间短；双方争夺的范围广，争夺制空权的斗争激烈；空中和地面作战交错或同时展开，作战指挥、协同和保障复杂。

一旦发现敌空降兵集结，需抓住有利时机，积极组织轰炸航空兵和战役战术导弹部队进行突击。有时还以敌后游击队配合行动，力求打乱敌空降部署。在打击空运之敌时，需适时使用歼击航空兵与防空兵，层层截击敌运输机群，以积极的作战行动大量歼灭、消耗敌人。当敌空降兵临空时，及时指挥就近部队和民兵，以各种火力猛烈射击；在敌空降地域附近的部队和民兵，一旦发现敌空降，须积极主动作战，力求乘敌混乱之际，将其分割歼灭，或迅速抢占能够控制空降场的有利地形，将敌分割、包围，为主力歼敌创造有利条件。如敌已夺占机场和要点，需组织力量坚决夺回。在围歼固守之敌时，组织对空兵力拦截从空中增援之敌；为防敌突围，须采取多种措施，集中兵力、火力，快打快歼。歼灭空降之敌后，除以一部兵力或组织民兵搜捕残敌、打扫战场外，主力迅速撤离战场。

未来的反空降战，将成为一种常见的战役样式，将增加对付大量的垂直起降空运工具、打击攻击直升机和着陆后的装甲目标等内容，以空中机动或空降对付敌空降，将被广泛运用。

◉什么是反潜战

反潜战，即与敌潜艇兵力作斗争的作战行动。它是海战的样式之 。分战略反潜战、战役反潜战和战术反潜战。其基本手段是：运用各种反潜兵力、兵器，搜索和攻击敌潜艇；设置反潜障碍，阻止或限制敌潜艇活动，以及为防止敌潜艇袭击所采取的警戒、护航、巡逻等。目的是消灭或削弱敌潜艇兵力，保障己方的安全和作战意图的实现。担负反潜的兵力，主要有水面舰艇、反潜飞机和反潜潜艇。

第一次世界大战时，出现了反潜战；第二次世界大战后，随着科学技术和潜艇的迅速发展，反潜战在海战中从战斗和战役范围发展到战略范围。现代反潜战正向着综合使用各种反潜兵力、兵器，从空中、水面和水下搜索、捕捉、攻击敌潜艇的方向发展。

◉什么是情报战

情报战，即围绕获取和运用情报而展开的斗争，又称情报作战。狭义的情报战是指，敌我双方为获取对方情报和防御对方搜集己方情报而进行的各种对抗活动。广义的情报战是指，敌我双方为最终达成军事斗争的胜利、保障己方的安全和利益而展开的以争夺信息控制为中心的情报系统的对抗。取得情报优势，是军事斗争胜利的重要保证。

◉为什么情报战是没有硝烟的战争

在现代信息化战争中，情报战是一种十分重要的作战样式。因为从本质上说，信息化战争的核心就是围绕信息的获取权、控制权和使用权的争夺与对抗。其中，信息获取权的争夺与对抗，是整个信息争夺与对抗的重要组成部分。能不能有效地获取信息，能不能有效地掌握信息获取权，决定了能否掌握对信息的控制权和使用权。因此，情报战在战争中起着至关重要的作用。古代的军事家们早就注意到了情报在战争中的重要性了。孙武就在《谋攻篇》中揭示了“知己知彼，百战不殆”的著名军事规律。它无可辩驳地说明，情报战早就伴随着战争的产生而产生了。

现代科学技术的发展，特别是以信息技术为核心的高新技术的飞速发展和广泛应用，使情报战在许多方面发生了质的飞跃。一是情报队伍更加壮大，二是情报手段更加多样，包括各种侦察飞机、间谍卫星等等涵盖陆地、海洋、天空甚至是太空的武器装备，通过先进的电子传导设备，情报的传递速度空前提高。三是情报的地位更加重要了，在现代战争中，谁掌握的信息快、多、准，谁就能把握战争的主动权，情报工作也由此在战争中上升到了主导的地位。

随着科技的进步，未来的情报工作将上升到一个更重要的位置，而加强情报工作的力度，也将成为各国国防的重要举措之一。

◉什么是信息战

信息战，就是为夺取和保持制信息权而进行的斗争，亦指战场上敌对双方为争取信息的获取权、控制权和使用权，通过利用、破坏敌方和保护己方的信息系统而展开的一系列作战活动。信息战这个概念最早出现在1991年的海湾战争后，是由美国军方提出来的。1992年美国国防部颁发的《国防部指令》提到了信息战。

凡是战争都离不开信息，现代战争是信息主导的战争，信息在战争中具有十分显著的地位和作用。信息与作战武器平台相结合，产生了信息化武器，可极大地提高武器平台的打击精度和作战效能；指挥官利用信息，可用多种信息化指挥手段及时指挥和调整部队，以夺取作战胜利。

信息战主要包括情报战、电子战、网络战、心理战、精确作战以及信息欺骗、作战保密等。

◉信息战在未来战争中的特点是什么

信息作战的实质是以信息能为主要作战手段，以“信息流”控制“能量流”和“物质流”，剥夺敌方的信息优势，保持己方的信息优势，进而掌握战场的主动权，在一定程度上达成“不战而屈人之兵”或“少战而屈人之兵”的作战效果。由于信息作战是“信息起主导作用的作战样式”，因此，它与机械化战争有明显的不同。

一是作战目的不同。信息战把控制“信息流”、打击对方的指挥控制系统和信息网络以及夺取信息优势作为主要任务和打击的重心。而以火力打击为主的机械化战争，主要把摧毁和歼灭对方的飞机、坦克、大炮和舰艇等有生力量作为主要作战目的。

二是作战力量的构成不同。信息战是以全员整体力量进行的整体作战。任何一个懂信息、网络的人，都可以成为信息战战场上的一名“斗士”。而机械化战争的作战力量，主要是以钢铁和火力武装的陆军、海军、空军、导弹和特种作战部队。

三是作战环境不同。信息战的战场空间除传统意义的陆、海、空、天外，还包括电磁、网络和心理空间，战场是“无疆态”。而机械化战争主要立足陆、海、空、天等有形的物质战场环境来作战。

四是作战的本质不同。信息作战是以攻击敌认知能力为本质特征的作战，最终影响敌方人员特别是战争决策者的思想，使其放弃对抗，停止作战。而机械化战争的本质是消灭对方的有生力量，夺占对方的领土和阵地。

◉为什么拿破仑在马伦戈战役中要隐蔽预备队

马伦戈战役 1800 年 6 月 14 日，在拿破仑战争期间的法国同第二次反法联盟国家（俄、英、奥、土）的战争中，拿破仑·波拿巴指挥的军队与奥地利军队在马伦戈（意大利北部亚历山德里亚东南 5 公里处的村庄）进行的一次交战。

拿破仑认为，要取得胜利，现有的军团是不能指望的，因为它们的任务已很繁重，必须分别在两翼进行牵制活动，以便拖住敌人。只有最大限度地使敌人分散兵力，才能有效地采取各个击破的战法。为了实现自己的计划，拿破仑决定组建一个新的军团，并且把它称之为“预备军团”。

在拿破仑的亲自监督下，预备军团很快组建起来了。预备军团的整个组建工作，都是在极端保密的情况下进行的。当时的保密工作确实做得十分出色，外界对此一无所知。可是，既然组建了一个新的军团，绝不可能使它长期地在秘密状况下进行活动。更何况英国和奥地利的间谍，当时几乎遍及法国的各个角落，他们关注着法军的每一个行动，要想长期隐蔽他们是办不到的。

为了掩人耳目，制造假象，使敌人摸不清预备军团的使命究竟是什么，拿破仑决定，把预备军团公之于众，同时，也把它的“实力”有意暴露给敌人，以引起他们的猜测，诱使他们作出错误的判断。1800 年 4 月，经过周密的部署以后，拿破仑亲自出面，煞有介事地作了一番精彩的表演。他在巴黎公开声称，预备军团已经成立，将在第戎集合，他将亲自前往那里检阅部队。为了使人们深信不疑，他还利用写给立法团和参议院的信函、各种各样的政府通报，甚至报纸上的广告等等渠道，不断透露这件事情。结果，大批的间谍从欧洲各地赶到了第戎。不过，这些间谍很快就失望了。他们在这个地方并没有发现什么新锐的部队，看到的只是一些老弱残兵和刚刚招募来的几个新兵团，除此之外，还有一些徒有其名的司令部。拿破仑的预备军团很快就成为敌人的笑料了。人们用惊奇的目光看着拿破仑检阅这支服装不整、装备不齐、毫无战斗力的部队。同时，许多手写的小型传单也相继出现了。这些传单是法国情报机关精心制造的，上面有的记载着有关拿破仑的一些不光彩的趣闻，有的夹杂着一些证明预备军团子虚乌有、根本不存在的所谓证据。这些传单力图给它的敌人造成这样一种印象：拿破仑的预备军团完全是编造出来的，它不过是法国人为了欺骗和牵制奥地利人而故意设下的一个圈套而已。

由于拿破仑采取的一系列的欺骗手段，英国人和奥地利人终于上当了。他们万万没有想到，正当他们大肆嘲笑法国人的时候，一场大规模的战役准备工作正在悄悄地进行着。5 月初，根据预定的作战计划，真正的预备军团开始向前方开进，同时，大批的作战物资，也陆续从法国各地运到了日内瓦湖附近，尔后又转到了罗讷河上游的峡谷地带。经过激战，法军最终取得了战役的胜利。

◉为什么后勤保障在现代战争中具有重要意义

现代化的战争，物资消耗大，供应品种复杂繁多，而且战局发展快。所以，现代战争的后勤，已经不单纯是一个组织物资的输送和分配的业务部门，更重要的，它还是一个指挥运输兵、铁道兵、工程兵、防空兵、通信兵甚至高射炮兵和步兵等与敌人航空兵和空降兵以及武装特务等作战的战斗指挥部。

因此，必须建设一支既懂科学技术、后勤业务，又具有一定军事素质的精干的后勤队伍，并按照战争实际需要，作好后勤保障的各项准备工作，不把平时及战前能够或基本能够解决的问题，留到战时再去解决。但是，平时的一切准备，不可能完全适应新的战争要求，适时地调整组织，加强力量，不断地完善供应体制和方法，以适应战争需要。保障战时交通运输是后勤工作的一个重要关键，战时各军（兵）种必须形成有机结合、相互支援的整体，确保交通运输的畅通，才能战胜敌人的破坏，保障后方的巩固与前运后送工作的顺利进行。在特殊情况下，全军动手作后勤工作，对保障供应和战役的胜利也常具有决定性的意义。

总之，现代战争中，后勤工作已不再是单纯的业务工作，它的组织与指挥，随着战争的现代化而更加复杂、艰巨。它是全部军事指挥密切的不可分割的一部分，是整个战争胜败的重要因素。

◉新形势下人民战争的任务是什么

毛泽东的人民战争思想，就是整体战思想。当代的人民战争也必须是整体战。所以，在新形势下要以整体战略的思维创新人民战争思想。在这方面，要特别认真地研究信息化条件下人民战争的新理论，根据当代战争形态、作战样式的新变化，深入探讨人民群众参与战争的方式、人民战争武装力量的构成以及多种武装的和非武装的斗争形式相互配合等问题。

要充分发挥我国社会物质基础、人才辈出、信息技术发展迅速等优势，形成在信息化战争背景下的人民战争的巨大优势。当代的人民战争整体战建设，关键在平时，即在政治建设、经济建设、文化建设、军事建设、社会治理上，必须要反映和符合人民群众的根本利益，只有这样，才能得到广大人民群众的拥护和支持，并以自觉的行动参与到人民战争的整体战中来。

另外，在人民战争的整体战中，对外交往工作也很重要，因为进行人民战争的整体战不仅需要本国人民的支持，也需要世界各国人民道义上的支持。对中国来讲，未来作战，必将是一场政治、经济、文化、外交、军事等各个领域的综合较量。我们要用人民战争的整体战，回击强权发动的整体战。

◉为什么人才是现代战争取胜的关键

随着战争形态由机械化向信息化过渡，一场史无前例的军事大变革已悄然来到我们身边。这场军事革命，是以人类社会由工业时代向信息时代过渡为主要动因，以高技术特别是信息技术的发展为直接动力，以信息化建设和系统集成为主要手段，以争夺21世纪国际战略格局中的有利地位为根本目的，把适应机械化战争的机械化军队建设成为适应信息化战争的信息化军队的过程。

随着知识在战争中的作用越来越突出，军事人才的内涵也发生了质的变化，由披坚执锐、冲锋陷阵的勇士，扩延为“运筹于网络之上，决胜于千里之外”的谋略家及高技术人员的组合，高级指挥员必须既是军事家，又是科学家和技术专家。从海湾战争、科索沃战争、阿富汗战争到伊拉克战争，美军的高级指挥员群体都具有硕士、博士学位，所以，有人把这几场战争形象地称为“硕士、博士导演的战争活剧”。在战场上出现了一群文质彬彬的学者指挥千军万马的崭新画面。

这场变革也使军队的人员构成发生了重大变化。过去，军队主要由直接参加战斗的作战人员组成，但今天，在幕后发挥作用的专业技术人员的比例大大增加。美军专业技术人员的比例已经占到军队人数的半数以上。

不仅仅是高级指挥员和专业技术人员，就连最普通的士兵也已经不是过去那样的士兵了。美军数字化师的一个士兵随身携带的装备价值数万美元，科技含量很高，没有相应的知识和技能是很难操控的。

可以预见，在未来的信息化战场上，金戈铁马的厮杀将让位于信息制高点的角逐。赳赳武夫鏖战的舞台将让位于具有很高科技素养、文武兼备的新型军人。军队之间的较量，越来越聚集于知识的竞争与对抗。知识能、信息能的释放，将成为能量释放的基本方式。战争是军队之间的对抗，更是知识与人才之间的争夺。谁拥有更多知识和先进人才，谁就能在未来战场上获胜。

◉用土豆击沉潜艇的事件说明了什么

1984 年，美国通讯社披露了一则令人惊诧的战例：第二次世界大战期间，美国海军驱逐舰“奥班农”号上的士兵猛扔土豆，使得一艘日本潜艇葬身海底。

过程是这样的。那天，风平浪静，美军“奥班农”号驱逐舰犁开水面，在所罗门群岛海域来回巡弋，海鸥翩翩翔集而来，一片和平的景象。突然，他们发现前方水面渐渐露出一艘潜艇，是日本海军的！刹那间，日军也看到了“奥班农”号。

这猝不及防的遭遇战，让双方都一时束手无策。日方大部分人员已爬上甲板，潜艇上的鱼雷已来不及发射。美军指挥官抓住战机，抢先向日军潜艇指挥塔开炮。然而，炮击过后，日军潜艇指挥塔竟然安然无恙。原来，美军士兵心慌意乱，弹弹虚发，只打得海面不断掀起高高的水柱。

日本潜艇发疯地向“奥班农”号扑去，一瞬间，逼近“奥班农”号左舷，进入舰炮射击死角。面对日舰如虎扑来，美舰上的士兵吓得六神无主，已来不及操轻武器反击。此时，一名叫史密斯的士兵急中生智，伸手抓起甲板小舱里的土豆，没头没脑地朝日军潜艇狠狠砸过去。

由于快速行进，潜艇上的日本士兵看不清迎面掷来的是什么东西。他们大声呼叫：“美国人扔手榴弹了！”一个个连滚带爬地钻进艇内。

潜艇一面急速下潜，一面猛然开足马力逃命。结果，“轰”地一头撞上暗礁，艇上日本海军官兵全部葬身海底。

用土豆击沉潜艇，虽然是偶然发生的事件，但说明了战争中人的心理素质是战斗力的重要组成部分。军人的心理素质的好坏，直接作用于技术的发挥和战术的运用，对于作战成败影响极大。畏敌怯敌，意志脆弱的军队，即使形势有利，武器装备精良，也无缘与胜利会合。随着武器装备的发展，战争的杀伤性、破坏性大大增强，未来战场空前紧张、激烈、残酷、多变，对军人的心理素质提出了更高的要求。因此，迫切要求重视对军人的气质、性格、情感、意志等心理素质的研究和培养。

◉军队为什么要合成化

军队的组织形式、系统结构及其运行机制，体现了军队的编制体制形式，它包括军队整体的组织结构、军队的领导指挥关系、各级的职权划分、部队的编组等。基本功能是保证军队各级各类组织有机地编成，人和武器装备有效地结合，形成强大的战斗力。在现代化的战争中，高技术大规模进入军事领域，对各国军队的编制体制如何适应现代战争提出了新的课题。世界各军事强国都在以自己的理解，来改造自己的军队。

由于幅员辽阔，地形复杂，各地的作战任务、作战目的不同，武器装备档次参差不齐，编制体制如何适应技术密集型的综合性协同作战，适应比传统常规战在更大范围、更广阔空间进行的立体型作战，只有高度的合成化编制体制，才能适应这种作战要求。如果军队编制体制仍是各大军兵种相对独立，合成化程度较低，很难经受现代战争高强度、高烈度的对抗，各军兵种无法形成合力，很容易被各个击破。

因此，军队编制体制的建设应该根据现代战争高度合成化的特点，各军兵种的质量建设不再以军种为中心，而是以联合作战为中心来进行。相应地组建跨军兵种的合成度高的快速反应部队、战略预备队、特种部队和预备役部队。各军兵种按任务要求来组建，调整作战所需的各类战斗部队、战斗支援部队和勤务保障部队，以提高部队遂行各种任务的能力。放弃过去为打大规模全局战争而建立的全军编制装备统一化的模式，从各战区的地理、气候和实际情况出发，针对各战区面对的作战对象，编成、组建不同的部队，根据各战区所担负的任务不同，所装备的武器也应与编制状况相一致，如有的战区需要突出快反部队，有的需要重点加强边防一线整体防御力量，有的注重山地作战，有的侧重于登陆反登陆作战，等等。这些都需要对各战区部队的编制进行科学定编，达到最合理的使用兵力兵器，有针对性地克敌制胜。

◉什么是狙击手，它起源于何时

狙击手，原指从隐蔽工事射击的人，现在人们常常把经过特殊训练，掌握精确射击、伪装和侦察技能的射手称为狙击手。狙击手已经成为今天特种作战行动中不可或缺的重要角色。狙击手常常是特种战斗行动决定性的关键因素，甚至，一名出色狙击手的行动本身，就可能是一次特种作战的全部。

关于狙击手的起源，有二种说法。一种说法是这个词源于1773年前后驻扎在印度的英国士兵的一种游戏，那里的士兵经常猎杀一种名叫沙锥鸟的敏捷的小鸟。由于这种鸟非常难于击中，因此长于此道的人被称为狙击手。一种说法是在美国独立战争期间，美国义勇军的一位夏普少校发现，子弹如果用鹿油包裹，不但能够方便装填，还能提高射程与精度。他带领一支独立机动的枪手队伍，以不可思议的远距离精确射击，射杀了许多英军高级军官，多次以极小的代价换得极大的胜利。于是，人们将射击精准又冷静沉稳的射手称为夏普射手。一种说法是，真正现代意义的狙击手这一名称最早在第一次世界大战中。当时德军挑选士兵组成自由行动的狙击手，他们大多具有猎人和护林员的背景，对东西两线的英法军队和俄军造成了重大杀伤。为此，在战争末期，英军专门成立了狙击手学校以培养反狙击手人才。

◉为什么要训练狙击手

以最小的成本使敌军付出最大的代价，这是当今世界各国不遗余力对狙击手大加训练的根本目的。狙击手常常执行的命令包括指定狙杀、巡逻狩猎、非硬性装备破坏、随队观察警戒及火力支援。执行指定狙杀任务，可以是一名狙击手，也可以是2人小组，其中一人侦察，一人狙击。指定狙杀任务要求狙击手不择手段地达到目的。枪支之外，弓箭、弩、刀也都是狙杀利器。

狙击手的目标不仅仅只是杀伤对方的人员，实际上他们往往可以起到普通步兵无法达到的战术作用。例如狙击手可以通过对坦克成员，车辆的油箱、水箱、轮胎，直升机的主旋翼与尾旋翼、光电观测器、机载弹药，潜望镜和通讯设备的射击，使其丧失战斗力；可以通过毁伤关键设备来迟滞敌方基地的作战行动等。另外，弹药库、油料库、指挥部等薄弱环节也非常容易成为狙击手的高价值战术目标。对油库的狙击，可以先用1发枪弹射穿油桶，等燃油外泄遍地皆是时，再用1发燃烧弹或曳光弹加以引燃，一定会造成不可收拾的混乱局面。

配备在特种作战小组中的狙击手，常常是整个小组成员的“保护神”。他负有随队观察与火力支援的责任。当小队受到敌人远程火力攻击，一时又无法得到援助时，狙击手就应该立即进行敌火观察，并进入有利的射击阵位，将最有威胁的敌人依次射杀。与此同时，狙击手还应当是选定撤退路线的“逃跑专家”，他有义务向小队指挥官提供最佳的撤退路线，并进行全程掩护。必要的时候，狙击手还要充当孤胆英雄，将敌人火力吸引到自己身边，以掩护大部队转移。

狙击手并不仅仅只能影响某一场战争的发展，有时还可能改变历史的进程。在北美独立战争中，英国军队中的帕特里克·弗格森上校倡议建立和发展的狙击手们，被大陆军称为英国殖民军中最危险的部队。弗格森本人也是一位著名的狙击手，然而使他扬名的，却是他那著名的“未开的一枪”：在宾夕法尼亚州的日耳曼城附近，当时弗格森在125码距离上瞄准了一名美军军官，由于这名军官转身离去，弗格森可能是因为绅士风度而没有向他后背开枪。他本来可以改变整个历史，因为被他瞄准的这个人，正是领导美国独立的乔治·华盛顿。

如此凶猛强悍、全能多变的狙击手，他的克星是对方的狙击手，只有对方的狙击手才可能是势均力敌的对手。因此，敌方的狙击手，是狙击手的重要目标。

◉什么是间谍

间谍既指被间谍情报机构秘密派遣到对象国（地区）从事以窃密为主的各种非法谍报活动的特工人员，又指被对方间谍情报机构暗地招募而为其服务的本国公民。从广义来说，间谍是指从事秘密侦探工作的人，从敌对方或竞争对手那里刺探秘密情报或是进行破坏活动，以此使其所效力的一方有利。又称特务、密探。

间谍的主要任务之一，就是采取非法或合法手段、通过秘密或公开途径窃取情报，也进行颠覆、暗杀、绑架、爆炸、心战、破坏等隐蔽活动。

◉间谍有哪些类型，从事哪些工作

根据工作目的地不同，间谍大致分为军事间谍和工业间谍（或称商业间谍）。间谍所从事的活动一般包括以下几个方面。

心战：所谓“心战”，是指某些国家或政治集团利用宣传工具和宣传品，对敌对的国家或政治集团进行的旨在扰乱其武装力量和居民的精神状态和心理状态、煽动其内部的不满情绪、瓦解其士气的一系列谋略活动。

密写：间谍最早的联络方法之一。即利用某些有机化合物或无机化合物对纸张的潜隐性能，在纸上写出眼睛看不见的文字，再通过一定的光、热、蒸汽和化学的作用显示出字迹来的一种秘密的通信方法。密写的具体种类主要有：溶液密写、复写密写、干写、压痕密写以及潜影密写等。

勾联：间谍情报机构派出人员对对象国或地区的人暗中勾引，与之联络。

安钉子：在对方内部安插为己方起颠覆、破坏、刺探情报等特殊作用的人，称“安钉子”。在间谍情报领域，“安钉子”也叫渗透。

内线：指间谍机关安插在目标国家、地区的有关组织、机构内部的能够接触到对方内部核心机密，及时了解对方内部情况的人员，也叫内线关系、接密关系或接敌关系。

内奸：暗藏在内部，配合敌对势力从事破坏、提供情报等活动的奸细、敌对分子。

耳目：指为间谍情报机构、间谍或别人刺探情报的人。《汉书·赵广汉传》：“赵迁颍川太守，……吏民相告讦，广汉得以为耳目，盗贼以故不发，发又辄得。”众多耳目组成耳目网。

策反：意即策动反正。从反间谍的角度，是指秘密策动敌方间谍情报人员叛变倒戈，转而为己方服务。促使敌方情报人员背叛，是清除间谍活动的一种有效手段，是反间谍工作中最成功的突破之一。

间谍代理人：指受间谍组织或其成员的指使、委托、资助，进行或者授意、指使他人进行危害另一国国家安全的间谍活动的人。

◉什么是双重间谍

双重间谍，又称“双料间谍”、“逆用间谍”、“两面间谍”，即具有双重间谍身份的间谍。其中主要是一国间谍情报人员因某种关系，如接受贿赂、受胁迫、思想信念动摇或投降等，为另一国反间谍机关服务。发展运用双重间谍，成为反间谍活动的典型手段。另一种双重间谍，是外国情报机关企图征募另一国公民为其执行任务，而这个公民把上述情况向本国反间谍部门报告，反间谍部门对这类人员加以运用，伪装为外国服务，实际为本国效力。这种双重间谍价值更大。担任双重间谍的人需要某些特殊才能，他必须头脑机敏，能言善辩，镇定自若，具有某种八面玲珑的本领，而且还要能忍受各种复杂环境所带来的刺激。从长期战略目标出发，经营管理一大批双重间谍，就形成了双重间谍系统。

历史上著名的双重间谍有：苏联克格勃的佩尔科夫斯基、南斯拉夫的达斯科·波波夫等。

◉谁是我国古代最早的间谍

我国古代最早使用间谍的人就是史称“少康中兴”的夏王少康。夏代由禹传子启而开家天下之先，而启传子太康时，就被善射的东夷首领后羿取而代之了，即史书所谓“因夏民以代夏政”。后来，后羿又被手下另一位夷人寒浞杀掉并代之。寒浞娶了羿的妻子，生下两个儿子，一个名浇，一个名豷。恃其力量强大，使浇灭了斟灌、斟寻二国。把浇封于过，把豷封于戈。少康是帝相之子，当初其母怀孕逃回母家有仍氏生少康，长大后当了有仍氏的牧正，管畜牧。寒浞子浇又使人去抓少康，少康逃奔到有虞氏，当了庖正。少康很有才干，布德于民，深受群众爱戴。他收集夏民抚其官职，使其臣女艾用间谍计灭了浇，使季杼用引诱的办法灭了豷，终于重建了夏朝。《左传·哀元年》里说：“少康使女艾谍浇，使季杼诱豷，遂灭过、戈。”便是对此事的记载，女艾就成了我国第一个从事间谍的人。

◉什么是军事法庭

军事法庭，即国家在军队中的审判机关，与“军事法院”同义。有些国家的“军事法院”就称“军事法庭”。国际军事法庭是指专门打击和惩治战争犯罪行为的国际司法机构。二战结束以来，国际社会建立的审判战争犯罪的国际军事法庭主要有：

欧洲国际军事法庭，又称纽伦堡国际军事法庭，是二战结束后建立的专门审判德国战犯的国际刑事特别法庭。该法庭由英、美、苏、法四国法官组成。

远东国际军事法庭，是二战结束后建立的专门惩治日本战争罪犯的国际刑事特别法庭，由中、美、英、苏等 11 国的法官组成。

◉什么是国际刑事法院

国际刑事法院于 2002 年 7 月 1 日在荷兰海牙正式成立，是根据联合国通过的《国际刑事法院规约》创建的世界上第一个常设国际刑事司法机构，它有权对种族灭绝罪、战争罪、反人类罪和侵略罪进行审判。国际刑事法院与联合国有直接联系，但又独立于联合国之外，不受联合国及安理会约束。美国政府由于考虑到《国际刑事法院规约》可能对美国的军人、外交官和官员不利，于 2002 年宣布从国际刑事法院退出。

◉黄帝是怎样战胜蚩尤的

大约在4000多年以前，我国黄河、长江流域一带住着许多氏族和部落。其中的黄帝是传说中最有名的一个部落首领，以他为首领的部落最早住在我国西北方的姬水附近，后来迁到涿鹿（今河北省涿鹿、怀来一带），开始发展畜牧业和农业，定居下来。与黄帝同时的另一个部落首领是炎帝，最早住在我国西北方姜水附近。据说和黄帝族是近亲。炎帝族渐渐衰落，而黄帝族正在兴盛起来。

这时，有一个九黎族的首领名叫蚩尤，十分强悍。传说蚩尤有81个兄弟，他们全是猛兽的身体，铜头铁额，吃的是沙石，凶猛无比。他们还制造刀戟弓弩各种各样的兵器，常常带领他的部落，侵掠别的部落。一次，蚩尤侵占了炎帝的地方，炎帝起兵抵抗，但他不是蚩尤的对手，被蚩尤杀得一败涂地。炎帝没法子，逃到涿鹿请求黄帝帮助。黄帝早就想除去这个各部落的祸害，就联合各部落，准备人马，在涿鹿的田野上和蚩尤展开一场大决战。

据说，黄帝平时驯养了熊、罴、貔、貅、貙、虎六种野兽，在打仗的时候，就把这些猛兽放出来助战。蚩尤的兵士虽然凶猛，但是遇到黄帝的军队，加上这一群猛兽，也抵挡不住，纷纷败逃。蚩尤请来了“风伯雨师”助战，一时天昏地黑，浓雾迷漫，狂风大作，雷电交加，使黄帝的兵士无法追赶。黄帝也不甘示弱，请天女帮助，驱散了风雨。黄帝还发明了“指南车”指路，带领兵士，依着蚩尤逃跑的方向追击，结果把蚩尤捉住杀了。

◉周武王是怎样以少胜多推翻商纣王的

周文王去世后，他的儿子姬发即位，就是周武王。周武王拜太公望为师，并且要他的兄弟周公旦、召公奭作他的助手，继续整顿内政，扩充兵力，准备讨伐商纣。第二年，周武王把军队开到盟津（今河南孟津东北）地方，举行一次检阅，有八百多个小国诸侯，不约而同地来到盟津会师。大家都向武王提出，要他带领大家伐商。但是武王认为时机未到，检阅结束后又回到丰京。

这时候，纣王的暴政越来越厉害了，到了众叛亲离的地步。武王认为时机已经成熟，就发兵5万，请精通兵法的太公望做元帅，渡过黄河东进。到了盟津，八百诸侯重新会师在一起。周武王在盟津举行了一次誓师大会，宣布了纣残害人民的罪状，鼓励大家同心伐纣。

周武王的讨纣大军士气旺盛，一路上势如破竹，很快就打到离朝歌仅仅70里的牧野（今河南淇县西南）。纣王听到这个消息，立刻拼凑了70万人马，由他亲自率领，到牧野迎战。他想，武王的兵力不过5万人，70万人还打不过5万人吗？

可是，那70万商军有一大半是临时武装起来的奴隶和从东夷抓来的俘虏。他们平日受尽纣的压迫和虐待，早就对纣恨透了，谁也不想为纣卖命。在牧野战场上，当周军勇猛进攻的时候，他们就掉转矛头，纷纷倒戈，大批奴隶配合周军一起攻打商军。70万商军，一下子就土崩瓦解了。太公望指挥周军，趁势追击，一直追到商都朝歌。

商纣王逃回朝歌，眼看大势已去，当夜，就躲进鹿台，放了一把火，跳到火堆里自杀了，商朝便灭亡了。

◉古代第一个运用游击战的将领是谁

秦末汉初时的楚汉战争期间，汉军有一个著名将领叫彭越，是西汉开国功臣，曾拜魏相国，又被封为梁王。与韩信、英布并称汉初三大名将。

彭越是世界战争史上第一个正规使用游击战战术的军事家，可是说是游击战的始祖。论军事谋略与指挥才能，他不如韩信，但论功绩，他却有过之而无不及。在楚汉战争中，正是由于他率部在楚军的后方开展游击战，打击楚国的补给，用敌进我退、敌退我追的战术，使项羽两面作战，疲于应付，使楚军的粮食装备得不到补给，也保证了前线汉军不被项羽歼灭。楚汉战争正是在刘邦的正面防御、韩信的千里包抄和彭越后方游击战的基础上，汉军才在最后的垓下之战中，歼灭项羽麾下疲惫的部队，并取得了最终的胜利。

◉为什么说城濮之战是春秋名将先轸的扛鼎之作

城濮之战、邲之战、鄢陵之战，是春秋时晋楚争霸过程中的三大战役。综合规模、影响力以及战争的精彩程度等多方面的因素来看，毫无疑问，城濮之战堪称三大战役之首。晋中军元帅先轸，在城濮之战中表现出的高超的战略大局观以及战争指挥艺术，给每一个《左传》读者都留下了深刻的印象。

公元前632年，晋文公率齐、秦、宋各国的军队到达城濮（今山东鄄城西南），在城濮以南的有莘与楚军对阵。决战开始，在晋军主帅先轸的指挥下，晋左翼下军佐将胥臣把驾车的马蒙上虎皮以助军威，首先向对面的楚右军的陈、蔡两军发起攻击，陈、蔡军战斗力很差，遭这一突然攻击，惊慌失措，退却溃败。晋右翼上军主将狐毛，竖起两面大旗伪装主将后退，引诱楚左军出击。下军主将栾枝也在阵后用车拖曳树枝，扬起尘土，佯示后面军队也在撤退，以诱楚右军，楚军统帅子玉不察实情，下令左军实施追击。子玉率左军迅速推进，以致孤军突出，侧翼暴露。晋军主帅先轸见楚左军被诱出击，便指挥由晋国贵族子弟组成的精锐中军横击楚左军暴露的右翼。这时，伪装退却的晋军也停止后退，配合中军夹击楚左军，楚左军遭到夹击，大部被歼。子玉看到左右两军都已失败，急急鸣金收军，退出战场，城濮之战至此结束。城濮决战当中，晋军针对楚军部署及其主帅骄躁轻敌的特点，采取避强击弱，佯退诱敌，各个击圾的战法，取得了决定性胜利。子玉不久即引咎自尽身亡。

此后不久，晋文公在郑地践土（今河南原阳县西南）召集诸侯会盟，并向周襄王献上俘获的楚国步卒千人，兵车百乘。周襄王策命文公为侯伯（诸侯之长），晋国的霸业自此确定，晋文公成为春秋时继齐桓公后的第二个霸主。

要论城濮之战的功劳，实际上正像当时有人说的："城濮之事，先轸之谋。"

◉为什么说柏举之战是孙武的成名之战

周敬王十四年（前506年），在吴楚争霸的战争中，吴王阖闾率军远程进攻作战，在柏举（今湖北麻城东北）击败楚军主力，继而占领楚都。

吴王阖闾即位，在行人伍子胥辅佐下，整军经武，增强国力，欲破楚以图霸，经伍子胥多次举荐，孙武以所著兵法十三篇献吴王阖闾，深得阖闾赞赏，被任为将军。周敬王八年（前512），吴王阖闾兴兵攻楚拔舒邑，欲乘胜直捣楚都。孙武着眼全局，认为楚国甚强，吴国"民劳"，大举攻楚的时机尚不成熟，主张积蓄力量，等待时机。此后数年间，按照伍子胥提出的分吴军为三部轮番击楚之策，吴国多次出兵袭扰楚军于江、淮之间，迫使楚军疲于奔命，削弱其战斗力。十四年，孙武与伍子胥共谋利用唐（今湖北随州西北）、蔡（今河南新蔡）两国与楚的矛盾，将其争取为吴的盟国，使楚陷于孤立，又扼楚之项背。随即孙武与伍子胥、太宰伯等佐阖闾统领大军攻楚，避开楚军防守正面，沿淮水迂回进军，由楚守备薄弱的东北部直驱楚腹心的江汉地区，打破楚军战略部署，进而调动楚军脱离有利阵地，大败楚军于柏举（今湖北麻城东北，一说今汉川北），又乘势追击，连战连胜，攻占楚都郢城（今荆沙市江陵西北），创造春秋时期具有明显战役特征的著名战例，表现出孙武指导战争重谋略、重虚实、重人为的鲜明风格。

柏举之战是春秋末期吴、楚之间一次最大的战役，在中国战争史上占有重要地位。孙武以3万兵力击败20万楚军，千里破楚，五战入郢，创造了中国战争史上以少胜多、快速取胜的著名战例。吴军采取避敌正面、迂回奔袭的战略和后退疲敌、寻机决战、突袭破阵、纵深追击等战术，终获大捷。这也是中国古代战争史上灵活用兵的著名战例。孙武也因此威名大振。

◉孙膑“围魏救赵”达到了什么目的

孙膑是兵圣孙武的后世子孙，战国中期著名的军事家和军事理论家。青年时，孙膑曾与庞涓一起师从鬼谷子学习兵法。庞涓下山后，投奔魏国，得到魏惠王的宠信，被任为将。庞涓自忖才能不及孙膑，害怕他下山到魏国后影响自己的前程，更担心他到别国后成为自己的对手，于是决定设计陷害孙膑。不久，庞涓派人上山，以同朝为官为由，劝孙膑赴魏。孙膑不知是计，欣然允诺。不料一到魏国，便落入了庞涓的圈套。魏惠王听信庞涓谗言，无端处孙膑以膑刑，挖掉了他的两块膝盖骨，使之身残终生。按当时的惯例，刑徒是不能为官的。庞涓试图以此断送孙膑的政治前途，消除一个潜在的对手。

孙膑身处危境，显示出卓越的智慧。他佯狂自晦，并设计归齐，得到大将田忌的赏识；又通过著名的“田忌赛马”显露出惊人的才华，得到齐威王的器重，被任为齐国的军师，开始了自己的军事生涯。

公元前354年，魏国以庞涓为将率军伐赵，兵围邯郸。次年，邯郸在久困之下已岌岌可危，而魏军也因久攻不下，损失很大。齐国应赵国之请，以田忌为将，孙膑为军师，率军击魏救赵。孙膑令一部轻兵乘虚直趋魏都大梁，而以主力埋伏于庞涓大军归途必经的桂陵之地。魏国因主力远征，都城十分空虚。魏惠王见齐军逼进，急令庞涓回师。刚刚攻下邯郸的庞涓闻大梁告急，急率疲惫之师回救。至桂陵时，遭到齐军迎头痛击，几乎全军覆灭，庞涓仅以身免。这便是历史上著名的“桂陵之战”。

孙膑在桂陵之战中，既救赵于危亡之中，又除掉了陷害自己的庞涓，显示了自己不凡的军事才能。

◉乐毅伐齐功败垂成的原因是什么

燕昭王二十八年（前284），昭王拜乐毅为上将军，联合秦、楚、韩、赵、魏五国共同讨伐齐国。这一仗基本上分为两个阶段：

第一阶段是大进军，乐毅率燕军会合五国联军，在济水之西大败齐军，此后燕军单独进攻，半年内，一举攻下齐国70余城，齐愍王在逃亡中死于楚将淖齿之手，齐国仅剩下聊城、莒城、即墨3城仍在抵抗。

第二阶段，是乐毅和齐国的大将田单博奕，乐毅施展怀柔之策，采取一系列收揽民心的措施，诸如减赋税、废苛政，保护齐国固有文化，优待地方名流等等；与此同时，田单则想方设法激起齐人对燕军的仇恨，为反攻复国寻找机会。燕昭王三十三年，昭王去世，其子惠王立。惠王原来就与乐毅有隔阂，齐将田单乘机施反间计，散布乐毅要代齐王自立，拥有齐国，又说齐国不怕乐毅，就怕燕国派别人来。惠王深疑乐毅，就派骑劫代替乐毅统帅燕军，乐毅觉得再也无法在燕国待下去，于是投奔赵国。

骑劫不懂怎样带兵打仗，屡上田单的当，在即墨城外掘了齐人的坟墓，割掉俘虏的齐国士兵的鼻子，导致齐人同仇敌忾。田单又向燕军示弱，表示不日即将投降，使燕军放松警惕。经过充分准备，田单向燕军大举反攻，一举击破燕军，杀死骑劫，失去主帅的燕军兵败如山倒，齐军收复燕军占领的 70 余城，燕军退出齐境。

◉田单用什么战术大败燕军

战国时期，燕惠王免去了大将乐毅的官职，让亲信骑劫代替乐毅指挥燕军，企图攻取齐国最后的两座城池——即墨和莒，灭亡齐国。

即墨守将田单为了迷惑燕军，故意派出使臣出城，假言要投降，又让即墨的富豪假意把金银送给燕军将领，请求他们在城破之时手下留情，保护他们。骑劫和燕军将领忘乎所以，只等田单来投降。

田单见骑劫中计，心中暗暗欢喜。他征集了 1000 多头牛，每头牛都披上五彩龙纹的红绸，牛角上捆上锋利的刀，尾巴上扎上浸过油脂的芦苇。田单又精选了 5000 名勇士，手持利刃，身披彩衣，脸画花，跟在牛的后面。

一切准备妥当，在一天深夜，田单命令士兵们将牛牵出来，打开城门，点燃牛尾上的油苇，驱赶“火牛”向燕军营中猛冲，5000 名似神如鬼的士兵跟在“火牛”后面拼命冲杀，即墨城上，男男女女擂鼓敲盆，高声呐喊。

燕军从梦中惊醒，看到五彩斑斓的“火牛”，顿时吓得魂不附体。“火牛”被火烧惊了，横冲直撞，燕军死的死、伤的伤，好不容易从“火牛”蹄下逃了出来，又被 5000 名齐国的勇士杀得片甲不留。燕军横尸遍野，血流成河，骑劫也死在乱军之中。

田单打破燕军对即墨的包围，乘势反攻，一举收复了齐国在过去三年中被燕军攻占的 70 余座城池。

◉韩信是怎样被刘邦拜为大将军的

韩信是江苏淮阴人，少时家贫，却见识过人、胸怀壮志，有大将之才。秦始皇驾崩后一年，此时正当秦二世胡亥之时，陈胜、吴广在大泽乡起兵反抗暴秦的统治。一时之间，天下纷起响应，刘邦起兵于沛，项梁、项羽叔侄二人亦起兵江东，韩信即前往投奔。项梁兵败身亡之后，韩信即归于项羽属下，项羽任命他为郎中。韩信多次向项羽进言献计，项羽刚愎自用，暗地里非常瞧不起韩信。韩信心知在项羽手下终无出头之日，即转而投奔刘邦。后得滕公推荐，被刘邦任命为治粟都尉，管理粮草，韩信杰出的军事才华始终得不到施展。韩信多次与萧何闲聊，萧何深为韩信的才华所折服，认为汉王刘邦如得天下，非有韩信不可。

萧何多次劝刘邦重用韩信，均为刘邦拒绝。后刘邦在南郑打了败仗，将领士兵逃亡的非常之多，韩信认为刘邦不会重用自己，便趁机离开了。萧何听到韩信离开的消息十分焦急，来不及禀告刘邦，就亲自朝韩信走的方向追去。刘邦误以为萧何也离他而去，感到就像失去了左右手一样。

后来，萧何终于追回韩信，前来拜见刘邦。刘邦埋怨他，说道："随我到汉中的人最近逃跑了几十个，你都没有去追，为什么要追韩信?"萧何说："那些逃走的人不难得到，韩信则与众不同，他是个千金难买的人才。如果您打算永久地在汉中称王，就不需要任用韩信。假如您欲东向关中与项羽争夺天下，则非用此人不可。"刘邦不以为然，却不好驳萧何的面子，于是说道："看在你的份上，我用他为将军如何?"萧何说："不行，这样仍留不住他。"刘邦又说："任他为大将军怎么样?"萧何说："这样做就可以了。"刘邦想把韩信招来委以大将军之任，萧何说："大王待人一向怠慢无礼，如今又像叫小孩子一样把韩信叫来，韩信还是要走。您要真想拜他为大将军，就得选择良日，经过斋戒，然后筑起坛场，郑重其事地登坛拜将才行。"刘邦听从了萧何的建议，斋戒沐浴，设台拜将。

起初，众人不知汉王任命何人为将，心中均猜疑不定，后来汉王宣布任命管理粮草的韩信为帅，众将不服。刘邦打败项羽，取得天下，建立大汉帝国后，韩信居功甚伟，远在众将之上。

◉飞将军李广为什么死未封侯

李广生于公元前 186 年，为人木讷，不喜言辞。他身材高大，猿臂蜂腰，灵活自如，祖上世代善射，到了他之后更是青出于蓝而胜于蓝，骑射之术达到炉火纯青的地步。那时候，北方的匈奴经常袭扰汉朝的边塞地区进行掠夺。文帝前元十四年，匈奴又大举入侵萧关。李广正好 20 岁，以普通士兵的身份从军击胡，因立战功升为中郎，后来升为武骑常侍，做了皇帝的侍卫。有一次他随文帝出行，时而冲锋陷阵，挫伤敌人；时而格斗猛兽，勇力超群，得到文帝的喜爱，文帝感慨说："可惜呀！你生不逢时，如果是在高帝（刘邦）的时候，万户侯对你而言都是轻而易举呀!"

到武帝的时候，李广被任命为右北平太守，镇守边关，多次与匈奴作战。匈奴恐惧，称他为"飞将军"，好几年都不敢侵犯右北平。李广大小 70 余战，斩杀敌人不计其数，他的老部下因功封为列侯的，不下 20 人。但是李广到死的时候，也没有得到封侯的机会。李广为此常常叹息不已。他虽然并不喜好功名，但却为自己始终得不到升迁而闷闷不乐。

李广对部下却仁慈宽厚，获得的赏赐都与部下分享，参加战斗时又勇往直前，因而深得部下的爱戴，部下都很乐意跟随他。他痛恨匈奴屡次侵犯边境，扰乱汉人生活，因而屡次请命与匈奴作战。

但李广运气实在不佳。他年轻时政府推行休养生息的政策，不愿与匈奴为敌。等到汉武帝大动刀枪时，李广又已过盛年。几次大战，李广所率军队均是以寡敌众，不仅无功，反被废为庶人。比他年轻的卫青和霍去病却多次以奇兵获胜。

李广 60 多岁的时候，匈奴大规模来犯，不服输的李广再次向武帝请缨出战，武帝同意了他的请求。李广带兵和大将军卫青分路进兵，却中途遇上风暴迷失了道路贻误了战机。卫青要向皇帝禀报此事，李广感到非常屈辱，愤而自杀。

◉一代名将廉颇是怎么死的

战国时期，孝成王赵丹去世后，悼襄王赵偃继位。赵偃是个昏君，每天吃喝玩乐，重小人，远贤臣。一日，赵偃在宫中大宴群臣。国王跟前的红人，善于溜须拍马的郭开投其所好，竟说赵国国力强大，各国都俯首听臣，要赵王造鸿福楼。老将廉颇本来就看不惯郭开平日的行径，拍案而起："郭开，现在其他各国虎视眈眈，尤其是秦国恨不得早日灭我赵国。你耗费国库修建无用之楼，而不是投入军需，防范秦军入侵，你欺君瞒上，居心何在？"

过了数月，郭开伪造证据，联络奸臣，联名上奏朝廷，说廉颇拥兵自重，有策反之心。赵偃也不仔细调查，下旨剥夺了廉颇的兵权。郭开派出杀手对他进行追杀。

廉颇在正义之士的保护下，连夜逃离赵国，隐姓埋名，流亡到了魏国。后来，秦国见心腹之患廉颇已经下落不明，下令进军赵国。赵军在接连的交锋中连吃败仗，秦军队伍直逼赵国都城邯郸。赵偃这才慌了神，在忠义之士的劝说之下，决心派人召回廉颇。

秦国的间谍王敖得知消息后，在晚上来到了郭开的府邸，带去了几件稀世之宝，并许诺攻破赵国后给与高官厚禄。郭开把玩着王敖带来的宝物，爱不释手，拍着胸脯对王敖说："请王大人回复秦王，我郭开一定阻止廉颇回朝。"王敖道谢后，问道："郭大人，我很奇怪，难道你就希望你们赵国灭亡吗？"郭开轻蔑地笑了笑："赵国的存亡是国家的事，而廉颇老贼三番五次和我做对，他是我的个人仇敌。我宁可用牺牲国家来消灭廉颇。"

悼襄王赵偃派人打听到了廉颇的消息，派出使臣，去迎接老将回朝。这个使臣本来就是和郭开一党，见了 70 多岁的老将也不下马，问道："老将军，大王让问问你，看你能不能领兵打仗了。"廉颇见他傲慢，忍气吞声，对使臣说："请大人回复大王，廉颇虽老，但仍能披挂上阵，保家卫国。"

使臣回到邯郸，回复赵偃，说廉颇已经年老体衰，连走路的力气也没有了，而且仍不忘当年之辱，辱骂大王等等。

赵偃龙颜大怒，奸臣的一席话，断送了老将的保家卫国之志，也葬送了无限江山。公元前228年，秦国大将王翦攻陷了赵国都城邯郸，赵国灭亡。老将廉颇得知消息后，不吃不喝，七日后，郁郁而终。

◉李牧是怎样打败匈奴的

李牧是战国时期赵国杰出的军事家、统帅。在一系列的作战中，他屡次重创敌军，显示了高超的军事指挥艺术。

李牧常年驻守北部代郡、雁门郡（今山西代县西北）边境地区防御匈奴。他根据实际情况采取有力措施加强军队的战斗力，有效地防备了匈奴的侵扰。匈奴每次入侵，严密的警报系统发挥威力，士兵迅速退回营垒固守，不敢擅自出战。使匈奴掳掠无所得，赵国军队却因此保存了实力，多年来在人员、物资上没有多少损失，为以后的伺机反击奠定了物质基础。

然而，匈奴人却认为李牧胆子小，渐渐赵国守边的士卒也认为李牧胆怯。最后赵王也以为李牧胆小怕战，于是，赵王就催促李牧出战。李牧在接到王命后，依旧一切军务如故，仍不与匈奴开战。赵王终于对李牧发怒了，把他召回朝撤了职，派其他将领去边境替换李牧。

新的将领来到代、雁之后的一年多，匈奴军每次前来掠夺，他就每每应战，然而每每失败。赵王没有办法解决，只得请李牧再次出任边将一职。李牧仍按原来的规约行事。几年当中，匈奴来犯一无所获，但始终认为李牧胆怯不敢出战。边地军卒得到丰厚的供养而未能效力，也都想请求一战。李牧看准了时机，准备经过挑选的兵车1300辆，精选的战马1.5万匹。获赏百金的勇士5万人，优秀射手10万人，全部组织起来加以训练。同时放纵边民畜牧，使民众布满原野，诱使匈奴出动。

匈奴小股人马侵入时，赵军假装败走，并抛下数千民众给敌人。匈奴单于贪得民众财物，便率大军入侵。李牧常设奇阵，用两侧包抄，痛击敌人，大破匈奴10余万骑，接着乘胜追击，攻破东胡，降服林胡，单于落荒而逃。其后十多年，赵国北边稳固，匈奴不敢接近赵国边境的城邑。李牧也因此成为继廉颇、赵奢之后赵国的最重要的将领。

◉秦将王翦是怎样运用心理战术的

战国时期，秦王嬴政进攻楚国，王翦率60万大军出征，嬴政亲自送他到咸阳郊外的灞上。王翦非常了解嬴政的心理，他趁机向嬴政讨要大量良田美宅。到了边境上，又先后五次派人，向嬴政讨要田宅，连手下将领都看不下去了，说：“将军讨要田宅，也有点过分了吧？”王翦说：“不然。秦王这个人粗暴无理，不信任他人。现在把秦国全部的军队都交给了我，我不多要点田宅作为子孙产业，从而显示我的忠心，难道让秦王闲着没事怀疑我吗？”

王翦早就看透了秦王嬴政，知道他这个人凶残、暴戾、疑神疑鬼，所以故意讨要良田美宅，使嬴政不至于怀疑自己，从而保证征伐楚国的成功。如果从更大的格局来看，王翦的作法就显得更加必要了。在秦始皇统一中国的过程中，王翦和他的儿子王贲居功至伟，王翦带兵先灭赵国，后灭燕国，王贲带兵灭掉魏国，已经有点功高盖主了，现在嬴政把60万军队交给王翦，王翦不这样做还真让秦王不放心。

王翦的心理学在战场上也发挥了作用。楚国听说王翦率兵前来，就集合了全国的军队，鼓足了士气，准备和王翦决一死战。但是，王翦深知楚国人勇猛有余，智谋不足，做事急躁，缺乏耐心，他就坚守营盘，任凭楚军挑战，一直拒绝出战，每天好吃好喝，投石超距，修养士卒。楚军多次挑战，见秦军不出，就引兵而退。此时，王翦命令军队全面出击，击其惰归，楚军大败，楚国随之灭亡。

王翦确实是帅才，秦始皇统一中国，王翦功不可没。

◉长平之战赵括是怎样失败的

战国名将赵括一直被描述为一个“纸上谈兵”的反面典型，从战国的长平大战到今天，他足足被人们数落了2000多年，这是多少有些不公平的。

其实，长平大战一开始，赵军就犯了一个战略性的错误，造成这种错误的人就是统帅廉颇。战国时代，由于赵国的战略环境和地理环境所决定，赵国的军队擅长的是野战或者说擅长进攻，最差的就是防守作战，赵国最厉害的就是战场突击力量，比如弓箭兵、轻步兵、骑兵等，所以才在对匈奴和胡人的作战中屡建奇功。而秦兵最擅长步兵和防守。可以说赵军一开始就犯下了最大的战略性错误。尤其在对垒中后期，秦军逐渐找到了对付赵军的骑兵的方法后，即步步为营，以壕沟、弩兵封锁的战术，赵军已经彻底地丧失了战场上唯一的一点优势。

长平大战一开始，由于数战不利，廉颇就主动坚守，以图与秦军拼消耗，让秦军知难而退，但是谁也没预料到，秦军一坚持就是14个月，长平大战的性质发生了根本改变，也就是由突发的战役决战，演变成了双方有意识的战略决战和战略消耗战。

由于物资、军队的大规模消耗和对垒，使赵国上下人心脆弱，这时，赵王用擅长进攻的赵括换下丧失斗志的廉颇，本来是一招好棋，可惜最佳的时机已经过去了，双方的对垒阵式已经完全形成，赵国是必输无疑了；加上临阵换将，新统帅上任后，又要二至三个月磨合才能形成战斗力，一则赵国国力基本耗尽，二则秦军怎会让赵军有这样的机会。所以，长平大战赵军是一定要输的。

赵括上任后没有看清不利形势，主动言和，却要求部下坚持拼死反击，给秦军造成了空前的伤亡；最后赵军被迫投降后，秦军用残暴的集体屠杀来泄愤，造成坑杀数十万赵军将士的重大历史事件。

◉汉武帝的雄才大略体现在什么地方

汉武帝代表了光辉灿烂的中国文明，也留下了许多难解的千古疑团。史学家班固称颂他罢黜百家、独尊儒术，雄才大略，开疆拓土，还“兴太学，修郊祀，改正朔，定历数，协音律，作诗乐，建封禅，礼百神”，前无古人；另一个史学家司马光却说他奢华无度，酷刑重赋，“内侈宫室，外事四夷，信惑神怪，巡游无度，使百姓疲敝，起为盗贼”。截然相反的两段评论，却是同指一人，武帝早已魂消魄散，后人始终无法断定汉武帝是英明神武还是遗臭万年。

汉武帝具有超人的远见卓识。公元前 140 年，即位不久的武帝发布诏书，要求各级官吏推举贤良方正、敢于直言进谏之士，鼓励天下吏民直接给皇帝上书。武帝从中选拔了董仲舒、主父偃等贤能之士。汉武帝根据董仲舒的理论，颁布“推问孔氏，抑黜百家”的诏令，在建元五年设置五经博士，建立太学，确立了“罢黜百家、独尊儒术”的政策。

公元前 127 年，武帝接受主父偃的建议，实行“推恩令”，诏令诸侯王在封国范围内分封所有子弟，由皇帝给予名号，一改此前嫡长子继承的办法，大大削弱了诸侯王的势力。数年后，又借口诸侯祭宗庙所献黄金分量与成色不足，削夺 106 人的王侯爵位，是为“酎金”事件。

当然，汉武帝最令后人称道的功绩乃是抗击匈奴。此时，汉朝名将辈出，卫青、霍去病、李广、公孙敖等人多次征战。至公元前 119 年，汉军直捣匈奴单于王庭，大破匈奴兵，直追到狼居胥山（今蒙古国之肯特山），封山而还。此后，匈奴再也无力来犯。

数十年南征北战，大汉建国七十余年来所积财富消耗一空。为解决财政问题，武帝又露出了大手笔的风范。先是在全国实行盐、铁、酒的专卖，继而又扩大对商人的征税范围，并重赏揭发偷税行为者。而后又实行均输、平准两策，贱买贵卖，平抑物价；使用五铢钱，统一币制。但大规模的战争耗费甚巨，又占用劳力，影响生产，终于引起百姓的激烈反抗。

晚年的武帝颇有反悔之意，下《轮台诏》罪己，说“方今之计，在于务农”。遂封田千秋为富民侯，任赵过为搜粟都尉，推广“代田法”轮耕增产。这些政策，总算稍稍挽回了局面，奠定了汉室中兴的基础。

◉为什么说卫青不败非天幸

汉将卫青北伐匈奴，立下赫赫战功，他善于为人处事、明哲保身，令人无可挑剔，古人诗云“卫青不败由天幸”实在是委屈了卫青。

卫青出身卑贱，其母在平阳公主家做女仆，因丈夫姓卫，她就被称为卫媪。

卫青是卫媪与平阳公主家小吏郑季私通所生。公元前139年春，卫青的姐姐卫子夫被汉武帝选入宫中，卫青也被召到建章宫当差，这成为卫青一生中的转折点。

公元前129年，匈奴又一次兴兵南下，前锋直指上谷（今河北省怀来县）。汉武帝任命卫青为车骑将军，迎击匈奴，从此，卫青开始了他的戎马生涯。卫青首次出征，即直捣龙城（匈奴祭扫天地祖先的地方），斩首700人，取得胜利。另外三路，两路失败，一路无功而还。汉武帝由此愈加器重卫青，封他为关内侯。

第二次出征，是在卫青之姐受封为皇后之后，卫青再次以车骑将军的身份，率领3万骑兵，从雁门关出击，斩首数千人。第3次在翌年元朔二年出击云中，压制了河套地方，斩首数千，捕获了牛羊百余万头，击退匈奴的白羊王，而楼烦王也败走，汉朝在河套设立朔方、云中等郡，卫青被封为长平侯（3800户）。公元前124年，卫青率领6个将军和10余万骑兵，从河套深入塞外攻击。第4次出征，目标是匈奴右贤王。公元前123年，卫青为大将军，同样率领6个将军，10余万骑的军队，两次出击匈奴，均大胜而归。

霍去病成长起来以后，汉武帝对霍去病恩宠日盛，他的声望超过了舅舅卫青，过去奔走于大将军门下的许多故旧，都转到了霍去病门下。卫青门前顿显冷落，可他不以为然，认为这也是人之常情，心甘情愿地过着恬淡平静的生活。

◉为什么说霍去病是匈奴的天敌

汉武帝对匈奴用兵，大获全胜，所凭借的大将不过两人而已：一为卫青；一为霍去病。霍去病18岁成为皇帝的侍卫，同年随大将军卫青参加与匈奴右贤王争夺河南地（今河套地区）的最后一战，率领800精骑，远离大军数百里之遥，乘匈奴不备，选择便于进攻的目标，出奇制胜，斩杀敌兵2000余人，首战告捷，被封为冠军侯，又封骠骑将军。

公元前121年春天，汉武帝任命霍去病为骠骑将军，率领精骑1万人，从陇西（今甘肃省临洮县）出发，攻打匈奴。在霍去病的指挥下，汉军所至，势如破竹，穿过5个匈奴王国，转战6日，越过焉支山（今甘肃省山丹县境内）1000多里，在皋兰山（今兰州黄河西）与匈奴发生激战。霍去病率部勇猛异常，横冲直撞，阵斩匈奴折兰王、卢侯王，活捉了匈奴浑邪王的儿子及相国、都尉等，歼敌8900多人，并且缴获了匈奴体屠王的祭天金神像。汉军大获全胜。

接着，汉武帝决定乘势全部扫除匈奴在河西地区的势力，打通进入西域之路，于是发动了两次河西战役，大败匈奴。从此，匈奴的军事力量大大削弱，不得不退到遥远的大沙漠以北地区。汉朝西部的威胁彻底解除，通往西域的道路完全畅通了。长城内外一片和平气象，人民安居乐业。

霍去病一生曾4次领兵出塞攻打匈奴，共歼敌11万多人。他平时少言寡语，战场上却勇猛无比。他是一位军事天才，汉武帝常常劝他学习孙吴兵法，他却说："为将须随时运谋，何必定拘古法呢?"他是凭借战场上的直觉指挥战斗的，随机应变，闪电式行动，使他百战百胜，成为名扬后世的一代名将。

◉周亚夫是怎样赢得汉文帝赏识的

公元前158年，匈奴骑兵分两路南下，来势凶猛。汉文帝为激励部队，亲自到几座军营视察劳军，所到之处，将领们无不倾营而出，恭迎天子。唯独到了周亚夫掌管的细柳营，遇到了麻烦，天子的先行官被挡在了营门外，而且明确报告："军营中只听将军的号令，不闻天子的诏令。我们没有接到将军的指令，不能打开营门。"文帝气血上涌，立即派人拿着节符去见周亚夫，说天子要亲自劳军，周亚夫这才传令打开营门。守门的军吏对天子的随从说："将军有规定，军营内的任何车马都不能奔驰，违命者斩。"皇帝的车驾只好缓缓驶进军营。周亚夫见到汉文帝并未跪拜迎接，他对文帝躬身长揖道："臣盔甲在身，不能下拜，请以军礼相见。"汉文帝本来憋了一肚子气，但见这里军容严整，军威森严，明显不像刚刚巡视过的那两座军营那样随便，觉得这才是真正的军队，周亚夫才是真正的将才，只有这样的将军带出的军队才能打胜仗。于是，汉文帝改变了严肃面容，消了心中的火气，亲切地慰劳军队。

周亚夫细柳营整军给汉文帝留下了一个很深的印象，虽然对周亚夫的行为隐隐不快，但从大局考虑，还是提了周亚夫的官职，使他拥有更大的军权，在抗击匈奴中有所作为。不仅如此，文帝临死时还不忘嘱咐儿子景帝：如果将来国家发生危难，特别是有人叛乱时，周亚夫"可任将兵"。

◉为什么说马援"堆米为山"在战争史上是一个创举

东汉光武帝有一个大将隗嚣，听信了部将王元的挑拨，想占据陇西，称王称霸。因而对东汉存有二心，处事狐疑。马援见状，多次写信，好意相劝。隗嚣见到信后愈发恼火，后来竟起兵抗拒汉朝。

建武八年（32年），光武帝亲率大军讨伐叛将隗嚣。军队到了漆县（今陕西彬县），不少将领认为前途情况不明，胜负难卜，不宜深入险阻，光武帝也犹豫不定，难下决心。这时，正好伏波将军马援奉命赶来，光武帝大喜，连夜接见，并将将领们的意见原原本本地告诉马援，征询他的意见。于是，马援说出了自己的看法，他认为隗嚣的将领已有分崩离析之势，如果乘机进攻，定获全胜。

说着，他命人取些米来，当下在光武帝面前用米堆成山谷沟壑等地形地物，然后指点山川形势，标示各路部队进退往来的道路，其中的曲折深隐，无不毕现，对战局的分析也透彻明白。光武帝特别高兴，遂决意进军。第二天，光武帝挥军直进，抵达高平第一城（今甘肃固原）。时凉州牧窦融率河西五郡（指敦煌、酒泉、张掖、武威、金城）太守及羌、小月氏等步骑数万、辎重车5000辆与刘秀会合，分数路攻陇。隗嚣大将 13 人及部众 10 万余人不战而降，隗嚣逃至西城（今甘肃天水西南），援陇蜀军李育、田弇逃至上邦（今甘肃天水）。汉军占天水 16 座属县，刘秀派吴汉、岑彭围西城，以耿彝围上邦。至此，隗嚣军主力基本上被汉军消灭。

在这场战争中，马援“堆米为山”是取胜的重要原因，这在战争史上也是一个创举，因此具有重要的意义。

◉班超是怎样平定西域的

公元 73 年，东汉大将军窦固出兵打匈奴，班超在他手下担任代理司马，立了战功。为了打击匈奴，窦固想采用汉武帝的办法，派人联络西域各国，共同对付匈奴。他赏识班超的才干，派班超担任使者到西域去。

班超带着随从人员 36 人先到了鄯善（在今新疆境内）。鄯善原来是归附匈奴的，因为匈奴逼他们纳税进贡，勒索财物，鄯善王很不满意。但是这几十年来，汉朝顾不上西域事务，他也只好听命于匈奴，这次看到汉朝派使者来了，他便殷勤地招待他们。

过了几天，班超发现鄯善王对待他们忽然冷淡起来。他起了疑心，跟随从的人员说：“你们看得出来吗？鄯善王对待咱们跟前几天不一样，我猜想一定是匈奴的使者到了这儿。”

话虽这样说，毕竟只是一种猜想。刚巧鄯善王的仆人送酒食来。班超装得早就知道的样子说：“匈奴的使者已经来了几天？住在什么地方？”

鄯善王和匈奴使者打交道，本来是瞒着班超的。那个仆人被班超一吓，以为班超已知道这件事，只好老实回答说：“来了三天了，他们住的地方离这儿 30 里。”

班超把那个仆人扣留起来，立刻召集 36 个随从人员，对他们说：“现在匈奴使者才到几天，鄯善王的态度就变了。要是他把我们抓起来送给匈奴人，我们的尸骨也不能回乡了。现在只有一个办法，趁着黑夜，到匈奴的帐篷周围，一面放火，一面进攻。他们不知道咱们有多少人马，一定着慌。只要杀了匈奴的使者，事情就好办了。”

大家说：“好，就这样拼一拼吧！”

到了半夜里，班超率领着 36 个壮士偷袭匈奴人的帐篷。那天晚上，正赶着刮大风。班超吩咐 10 个壮士拿着鼓躲在匈奴人的帐篷后面，20 个壮士埋伏在帐篷前面，自己跟其余 6 个人顺风放火。火一烧起来，10 个人同时擂鼓、呐喊，其余 20 个人大喊大叫地杀进帐篷。

匈奴人从梦里惊醒，到处乱窜。班超打头冲进帐篷，其余的壮士跟着班超杀进去，杀了匈奴使者和 30 多个随从，把所有帐篷都烧了。

班超回到自己的营房里，天刚发白。班超请鄯善王过来。鄯善王一看到匈奴的使者已被班超杀了，就对班超表示愿意服从汉朝的命令。

◉周瑜是怎样谋划赤壁之战的

公元 208 年秋，曹操率军南侵，占领荆州，曹操向孙权进逼。大军压境之际，孙权的大臣们出现了主和、主战两派。鲁肃劝孙权召回在鄱阳的周瑜回到身边，周瑜向孙权分析形势，要求联合刘备，同曹操决战。

周瑜担任孙刘联军的统帅，时年 34 岁。当时刘备军队约 2 万人，周瑜军队 3 万人，孙刘联军共约 5 万人。周瑜的船队沿长江上游前进，与曹军相遇于赤壁（今湖北省嘉鱼县长江南岸）。当时曹军中已流行传染病，两军初次交锋，曹军不利，退到长江北岸，周瑜军在长江南岸。部将黄盖建议说："寇众我寡，难与持久。操军方连船舰，首尾相接，可烧而走也。"周瑜采纳了这个建议，于是选冲锋战舰 10 艘，上载干燥的芦荻、枯干的柴草，又灌油其中，外面包上布幕，战舰尾部又系着轻快小船。

在此之前，黄盖先致密信给曹操，假称投降。船队驶到长江中心，张举樯帆，依次前进。曹军将士都站在营外观看，指指点点，说这是黄盖投降的队伍。黄盖的船队离北岸约二里，同时点火，当时虽是冬天，但碰上好天气，东南风急，风力猛，火势烈，火船如箭驶入曹营，曹军船舰全部被烧毁。大火蔓延到北岸陆地曹营，一下子，火焰满天，曹军人马烧死溺死不计其数。激战中，黄盖被流矢射中，天寒坠水，为吴军救起。周瑜率领轻装精锐军队继续冲击，擂鼓如雷，曹军全线溃败。曹操带领残余军队从北岸华容道（今湖北监利县西北）陆上撤退。天下大雨，地上泥泞，道路不通。曹操下令疲弱士兵负草填塞泥坑，骑兵才能通过。负草的疲弱士兵陷在泥泞中，被骑兵践踏，死得很多。

刘备的军队与周瑜的军队从水路、陆路奋勇追击，追曹军至南郡（今湖北江陵）。曹军大溃败途中又疫病流行，20 多万大军死去一大半。曹操留下曹仁、徐晃守卫江北江陵，乐进守卫襄阳，自己带领残军北还许都。

赤壁之战是中国历史上以少胜多、以弱胜强的一次著名战役。战后，孙权在江东与江西的政权更加巩固，刘备据有荆州大部分地区，以后又得到益州，曹操则占领了北方，从而形成了魏、蜀、吴三国鼎立的局面。

◉吕蒙是怎样打败关羽的

三国时，吴国有位将领叫吕蒙，他一直跟随孙权南征北战，为东吴的建国立业立下了汗马功劳。

东吴自立国后，一直想夺回关羽镇守的荆州，但一直没有成功。而荆州一日不夺回，就对东吴有一天威胁。吕蒙当上统帅后，一面采取各种军事步骤，一面联合魏国，终于使一代名将关羽败走麦城，夺回了荆州。

事情是这样的。吕蒙一直想着怎样才能收回荆州。这天，他终于想出一条妙计：装病，好让关羽放松警惕，再智取荆州。于是他像模像样地向孙权上表，请求辞职。孙权专门去看望吕蒙，问吕蒙说：听说你最近病了，身体状况如何？吕蒙回答，其实无病，乃慢兵之计，关羽所忧虑者，末将也，我今辞职，另差人去守陆口，则关羽会放松防备矣，乘其不备，于中取事，无有不克，并推荐陆逊为偏将军、右都督，代自己守陆口。

随后，陆逊差人送美酒及书礼拜见关羽，极尽美言。关羽看后大喜，仰面大笑，令左右收了礼物。关羽收了礼物果然放松了对陆口的警惕，并撤去一半兵力奔赴樊城前线。陆逊得知后差人星夜报与孙权。孙权大喜，拜吕蒙为大都督，总制江东诸路军马。吕蒙拜谢，点兵三万，快航八十余只，会水者皆穿白衣，扮作商人，却将精兵伏于船舱底下，并调七员大将随军，相继而进。

吕蒙在舱中，将沿江烽火台所获刘备的军人给以优待，然后问他们取荆州之计。降官回答说，我等感将军不杀之恩，愿协助将军破城；我们可以在城下虚报声息，骗开城门，纵火为号，城可破。吕蒙大喜，到半夜，骗开城门，夺回了荆州。

关羽逃往麦城，只剩下马步军300余人，缺少粮草。吕蒙认为，麦城四门皆有大路，关羽兵少，必不从此路而逃，正北有条小路，必从此路而逃。于是令人埋伏精兵五千。果然，关羽进入了吕蒙所设的埋伏，父子二人被乱箭射死。

◉司马懿是怎样破辽东的

魏明帝曹睿时，辽东太守公孙渊称雄一方，自立为燕王，改年号绍汉，联络东吴，侵扰北方。边官报知魏主曹睿，曹睿决计派司马懿率马步军4万前去平定辽东。

司马懿统帅魏军取得初战胜利后，很快把公孙渊困在襄平城（今辽宁省辽阳市）里。这时已是秋季了，秋雨连绵，一月不止，平地水深三尺，魏军的运粮船从辽河口出发可直接开到襄平城下。由于魏军都泡在雨水之中，行坐不安。左都督裴景见状就向司马懿建议说：“雨水不住，整个军营中泥泞不堪，军营应当移到前面的山上。”司马懿听后怒道：“擒获公孙渊只在旦夕，怎么可以移营？如果再有人说移营，立斩不赦！”裴景诺诺而退。过了一阵，右都督仇连又来告诉说：“军士泡在水中苦不堪言，请太尉移营高处。”司马懿听罢大怒，厉声说道：“我军令已发，你胆敢故意违抗！”即令推出斩首，把首级悬于辕门之外，三军军心为之震慑。

司马懿又令南寨人马暂退20里，纵城内军民出城樵采柴薪，放牧牛马。部将陈群疑惑不解地向司马懿问道：“从前您攻打叛将孟达时，兵分八路，八日赶到上庸（今湖北竹山县）城下，很快生擒孟达而成大功；今带甲4万，数千里而来，不令攻打城池，却使久居泥泞之中，又纵贼众樵牧，我真不知太尉是什么主意?”司马懿笑着说道：“您是不知兵法。从前孟达粮多兵少，我粮少兵多，所以不可不速战；出其不意，突然攻之，方可取胜。今辽兵多，我兵少，贼饥我饱，何必力攻？正当任彼自走，然后乘机击之。我今放开一条路，不绝彼之樵牧，是容彼自走也。”陈群拜服。后来，公孙渊果然率残兵败将突围，被司马懿生擒了。

◉陆逊是怎样火烧连营败蜀军的

陆逊夺取了荆州，又杀了关羽，刘备发誓要灭了东吴，为关羽报仇。他不顾诸葛亮的反对，带领蜀汉的大部分人马，对东吴发动了大规模战争。孙权得到这个消息，任命陆逊为统帅，准备迎战蜀军。吴蜀两军相持了数月。

刘备见一时不能取胜，心生一计，命令吴班带着一万多老弱兵士，到靠近吴军的地方去扎营，自己率领精兵八千，在山谷里埋伏起来。吴班领士兵挑战，耀武扬威，不断辱骂吴军来引诱吴军进攻。吴军将领十分气愤，都要求跟蜀军拼一阵，陆逊说：“这里面一定有假，咱们不能盲目进攻，以免中计。”他命令吴军照旧坚守阵地，不要理睬蜀军的挑战。过了几天，刘备知道自己的诱敌之计已经被陆逊识破，只好从山谷里撤出伏兵。

当时正是盛夏季节，天气异常炎热，蜀军士兵忍受不了蒸人的暑气，叫苦连天。刘备只得让水军离船上岸，和陆军一起，靠着溪沟山涧、树林茂密的地方，扎下互相连接的四十多座军营，以便躲避暑热，休整军队，等到秋凉后再向吴军大举进攻。陆逊看到了蜀军战线拉得过长，兵力分散，士卒疲乏，士气低落，认为进行反攻的条件已经成熟。于是，召集大小将士，宣布了出兵破蜀的计划。

为了使反攻有把握取得胜利，陆逊先派出一小部分兵力，对蜀军的一个营寨进行试探性进攻，战斗结果吴军吃了亏，可陆逊已经找到了攻破蜀军的办法，那就是用火攻。陆逊命令水路士兵，用船只装载茅草，迅速运到指定地点；陆路士兵，每人手拿一把茅草，在茅草里藏着硫磺、硝石等引火物，一到蜀营，就顺风纵火。

吴军又是火攻，又是突然袭击。蜀军毫无防备，顿时乱成一团。各路吴军乘着大火，同时发起反攻，接连攻破了蜀军的四十多座营寨。蜀将张南、冯习抵挡不住，被吴兵杀死。在慌乱中，刘备拨马向夷陵马鞍山逃走。吴军乘胜追击，杀死大量蜀军，夺得了许多军用物资。

◉邓艾是怎样一举灭蜀的

魏景元四年（263年）秋，魏军兵分三路，大举攻蜀。西路由邓艾率3万人从狄道（今甘肃临洮）南下，牵制驻在沓中（今甘肃舟曲西北）的由姜维率领的蜀军主力。中路由雍州刺史诸葛绪率兵3万进攻武都（今甘肃成县西北），断姜维归路。东南由镇西将军钟会率主力10万余人，进攻汉中，得手后直下成都。

姜维知汉中不保，成都危急，便摆脱邓艾、诸葛绪的纠缠，由阴平（今甘肃文县西北）南撤，与廖化据守剑阁（今属四川）。钟会进攻地形险要的剑阁，但久攻不下，因缺粮，准备撤军。

于是，邓艾向丞相司马炎建议，由他率部从阴平出发，走小道，经江油（今属四川）、涪县（今四川绵阳东），直扑成都。

邓艾整军从江油出发后遇到的对手是蜀卫将军诸葛瞻，诸葛瞻和邓艾第一次交手就告败北，退往绵竹。邓艾派使者送书于诸葛瞻，大意是如果诸葛瞻能够识大体投降曹魏的话，邓艾将以人格担保保奏朝廷让诸葛瞻当琅邪王。诸葛瞻一怒之下杀了邓艾的使者，断了邓艾继续招降的念头。邓艾于是下令攻城。但诸葛瞻没有固守绵竹城，而是把军队开到城外列阵迎战。邓艾派儿子邓忠等攻击诸葛瞻部的右路，司马师纂等攻击诸葛瞻部的左路，但是两路人马都相继攻击失败。对于邓忠、司马师纂的表现，邓艾勃然大怒，差点将二人斩首。为了戴罪立功，邓忠、司马师纂又带本部兵马再度出战。这一次蜀军被魏军击破，诸葛瞻带来的主要将领皆战死阵中，而绵竹城也为邓艾所得。

拿下绵竹城没多久，邓艾大军就兵临成都城下。后主刘禅听从大臣谯周的建议，自缚出降于邓艾，并下诏命令姜维所部投降魏国。随着刘禅的投降，蜀汉政权也宣告灭亡。

◉楼船破吴的将领是谁

西晋建立的时候，三国中惟一留下来的东吴早已衰落了。东吴最后一个皇帝孙皓是一个暴君，民心思反。公元 279 年，晋武帝就决定发兵 20 多万，分几路进攻东吴国都建业（今江苏南京市）。镇南大将军杜预打中路，向江陵进兵；安东将军王浑打东路，向横江（在今安徽省）进军；还有一路水军，由益州刺史王濬率领，沿着大江，顺流向东进攻。

王濬是个有能耐的将军。他早就作了伐吴的准备，在益州督造大批战船。这种战船很大，能容纳 2000 多人。船上还造了城墙城楼，人站在上面，可以四面瞭望，所以也称作楼船。

为了不让东吴发觉，造船是秘密进行的。但是日子一久，难免有许多削下的碎木片掉在江里。木片顺水漂流，一直漂到东吴的地界。东吴有个太守吾彦，发现了这件事，连忙向吴主孙皓报告说：“这些木片一定是晋军造船时劈下来的。晋军在上游造船，看来是要进攻东吴，我们要早作防守的准备。”

孙皓却满不在乎地说：“怕什么！我不去打他，他们还敢来侵犯我！”

吾彦没有办法，但是觉得不防备总不放心。他想出一个办法，在江面险要的地方打了不少大木桩，钉上大铁链，把大江拦腰截住，又把一丈多高的铁锥安在水面下，好像无数的暗礁，使晋国水军没法通过。

过了年，打中路的杜预和打东路的王浑两路人马都节节胜利。只有王濬的水军，到了秭归，因为楼船被铁链和铁锥阻拦，不能前进。王濬也真有办法。他吩咐晋兵造了几十只很大的木筏，每个木筏上面放着一些草人，披上盔甲，手拿刀枪。他又派几个水性好的兵士带领这一队木筏随流而下。这些木筏碰到铁锥，那些铁锥的尖头就扎在木筏子底下，铁锥被木筏除掉了。

还有那一条条拦在江面的铁链怎么办呢？王濬又在木筏上架着一个个很大的火炬。这些火炬都灌足了油，一点就着。他让这些装着大火炬的木筏驶在战船前面，遇到铁链，就烧起熊熊大火，时间一长，那些铁链都被烧断了。

王濬的水军扫除了水底下的铁锥和江面上的铁链，大队战船就顺利地打进东吴地界，很快就和杜预的中路大军会师。

王濬的楼船顺流东下，声势浩大。吴主孙皓这才着了慌，派将军张象带领水军1万人去抵抗。张象的将士一看，满江都是王濬的战船，无数面的旌旗迎风飘扬，连天空也被遮住了。东吴水军长期没有训练，看到晋军这个来势，吓得没有打就投降了。

王濬的水军几乎没有遇到抵抗，一帆风顺地到了建业。建业附近一百里江面，全是晋军的战船，王濬率领水军将士8万人上岸，在雷鸣般的鼓噪声中进了建业城。孙皓到了山穷水尽的田地，只得自己脱下上衣，让人反绑了双手，带领一批东吴大臣，到王濬的军营前投降。这样，从曹丕称帝（公元220年）开始的三国分立时期宣告结束，晋朝统一了全国。

◉桓温是一个什么样的大将军

桓温是东晋大臣，一度执掌东晋朝政，曾三次北伐，拜征西大将军，封临贺郡公。

永和十年（354年），桓温第一次北伐前秦，亲率步骑4万余人，但中途粮秣不继，被迫撤返襄阳。永和十二年，桓温第二次北伐，击败羌族姚襄，收复洛阳。太和四年（369年），桓温为了树立更高的威望，率步骑5万北伐前燕，一路势如破竹。但不久军中绝粮，又闻前秦援兵将至，遂烧船、弃甲，自陆道撤退，凿井而饮，行军700余里，途中遭前燕骑兵伏击，损失3万余人，大败而归。

桓温长期掌握大权，素有不臣之志，有一次，他抚枕而叹："既不能流芳百世，不足复遗臭万载耶？"咸安二年（372年），简文帝死，遗诏由太子司马曜继承皇位。这就是晋孝武帝。桓温听到这个消息，就带兵进了建康，试图夺取皇位。桓温到达建康那天，随身带的将士，都是全副盔甲，手里拿着明晃晃的武器。朝廷官员到路边去迎接时，看到这个情景，吓得变了脸色。桓温请王坦之、谢安到他官邸去会见，王、谢两人早已听说桓温事前在客厅的背后埋伏一批武士，想杀掉他们。所以，王坦之到了相府，浑身出冷汗，连衣服都湿透了。谢安却十分镇静。进了厅堂坐定之后，他对桓温说："我听说自古以来，讲道义的大将，总是把兵马放在边境去防备外兵入侵。桓公为什么却把兵士藏在壁后呢?”桓温听了，也有点不好意思，说：“我也是不能不防备点儿。”说着，就命令左右把后面埋伏好的兵撤去。

桓温看到建康的士族中反对他的势力还不小，不敢轻易动手，不久便病死。

◉刘裕是怎样消灭后秦的

东晋义熙十二年（416年）八月至次年八月，东晋太尉刘裕率大军攻取后秦都城长安（今西安西北），灭亡后秦的战争。

刘裕亲率大军，兵分五路征讨后秦。龙骧将军王镇恶、冠军将军檀道济率步兵为前锋，自淮、肥一带向许昌、洛阳（今河南许昌东、洛阳东北）方向进攻；建武将军沈林子、彭城内史刘遵考率水军，趋石门（今河南荥阳北），自汴水入河水（今黄河），直指洛阳；新野太守朱超石、宁朔将军胡藩率部由襄阳赴阳城（今河南登封东南），策应洛前锋主力，从南面进攻洛阳；振武将军沈田子、建威将军傅弘之率部由襄阳趋武关（今陕西商南西南），牵制关中的后秦军；冀州刺史王仲德统领前锋诸军，经泗水开巨野泽（今山东巨野北）入河水（今黄河）。

九月，刘裕率大军至彭城（今江苏徐州），各路晋军进展顺利。王镇恶、檀道济进入后秦境，连战告捷。秦将王苟生献漆丘（今河南商丘东北）降王镇恶，徐州刺史姚掌以项城（今河南沈丘）降檀道济。其他要点屯守兵力，亦望风降附。檀道济又破新蔡（今属河南），进而攻克中原重镇许昌。沈林子自汴入黄河，攻克仓垣（今河南开封西北），击降后秦兖州刺史韦华。王仲德率水军入黄河，借道北魏滑台（今河南滑县东），守将尉建率众弃城北渡黄河西走。王仲德进屯滑台。

十月，王镇恶、檀道济会师成皋（今荥阳西北）。后秦阳城、荥阳（今荥阳东北）二城皆降。镇守洛阳的后秦征南将军姚洸求救于长安。后秦主姚泓派越骑校尉阎生率骑兵3000人，武卫将军姚益男率步兵1万前往助守。同时遣并州牧姚懿自蒲坂（今山西永济西南）进屯陕津（即茅津，今河南三门峡市西黄河上）为后援。洛阳守将姚洸拒纳部将赵玄集中兵力，固守金墉（今洛阳东北），以待援军的建议，分兵扼守各处险要：命宁朔将军赵玄率千余人南守柏谷坞（今河南偃师东南），广武将军石无讳东守巩城（今河南巩县西南）。不久，成皋、虎牢（今河南荥阳西北）守军相继降晋。王镇恶、檀道济、沈林子等长驱而进。石无讳退还洛阳，赵玄战死。檀道济进逼洛阳，姚洸出降，秦军4000余人被俘。后秦援军阎生、姚益男等得知洛阳失陷，不敢往援。晋军占领洛阳。

灭后秦之战，刘裕善择战机，部署周密，军事、政治处置得当。攻长安时以偏师入武关牵制后秦军，派水军溯渭水西进，配合主力，水陆夹击，终获胜利。

◉拓跋珪的赫赫武功是什么

拓跋珪是北魏帝国的开国皇帝，他以赫赫武功彪炳史册。但是据史书记载拓跋珪晚年残忍嗜杀，多行苛政。大多数的人都会以为这是一些帝王的猜忌残忍的本性所为。但是有人却根据拓跋珪晚年的一些表现，从现代精神病理学的角度提出了新的观点：这位盖世英雄得了精神分裂症的缘故。

前秦灭亡后，16 岁的拓跋珪被推为魏王。从此，他便开始了富有传奇色彩的创业生活。他首先一举消灭了倚仗拥有重兵而觊觎王位的叔叔，继而又兼并了势力最大的独孤部；不久又与在中原立国的后燕联合，彻底击溃了强盛的夙敌铁弗部。待到控制整个塞北，他诱敌深入，将与其交恶的后燕主力全歼于境内的参合陂。然后马不停蹄，挥师东下，迅速占领了原属后燕的黄河以北的广大地区。398 年，28 岁的拓跋珪模仿汉族传统政权形式建立了一整套国家机构，重申国号为魏，并自称皇帝。拓跋珪不但缔造了雄踞中原 140 余年的北魏大帝国，而且开启了一个胡汉分治南北的新时代，即南北朝时期。

◉郭子仪的主要战功是什么

郭子仪在唐朝历史上可谓绝无仅有的忠臣、不可或缺的重臣。他平定安史之乱有功。天宝十四年（755 年）冬，范阳节度使安禄山联合另一将领史思明起兵反唐。15 万叛军从范阳（今北京城西南）大举南下，一月之间，攻占了河北各郡和河南荥阳、洛阳。第二年正月，安禄山在洛阳称大燕皇帝，唐朝处于危亡之际。在这紧急时刻，唐玄宗李隆基任命郭子仪为朔方（今宁夏灵武西南）节度使，率兵东讨叛军。四月，郭子仪收复云中（今山西大同）、马邑（今山西朔县东北）两郡之后，兵出井陉，会合河东节度使李光弼的部队，一举攻占了史思明坚守 40 多天的九门（今河北藁城县西北）、藁城两县。至此，常山郡 9 县全为唐军收复。安、史叛军很快土崩瓦解。

他平定藩镇割据。唐中晚期藩镇割据，垂涎长安者众，曾经是郭的两位重要部下、后来权力不让郭的李光弼和仆固怀恩，后者因不满朝廷对自己的不公，联合回纥、吐蕃等少数民族反叛唐朝，李虽未反叛，但也对唐有不敬之心，晚节不保，奉诏不朝。和郭同为宰相的朱泚后来也一度占据长安，自称大秦皇帝。郭子仪被任命为河中节度使，关内、河东副元帅，负责讨伐。仆不敢和郭交战，将士们说：我们心怀不义，有什么面目见汾阳王（即郭子仪）。郭子仪杀死仆的儿子仆固瑒，单骑劝说附从仆起兵的回纥诸酋长回兵。

◉李光弼是怎样智降两名叛将的

安史之乱期间，唐朝司空李光弼与叛将史思明在河阳城交战，开始时，攻守

2

将帅风云

都没有进展。史思明想断绝李光弼的粮道，就把军队拉到河清县。李光弼探知，也亲自率领军队到临近河清县的野水渡去驻扎，修筑堡垒，与史军对阵。

两军相持了一天，李光弼就想回到河阳城。临走时，只把部将雍希颢和1000名军士留下防守，并下令说："史思明有两名勇将，一个叫高庭晖，一个叫李日越。他今晚必然派其中一名来劫营。你们只可固守，不能出战。"雍希颢和士兵们莫名其妙，只好遵命。

当夜，史思明果然派李日越去劫营，并告诫说："李光弼善于守城，害怕打野战。现在把兵驻扎在平原上，已经陷入我的圈套，必然被擒。你今夜劫营，务必把他擒来。若擒不到，你就不必回来见我。"李日越听了，遵令而行。李军来到阵前，便喝问："司空在哪里？叫他出来答话。"雍希颢答道："他昨夜已回河阳城去了！"随即反问道："将军姓李还是姓高？""姓李！"雍希颢马上笑着说："想是李日越将军了。司空有命，知将军平素忠心耿耿，只不过被环境所逼迫才跟着史思明的。所以，令我在此迎接将军。"李日越见对方并无敌意，并很理解自己的处境，又想起史思明"捉不到李光弼就休回来见我"的话，便对部下说："如今捉不到姓李的，回去大家都难免一死，不如投降吧！"部下没有不同意的。于是，他们都放下武器，请求投降。雍希颢热情地迎接，并很快引见李光弼。李光弼便把他当作心腹。李日越十分感激，自告奋勇要写信劝他的同僚高庭晖来投降，李光弼却说："不必了。他自然会来投诚的。"过了几天，高庭晖果然率部队来投降，李光弼给以优厚待遇，并同时将他与李日越奏请朝廷给以官职。

许多人对李光弼不费一兵一卒，就收降了敌军两员猛将，百思不解，便去询问。李光弼答道："史思明说我只能守城，不能野战。我把部队转移到野水渡，他以为我进了圈套，必然派遣勇将李日越来攻击。但我离开了，李日越找不到我，自然不敢回去交令，除投诚外实无别路可走。高庭晖的才勇都胜过李日越，见李日越在我这里受重用，必然也来投诚。他俩当时所以跟叛将史思明干，并非真心。"大家听了，无不叹服。

◉李愬是怎样消灭割据势力的

安史之乱以后，唐朝增设了许多节度使。不少节度使管辖的地区，名义上是唐朝藩镇，实际上是地方割据。这样，就出现了藩镇割据的局面，严重削弱了唐朝后期的统治力量。其中，淮西节度使吴少诚、吴少阳和吴元济，相继以蔡州为老窝，盘踞淮河上游地区30多年，朝廷管不了，成了国中之国。他们时常派兵出去掠夺烧杀，人民长期处住这伙人的暴虐统治之下，生活在水深火热之中。朝廷多次出兵征讨，但没有取得多少成效。

唐宪宗元和十一年（816年）正月，朝廷任命李愬为唐（今河南唐河）、随（今湖北随州）、邓（今河南邓州）三州节度使，继续组织军队，讨伐吴元济，任命宰相裴度为淮西宣慰处置使，赴前线督战。李愬出身将门，很有谋略，又善于骑马射箭，是个将才。他了解到，由于连年打仗败多胜少，官军士气低落，军心涣散。所以当他到唐州上任后，经常到营房去探望官兵伤员，进行慰问，使军心日益恢复。他见此时蔡州比较空虚，正是袭取的好时机。他一面扩充军队，赶造兵器，一面对敌军分化瓦解，优待和重用俘虏，把淮西各方面的情况了解得一清二楚，为袭取蔡州做了充分的准备。

这年十月十五日夜，李愬带领官军冒着大雪，在淮西没有防备的情况下攻下了蔡州，抓住了吴元济。这年十一月，吴元济被押送到了京城。唐宪宗下令将他处决。为患 30 多年的淮西割据，就这样平定了。平定淮西，使东都洛阳和江、淮地区解除了威胁，意义重大。其他藩镇看到朝廷有决心，有力量征讨叛乱，不得不收敛一些，表示服从朝廷。唐朝又出现了比较统一安定的局面，这对人民生活和社会生产，都是有利的。

◉杨业是怎样兵败而死的

提起杨家将，人们首先想到的便是杨令公杨业。杨业从小就擅长骑射，爱好打猎，武艺也高，弱冠之年便入事太原的北汉政权，受到北汉皇帝的信任，任侍卫新军都虞候，后投降了宋朝。宋太宗任命他为左领军卫大将军，知代州兼三交驻泊兵马部署，与河东三交口都部署潘仁美共同担负起了山西防御契丹的重任。实际上，潘仁美只是挂了个虚衔，重担全部压在代州前线杨业的身上。

雍熙三年（986 年）正月，宋太宗为了彻底解决契丹对边境的骚扰，执意全面进攻契丹，下诏分兵三路进行北伐。但东、中两路宋军很快溃败，致使杨业的西路军成了孤军。契丹在打败东路和中路两路宋军后，调集十万精锐，全力向杨业占领的寰州压来。朝廷命令杨业率军护送百姓撤离。在当时大兵压境的时刻，要完成这一任务非常艰巨。杨业经过周密思考，提出一个切实可行的方案：但这个方案被潘仁美等人拒绝。他们为了争功，硬要杨业率兵去打寰州。杨业被迫执行。出发时，杨业流着眼泪对潘仁美说：“这次出兵，必定失利，我是北汉降将，蒙皇上大恩，我愿以死报国。”他又用手指着陈家谷（今山西朔县南）说：“你们务必在两翼布置强有力的弓箭手，我转战到这里，你们就出兵夹击，不然我们将会全军覆没。”说罢，杨业就率兵出发了。经过两场恶战，因寡不敌众，杨业战败。退到陈家谷时，潘仁美等人却率军早已离开了谷口，杨业得不到接应，陷入重围。虽然他奋不顾身，英勇作战，终因寡不敌众，身负重伤，坠马被俘，最后，不屈绝食而死。他的儿子杨七郎也在这一次战斗中牺牲。

◉狄青为什么被称为“面涅”将军

狄青 16 岁代兄过充军，开始行伍生涯。宋仁宗在位时，李元昊西北称帝，建立西夏。狄青被派去援边，成为一个下层军官，狄青的辉煌从这里开始了。打仗时狄青向来都是身先士卒，骁勇强悍，由于狄青相貌俊秀文弱，所以他仿效兰陵王，每次上战场他都是披头散发，戴着一副青面獠牙的面具，一马当先地冲入敌阵，所向披靡，西夏人都以为是天兵下凡。在 4 年时间里，他参加了大小 25 次战役，身中 8 箭，但从不畏怯。在一次攻打安远的战斗中，狄青身负重伤，但“闻寇至，即挺起驰赴”，仍旧冲锋陷阵。他在宋夏战争中，立下了累累战功，声名也随之大振。

后来，狄青受得范仲淹赏识，逐渐高升。范仲淹授之以《左氏春秋》，并对他说：“将不知古今，匹夫勇尔。”狄青发奋读书，成长为一个智勇双全的高级将领，后来仁宗劝他洗去充军时脸上刺的字，但是狄青答仁宗：“陛下以功擢臣，不问门第，臣所以有今日，由此涅尔，臣愿留以劝军中。”意思是：陛下以功擢臣，不问门第，臣所以有今日，是因为有这印记，臣愿意留着印记，用以激励军心。面涅：即士兵脸上刺的字号。因此，狄青被称为“面涅将军”。

◉岳飞因何功毁一旦

岳飞是南宋抗金的名将，我国历史上著名的民族英雄。20 岁那年，早就渴望着有朝一日能为国家效力的岳飞应募从军。出发前，他的母亲在儿子的背上刺上了“精忠报国”四个字，让他随时不忘报效国家。岳飞入伍后，时时想着母亲在自己背上刺下的字，每次作战都冲锋陷阵，勇猛无比。没过多久，就多次被提拔。32 岁时被封为节度使，成为威震一方的名将。

1140 年 9 月，金朝撕毁和南宋签订的和约，出动全国精锐部队，以兀术为统帅，分四路大举进攻南宋。南宋王朝面临覆灭的危险。岳飞立刻出兵迎战。没过几天，几路人马纷纷告捷，先后收复了颍昌（今河南许昌东）、陈州（今河南淮阳）和郑州。兀术败了一阵，就调用他的“铁浮图”进攻。“铁浮图”是经过兀术专门训练的一支骑兵，这支人马都披上厚厚的铁甲，居中冲锋；又用两支骑兵从左右两翼包抄，叫做“拐子马”。

岳飞看准了“拐子马”的弱点，命令将士上阵时带着刀斧，等敌人冲来，弯着身子，专砍马脚。马被砍倒了，金兵跌下马来，岳飞就命令兵士出击，把“铁浮图”、“拐子马”打得落花流水。兀术听到这消息，哭得挺伤心，说：“自从起兵以来，全靠“拐子马”打胜仗，这下全完了。”但他不肯认输，过了几天，又亲自率领 12 万大军进攻宋军。岳飞部将杨再兴带领 300 名骑兵在前哨巡视，见到金兵，立即投入战斗，杀伤敌人 2000 多人。

岳飞眼看这个胜利的形势，也止不住内心的喜悦。他鼓励部下说：“大家努力杀敌吧。等我们直捣黄龙府的时候，再跟各路弟兄痛痛快快喝酒庆祝胜利!”

可叹的是，南宋政权采取苟安政策，连连得胜的岳飞却被调离了战场，后来更为奸相秦桧所害。不过，岳飞的事迹和精神却为后人所传颂。

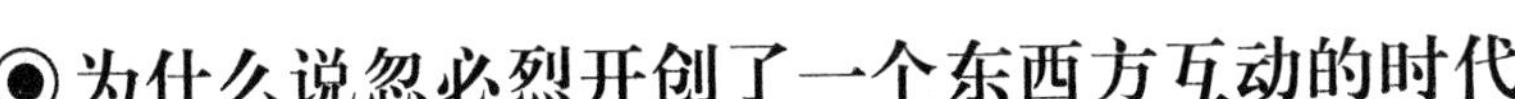

◉为什么说忽必烈开创了一个东西方互动的时代

忽必烈是成吉思汗之孙，元朝的创始皇帝。他也是第五代的蒙古大汗。1260年至1294年在位。

忽必烈生活于蒙古帝国的黄金时代。他出生之时，蒙古人开始开疆扩土；他长成之时，蒙古大军已经无远弗届，把疆域远远地扩张到了北方和西方。在这段蒙古史（实际上也是欧洲史）上最辉煌的时期里，忽必烈和他的祖父成吉思汗无疑是两个最显赫的蒙古人。欧亚的历史是从蒙古人开始的。在13世纪最初的几十年间，他们经过不断的蚕食，建立了世界历史上最庞大的帝国。其疆域北部从朝鲜半岛一直延伸到俄罗斯西部；南部从缅甸一直到达伊拉克。他们的军队曾一路打到今天的波兰和匈牙利。在此过程中，他们消灭了当时世界上最强大的王朝，包括统治中东和波斯的阿巴斯王朝、金朝和南宋王朝、中亚的花剌子模等。在几十年间，蒙古人统治了欧亚大部分地区，并对其他地区形成威胁之势。

虽然蒙古帝国仅仅持续了不到一个世纪，但它已经把欧洲和亚洲紧密地连接起来了，由此开始了一个东西方之间广泛接触和频繁互动的时代。当蒙古人对征服地区的统治稳定下来之后，他们便既不反对也不禁止与外国人的联系。尽管蒙古人从不放弃他们统治全世界的企图，但是他们仍然热情款待外国游人，甚至款待那些来自尚未征服的王国的旅行者。他们鼓励人们在蒙古统治下的亚洲广大地区旅行，并为之提供方便。在蒙古统治下，许多欧洲商人、手工匠和使节首次到达中国。亚洲的商品沿着商道到达欧洲，随之而起的欧洲人对这些产品的需求，最终刺激了欧洲人寻找通往亚洲航线的热情。因此，蒙古时代间接地催生了欧洲15世纪探索世界的时代，这个时代，在发现绕过好望角到达亚洲的航线和克里斯托弗·哥伦布寻找由西方通往印度之路而未果时达到高峰。

◉常遇春的统兵特点是什么

明朝大将常遇春从1355年追随朱元璋，参加采石矶渡江战役，到1369年夺取元上都开平，暴卒于柳河川为止，14年戎马生涯，转战南北，可以说无役不从，战无不胜。他“为人沉鸷果敢”，被誉为当时的天下奇男子。他也曾自负地说：“我率十万人便可横行天下。”军中送他一个绰号叫“常十万”。

常遇春不仅有勇，而且也有智谋，常常以智取胜，或者设伏，使用疑兵；或者声东击西，出敌不备。在历次战役中都不乏其例。例如，1359年7月，常遇春率兵攻衢州，元将伯颜不花悉力守备，常遇春使用各种攻城器具，仍久攻不下，乃以奇兵出其不意，挖穴道进入南门瓮城，毁敌所架之炮，又策动元将张斌降，内外夹击，一举夺得衢州。1360年5月，常遇春与徐达一起攻破了陈友谅的枞阳水寨，陈友谅率大军前来报复，四处扬言要攻取安庆。常遇春经过分析，认为其中有诈，这是陈友谅要夺取安庆附近的池州，是声东击西之计。同徐达商议后，决定将计就计，设伏诱敌，陈友谅果然中计，腹背受敌之下大败而逃。这都是常遇春以智谋取胜的典型战例。所以史书上说，常遇春“虽不习书史，用兵辄与古合”，“克敌制胜之方皆中节度”。

常遇春“爱抚士卒”，“每与敌战，出则当先，退则殿后，未尝败北，士卒乐为之用”。这是自古名将几乎所共有的一个优点。与此相应就是兵有纪律，所到之处秋毫无犯，不扰民。他很同情百姓的疾苦，这同他出身农家有关，也是朱元璋在开拓事业中一贯严格要求的。常遇春与胡大海一起曾向朱元璋建议，免收百姓给军队交纳的粮草——寨粮，朱元璋采纳了这个建议，注重发展屯田事业，以解决军队的粮饷，从而减轻了占领地区百姓的沉重负担。

在和同僚之间的关系上，常遇春处理得也比较好。他身为副将军，与大将军徐达一起征战，非常尊重小他两岁的徐达，谦逊地“奉节制，进止赴期不敢爽毫发，大将军雅敬爱之”，始终无小间。当时，徐达、常遇春两员大将并称，“一时名将称徐、常”，一个以谋略持重著称；一个以勇猛果敢闻名。朱元璋很会用将，以徐达为正，常遇春为副，用其所长，互相配合，相得益彰。

◉朱元璋麾下的含山战将有哪些

朱元璋在建立大明王朝过程中，曾率领农民起义军南征北战。其麾下，安徽含山县的华高、仇成、杨兴、杨文、李彬、李信等6员战将功勋卓著，他们跟随朱元璋征战的足迹遍及大江南北20多个省市，先后参与了推翻元朝的征战、平定叛乱、戍边屯田、巡守海疆、修筑长城等一系列重大军事活动，为大明朝的建立与巩固立下了汗马功劳。

巢国公华高早年在家乡组建水军，看家护院，后率部入巢湖，拥有战船千艘。元至正十五年归附朱元璋，率领巢湖水军突破元朝中丞蛮子海牙的裕溪口铜城闸防线，协助起义军渡长江，攻克许多城镇，奠定了大明江山的最初基础。

皖国公仇成，元至正十五年投奔朱元璋。朱元璋觉得仇成为人豪爽，遂留作侍卫。在历次战斗中，他冲锋在前，英勇善战，所向必克，深得朱元璋的信任，从一名侍卫一路高升，历任领军先锋，统军大元帅，留守中卫指挥佥事，留守左卫指挥使，大都督府都督佥事，视大都督府事等要职。

在朱元璋麾下的6员含山籍战将中，还有两对父子，他们分别是杨兴、杨文父子，李信、李彬父子，所谓“打仗亲兄弟，上阵父子兵”，一时间在当地传为美谈。

杨兴少年勇毅，有大志。元至正十五年，自巢县归附朱元璋。朱元璋赞其英武，先授管军千户，后任管军万户，管军总管等职。他不负众望，跟随朱元璋攻城夺池，屡建奇功。他战死后，儿子杨文以文管领本部神枪，初战庐州。后历任皇陵卫百户，承信校尉、广西都尉、桂林左卫、六安卫右所千户，直至大总兵等要职，封骠骑将军，授特进荣禄大夫。

另一对父子战将中的父亲李信，元至正十五年在和州归附朱元璋，先后随其渡长江、越黄河，参加战斗无数，特别是与元朝残余势力伯颜帖木儿战斗中，表现出众，俘获较多。官至辽东都指挥使。其子李彬，明洪武22年袭父职，任济州卫指挥佥事，远征漠北，后驻军北平，督众修筑长城，封为同知右军都督府事丰城侯。

◉为什么说戚继光是古代的民族英雄

戚继光（1528—1588年）是明代抗倭名将，杰出的军事家。17岁袭父职任登州卫指挥佥事。25岁被提升为署都指挥佥事，负责山东全省沿海防御倭寇，取得了令人瞩目的成绩。

嘉靖三十四年（1555年），戚继光被调到倭患严重的浙江任都司佥书，不久升参将，镇守宁波、绍兴、台州三府。嘉靖三十五年（1556年），倭寇800余人侵入龙山所，他率军迎击，接敌没几回合，明军怯战，纷纷溃退。危急时刻，戚继光纵身跃上一块高石，连发三箭，将3个倭寇头目射倒。倭寇见状，仓皇撤逃。

嘉靖三十八年（1559年），戚继光从浙江义乌群山之中招募勇敢的农民和剽悍的矿夫共3000余人，采用营、官、哨、队四级编制方法编成新型军队。队是基本战斗单位，队员按年龄、体格分别配备不同的兵器，作战时，全队队员各用其所长，配合作战，攻守兼备，进退灵活。这种战斗队形能分能合，人称“鸳鸯阵”。经过戚继光的严格训练，这支新军队伍很快成为军事劲旅，人称“戚家军”。

嘉靖四十年（1561年），倭寇大举侵犯台州，戚继光率领所部九战九捷，取得举世闻名的台州大捷。倭寇心惊胆战，给戚继光取了个名字叫“戚老虎”。次年夏，率戚家军南下福建，荡平倭寇在横屿、牛田、林墩的三大巢穴。嘉靖四十二年（1563年），与福建总兵俞大猷、广东总兵刘显等人取得平海卫大捷。次年，升总兵官，镇守福建全省及浙江金华、温州两府。当年11月，倭寇2万人围攻仙游，戚继光“用寡击众，一呼而辄解重围；以正为奇，三战而收全捷”。从此，戚家军威振中国海疆，倭寇望风而逃，危害已久的倭患终被荡平。

◉为什么说俞大猷应与戚继光齐名

明代中期功绩卓著的抗倭将领，以戚继光、俞大猷为最，不过单就戚、俞比较，则戚继光显然名声更大，亦更为当时后世看重。尤其到了当世，戚继光已成民族英雄，历史书籍但凡论抗倭必大书特书戚继光。俞大猷则沦为装点性质的陪衬角色，成了夺目红花一旁的绿叶，并未给俞大猷一个公正的定位。

实际上，俞大猷与戚继光齐名，并誉“俞龙戚虎”，“俞家军”声望也不在“戚家军”之下。理由如下。

就战线而言，俞大猷率师剿倭，足迹遍及浙、直、赣、闽、粤，这在当时的抗倭将领中是独一无二的。从年限看，俞大猷抗击倭寇侵扰的时间比戚继光长。从明嘉靖二年（1523 年）开始，到嘉靖四十五年（1566 年）东南倭患基本平息，这段时间，俞大猷从 20 岁到 63 岁。可以说，俞大猷一生的大部分时间，是在倭患最严重的时期中度过的。戚继光则比俞大猷迟生 25 年，嘉靖三十四年（1555 年）走上抗倭前线时已是战争中后期了。而俞大猷自 1547 年大明朝任命朱纨整顿海防，进剿倭寇，打响第一炮时，就调任福建备倭都指挥使，始终处在抗倭第一线。每一个抗倭阵地都有他的身影，每一场重要的战役都有他的参与。

何况，在嘉靖四十一年（1562 年）以前，俞的职位比戚高（俞受贬官夺荫时除外），戚继光任参将时，俞大猷已在抗倭战争中立下汗马功劳，荣任都督了。嘉靖四十一年，平海卫大捷，戚加官进爵，接替俞为福建总兵官，自此戚风头颇有盖过俞之势，然而，到倭患基本解除的嘉靖四十五年（1566 年）不过短短四年时间，而且这最后的胜利是同为总兵的戚继光将陆兵，俞大猷将水兵，夹击潮州倭与海盗首领吴平于南澳取得的。

不管怎么说，论经历的战斗次数、歼敌数量的多少这样的硬指标，俞大猷还是超过戚继光很多，抗倭功绩无人能及。

◉袁崇焕为什么要在辽东进行军事改革

17 世纪初叶，明朝内外一片混乱。皇帝长期不理朝政，党派之争日益激烈。明朝政治上的没落加速了土地的兼并，田赋之高，加派之重，造成了各处土地抛荒，田价奇贱，“民变”和“兵变”相继爆发，社会危机日益深重。明末阶级矛盾的极端尖锐，促使民族矛盾也进一步复杂起来。白山黑水间的满族，在明朝不暇自顾的情况下，1616 年，建立了地方性的民族政权——后金。几年时间，攻抚顺，下辽沈，占辽西，烧杀抢掳，游骑纵横。

1622 年，后金进攻广宁，明朝 14 万大军闻风而逃，关外全弃。面对危急局势，明廷战战兢兢，一片“弃辽”之声；袁崇焕却慷慨激昂，要求奔赴关外，力主坚守宁远，筑城整军，屯田保民。1626 年，以宁远孤城孤军击败努尔哈赤 13 万兵马的轮番进攻，取得了明朝第一次奇捷大胜。袁崇焕以功升任为辽东巡抚，随即开始了辽东军事改革的重要时期。

袁崇焕主要采取了以三条基本改革措施，其中最重要的是建立督师集权的“三将制”。明朝时，兵将分权的状况非常严重。明初，五军都护府与兵将相互牵制，兵将成了既无发兵权，又无统兵权的傀儡。九边之地，武官林立，人人有职，个个无权。这项改革就是要把兵权集中到兵将手中，让兵将有权决定战事。

◉关天培是如何血染虎门的

19 世纪 30 年代以后，英国大量向中国输出鸦片，造成了我国白银的大量流出，形成了“渐成病国之忧”的形势。与此同时，英帝国主义派出军舰在我国沿海游弋，以待时机。

烟毒泛滥引起严重的社会问题和经济问题。道光皇帝任命林则徐为钦差大臣，节制广东水师，前去广州查禁鸦片。1839 年 6 月 3 日，虎门海滩烟雾蔽天，两万多箱鸦片全被销毁，中国人民扬眉吐气，而英国则以此为借口发动了鸦片战争。

战争中，英军和清政府中的投降派相勾结，密谋将林则徐革职查办。琦善调任两广总督后，下令撤除海防，把沿海的防御工事拆尽，甚至将海防重炮炸毁。朝廷的投降主义，使英帝国主义得寸进尺，气焰更为嚣张。

1841 年 1 月 7 日，在门户洞开的情况下，英军突破虎门要塞的第一道防线——沙角、大角两炮台。2 月 25 日，英国侵略军向虎门的第二道防线发起进攻，靖远、威远、镇远三炮台同时遭到英军数百门炮的猛烈攻击，靖远炮台是英军进攻的主要目标。守将关天培用爱国主义的大义来教育和激励官兵，用自己私人的钱财来奖励士兵，亲自带头宣誓“人在炮台在，不离炮台半步”。官兵一体同仇敌忾，15 门大炮并列在炮台前面，装足弹药。当敌船靠近时，关天培一声号令，大炮齐轰，真是“海水腾沸焚飙轮”，接连多次挫败了英军的进攻。

2 月 26 日午后，突然刮起了强烈的南风，英军乘机发炮猛击靖远炮台，炮台多处坍塌，守军伤亡过半。关天培负伤十多处，仍指挥若定，亲自燃放火炮杀伤敌人。全体官兵齐心协力，临危不惧，沉着应战，使敌人无法靠岸。然而天不作美，狂风之后暴雨骤降，火炮的火门进水，无法燃放，英军乘机围困炮台。敌人从四面八方蜂拥而上，守卫炮台的将士与英军展开了短兵相接的血战。最后，关天培和 400 多名官兵宁死不降，流尽最后一滴血。

◉刘永福的黑旗军是怎样抗击法军的

刘永福（1837 — 1917 年）早年当过水手，先后参加郑三、吴亚忠领导的反清起义军，以七星黑旗为军旗，称黑旗军。同治六年（1867 年），清军进攻吴亚忠的黑旗军，次年刘永福率余部三百余人进驻保胜（今越南老街），屯垦安民。队伍很快发展到两千余人，由于军纪严明，深受当地群众拥护。同治十二年，法国侵略军进攻越南河内等地，他应越方要求，率黑旗军与越军联合作战，在河内西郊大败法军，斩法军首领安邺上尉等数百人，乘胜收复河内。次年，越南国王授予他三宣副提督之职，让他管理宣化、兴化、山西三省。

光绪九年（1883 年），法军占领越北南定省，企图进犯广西。刘永福率兵三千在河内城西纸桥一带同法军激战，黑旗军大胜，毙法军司令李维业以下数百人。越南国王封刘永福一等义勇男爵，任三宣提督。同治十年，法国侵略军五千余人大举进攻越南，占领红河三角洲，后又进攻台湾基隆港。清廷被迫向法国宣战，授刘永福记名提督衔。刘永福率黑旗军同清军联合向法军进攻，包围宣光，至次年三月伏击法国援军，接着又在越南北部临洮大败法军，收复广威。与此同时，老将冯子材也在镇南关（今友谊关）重创法军，从根本上扭转了战争形势，迫使挑起战争的法国费理内阁倒台。就在中国军队打了胜仗时，清廷却下令停战，同法国签订条约，承认越南为法国的保护国。同治十一年冬，刘永福率黑旗军将士 3000 人回国，清廷下令裁减，只剩下 1200 人，次年又逐渐裁减至 300 人。

光绪二十八年，刘永福任广东碣石镇总兵。辛亥革命后，曾被推为广东民团总长。不久告老还乡。1915 年，日本向袁世凯提出灭亡中国的二十一条，将近 80 岁的刘永福义愤填膺，又要求重上战场。两年后病逝。

◉ “世界之王”居鲁士是如何建立波斯帝国的

居鲁士大帝（约前 559—前 530 年在位）是古代波斯帝国的缔造者。他所创建的国家疆域辽阔，从爱琴海到印度河，从尼罗河到高加索。在铭文中，他骄傲地说：“我，居鲁士，世界之王，伟大的王。”

公元前 7 世纪，在今伊朗西部居住着两个伊朗语部落群体，波斯在南，米底（又译米堤亚）在北。公元前 612 年，米底和巴比伦一起摧毁了亚述帝国，米底从此号称帝国，成为西亚最强大的国家之一，波斯人成为他们的臣属。居鲁士就是波斯人与米底人通婚的后代。居鲁士 10 岁的时候，和同村的孩子玩扮国王的游戏，被孩子们推举为国王的居鲁士，鞭笞了一个抗命的贵族之子。事情越闹越大，以至于国王阿斯提阿格斯亲自介入调查，居鲁士的身份终于被发现。宫廷祭司说，这个孩子已经在游戏中成为国王，不会再第二次成为国王了。阿斯提阿格斯终于消除疑虑，将居鲁士送回波斯。

公元前 559 年，居鲁士成为波斯人的首领，统一了波斯的 10 个部落。曾奉命处死居鲁士的大臣哈尔帕哥斯便开始与他联络，要他起兵攻打米底，自己则约为内应。原来，当初国王发现哈尔帕哥斯未杀死居鲁士，一气之下，把此大臣 13 岁的独生子杀死，并烹成菜肴，让哈尔帕哥斯当面吃下。刻骨的仇恨让他冷静思考如何报杀子之仇。

公元前 553 年，居鲁士起义反抗米底。为了说服波斯人追随自己，他命令全体波斯人带镰刀集合，让他们在一天之内将超过 3 公里见方的土地开垦出来。在完成这项任务之后，居鲁士发出第二道命令，让他们在次日沐浴更衣后集合。居鲁士宰杀了他父亲所有的绵羊、山羊和牛，并准备了酒和各种美食犒劳波斯全军。第二天，波斯人聚集在草地上，尽情饮宴。此时，居鲁士问他们是喜欢第一天的劳苦，还是第二天的享乐。听到大家都选择了后者，居鲁士说："各位波斯人啊，如果你们听我的话，就会享受无数像今日这般的幸福；如果你们不肯听我的话，那就要受到无数像昨天那样的苦役。"波斯人奉居鲁士为领袖，起兵攻打米底。

征服米底的战争持续了 3 年，公元前 550 年，居鲁士终于攻克了米底都城，正式建立波斯帝国。

◉汉尼拔是怎样失败的

汉尼拔（前 247—前 183 年），是北非古国迦太基著名军事家。他生长的时代正逢古罗马共和国势力的崛起。少时随父亲哈米尔卡·巴卡进军西班牙，并在父亲面前发下一生的誓言，要终身与罗马为敌，自小接受严格和艰苦的军事锻炼，在军事及外交活动上有卓越表现。现今仍为许多军事学家所研究之重要军事战略家之一。

第二次布匿战争期间，他率领军队从西班牙翻越比利牛斯山和阿尔卑斯山，牺牲了大量佣兵，进入意大利北部，在特拉比亚战役（前 218 年）、特拉西美诺湖战役（前 217 年）和坎尼战役（又叫"康奈大战"，前 216）中，巧妙运用地形、兵种及天气变化，引诱并击溃罗马人，于进入罗马国境的途中因眼疾而有一眼失明。

坎尼战役之后，罗马人深感此人之军事威胁，特别是在情报搜集、行军布阵及外交分化罗马联盟上。于是减少与汉尼拔的军团发生正面冲突，加强同罗马联盟之间的关系，施用焦土战略，阻断其军需物资的补给，发行国债，增加军团，从汉尼拔身上学会及改用游击战略，才逐渐夺回意大利南部的要塞。公元前 204 年，罗马人在大西庇阿的率领下入侵迦太基本土，迫使汉尼拔回到非洲。公元前 202 年，大西庇阿于扎马战役击败汉尼拔。

战后汉尼拔成为迦太基的行政官，以帮助迦太基从战争的疮痍中恢复。公元前 195 年，在罗马人的施压下，汉尼拔出走东方，流亡到塞琉西王国，直到公元前 189 年，罗马打败安条克三世，并要求引渡汉尼拔，汉尼拔逃到小亚细亚北部的比提尼亚王国。即使如此，罗马人仍然不放心汉尼拔，一直争取把他引渡到罗马受审，终于逼至汉尼拔在公元前 183 年服毒自尽。

◉为什么说凯撒是杰出的军事家和作家

凯撒（前 102—前 44 年）出身于罗马的名门贵族，是一位杰出的军事家和作家。在高卢，凯撒征服了骁勇强悍的高卢民族，不到 10 年时间，他占领了 800 多个城市，歼灭和俘虏了 200 万人，使高卢成为罗马的行省。凯撒还在罗马的边境推进到莱茵河岸。不久，他又越过海峡攻入不列颠岛（现在的英国）。凯撒的显赫战功和卓越的军事才能，使他在罗马人中的威望日益高涨。这使他的女婿、罗马执政者庞培嫉妒和不安。庞培便利用自己的权力，颁布法律，要解除凯撒的兵权，命令他立即从高卢返回罗马。凯撒知道这是庞培的阴谋，他经过深思熟虑，决定带领军队打回罗马，趁机夺取罗马的最高权力。

公元前 49 年初，凯撒率师打回罗马。庞培没有料到凯撒会如此果断地进攻罗马，他迎战不及，仓皇逃往希腊。凯撒进入罗马，成为罗马的“独裁者”，随后又得到统治整个意大利半岛的权力。第二年凯撒率军进攻希腊，讨伐庞培。庞培被打败，逃到了埃及。凯撒也追到埃及。埃及国王为讨好凯撒，派人刺杀了庞培。埃及国王把庞培的首级和戒指献给他。看着庞培苍白而熟悉的面孔，凯撒流出既感伤又欣慰的泪水。他为昔日的同盟和女婿、今日的敌人举行了正式的葬礼，并追杀了谋害庞培的凶手。

凯撒的权力越来越大，渐渐走向军事独裁，这引起了部分固守罗马共和传统的元老贵族的严重不满，他们不是为了人民的自由，而是为了他们自己的利益，组织起一个阴谋集团谋杀了凯撒。

凯撒是个伟大的军事家，还是一个著名的文学家。他的主要著作《高卢战记》和《内战记》，是他自己亲身经历的战争回忆录，文笔清晰简朴，行文巧妙，是初学拉丁文者的必读之书。

凯撒留下了一个强大的中央集权帝国，还有一部他决定采用的历法——儒略历。这部以凯撒命名的历法，就是现在大多数国家通用的公历的前身。

◉为什么说贝利萨留是拜占庭的“常胜将军”

贝利萨留是拜占庭（东罗马）帝国统帅，出生于色雷斯。其妻安东妮娜与皇后提娥多拉原是马戏演员，交情甚厚。他凭着这种关系成为皇帝查士丁尼一世的侍卫和宠臣。公元 527 年，他率军参加对波斯的战争。公元 529 年任禁卫军长官，次年任德拉总督，采用骑兵伏击战术，击败 4 万波斯一阿拉伯联军，名声大振，时年 25 岁。公元 532 年，他镇压首都君士坦丁堡的尼卡起义，解救被困的皇帝，又立新功。公元 533—534 年，奉命率步兵 1 万、骑兵 6000 入侵北非，消灭汪达尔一阿兰王国并俘其国王，凯旋首都，被授予执政官称号。这个最高奖赏是他为查士丁尼进行侵略战争而赢得的，是他一生征战事业的顶峰。

公元 535 年，为了完成查士丁尼攻占东哥特王国以收复意大利本土的使命，贝利萨留再次率军远征。是年冬，他的军队登陆西西里岛，但是未及北上又被召去非洲镇压了一次叛乱。公元 536 年攻入意大利南部，后北上攻占罗马。公元 540 年攻陷东哥特都城拉文纳，俘东哥特王维蒂吉斯。东哥特人曾以立贝利萨留为王作为投降条件，他佯装同意，但受降后又拒绝王位。此举却引起查士丁尼的猜疑，年底被召回，从此受到冷遇。

公元 541—544 年，他再次率军对波斯作战，取得几次胜利，但对纪律松弛的雇佣军控制不力，被查士丁尼斥为不忠，剥夺了他的军权。幸亏皇后干预，才免于身败名裂。此时，东哥特人造反。贝利萨留于公元544年再次去意大利征战东哥特。由于长期战争使出征意大利的部队疲惫不堪，皇帝仍对贝利萨留心存疑惧而不予增援，故对东哥特人的征战失利。公元548年贝利萨留被召回解职。公元559年匈奴人入侵，他再次被皇帝任用，率军击退匈奴人。公元562年被指控参与谋反，被捕入狱。次年获释后不久去世。

贝利萨留戎马一生，英勇善战，为拜占庭帝国立下赫赫战功，当时即被人们称为"常胜将军"。他在军事上注意改进军队的战术和装备，在作战中以善于使用骑兵著称。他所建立的新型骑兵，身披护身铁甲，装备有日耳曼人的长矛和波斯人的弓箭，具有强大的作战能力，当时就被称为"铁甲军"。他所留下的骑兵，后来一直成为捍卫东罗马的骨干力量。

◉丰臣秀吉是怎样统一日本的

丰臣秀吉（1536—1598年）是日本战国时代末期封建领主，是继室町幕府之后，完成近代首次统一日本的日本战国时代大名。

1576年，秀吉被任命为主管"中国地方"（指日本本州岛西部地区）的毛利家的攻略。从此走上了军事道路。1577年8月，秀吉奉命援助与上杉谦信缠斗的柴田胜家。在战前的军事会议上，秀吉因为与人意见不合，一怒之下率部返回长滨城，这直接的结果是胜家在手取川的大败。同年10月，他参加了对叛将松永久秀的讨伐。10月21日，秀吉被黑田孝高迎进播磨姬路城，开始了西边的战事。然后进攻但马，一连攻下山口、岩中、竹田城，降伏山名家。11月28日，攻陷播磨最西端的上月城，交给尼子家的复兴力量尼子胜久和山中鹿之介把守。呈现出势不可挡的军锋。

1578年元旦，秀吉赶回安土城，参加织田家的新年茶会。2月，播磨趁秀吉不在，三木城主别所长治谋反，与毛利家联合进攻上月城。23日，秀吉紧急赶回姬路城应付。在毛利辉元、吉川元春、小早川隆景和别所长治、宇喜多直家的几个兵团的进攻下，秀吉抵挡不住，在援兵的帮助下，战况得到好转。6月，秀吉放弃上月城，全力进攻三木城。不久，上月城落，尼子胜久、山中鹿之介被毛利家杀死。可三木城却久久不能攻下。10月，播磨东面的荒木村重又谋反，并扣押了前来调停的黑田孝高，与毛利、别所联合，三面夹击秀吉。在这种不利条件下，秀吉沉着应战，次年9月，笼络成功备前的宇喜多直家，1580年1月，攻下三木城。6月，平定了播磨。同时，弟弟秀长也平定了但马，构筑成以播磨、但马为基础的战线，开始与毛利家的作战。

1581年6月，秀吉进攻因幡鸟取城，他先派人在城内以高价买米，然后再围城。并派重兵拦截毛利家的运粮部队。仅一个月，鸟取城就成了地狱，树皮、草根都被吃光，甚至出现人吃人的惨剧。城主吉川经家以切腹落城的代价换取了全城士兵的性命。

1582 年 5 月，秀吉进攻备中清水宗治的高松城，他根据地形的特点，十九天内筑成长 2.8 公里、高 7 米的水堤，将高松城淹入水中，不久清水宗治也以切腹的代价落城。

1582 年，本能寺事变爆发了，信长被部下明智光秀袭击，自刃于京都本能寺。秀吉感到一生中最大的机会来到了，他敏锐地抓住了关键，立刻与正面敌人毛利家讲和，然后连夜行军赶回大坂城，在其他人都为保住领地的心态下，与丹羽长秀、池田恒兴联合，树起讨伐明智光秀的大旗。仅用十几天就将光秀大败于山崎，取得了主动。在随后的关于继承权的“清州会议”上，秀吉因其功绩在清州城重臣会议上占据了主导权，并于贱岳之战击败了柴田胜家、泷川一益和织田信孝，使丹羽长秀和池田恒兴归服。

此后，秀吉又先后经过纪州征伐、四国征伐和九州征伐，征服了西日本全境。1590 年远征关东，包围小田原城并击败北条氏，使陆奥国的伊达政宗等东北诸大名皆归服，统一日本，结束了日本战国时代。

◉古斯塔夫二世为什么被称为“北方雄狮”

古斯塔夫二世（1594—1632 年）是瑞典瓦萨王朝第 6 代国王，统帅，军事改革家。自幼受到良好的教育和严格的训练。16 岁随父出征，参加与丹麦争夺卡尔玛的战争。17 岁继位为王。当时正值瑞典内外交困，国内政局不稳，国力日衰，对外与丹麦、波兰、俄国交战。古斯塔夫雄才大略，励精图治。为稳定局势，他选用贵族参政，实行政治、经济改革。对外继续谋求波罗的海霸权。为改变对外两线作战的不利态势，在对丹麦作战失利的情况下，于 1613 年忍辱同丹麦缔结《克约雷德和约》，割让西部惟一港口城市埃尔夫斯堡。而后集中力量对付俄国。1614 年率军进攻俄国，占领芬兰湾，切断俄国波罗的海出海口。

他在对俄作战中发现了自己军队的弱点，于是在战后立即着手军事改革：实行义务兵役制，组建训练有素的常备军；压缩部队编制，把步兵团从 2 000～3 000 人压缩至 1 300～1 400 人；用先进的轻型铁炮和火枪装备部队，建立团属炮兵；改进军需供给。在改革的同时，不断加强部队训练，从而大大提高了部队的战斗力。几年以后，他即统率着自己训练的一支精锐之师走上国外战场。1619 年，他从丹麦手中收回埃尔夫斯堡。1621～1629 年，率军对波兰作战，夺占利夫兰省和普鲁士大部分港口。1630 年在法、俄支持下参加三十年战争。次年 9 月，率瑞典－萨克森联军 4.7 万人在布赖腾费尔德之战中击败天主教联盟军 4 万人，被誉为“北方雄狮”。1632 年，率军回师巴伐利亚，在莱茵河交战中再次打败天主教联盟军，击毙其统帅蒂利。同年 11 月 16 日，率军 1.9 万人与瓦伦斯坦指挥的天主教联盟军 1.8 万人激战于吕岑，率右翼骑兵击溃敌军左翼部队，后率二线骑兵支援己方左翼和中军作战时中弹阵亡。

随着火器装备部队，古斯塔夫在欧洲率先采用线式战术，作战指导上强调小部队进攻、预设战场和确保作战战线等。其军事思想对欧洲军队建设和军事艺术的发展有着重大影响。

◉库图佐夫在多瑙河岸是如何战胜土军的

1811 年 4 月，俄国与土耳其的战争已打了五年，双方死伤累累，胜负难分。这时，法国的拿破仑皇帝又在西部威胁俄国边境，俄皇亚历山大决定抽调一半兵力去支援西线，剩下的部队交由库图佐夫指挥。土耳其宰相以为有机可趁，亲自率 7 万大军向仅有 4.6 万人的俄军发起总攻。面对来势汹汹的敌人，库图佐夫施展出后来让拿破仑大吃苦头的拿手好戏，避敌锋芒，诱敌深入。俄军主动放弃了一些要塞和阵地，全部撤到多瑙河北岸。土耳其宰相见状不由豪气倍增，立刻率领 5 万人马渡过多瑙河，势与“残兵败将”决一雌雄，另外，还有 2 万土军和大量粮秣军火移驻南岸，待机而动。

土军的行动被库图佐夫瞧在眼里，浓眉一舒，心里立刻有了安排。他派人喊来马尔科夫将军，发出战斗指令。马尔科夫点头称善，可又有点纳闷：干吗还要带炮兵参加这次行动？渔船根本载不动大炮，况且我们的大炮数量有限，不便分配！库图佐夫摆了摆手，低下嗓门，说出如此这般一番话。

是夜，凉风习习，大地一片漆黑。多瑙河南岸的土军还在梦中酣睡，猛听见杀声冲天，枪声大作，刀光闪闪，土军营帐陷于一片混乱。俄国人来了！经过短暂战斗，2 万土军全部成了马尔科夫手下 7500 精兵的俘虏。同来的炮兵战士欢呼地朝土军炮场跑去，抚摸一门门大炮乐不可支。这时，马尔科夫冲他们大声喊道：“快把土耳其大炮架在右前方高地上，向多瑙河北岸的土耳其人屁股轰击！”

不久，几十门大炮架到了高地上，做好射击准备。这时，北岸土军正在摩拳擦掌，准备向俄军发动攻击。只见库图佐夫一声令下，俄军大炮发出阵阵轰鸣。土军先头部队受阻，但后续梯队在宰相的指挥下仍旧死命往前冲。

这时马尔科夫见时间已到，立刻命令南岸的土耳其大炮向土军的屁股开火。密集的炮弹顿时“嗖嗖”越过多瑙河上空，在土军后续梯队里爆炸。遭到意外的炮击，土军一时闹不清炮弹来自何方。惊恐万状的土耳其宰相四下张望，想要弄个明白，突然大喊一声：“不好，大本营被占领了！”话音未落，又是一排炮弹打过来，在土军阵地上炸开了花。

土军受到俄军炮火前后夹攻，队形大乱，损失惨重。俄军借势冲击，将“残兵败将”团团围困在多瑙河畔。深夜，土耳其宰相在几个卫兵的保护下，乘坐一条小船溜之大吉。

◉谁是德国统一的第一功臣

毛奇（1800～1891 年）是德国著名的军事家，是普奥战争、普法战争中打败奥军和法军的实际组织指挥者。又称老毛奇，以与其侄儿小毛奇相区别。

1855 年，老毛奇被调去为弗里德里希·威廉亲王作副官，从此与这位后来的普鲁士国王和德意志帝国皇帝弗里德里希三世密切接触，为这位国王使用“宝剑”到生命的最后时刻。由于国王的信任与提拔，他于 1857～1888 年长期担任普军总参谋长，并在任期内大胆改组总参谋部，扩充军备，改进装备。同时，实际负责普军的作战指挥。1864 年，率军战胜丹麦。1866 年，取得了对奥战争的胜利。1870 年 7 月普法战争爆发后，他率领 3 个军团迎战法军，在色当会战中取得决定性胜利，为实现德意志统一作出了重大贡献。国王因此称他很好地“使用了宝剑”，封他为伯爵，晋升为元帅，在他于 1888 年退役后，还任命他为国防委员会主席。

◉东乡平八郎指挥过哪些对外侵略战争

东乡平八郎（1848～1934 年）是日本明治时代的海军名将，对外侵略扩张的重要执行人。1900 年，东乡被任命为日本常备舰队司令官，参与策划和指挥八国联军侵略中国的战争，镇压义和团运动。1903 年任日本联合舰队司令官。

1904 年日俄战争爆发后，他指挥联合舰队多次袭击位于旅顺口外和仁川港的俄国舰队，封锁对马海峡，夺得黄海制海权；护送和支援日本陆军在朝鲜西海岸和中国辽东半岛登陆；并在陆军支援下，歼灭了被困在旅顺的俄国太平洋第 1 分舰队，取得了海上的绝对优势。同年被晋升为海军上将。1905 年，他又将联合舰队埋伏在对马海峡，以逸待劳，机动作战，一举歼灭了由波罗的海远道而来增援的俄国太平洋第 2、第 3 分舰队，为日本取得日俄战争的最后胜利作出了重大贡献。日俄战争后，东乡升任海军军令部部长，是日本海军第 4 任首脑。1913 年获元帅称号，成为日本海军的元老。他死后被捧为日本的“国宝”，成了日本海军世代崇拜的“偶像”。

古代兵器

◉战国时期的武器装备是什么材料制造的

春秋时代武器都是铜制的，主要的进攻武器有戈、矛、戟、剑、弓矢等。战国时代青铜兵器有显著进步。矛的锋部越来越结实。戈的刃部成弧线形，装柄的“内”部有锋刃，绑扎用的“穿”也增多。由矛和戈相结合的戟很流行，可以兼起刺和钩的作用。箭镞由双翼式变为三棱式。同时由于冶铁技术的进步，矛、戟、剑等武器逐渐改用铁制。例如，韩的兵器如剑、戟之类，出于冥山、棠溪、墨阳、合膊、邓师、宛冯、龙渊、太阿，能“陆断马牛，水击鹄雁，当敌即斩”，也该是铁制的。中山的力士，穿着铁甲，手执铁杖交战。刺客常用的武器有“铁椎”。

◉西汉的武器装备是怎样的

武器装备是战争的工具，也是决定战争胜负的重要因素。汉代的武器种类在先秦弓矢、殳、矛、戈、戟“五兵”基础上，有了新的发展，军士使用的武器已是多种多样。长兵器有殳、戈、矛、戟；短兵器有刀、剑；远射兵器有弩、弓；防护兵器有盔甲、盾牌；攻守的兵器有钩镶。此外还有锤、挝、杖、钺、斧等劈砍、锤砸兵器。在各种兵器之中，铁兵器所占比例越来越大，汉初晁错所列的弓弩、短兵、长戟、剑盾、矛铤等多是质量精良的铁制兵器。近年来考古发掘的长安武器库所出兵器，除少量仍为青铜制造外，绝大多数均为铁兵器，刀、剑、戟、矛、斧、骹、盔甲一应俱全，仅铁镞就达 1000 余件。

汉代军中的武器不仅品种多，而且质量高，远远优于匈奴的兵器。正如晁错所言，汉军的精兵良器用于战斗，“匈奴之弓弗能格也”，“匈奴之兵弗能当也”，“匈奴之革笥木荐弗能支也”，“此中国之长技也”。

◉匈奴的军事装备是怎样的

匈奴是公元前4世纪末崛起于蒙古高原的游牧部族，由草原生存环境而造就的特有的游牧生活，赋予了这些马背民族精力充沛、组织严密、能征善战的特质。他们的武器装备有：

1. 战马。匈奴马匹身体略矮，头部偏大，应属于蒙古马。蒙古马虽不十分高大，但体能充沛，耐力持久，行动迅速，非常适应高原环境，因此，蒙古马作为草原战马更较其他马种占有优势。这些优良的战马再配上先进的御马工具——马笼头和便于乘骑的马鞍，大大增强了匈奴军队的战斗能力。

2. 兵器。匈奴墓地发掘情况显示，兵器一般出土于男性墓葬中，以铜、铁、骨、木质地为主，主要有弓、箭镞、弩机、刀、剑、戈、矛、斧、流星锤等。

3. 盔甲。匈奴的头盔仍为青铜质地，素面无沿，盔顶有方钮，两侧护耳下方有系穿带子的小洞，两面开口，佩戴可不分前后。从其形制看，我们可以了解匈奴头盔的系戴方式，同时也可体会到这样的头部防护在激烈的肉搏战中对士兵所起到的良好保护作用。匈奴铠甲比起头盔来更少见，高勒毛都M32出土的匈奴甲残片青铜制成，呈鱼鳞状密布，显得非常坚实。

◉什么是“五兵”

所谓“五兵”，即古代一组兵器的合称。五兵又有车兵五兵与步兵五兵之分。车兵五兵为戈、支、戟、酋矛、夷矛；这五种兵器都插放在战车的车舆上，供甲士在作战中使用。步兵五兵包括弓矢、支、矛、戈、戟等。它是当时步兵的一个基本编制单位和杀伤距离各不相同的兵器所构成的梯次配置的组合体，可以充分发扬多种兵器协同的威力，即《司马法》所阐明的“兵惟杂，兵不杂则不利”的原则。此词渐渐流为对兵器的泛称。

◉古代“十八般”兵器有哪些

在古书里，没无“十八般兵器”的说法，直到明代谢肇的《五杂俎》里才有“十八般武艺”的说法。显然，“十八般兵器”一词是后人所造。“十八般兵器”究竟指的是哪些兵器，因为年代、地区和流派的不同，对“十八般兵器”的解说也各异。汇总起来。古今有以下十多种不同的说法。

据《五杂俎》等书记载，“十八般兵器”为弓、弩、枪、刀、剑、矛、盾、斧、钺、戟、黄、锏、挝、殳（棍）、叉、耙头、锦绳套索、白打（拳术）。后人称其为“小十八般”。

最早是汉武帝于元封四年（前107年），经过严格的挑选和整理，筛选出18

种类型的兵器：矛、镗、刀、戈、槊、鞭、锏、剑、锤、抓、戟、弓、钺、斧、牌、棍、枪、叉。

到了三国时代，著名的兵器鉴别家吕虔，根据兵器的特点，对汉武帝钦定的“十八般兵器”重新排列为九长九短。九长：刀、矛、戟、槊、镗、钺、棍、枪、叉；九短：斧、戈、牌、箭、鞭、剑、锏、锤、抓。

今天，武术界普遍对“十八般兵器”的解说则是刀、枪、剑、戟、斧、钺、钩、叉、鞭、锏、锤、抓、镗、棍、槊、棒、拐、流星。

可见，十八般武艺所列兵器大同小异，形式和内容却十分丰富。有长器械、短器械、软器械、双器械；有带钩的、带刺的、带尖的、带刀的；有明的、暗的；有攻的、防的；有打的、杀的、击的、射的、挡的。十八般武艺所列兵器是古代大师的兵器（约有四百多种）中，在实战时最常用的一部分。

◉十八般兵器是何时出现的

根据中国古籍记载，刀、枪、弓、箭为黄帝所造；“十八般兵器”是战国时代军事家孙膑、吴起所创。其实，这些兵器的出现，比黄帝、孙膑、吴起时代要早得多，至少在中石器时期，我们的祖先为了防身和狩猎需要，就开始懂得制造和使用木棒、石刀、石斧等一类原始的兵器。在我国各地新石器时代的文化遗址中，还发现了用石料、兽骨和蚌壳磨成的箭镞。

到了商代，开始使用青铜铸造刀、枪、钺等兵器。战国时代，懂得使用铁来铸造兵器。到了汉代和魏晋时期，由于我国南方冶金事业的进一步发展，开始普遍使用铁和钢制造刀、枪、剑，各种各样的兵器也开始多了起来，南北朝以后，铜制的兵器都由铁和钢代替。到了明代，“十八般兵器”基本上已完备定型。

◉中国古代兵器分成几个阶段

一般来讲，中国古代兵器是指在中国古代从史前时期直到清朝末年，也就是1840年鸦片战争为止这个历史阶段里面，中国古代军队、民间使用的所有作战装备。

中外研究古代兵器都把火药用于兵器作为一个历史的分期阶段。火药发明以前，军队里使用的兵器我们称它为冷兵器；火药发明以后，出现了火药制作的兵器，就是火器。这时候是冷兵器和火器并用时期。中国古代兵器大概可以分成三个阶段。

首先是史前时期，这个阶段是石器时代的兵器。

开始青铜冶铸后，兵器的主要材料就开始变成了青铜的，这个时期的兵器为青铜时代的兵器。人们懂得了金属冶炼后，兵器的主要材料也改为钢铁了，兵器进入了铁器时代。

到了北宋时期，火药开始用于兵器，于是兵器进入火器时代。

◉什么是冷兵器

冷兵器一般指不利用火药和炸药等热能打击系统、热动力机械系统和现代技术杀伤手段，而在战斗中直接杀伤敌人、保护自己的武器装备；广义的冷兵器则指冷兵器时代所有的作战装备。

冷兵器按材质可分为石、骨、蚌、竹、木、皮革、青铜、钢铁等种类。按用途可分为进攻性兵器和防护装具，进攻性兵器中又可分为格斗、远射和卫体三类；按作战使用可分为步战兵器、车战兵器、骑战兵器、水战兵器和攻守城器械等；按结构形制可分为短兵器、长兵器、抛射兵器、系兵器、护体装具、器械、兵车、战船等。许多冷兵器是复合材料制成并兼有两种以上的用途、性质的，以其主要材料和用途、性质划分类别。

◉冷兵器有什么特点

冷兵器出现于人类社会发展的早期，由耕作、狩猎等劳动工具演变而成，随着战争及生产水平的发展，经历了由低级到高级、由单一到多样、由庞杂到统一的发展完善过程。世界各国冷兵器的发展过程各有特点，但基本可归结为石木兵器时代、铜兵器时代、铁兵器时代和冷兵器、火器并用时代。其中石木兵器时代延续的时间最长。铜兵器时代和铁兵器时代是冷兵器的鼎盛时代，冷兵器与火器并用时代是冷兵器逐渐衰落的时代，但随着科学技术的发展，冷兵器更为精良，使用更为合理。

冷兵器的性能，基本都是以近战杀伤为主，在冷兵器时代，兵器只有量的提高，没有质的突变。火器时代开始后，冷兵器已不是作战的主要兵器，但由于它的特殊作用以及在各国、各地区的发展进程不同，冷兵器一直延用至今。

◉什么是石兵器

石兵器，即古代的人们用天然石料磨制的武器，是冷兵器的一种。它是从石工具转化而来，开始制作比较粗糙、简单，到夏代制作比较精良，种类也较多，比如石刀、石铲、石镰、石矛、石戈等。由于当时生产力发展缓慢，其使用的年代较长，直到铜兵器盛行的时代，仍然夹杂使用，后因铜兵器兴起并取得进展后，才基本停止使用。

◉什么是铜兵器

铜兵器，即古代用铜铸造的武器，是冷兵器的一种，盛行于商、周、春秋时期。它是随着制陶、冶炼技术的提高，先由红铜兵器发展为青铜兵器的。青铜是铜、锡、铬三种金属元素的合金。在冶铸青铜兵器时，合金随着含锡量的增加，熔点逐渐降低，而硬度却相应增高，根据化验，商代的青铜刀含铜约80%，含锡、铅约15%；戈含铜约80%，含锡、铅约20%。除了铜、锡、铅之外，还含有铁、银、矽酸质及其他微量元素。青铜兵器的制造工艺精巧，外表雕饰、镶嵌着各种美丽的花纹，有的兵器上还铸有铭文。据古籍记载和考古出土文物证明，在中国长城以北、长江中下游以及山东、陕西等地铜兵器都很盛行。进攻性铜兵器有铜戈、铜矛、铜刀、铜戟等，防护兵器有铜盔甲等。铜兵器的形制和工艺水平也不断发展完善。直到铁兵器出现并发展后，铜兵器被铁兵器所取代。

◉什么是铁兵器

铁兵器，即古代利用钢铁铸造的武器，是冷兵器的一种。始于春秋末期，盛行于战国至火器发明前的漫长时期。主要包括铁剑、铁杖、铁锥、铁鞭、铁锏、铁枪等。随着炼钢术的不断进步，铁兵器的质量和形制及种类也不断发展、完善，其形状逐渐趋于统一和定型，但性能仍没脱离近战的以直接杀伤为主的范围。铁兵器直到火器出现并发展后才逐渐退出战场。

◉什么是火兵器

火器是中国古代火药兵器的简称。北宋初年，出现了用火药制造的火箭、火毬等。《武经总要》列举的火药兵器有火毬、火药鞭箭、蒺藜火糶、霹雳火糶等多种，原始的火药兵器开始装备军队，宣告了冷兵器时代的衰退，从此中国古代兵器的发展步入了新时代。

火器的使用自北宋经南宋、元、明到清朝第一次鸦片战争（1840年）以前，延续约9个世纪。在此期间，随着火药性能的提高和新技术的应用，新的威力更大的火器不断问世，如南宋发明的铁火炮、火枪类火器，元代发明的火铳，以及明代研制的火箭、地雷、火砖以及仿制的鸟铳（枪）、佛郎机铳和红夷炮，并在战争中起着越来越大的作用。但是清代特别是18世纪中叶以后，火器发展停滞。直至第一次鸦片战争，中国古代火器始终和冷兵器并用。

◉为什么说明代火器是中国古代火器发展的最高峰

明代由于封建社会经济的高度发达，兵器也有很大的发展。其主要冷兵器有长柄刀、枪、短柄长刀、腰刀及各种杂式兵器，如镗钯、马叉、狼筅等等。除了继承传统的兵器品种外，明代的火器发展达到中国最鼎盛时期，不论从品种、质量和运用战术上，都远超宋元，更胜过清朝，管形火器和爆炸火器都取得了巨大的技术飞跃。其火器的管形火器品种颇多，形式复杂。当时的喷射火器（古代火箭）制造已经相当精良，样式繁多，使用的火箭种类有单发火箭、多发齐射火箭、多火药筒并联火箭、有翼火箭、多级火箭等，火箭的品种达几十种之多。由于火器的蓬勃发展，明代军队普遍装备了火器，战争的主要武器转向了使用火器。燕王朱棣与建文帝争夺帝位时，就曾使用火箭作战。永乐年间（1403－1424年），明王朝还专门组建了“神机营”，这种独立炮兵建制在当时中国乃至世界各国都是首屈一指的。

◉什么是钝兵器

钝兵器有锤、鞭、锏、殳等。殳，就是大头棍，最简单最易得的兵器，如果再钉几根钉子，就成了狼牙棒，更能致人死命。这里的鞭是所谓钢鞭而不是软鞭，和锏形状各异，但都是金属或包金属的短棍。长的软鞭在战场上用不着，挥舞起来，恐怕更容易打到自己人。锤，据说是从羌人那里传来的，作为将领的个人武器，也可以当仪仗或刑具，但使用者得用巨大的力气，似乎没有成队用锤的部队。这些兵器殳算特例，古代有把它列如编制的，但常是临时凑合的军队。如牧野之战，纣王发给战俘和囚犯殳，将他们驱上战场，结果“前徒倒戈，血流飘殳”。李自成与明孙传庭柿园一战，闯军很多使用大头棍，中盔立碎，那是李自成军缺乏武器所致。

◉什么是软兵器

所谓软兵器，即如软鞭、飞锤、飞抓、三节棍、九节鞭等，这些武器一般在个人格斗中能发挥一定作用，但军队是一部协调运作的战争机器，这种易误伤战友的器械是派不了多大用处的。这几样大多是为给人造成钝器打击伤害，飞抓则可以让盗贼攀援房墙。

◉什么是古代战车

战车，即中国古代用于战斗的马车。一般为独辀（辕）、两轮、方形车舆（车箱），驾四匹马或两匹马。车上有甲士三人，中间一人为驱车手，左右两人负责搏杀。其种类很多，有轻车、冲车和戊车等。战车最早在夏王启指挥的甘之战中使用。以后战争规模越来越大，战车成为战争的主力和衡量一个国家实力的标准，到春秋时出现了“千乘之国”、“万乘之国”。到了汉代，随着骑兵的兴起，战车逐渐退出了战争舞台。

1980年陕西临潼秦始皇陵西侧出土了一前一后纵置的两辆大型彩绘铜车。前面的一号车为双轮、单辕结构，前驾四马，车舆为横长方形，宽126厘米，进深 70 厘米，前面与两侧有车栏，后面留门以备上下。车舆右侧置一面盾牌，车舆前挂有一件铜弩和铜镞。车上立一圆伞，伞下站立一名高 91 厘米的铜御官俑。其名叫立车，又叫戎车、高车，乘车时立于车上。

◉什么是古代战船

古代战船，即中国古代为作战目的制造或改装的武装船舶。一般可分为大、中、小三种类型。大型的是主力战船，称为“舰”或“楼船”，有 2 层、3 层、4 层，甚至 4 层以上甲板的。中型的是用于攻战追击的战船，如“蒙冲”、“先登”等。小型的是用于哨探巡逻的快船，如“游艇”、“赤马舟”等。

为适应作战时能抢上风和追歼敌船的需要，大多数战船是专为作战而设计制造的，以保证具有较好的适航性能、操纵性能和较高的速度。也有一些战船是采用渔船或商船的船型加以改进后制造的，或临时用渔船或商船加以改装，使其能符合作战的需要。战船乘人多少以“米重”为标准计算，每人以重 2 石为准。

◉古代战船是如何发展和演变的

《左传》记载：鲁襄公二十四年（前 549 年）“楚子为舟师以伐吴……无功而还”。这是历史上有记载的中国舟师第一次海上军事行动。这一时期的舟师已有相当规模，战舰的种类及形制已相当齐备。当时比较大的战船为“大翼”，长 12 丈（约合 24 米），宽 1 丈 6 尺（约合 3.2 米），可容战士 20 余人，桨手 50 人。汉朝水军的规模更加巨大，战船更趋完备。当时既有 4 层舱室的巨型楼船，也有 200 斛以下的艇。在汉魏时期不仅船型众多，船舶装具也相当齐备，出现了楼船橹、舵及其他船具，帆亦迅速发展。至此，中国古代船舶技术的发展已经达到比较成熟的阶段。

东汉建安十三年（208 年），在有名的赤壁之战中，双方使用的船舶数以千计，足以说明当时水战的巨大规模。南北朝时，人们认识到水战时风力大小无常，不可恃以作战，因而重视发展人力推进的战船，出现多桨快艇。隋朝杨素造“五牙”大舰，起楼 5 层，高 100 余尺（约合 29.5 米），能容战士 800 人，有 6 个拍竿，高 50 尺（约合 14.76 米），用以击碎敌船。唐朝的海鹘船是模仿海鸟而创制的海船，两侧有浮板，具有良好的稳定性，以适应海上作战的要求。

进入明清时期以后，中国古代战船的发展有两个显著的特点，一是隋唐五代两宋时期多用于锤击敌船的拍竿已经消失，而改以战船本身犁沉敌船，这说明船舶制造和驾驶技术的进步；二是从明初起，战船上配备了火炮。

◉古代战船是如何装备的

中国古代战船上武器装备的发展，是以中型和轻型武器为主的。在交战时，远则用弓、弩，接舷战用刀、枪。将士兵卒各备有长短兵器。有的战船还装设有拍竿，用以锤击敌船。战船多设有战棚或女墙，或用牛皮蒙在木板上，或钉竹片，作为防护装置。无女墙的战船，战斗时在左右舷悬挂罟网，以防敌人跳帮。船上还备有若干小镖，可在 30 步（约 46.2 米）内投掷击敌；较重的犁头镖，在刁斗上下投可以击杀敌人和洞穿敌船体；撩钩用以钩搭敌船；勾镰用以勾船割缭绳。在很早就已使用燃烧性火箭，主要是焚敌篷帆，使敌船不能行动。

宋朝以后，战船又备有火药桶，投中敌舟能使全舟尽焚。战船上也有使用二级火箭“火龙出水”等火器作战的。明朝有许多装备火铳的快艇，两舷暗伏火器百余件，一船足抵常备战船多艘之用，可见战船装备火器后威力大增。清初，李长庚在福建造霆船 30 艘，配火炮 400 门，以备海战。

◉古代西方的战船是什么样子

古代的地中海沿岸各国经常发动海战。当时普遍使用一种长形的、外形装饰华丽典雅的长桨帆船，由几十名桨手划动，在船头装有尖利的撞角，这是当时海战的主要武器，作用相当于后来的大炮。几十把船桨是使船在海战中灵活运动的工具，船上的横帆主要用于巡航时使用。

最早的这种战船只有单层桨座，为了增加速度和机动性，埃及、腓尼基和希腊的海军制造出双层桨座战船和三层桨座战船。作战时每一把桨由一人划动，同时船上另有一人吹笛或击鼓，以统一操桨的动作。桨手们能使船以 10 节的速度前进。靠一侧倒划水，可以使船环形急转。机动性比现在人们想像的要好得多。

这种三层桨座战船舷高 2.4 米，吃水只有 0.9 米，稳定性较差，所以不适于航海。另外，船上缺乏就寝和贮存空间，基本没有续航能力。

◉木制战船最后一次大规模的海战发生在哪里

1805 年，特拉法加海战爆发了，英国的杰出海军将领霍雷肖·纳尔逊，率部与法国、西班牙联合舰队作战。他们在一艘巨型军舰的 5 层甲板安置了百门大炮，远远望去战船俨然是一座火炮构筑的城池，具有异常的火力。

纳尔逊的旗舰“胜利”号长 69 米，重 2200 吨，操舵需要 4 人，天气恶劣时需要 8 人。纳尔逊最后打败了法国和西班牙的联合舰队。这次海战是木制战船最后一次大规模的海战。人们看到，除了在船上装上性能优良的大炮外，木制的战船也已不能适应未来海战的需要了。

◉蒸汽机作动力的铁甲战船是何时诞生的

19 世纪初，西方军舰开始采用蒸汽机，这标志着舰船动力的第一次重大革命。1815 年美国建成第一艘明轮蒸汽舰，1837 年螺旋桨发明并装舰使用后，把航速从几节一下子提高到十几节，使军舰第一次具备高速和良好的机动能力，可不受风向、风速、潮流的影响而进行远洋作战。

1862 年 3 月 8 日，美国内战期间，一艘由木质船体蒸汽机驱逐舰“麦利玛克”号改装后重新命名为“弗吉尼亚”号的南军的包铁甲战舰，企图突破北军的封锁线，它在行进中用铁撞角和新装大炮的开花弹击沉了 2 艘木战舰。北军用大炮轰击该舰，但并不能击穿船体包着的铁甲。

◉战船是怎样进入“无畏舰”时代的

随着蒸汽动力的铁甲船的诞生，各个国家纷纷制造类似的军舰，舰上装有可以 360°旋转射击的火炮，用功率越来越大的发动机提供动力。1906 年 2 月 10 日，英国建造的“无畏”号装甲舰下水服役。该舰是 20 世纪战列舰这一舰种的始祖。它的排水量为 1.79 万吨，航速 21 节。武器装备为 305 毫米火炮 10 门，分别配置在 5 座炮塔内。它的两舷、炮塔和指挥室的装甲厚达 280 毫米，还有 5 具 457 毫米水下鱼雷发射管，4 台螺旋桨推进器。这种军舰是第一次用汽轮机作主机的军舰。

“无畏”号与当时其他装甲舰的主要区别是主炮的数量增加了，没有中口径火炮。这种威力强大的战舰成为各国制造战舰的榜样达 35 年之久。继之而起的战舰航速超过 26.5 节，排水量在 2.25 万吨以上，主炮口径超过 380 毫米。从而导致了“大舰巨炮”主义的出现。

◉楼船是一种什么样的战舰

楼船自春秋就成为一种重要的战舰，到了秦汉发展更盛。《史记·平准书》有：“治楼船，高十余丈，旗帜加其上，甚壮。”汉代一次战役就可出动楼船 2000 多艘，水军 20 万。楼船的层数根据船的大小也不同，两层楼船的第二层称为“庐”，三层楼船的第三层称为“飞庐”，四层楼船的第四层称为“雀室”或“爵室”。每层设有女墙，既可防御弓箭，又可开孔射箭。到了晋代，就有了王浚造楼船攻破建业的故事。但楼船的劣势很明显，《武经总要》中说：“若遇暴风，则人力不能制，不甚便于用。然施之水军，不可以不设，足张形势也。”可见，到了后期，楼船只不过成为一种虚张声势的摆设船。

楼船虽然远在汉代以前就已出现，但它的发展却是从汉代开始的。汉代楼船高十余丈，船上的各层建筑物都各有专名。庐，就是房屋，其上为飞庐，最上层称为雀室，是古船上的瞭望台，一般派士兵在里面瞭望、警戒，像鸟一样站在高处观察四周的动静，故称为雀室。楼船不但外观高大巍峨，而且列矛戈、树旗帜，戒备森严，攻防皆宜，是一座真正的水上堡垒。由于楼船身高体大，具威慑力，一般用作指挥船，只是它的行动不够灵便，在水战中，必须与其他战船互相配合。

楼船的甲板上有三层建筑，每一层的周围都设置半人高的防护墙。第一层的四周又用木板围成“战格”，防护墙与战格上都开有若干箭孔、矛穴，既能远攻，又可近防。甲板建筑的四周还有较大的空间和通道，便于士兵往来。

◉什么是斗舰

斗舰，即巨型战舰。船身两旁开有插桨用的孔，船周围建有女墙，女墙上皆有箭孔，用以攻击敌人。船尾高台上有士兵负责观察水面情形。

斗舰自三国时期一直沿用到唐代。《三国志·吴书·周瑜传》：“乃取蒙冲斗舰数十艘，实以薪草，膏油灌其中。”据唐李筌《太白阴经》记载，斗舰船舷上装设半身高的女墙，两舷墙下开有划桨孔；舷内五尺建楼棚，高与女墙齐，棚上周围又设女墙，上无覆盖。树幡帜、牙旗，置指挥攻守进退用的金鼓。

◉水寨是一种什么样的防御工事

水寨是古代水战中的必要防御工事。水寨可以用于保护小型船只，或者封锁狭窄航道，或者迫使敌水队在不利于已方的状态下作战。在长江中的大型水战，大部分与水寨有关系。长江中的水战，基本上就是舰船依长江航道机动，然后在某一地段与敌发生的攻防战。水寨要求不易受到敌方陆军的进攻，因此，一般在江河湖湾的、特别是江中岛的内河湾或半岛段（如赤壁），最适合建水寨。

水寨又分水旱两部分。旱寨与一般陆军营寨没有大的区别。由于水战一般是水上肉搏战，因此使用旱寨蓄积兵员，对于防守一方，一般距离后方比较近，人员补充比较方便，可以增强对可能来的水战的实力。这时，旱寨起到不沉的楼船的作用。水寨的水上部分一般使用楼船并排下锚，形成大片浮岛，隔断航路，对于一般的小型艨冲斗舰，要击破这种浮岛殊为不易。

◉什么是短兵器

所谓短兵器，是指其长度一般不超过常人的眉际，分量较轻，使用时常单手握持的兵器。最常见的短兵器是刀和剑。

刀的套路有单刀和双刀两种，均以劈砍为主。单刀要求勇猛迅疾，多有缠头撩花动作。双刀更富于观赏性，高手舞起，犹如团雪滚滚，不见人影。剑为双刃，以撩刺为主，风格轻灵潇洒。剑术也分单剑与双剑两种，以单剑为多。有的剑在剑柄上配有剑穗（又称“剑袍”），称为“文剑”。无剑穗的剑称为“武剑”。剑穗长者较为难练。有人又在剑穗上串有铁珠，随剑穗飞舞，可击人致伤。武当剑、达摩剑、太极剑、青萍剑、龙行剑等，都是著名的剑术套路。

古代还有一种短兵器叫“铁尺”，长约 0.6 米，细长而扁，无尖无刃，以劈砸点戳为主，清代时还比较流行，目前已极为罕见。此外，还有斧、鞭、锏、钩、拐和杖等。

◉最早的剑是怎样制造的

随着青铜技术的发展，青铜刀剑也就产生了。早期的青铜剑约在商朝即已大致成形，最初仅长 10 余厘米，直脊双刃，剑身扁阔，柄以木片夹束，无剑格，而后发展出固定的形制，除了两段收束的剑身外，并有了格、茎、箍、首的完整握柄，长度在 40 厘米之内，剑柄以丝麻筋皮等物缠绕，方便持握，主要以木作鞘；在后来的千年间，这种剑的造形逐步迈向成熟，并作为步兵的基本武器而活跃于战场上。

青铜剑的盛行与中国古代战争的形态有着密切的关系。自商代到春秋之时，正式的战争以车战为主，接战的范围、回旋的空间较大，因此战车上的“士”较常用的武器是戈或矛，剑只在近战或肉搏时使用，而剑能刺能砍、两面开刃的特点，以当时的条件来说，的确具有优势，随着锻冶技术的发展，剑的长度逐渐增加到五六十厘米，进入了第一个高峰期。

◉春秋时期的名剑有哪些

春秋时期，互为世仇的吴越两国同以铸剑精良闻名于当世，其技术之精湛、工艺之华美，可称举世无匹，尤其是剑身的表面处理，不但具有神秘华丽的花纹，出土后，在 2500 年后的今天，仍然寒光四射、锋锐如新，这种处理技术至今仍然是个谜。此时，钢铁制的兵器也登上了舞台，这个时期的钢铁兵器，其水准的确领先了全世界一大截，著名的铸剑大师如：欧冶子、干将等人；铸就一批千古名剑：干将、莫邪、湛卢、巨阙、纯钧、龙渊、太阿、工布、鱼肠等，即使实物不存，它们的赫赫威名仍令我们心驰神往。

◉为什么说“勾践剑”是一口稀世珍品

勾践剑，是中国古代的名剑。1965 年出土于湖北省江陵县望山一号楚墓中，剑长 55.7 厘米，柄长 8.4 厘米，剑宽 4.6 厘米。剑身上装饰着菱形花纹，剑格正面都用蓝色琉璃镶嵌精美的花纹。靠近剑格处有八个铸金篆体铭文“越王勾践自作用剑”，考古学家称此剑为“勾践剑”。这口剑从铸成至今，已有两千多年，仍然锋利如初。据分析化验，勾践剑是用青铜、锡铸成的，其中还含有少量的铅和微量的镍，在剑柄、剑格中都含有硫元素。因此，这口剑是中国青铜兵器中罕见的珍品。

◉为什么秦朝长剑是青铜兵器的第二高潮

战国后期的秦国已经青铜剑、铁剑并用，同时剑的形制也有变化，长度增加到 100 厘米左右，剑身狭长，表面经过仔细的研磨，并有一层铬盐氧化物，显现着乌黑的光泽，能防蚀防锈。陕西秦墓出土的诸多长剑几乎有如新制，而其他兵器如：铍、矛、殳、镞等也都是应用此法。这种长度的青铜剑在以往是不可想像的，由于青铜硬而脆的性质，过长的剑极易折断，因此，剑的长度历来是受到限制的。秦代的长剑硬度一如经过处理的中碳钢，却能具有这种长度，出土之后颇令人不敢置信。经过学者的研究，发现其剑身有规律地作多段的收束，剑身宽度逐段变窄，而厚度则作比例性的加大，使其物理性能达到非常完美的地步。据说兵马俑出土时有过大量碎片压住青铜长剑的实例，移开碎片后，长剑立即反弹恢复原状，可见这种青铜剑韧性之优良。这个时期，可说是我国古代青铜兵器的第二个、也是最后一个高峰。

◉铁剑是何时取代青铜剑的

随着铁的冶炼技术的发展，钢铁兵器开始装备部队。因为钢铁的硬度和韧度都明显地优于青铜，也由于骑兵的大量使用，配合其冲锋陷阵、马上接战的战术需要，对兵器的强度有更高的要求，所以在西汉末年时，钢铁兵器几已完全取代了青铜兵器，进入了一个全新的时代。在这数百年的交替期间，同时也是青铜兵器的发展巅峰，无论长度、硬度、韧度，在历史舞台上展现其最后的灿烂风华。

◉什么是西方的骑士剑

骑士剑由长剑发展而来，并且吸收了很多维京剑的特点。在 11 世纪时，出现了骑士专用的武器：长枪和鸢形盾。但是使用盾牌和操控马匹使骑士的长剑失去了双手使用的价值，而又窄又薄的长剑对锁链甲的破坏力又不足，所以，骑士专用的刀剑出现了。骑士剑的剑刃为锐角等腰三角形，长 70 到 80 厘米，握把仅容一手握持，并有较大的配重球，在马战中可以充分发挥突刺的威力，面对站在地上或已经倒地的敌人时，它也是最佳选择。但是，万一必须步战，这种剑砍劈的作用就受到限制。到了 12 世纪，阔剑和斩剑就诞生了。

◉斩剑的特点是什么

斩剑是纯粹的步兵剑。它至少有 1.5 米的长度，钝圆的头部，宽阔但薄的刃身，握把上方有一段无锋的剑刃，一切的一切都是为了“砍劈”而存在。在苏格兰人抵御英格兰人的战斗中，面对英格兰整齐的长矛步兵阵容，擅长混战中“一斩多”的斩剑发挥出了它的威力。但是作为军队的装备，它实在太过极端了；所以，除了对一些佣兵外，斩剑逐渐失去了价值。

◉阔剑的优势在哪里

阔剑是有着典型的英格兰风格的武器：平行的剑刃，长椭圆的头部，较宽厚的刃身和可双手使用的剑柄，是一种非常没有特色的武器，但是无论是马上、步战、平时防身或水上战斗时，都能发挥出作用，在11到15世纪中一直是主流的个人武器。传说中，亚瑟王的削钢圣剑“艾克斯卡里巴”也是一把阔剑。但是到了15世纪，逐渐发达的冶金技术使它的地位逐步让给了大剑。

◉为什么说大剑是一件伟大的“杂种”

15世纪，通过阿拉伯人的传播，中国和日本先进的冶金技术传入欧洲。于是，长久以来一直困扰西方军人和佣兵们的“斩刺不能两全”的问题，遂由大剑的出现而得到解决。因为同时拥有骑士剑的“突刺”和斩剑的“砍劈”以及阔剑的“顺手”，所以大剑在名字中出现了“杂种”的字样。实际上，这种剑可说是最完美的；无论是否使用盾牌，都能发挥它的效用。大剑并没有统一的标准，一般来说，刀刃长度为使用者身高的一半，柄长为刃长的三分之一是最好的比例。

◉穿甲剑是如何诞生的

14和15世纪，和大剑流行的同时，冶金技术的发展也使沉重的板金铠变得坚固且轻巧灵活得多。越来越多的骑士和佣兵开始青睐这种实用而简单的装备，因为比起由几万个铁环甚至是金属线编织成的锁甲，这种铠甲简单多了。而一些富有的骑士也在轻锁甲外装上板金铠以提高防护力。连锐利的大剑都不能穿透这样的铠甲，而步兵的短矛也没有这样的穿透力。于是，又一种极端出现了：穿甲剑诞生了。

穿甲剑和斩剑是同等级的武器，确切地说，它其实是一种放大的锥子。穿甲剑完全不考虑斩杀的需要，在长达90到100厘米的剑身上，往往有着三棱、四棱、菱形甚至圆形的横截面，而在可以双手使用的剑柄后，也往往有着如同短枪托似的配重球，可以用肩膀加大突刺的力量。

◉细剑是干什么用的

细剑最早出现于15世纪的法国。由于城市人口逐渐增加，道路的修缮，使得人们的来往和日常生活比以往更为安全方便，因此，一般人也没有必要穿甲佩刀旅行。但是佩剑却在尚武的西方文化中成了男子气概的象征，所以无论是贵族还是百姓，只要买得起，就一定会佩剑。甚至佩剑还成了城里人和乡下人的差别标志。同时决斗也由披盔戴甲肉搏，转变为用细剑决胜负。甚至在服装设计中，也往往把剑当作全身服饰的一部分考虑进去。从某种角度上来说，细剑也许是最广为国人所知的西洋武器。

◉为什么德国劈刺剑对后世的武器发展有一定影响

德国劈刺剑流行在1375到1450年的日尔曼人之间，单手使用剑，是介于骑士剑和大剑之间的典型过渡类型。这种武器最先是为轻装甲的步兵所设计，逐渐也为骑士阶层所接受。它有着漂亮修长的直刃和均匀的浅弧收锋。在保证了穿刺威力的同时，也确保了劈砍时的强度，无论是砍还是刺，都能够保证足够的破坏力和强度。而且劈刺剑颇为轻巧，只有3磅又4盎司。从这点可以看出它是一种以步战为基础设计的武器。对重型的铠甲破坏力不足，但是却方便使用。这和往往超过4英尺、重过9磅的大剑相比，确实是差距很大，但却是最早将“砍”和“刺”结合在一起的设计，对后世的武器发展有很大的影响。

◉德国“焰形剑”的作用是什么

焰形剑在15到17世纪之间，一直是德意志法庭和宫廷权威的象征。穿着法袍的士兵手握双手焰形剑，正如同中国的衙役手持水火棒。而身不着甲，手舞焰形剑冲入对方弓弩阵中左右砍劈大开杀戒的瑞士佣兵，也正如苏格兰令人恐惧的斩剑手一般，是无装甲或者轻装甲士兵最为恐惧的噩梦。由于当时欧洲战场的第一列步兵往往是长矛手、火枪手等轻步兵，甚至是完全没有铠甲防护的，而挥舞着这种巨大而恐怖的武器冲锋的士兵，可以很快地撕开敌方第一阵的防线，直接把敌方的重步兵和来不及冲锋的重骑兵暴露在己方火力和骑兵冲锋的锐锋之前。

◉为什么德国双手剑就像中国的朴刀

德国双手剑和被称为“巨剑”的一般双手剑有很大的不同。一般的双手剑的比例，和长剑或者大剑是相同的，而德国双手剑4英尺半的剑身上，刀刃的部分还不到3英尺半。这种长过6英尺2英寸的巨大细长的武器最常见的握法，是一手握住刀刃下用木材保护的剑身，一手握住剑柄上部，在狭窄的地方，充分发挥短小的刀刃和细长坚韧的剑柄两方面打击的能力，而在野战中，也可以双手握柄发挥大力砍杀的威力。

但是，和一般用来对付重铠甲的士兵的巨剑不同的地方，是这种武器针对的目标还是轻步兵，也是德国农民起义中最常见的武器。它也经常采用焰形刃的设计。与其说是剑，倒更接近于中国的朴刀。

◉什么是英格兰宽刃剑

宽刃剑分为单手剑和双手剑，它是中世纪欧洲军队最普遍的装备。长 3 英尺左右，单手挥动。剑有两刃，一击不中，不用翻腕即可回击。十字形把手多为铁或黄铜所制，剑柄末端常有一圆球，非为装饰，注铅，以维持用力砍劈时手腕的平衡。自罗马帝国湮没后，这种兵器广泛地出现在各个战场上，从百年战争到红白玫瑰。这种剑大多比较沉重，只有臂力强劲的士兵才能挥舞自如，乱军中取敌首级。

这种剑在中世纪时十分流行，当时的战斗中，士兵身上的护甲比较少，通常只有锁子铠和护心镜，因此，以砍劈见长的宽刃剑就比较受欢迎。直到 14 世纪，锁子甲取代简易的皮甲，沉重的宽刃剑逐渐失去用武之地，退出历史舞台。

◉什么是苏格兰笼手剑

文艺复兴时代之后，苏格兰人在他们民族性的武器阔剑和斩剑的基础上，吸收了大陆流行的细剑的装饰，将斩剑和阔剑略微小型化，再用整体的金属丝编制的笼手包住整个护手，并在内里衬上鲜红的苏格兰粗呢子。先不提实用性如何，至少那些苏格兰的男人们穿戴着华丽的紧身外套、插着羽毛的贝雷帽、红色的格子呢短裙和长袜子时，这些装饰华美的剑成了他们身上一条亮丽的风景线，显得喜气洋洋，意气风发。苏格兰人一向高傲而好斗，在那个年代，决斗可说是家常便饭。由于不再需要对抗铠甲，笼手剑几乎都是单手剑，一手笼手剑，一手小圆盾，正是那个年代决斗中的苏格兰男子的重要标志。当然，源自斩剑的设计，使得这些剑在决斗中依然是以挥砍为主。

作为一种民族性的武器和装饰品，笼手剑到今天一直可以在各个苏格兰的民俗庆典中看到。而苏格兰传统的剑舞的道具，也正是这种象征着这个高地民族繁荣的华丽武器。正如斩剑像引领胜利的十字架一样，笼手剑也有着象征丰收的篮子的意味在其中。和平时代的武器和战乱时代的武器，也许一眼就可以看出来吧。

◉波纹剑为什么被称为“最洗练的剑”

波纹剑是马来人所使用的一种短剑，这是相当有名的一种剑，甚至被称为“世界上最洗练的刀剑”；它通常用于宗教仪式，装饰极度华美。而且，打造波纹剑的铁全都是陨铁：在马来人那里，所有的陨铁都要被征集到政府手里，用来打造这种剑。因为陨铁的纯度比较高，因此波纹剑相当锋利，又因为应用了特殊的制造技术，所以在刀刃上有着特别的纹路。

波纹剑一般长 40—60 厘米，马来人得到火枪之后曾经把它安在枪口，这就是刺刀的雏形。因为用来打造它的是“天上的铁”，所以波纹剑被看得相当神圣，一般都装饰有神的雕刻，被认为是辟邪的圣物；很多波纹剑就像日本刀一样，是一个家族的传家之宝。波纹剑的使用方式主要是握住柄的横杆后，以手腕的灵活动作去刺戳对方。要领是绝对不能伸直胳膊，这样会大大降低灵活性。戳入人体后轻轻偏转方向拖出，可以造成巨大的创伤。但是无论如何波纹剑并不是野战的武器。

◉什么是长兵器

最常见的长兵器是枪、棍、大刀三种。在武林中，枪被誉为“百器之王”。枪法以拦、拿、扎为主，兼有劈、崩、挑、拨、带、拉、圈、架诸法。棍是历史最悠久的长兵器，最早被叫做“殳”(古时的殳有棱无刃)。棍有多种，从形制上分，有长棍、齐眉棍、三节棍、梢子棍等；从质地上分，有木棍、铁棍、铜棍等，以木棍最常见。早期的棍多以枣木制成，取其坚实沉重。后来改用白蜡杆，取其有韧性，较轻便。棍法以威猛快速为上，多有旋扫及舞花动作，打击空间较大，故称“棍打一大片”。少林棍、昆吾棍都是比较著名的棍法。三节棍是将三节短木棍用铁环连在一起，可收可放，夭矫多变。梢子棍是在棍之末端以铁环连一短棍，在应敌时可收到出其不意的效果。三节棍和梢子棍都比较难练，稍有不慎，容易伤着自身。

大刀是将刀身后装上长柄，又名“春秋大刀”、“偃月刀”、“长刀”。唐代大刀全长达 3 米，重 7.5 公斤，两面有刃，称为“陌刀”，当时军中专门组建有陌刀队。如今武林中所用大刀皆是一面有刃。另有一种朴刀，其刀柄比大刀的短些，刀身窄长，也是双手使用。朴刀套路目前仍有流传。

在长兵器中另外还有几种：戟、叉、铲、钯等。

◉铲是一种什么样的兵器

铲为古兵器，属薄体阔刃的长兵器。铲头似弯月，月牙朝上，装以长柄，刃与柄呈丁字形。早在新石器时代已有石铲，商代铸有青铜铲，战国晚期开始使用铁铲，明代出现了月牙铲，一般刃部成凸弧形，均以銎装柄。铲后来演变成武术器械的一种，在民间流传，僧侣多用铲，平时可代替扁担负重，或供开路使用。铲的种类有月牙铲，天蓬铲、莲花铲等，其击法有推、压、拍、滚、铲、截、挑等。有童子拜佛、乌龙摆尾、二郎担山、出山门等招式。演练时多走身法，风格别致。

◉戟是一种什么样的兵器

戟是由古代兵器演变而来，始于商周。戟有“一条龙”的说法，即龙头、龙口、龙身、龙四爪、龙尾。其头能攒，口能刁，身能贴、靠，爪能抓，尾能摆。有青龙探爪、黑龙入洞、懒龙翻身、乌龙摆尾等式子。戟分马上戟和步下戟，双手执这，还可一手握杆，另一手握于月牙内的铁梁上。长戟杆长于大刀，有能舞花，谚称“剑无缠头，戟无花。”戟可左右手前后换把使用，其出之势如同戳棍，故叫“戟扎戳势”各派戟法差异较多，以六路戟法为最佳。戟最基本用法有贴、靠、剁、片、钩、搂刁、提等。

戟分为长杆单戟和短柄双戟。长戟分为方天戟（戟头有两个月牙，杆上有戟形，如画字，朱漆为饰，故名画戟。还悬有彩绸，上系金钱，叫金钱五色幡），青龙戟（单月牙，杆上画有盘龙，朱漆为饰，悬系彩钺叫金钱豹尾子）、蛇龙戟（戟刺为蛇形，余同青龙戟）、月牙戟、东方戟、护神戟和戟镰、常胜戟等。短柄双戟分单月牙（练者多），双月牙。也系有彩缨球，今皆系红缨。

戟初为兵器，后深化为仪仗和装饰物。如帝王驾前卫士执戟侍立。富户条案上古瓶中插银戟，取戟与“给”同音，象征富贵、自给自足。墙壁上挂有戟图，上画之戟，中为双月牙青龙戟，两旁斜插有单月牙青龙戟。

◉方天画戟是一件什么样的武器

画戟是中国古代的一种兵器，在戟杆一端装有金属枪尖，一侧有月牙形利刃通过两枚小枝与枪尖相连，可刺可砍，也有人叫它方天画戟，是中国古代将矛和戈功能合为一体的格斗用冷兵器。由戟头和戟柄组成。戟头以金属材料制作，戟柄为木、竹质。戟最长可达 3 米多。既能直刺、扎挑，又能勾、啄，是步兵、骑兵使用的利器。早期使用的戟是青铜戟，以后随科学技术的发展出现了铁戟。

画戟上的方天，可与上天相比之意。画，用画装饰的或以图案等装饰的，也指皱纹、纹缕。所以，方天画戟的意思就是可与上天相比的画戟，命名多有夸张意，旨在说明该戟有多厉害，使用者一定不凡。

戟的由来已久，远在商朝早期就已经出现在战场上了，在战国到魏晋时使用最广。到了唐代之后，戟中的方天画戟，逐渐被皇家的仪仗队采用作为排场的工具，充作门面，所谓化干戈为玉帛了。

◉西方的三叉戟是一种什么样的兵器

三叉戟本来是一种渔具，也是农民使用的草叉；和大镰、链枷一样，当平民必须作战时，这是非常容易得到的武器。罗马角斗士中的鱼网角斗士就是使用鱼网和三叉戟的。在欧洲历次农民起义中也可以看见三叉戟。

在戟出现后，又有一种武器也可以被叫作三叉戟。和原先的三叉戟不同，这是由三个剑刃和长柄组成的十字形武器，一般是宗教骑士所使用的圣具；杀伤范围巨大，但威力一般。

◉斧是一种什么样的兵器

斧是和戈、矛同时期出现的兵器。黄帝时即有斧钺之名，在当时非但用为兵器，抑且用为刑罚之具。

斧之溯源甚早，原始人类，即知拾利石为劈器。而最早的铜斧，见于商代，不仅用于武事，而且有的雕刻嵌镂，极为精美。周代用斧风气不如商代，到了双锋剑出，与刀并用后，斧就更少人使用了，只作为砍迤工具，或为乐舞仪仗及斩杀之器。斧虽不作为主要兵器使用，但各代均有使斧者，尤其生活在北方地区的民族，喜练斧类兵器。

我国史籍中少有斧兵的记载，而古典小说中则多有描述。例如，《水浒传》的李逵“拿着双斧，大吼一声，跳出店门”。从小说反映的情况，我们可以看出，斧是历代广为使用的兵器，所以它也成了民间武艺小说中一般侠客的常用兵器之一。

斧的主要用法有：劈、砍、剁、抹、砸、搂、截等，舞动起来显得粗犷、豪壮，可以显出劈山开岭的威武雄姿。

◉钺和斧相比有哪些特点

钺是斧的一种，但比斧大。钺头较斧大三之一，杆端比斧多一矛头，长约一尺六寸，故钺杆长于斧杆多达六七寸；斧杆末端没有钻，钺则如枪杆，末端有三尖之钻。春秋、战国时，钺出土较多，但已渐失其战器性质，而变为仪仗饰品及明堂礼乐舞蹈之用。这是因为刀剑广泛应用在战场，而使笨重的钺退伍了。

◉什么是投掷斧

投掷斧从短斧衍生，也可以当作短斧使用。它们往往短而轻，而且在重心的设计上精心计算，以保证投掷后以柄的中点旋转，精确地击中目标。北欧的蛮族和印第安人都喜欢这种武器，往往携带好几把，甚至有以投掷斧子来竞赛的传统。在黑暗时代的蛮族还没有发展出骑士制度之前，穿上重装甲的蛮族士兵的作战方式其实很象罗马人。和罗马方阵先投出重投枪一样，蛮族的第一波攻击是投掷斧；斧刃砍到盾牌上，也差不多能把盾牌给废掉了。但是和重投枪不同的是，敌人若想把投掷斧“送还”回来，也是很轻松的。

◉巨镰、镰戟是一种什么样的武器

欧洲人收割小麦所用的长柄镰刀有着厚重的月牙形刀刃。在步战中，如割小麦一般双手握住提把挥舞的威力颇为恐怖。以至于有人专门为了战斗而打造平衡感更好的镰刀。从某种角度上来说，镰刀虽然很难造成一般长兵器那样有效的伤害，但是一进入混战却颇能发挥拉、钩，啄，割的威力。

还有一种更有趣的武器很快就产生在雇佣兵之间。那是一种被戏称为“长反了的戟”的武器。一般的戟都有一个宽大的斧头和一个细小的镰钩，而这种叫做镰戟的武器却正好相反，有着修长、双锋的镰刀和略小的斧头，还有枪头。这种武器，应该是一种特制的戟。

◉什么是暗器

所谓“暗器”，是指那种便于在暗中实施突袭的兵器。它们体积小，重量轻，便于携带，大多有尖有刃，可以掷出十几米乃至几十米之远，速度快，隐蔽性强，等于常规兵刃的大幅度延伸，具有较大威力。在千军万马厮杀的战场上，暗器很难发挥作用，所以古代战将很少有练暗器的。对于一对一的打斗，双方距离很近，于是暗器就派上了用场。中国的暗器至清代而集其大成，达于鼎盛，民间使用极为普遍。直到清末火器盛行以后，暗器才逐渐被冷落，但至今仍有人习练此技。

◉什么是抛射兵器

抛射兵器，即用物体惯性，在空中独立飞行一段距离后杀伤敌人的冷兵器。抛射兵器种类繁多，按赋予飞行动力的形式可划分为手抛兵器、抛掷器械和弹射器械。抛射兵器源于在原始社会用于狩猎的石块、木棒等。后出现了将树枝弯曲用绳索绷紧的弓。随着劳动和战争实践的发展，出现了金属手抛兵器和较为复杂的抛掷、弹射器械。射击武器出现后，抛射兵器作用逐渐下降，现已成为狩猎、体育和特种用具。抛射兵器利用人的臂力、重力、木头的弹力、卷起或拉长的纤维的弹力，投掷各种弹丸，以杀伤敌人有生力量和摧毁其防御工事。常用的抛射兵器有：投掷弹、狼牙捶、飞镶、投石带、投矛器、弓、希腊纵火剂、投掷机、弓箭、自射器、标枪、短投枪、德里德矛和投射机。

◉最早的弹弓有什么用途

弹弓是暗器的一种，弓杆以竹制，内衬牛角，外附牛筋，全长为练习者的

18拳。弓弦用丝、鹿脊筋丝、人发杂丝制成。普通弓的硬度为二力半即可伤人。用于发射的弹丸有三种：1. 泥丸：用粘土和胶捣匀，搓成圆球形而成；2. 槐砂丸：用洋槐子粉、砖面、细铁砂等混合制成；3. 金属丸：以铜、或铁、或铅铸成。弹弓的用法与弓箭相仿。开弓时，顺步站，一手握弓，一手开弦。弓须拉圆成前臂平举，上照鼻尖，下照脚尖。后手贴近同侧眼耳之间，发弹时须屏息。

弹弓后来发展成一种武术器械。发射弹丸有很多架式，如：单凤朝阳式、野马上槽式、天鹅下蛋式、滴水垂崖式、拨草寻蛇式、双飞雁式、怀中抱月式等。当今习此艺者极少。

◉古代的弩是何时出现的

弩的起源很早，最初用于狩猎。作战用弩，可能在春秋后期最先出现于楚国。《吴越春秋》记载陈音对越王勾践说“弩生于弓”，弩是由弓进一步发展而成的；又说弩是楚国琴氏所创造，传给楚的三侯，再传到楚灵王。弩不可能发明得这样早，但是到春秋晚期，南方楚、吴、越等国确实已经使用了。孙武的《孙子兵法》，谈到当时的兵器，就有“甲胄、矢弩”。中原地区使用弩作战较迟，春秋战国之际还未见使用，大概到战国初期才逐渐使用的。到战国中期，弩的使用就很普遍了。

弩有“弩机”装置在木臂的后部，“弩机”周围有“郭”，有“牙”钩住弓弦，上有“望山”（《吴越春秋·勾践阴谋外传》称为“教”，《梦溪笔谈》称为“望山”）作为瞄准器，下有“悬刀”（《吴越春秋》称为“关”，《释名》称为“悬刀”，《武备志》称为“拨机”）作为拨机。当发射时，把悬刀一拨，牙就缩下，牙所钩住的弦就弹出，有力地把矢发射出去。这样，弩就可以“发于肩膺之间，杀人百步之外”，使得敌人“不知其所道至”（《孙膑兵法·势备篇》）。

◉古代的弩有哪些种类

近年来从长沙等地出土的战国时代的弩机，是依靠手臂力量来张开弓弦的，这是属于“臂张”的一种。另外，根据文献记载，当时的“强弓劲弩”，因为弓弦的拉力很大，就有“超足而发”的，是用脚踏力量来张开发射的，这是属于“蹶张”的一种。这时弩的发射力量大小是以它的弓弦所能拉动的重量来计算的。到战国末年，进一步有“连弩”的发明。《墨子·备高临篇》记载有“连弩之车”。后来秦始皇在统一全国后出巡到琅邪，就曾“自以连弩候大鱼出，射之”。

◉“诸葛弩”是一种什么样的弩

三国时的诸葛孔明改进了连弩，史称“诸葛弩”，连弩虽然在战国时即已发明，但其构造情况现已不得而知，所以“诸葛弩”就成为连弩的代表。“诸葛弩”在一个弩槽中放十支箭，装有活动扳手和可以在弩臂上滑动的箭槽。使用时先将扳手向前推，箭槽向前滑动，弓弦沿槽下部的弦道后移，移至末端，就落到坎缺之内，弓弦从而被钩住，再将扳手向后拉，弩弓随之张开，弓弦自坎缺中跳出，箭槽中最下面的一支箭随之发射，同时箭槽中上一支箭落下补位，周而复始。汉代的李陵与匈奴作战时就曾用过连弩。连弩的使用一直持续到明清。《武备志》和《天工开物》中皆有记载。

◉床弩是一种什么样的武器

床弩是一种安装在木架上的大型弩，其发明可追溯到西汉。《六韬·军用篇》中提到的“绞车连弩”，即是一种床弩。至南北朝时，得以普遍装备。将一张或几张大弓安装在床架上，绞动其后的绞轴，张弓装箭，用大弓的合力来弹射长箭，射程可达500米，是中国古代弩类兵器射程最远、威力最大的，可谓弩中霸王。

床弩发射的箭以木为杆，以铁枪头为镞，以铁片翎作尾翼，号称“一枪三剑箭”，实则是带翎的短矛，破坏力巨大，以之守城，攻方的轒輼车、云梯、木幔、巨盾……遇之莫不破；以之攻城，城垒不完，如遇土城木寨，中之如同摧朽。明朝名将戚继光在《纪效新书》中慨叹“其牙一发，诸箭皆起，及七百步，所中城垒，无不崩溃，楼橹亦颠坠”。

床弩还可发射“踏蹶箭”，使之成排钉在夯土的城墙上，供攻城者攀援登城，有如一部机动云梯。或者，在弓弦上装兜，一次盛箭数十支，同时发出，有如疾风暴雨，名曰“寒鸦箭”，实为攻守之间不可多得的利器。

◉哪些朝代是弓弩发展的最高峰

唐朝是中国封建王朝的鼎盛时期。它的版图扩展到了前所未有的程度，北达西伯利亚，西接帕米尔高原，南到南洋诸岛。这自然和唐代军队的战斗力有着不可分割的关系。唐军以轻型步兵和骑兵为主，讲求机动性，弓弩作为主要射远兵器装备了唐朝大部分军队。弓和弩的装备有重叠，有的士兵既配弓又配弩。

宋朝建立以后，对城池和要塞的攻防战极度重视，弓弩作为一种最适合守城的远距离杀伤兵器，在制造规模和质量上达到了最高峰。当时宋朝统治者不仅在京师设有弓弩院，而且在各地设有军器作坊，集中能工巧匠大量制造性能优良的弓弩。

蒙古部落在未被成吉思汗统一以前，一直处于原始氏族部落末期到奴隶制社会的转型期，所以初期蒙古战士所佩的弓箭大部分为自制。但是随着蒙元军东征西讨，得到了大量的工匠和劳动力，弓弩的制造逐渐精良。蒙古铁骑发动的强劲旋风在征战几乎整个欧亚大陆的过程中，把中国古代的制弓术传到了世界各地，并且将从被征服地区学到的制弓术融入到中国弓箭制造中，进一步提高了中国弓箭的工艺水平。

◉流星锤是怎样演变出来的

流星锤是一种以绳索一端系住锤体，另一端握于手中，用力向目标抛击的暗藏武器，现属软兵器类。又名飞锤、流星锤。流星锤是由远古狩猎工具“流星索”发展而来的，后作为兵器用于战斗。战国时代水陆攻战图上就有双手施放流星，以袭击敌人的形象。清代民间跑江湖的卖艺人，常使用流星锤“打场子”。流星锤不仅能缠住对方，还可以打击对方。四川民间流行着一首歌谣：“流星、流星，专打鼻子，不打眼睛。”

流星锤分锤体、软索、把手三部分。锤头各异，有浑圆头、瓜形、梭形。锤身大如饭碗，重量依用者体力而定，一般为 4 至 5 斤。锤身末端留有象鼻眼，以蚕丝、人发、鹿脊筋丝编成的软索系于铁环，粗如手指，长 800 厘米有余。运动方法有缠、抛、抡、扫等，演练时可以巧妙地把绳缠绕在自己的腰身、胸背、肩肘、手腕、大腿、小腿上，然后抖手放开，抛击出去。

◉西方的战锤是一种什么样的兵器

真正的战锤在欧洲开始应用，是 13 世纪的事。一般的战锤其实就是一个大榔头；但是德国式的有少许不同，它锐利的镰刀状锤头是最强的重武器了。战锤长短不等，从半米直到两米的都有；尖的那头能够贯穿盔甲，而平头则可以震击。

战锤是很强劲的兵器，但缺点是实在太重，能用的人较少。但是战锤的另一种形式——锤杖则完全相反，相当优雅，简直令人倾倒。

◉什么是系兵器

系兵器，即古代系以绳索，抛放打击敌人后可以收回的兵器。系兵器按杀伤方式分为打击、钩割、捆缚等类型。打击、钩割类系兵器中国古代又称为犬兵。捆缚类系兵器一般称为袭索。系兵器是抛射兵器与长、短兵器的结合，具有独特的作用。这种兵器不是军队主要武器，往往用于特定人员和任务。

◉钩的种类有哪些

钩是一种多刃的兵器，系由古兵器戈演变而来。春秋战国时期戈、钩、戟并用，从卫墓出土的铜钩来看，钩的形状似戟，只是戟上边为利刃，而钩上边为一线钩形，所以称为钩。古战场上用钩者很多。两晋时，英勇善战的冉闵就“左操双刃矛，右执钩戟，以击燕兵，斩者三百余级”。武术中所用的钩有单钩、双钩、鹿角钩、虎头钩、护手钩等。技法有推钩、挫钩、撕钩、提钩、钯钩、分钩、搭钩、行钩、云钩、托钩、献月等。演练时要求有起伏吞吐的身法来配合，因此才有“钩起浪势”的说法。

◉古代的匕首是怎样演变的

匕首，即短剑，是一种以刺为主兼能砍击的短兵器。形如剑而不及剑长。它始于原始社会的石匕首。商、周以后改为青铜或钢铁制造，为近战防身之用，也有在刃部淬以毒药，刺及人身即能致死。汉代匕首与长剑并用，骑士配备得最多。晋代剑首为环形，状似纱帽，剑格向下分，剑茎宽平，柄近刃长，与先秦的匕首显然不同。晋代的张载曾写过《匕首铭》：“匕首之设，应速用近，即不忽备，亦无轻念。利以形彰，功以道隐。”唐代匕首非常盛行。李白诗《侠客行》说：“少年学剑术，匕首插吴鸿，由来百夫勇，挟此生雄风。”宋代以后，匕首作为武术器械之一种流传至今。其用法有击、刺、挑、剪、带等。演练时有“单匕首”和“双匕首”两种形式。现代武术套路中，多为两手各持一匕首进行演练。对练有“匕首进枪”、“夺匕首”、“双匕首进枪”以及三人“双匕首质牌单刀枪”等。

◉石刀是由什么制成的

石刀，即用石头打磨制成的刀。人类史前时代已有石刀。在中国旧石器时期遗址中发现了许多长方形、椭圆形、菱形、三角形的石刀。所用的石料以石英和砂岩为主，也有少量的水晶，还有用桡骨和其他动物腿骨打制成的骨刀，锋刃都很锐利。这些早期的石刀、骨刀既是劳动工具，也是随身携带的武器。到了传说的黄帝时代，石刀被称为“玉兵”。许多仪仗用的武器，都是用珍贵的玉石磨制成的，上面雕刻着精美的花纹图案。

◉环首铁刀有什么特点

环首铁刀是在西汉时期发展的新兵器，直身而单刃，剑首成扁圆的环形，一般称之为“环首铁刀”，没有明显的剑格，柄以木片夹束，再紧缚粗绳，因长于砍劈而迅速地取代长剑，也由于需求量大增，汉武帝时在全国各地设立铁官，专管铁器生产，而这时冶炼技术也有长足的进步。到了东汉时期，由于使用百链钢和局部淬火的技术，使铁刀更加强韧锋利。随着汉朝对四方的经略，东及日本，西达西域，可说威名远播，这种形制也一直延用到魏晋南北朝时期。魏晋南北朝时期，出现了双附耳式的佩系法，改变了配刀的方式，这种方式一直沿用至今；另外，此时也发展出新的刀型，刀身略弯，刀尖前锐后斜，更适于劈砍，其形制与后世的刀型已十分接近。

◉什么是“宿铁刀”

宿铁刀，即中国北齐时期采用灌钢法所造的著名钢刀。中国晋代已创造了用生铁与熟铁合炼成钢的灌钢法。北齐发展了灌钢法，造出著名的宿铁刀。其法，“烧生铁精以重柔挺，数宿则成钢。以柔铁为刀脊，浴以五牲之溺，淬以五牲之脂”。这是一种和铸铁脱碳、生铁炒炼不同的新的制钢工艺。先把生铁熔化，浇灌到熟铁上，使碳渗入熟铁，增加熟铁的含碳量，然后分别用牲尿和牲脂淬火成钢。牲畜尿中含有盐分，淬火时比水冷却快，淬火后的钢质坚硬；用牲畜脂肪淬火时冷却慢，因此钢质柔韧。经过这两种淬火剂处理后，钢质柔韧，刀刃刚柔兼得，可以“斩甲过三十扎”。

◉唐朝的刀有什么特点

唐朝时，刀又发展出新的形制，刀首无环，柄部以木夹裹铁茎，外缠丝绳，刀首包裹金属饰件，刀柄与鞘均镶金嵌玉、裹以鲛革，装饰华丽非常，日本称之为“唐样大刀”。日本人在精心模仿之后，以此为基础而发展出后来的武士刀。除了短柄长刀之外，唐代还有一种长柄的大刀，长一丈（约三米），称为“陌刀”，威力极强，步兵持之以横向密集队形列于阵前，“如墙而进”。但唐以后就未见使用的记载了。

◉戚家刀是怎么回事

明代的火器发展虽已渐成熟，但并非很适用，所以刀、矛、弓箭等传统兵器仍为步兵的基本装备。戚继光抗倭时，军人手中的兵器常遭精良的日本刀磕折，伤亡极重，尔后发展出厚背砍刀相抗，虽不再易断，但一经正面砍架，刃口常翻卷，甚至不能伤敌，况且器又沉重，远不如日本刀的灵动沉猛。为此，戚继光上书建议向日本政府订制军刀一批，其形制基本上是中国式的，但制法却是日本技术。这批为数数千的中日混血军刀在战场上有优异的表现，戚继光于是以此进行仿制与改良，称“戚家刀”。这种刀刀形狭长，具有优美弯弧，护手与刃的相接处装有吞口，面长背短，可增加刀的强度。清代腰刀一度保留了这个特点。日本刀的影响还显现在另一种长刀上，这种刀长约二米，具有长柄，以利双手握持，颇似苗刀，由步兵使用，杀伤力极大。

◉清朝的军刀有哪些种类

清代的制式军刀包括顺刀、窝刀、札刀、朴刀、斩马刀等。顺刀为直刃，有些类似蒙古或西藏的解手刀；窝刀方头方尾，髹绿漆，是最常见的清刀式样；朴刀又称大刀或砍刀，民间亦常见到；斩马刀似朴刀而柄长，杀伤力强。这几种刀一般尚称精良，最好的刃身可见细密的摺叠纹路。乾隆曾四次命内务府造办处成批地制备御用刀剑，装具非常华丽，除了金银玉石之外，鞘为红、绿二色之鲛鱼皮，或以金桃树皮拼成“人”字图案，并标有名称、编号、年款，展现了当时工艺的极致，经常出现在大阅等重大的典礼中，堪称清代兵器中的瑰宝，现藏北京故宫。从现有的乾隆宝刀、遏必隆刀等贵族用刀中，可以从握把、刃弧看出浓厚的阿拉伯风格，更有直接以西藏名刀进献者。至于民间的刀形更是多样，只单刀一种，就有腰刀、柳叶刀、雁翎刀、厚背砍刀等形式。装具之佳者多有雕镂，除牡丹、葵花等草叶图案外，并有蟠螭、龙、凤、狻猊等瑞兽的造形，刃背饰以竹节、八卦纹，血槽亦多有变化。

◉俄式军刀是如何演变的

俄式军刀由刀身、刀柄（不带护手盘）和刀鞘组成。最早装备俄国非正规骑兵的军刀是高加索式军刀，刀身稍弯曲（约 30 毫米）。凸面为刀刃，前端（战斗部分）为双刃。刀长 700—900 毫米，宽约 40 毫米，带鞘重约 1.2 公斤。

俄式军刀（1834 与 1842 年式龙骑兵军刀，1868 年式炮兵军刀）在刀鞘和刀柄的构造上不同于高加索式军刀。1881 年戈尔洛夫中将设计的 6 种军刀装备了俄国骑兵和骑兵炮兵。苏军装备的军刀是 1881 年式和 1927 年式的军刀。取消骑兵炮兵以后，就不再佩用军刀（后仅用作阅兵武器）。1940 年规定合成部队将官和炮兵将官佩带的阅兵军刀，于 1949 年改为短佩剑。苏军建军 50 周年时制发了带有苏联国徽的军刀，作为一种奖励冷兵器。

◉马刀是一件什么武器

马刀是一件劈杀或劈刺的冷兵器，包括刀身、刀柄和刀鞘。刀身呈弧形，凸部是刀刃，凹部是刀背，有刀尖（有时刀身带槽）和安刀柄的刀尾。由于刀身弯曲，重心远离刀柄，增大了马刀的杀伤力量和杀伤范围。马刀的这种特点，在用弹性大和韧度高的硬质钢制成的刀身上表现最为显著。刀柄有带，彩的握把和十字横挡（东方马刀）或护手（欧洲马刀）。刀鞘有裹皮革、山羊皮和丝绒的木鞘，也有表面烧蓝、镀铬和镀镍的金属鞘。

马刀出现于东方，7—8 世纪盛行于东欧和中亚游牧民族，用作劈刺武器。

14 世纪，马刀上有镶了宽脊。即刀身打击部分的宽部，加宽处逐步变尖，两面开口，这种加宽用于增加刀身的重量和增大撞击力。马刀从此主要用于劈杀。这一类马刀中最具代表性的是土耳其马刀和波斯马刀。

马刀在各国普遍装备骑兵，一些国家也用于装备禁卫军。现代一些国家仍装备有马刀，但大部分作为仪仗武器。

◉阿拉伯弯刀有什么特点

阿拉伯弯刀的设计思想和欧洲的骑士剑非常相似，都是为了高速的马上战斗而设计的。在实际战斗中，骑士们为了节省体力水平握持弯刀，利用战马的速度向敌人冲过去，利用钢刀锋利的特性，在无声无息中将敌人的头颅削去。而且在弯刀的设计中，实际上也考虑到沙漠中无法穿戴沉重坚固的金属防具这一点。而在重铠流行的欧洲，弯刀在陆战中根本占不到便宜……所以，在因为严寒而无法使用板金铠的俄罗斯大陆以及以皮铠为主的水上战场获得欢迎。更重要的是，弯刀比剑更适合砍缆绳…………

习惯使用大剑的欧洲人对弯刀也进行了改良，使之可以双手使用。从刀身的宽度，可分为偃月刀、半月刀和新月刀，分别对应大剑、阔剑和细身剑。

◉印度式长刀是怎样传到西方的

古印度莫卧尔王朝时期，印度的武器逐渐带上了浓厚的中东风格，特别是在轻骑兵手中广受欢迎。受土耳其卡拉拜拉长刀的影响，印度在 16 世纪开始出现了单手的轻型单刃长刀。这种截面呈 T 型、轻而锐利的长刀，在刀全长 1/3 的刀尖开了双刃，无论是突刺还是斩杀，都可以在一个简单的甩臂动作中完成。这种刀除了在马上平端，利用冲锋的冲力取敌首级外，所有的格斗动作都靠手臂和手腕划出或大或小的圆弧。这使得刀手仿佛被包围在一团光弧之中，在凌厉的肃杀之气中透出一种飘逸高雅的潇洒。因此，在东印度公司偶然带回了几把这种大马士革钢制的长刀之后，在欧洲的武人间很快就形成了一阵抢购的风潮，甚至连仿制品的价格都一路飙升上天。后来成为皇帝的拿破仑·波拿巴也是这种武器的欣赏者之一。当时欧洲军队的军刀正在直刀和弯刀间徘徊不定。时髦的法国人却已经将自己的军刀定为这种“东方式”的武器。电影《拿破仑先生》中有一段对当时用军刀格斗的传神描写：双方略曲背，左手自然平伸张开，食指和手臂一直线指向对方，右手举刀过顶，刀刃向上，以刀尖和左手食指做依据，攻击时从上而后而掠起，之后再以劈砍和转身回到准备位置对峙。这种简单但是有效地利用了军刀弧度的优雅剑术，也正是源于印度。

◉为什么长钩刀来源于农具

长钩刀是一种来自于农具的武器。由于它在英国的普及，甚至可以作为长弓之外的英国大众武器。它原本就是装上长炳的农具，所以民兵用起来很是顺手，再加上13世纪开始步兵也逐渐有了铠甲的保护，于是在和步兵的战斗中，推刺很难真正有效地造成伤害。相反地，钩、拉、摔、绊倒对方之后再攻击就变得有效起来。所以类似的武器在各国都颇为流行。

在13世纪的英国和意大利等国，这种武器很快受到了军队的喜爱而大量装备，和使用龙刀枪、斩矛的重步兵混编。随着时代的前进，长钩刀也吸收了很多其他兵器的特点，特别是从龙刀枪上吸取了格挡对方武器的小翼，从戟上吸取了对付头盔的刺锥和钩翻敌人后狠补一枪的枪头。但是由于长钩刀的使用要比戟花费更多的训练，因此正规军中的比例一直不高。

◉矛是一种什么样的兵器

矛属于刺兵，是枪的前身。在原始社会，人类就用兽角、竹片、尖形石块刺杀动物，后来加上柄，就成了矛。在原始社会，矛是主要武器。

矛为兵刃中最长的，故有丈八蛇矛之称。车战时代，两阵相对极远，非长兵不能及；故利用枪矛以为进攻之具，而佐之箭弩。到了马战时代，矛已觉其太长，不免有周转不灵之病，故用矛者已不若用枪者多了。到了近代，火器盛行，古兵刃淘汰殆尽。

1974年在陕西临潼秦始皇陵的秦俑从葬坑中，出土了大批的兵器，有秦弓、镞、矛、戈、钺、吴钩等。就是两千两百年前，秦代军队武器装备的再现。戈、矛、戟这三种兵器，都安有3米左右的长木柄，下端装有铜，有的矛柄长达6.3米。

汉代，矛的形状更是五花八门。

◉为什么说叉、鎲、狼筅等是矛的变种

叉、鎲、狼筅这些武器之所以是矛的变种，是因为它们是从矛发展来的，使用方法和作用也与矛大致相当。

叉有两股也有三股，西方的所谓戟其实是三股叉，中国人又叫它三叉戟，原本是渔民的捕鱼工具，被视为海王的象征。相对来说，三股叉中间那一股长些，刺人最利，两股的用力平均，反不那么锋利。但叉刺人的力量会被其他的叉挡住，刺得不深，杀伤力不足，不如矛，但叉可以较方便地挑起东西，而且招架敌人的武器更合用，所以也有存在的理由。清八旗骑兵用三股的马叉比较多。

铛，其实也是叉，但旁边两股只是稍呈弧形向前弯曲，据说攻防兼备，但用的面不广。

狼筅，是一根大毛竹，留下枝伢，头上安一矛头，看上去极其笨重，但抵挡敌人的刀枪很有效，戚继光平倭时把它作为重要的防御武器。

◉为什么说枪是使用最广的古代武器之一

枪和矛一样，是古代战场上使用最广的长形刺兵，《后汉》已有载录，但是刀刃锐长，还未脱离矛头形式。因为长矛使用不便，晋代开始逐渐流行用枪，当时所用的青铜矛头，体制也较以前略小，已与后世的铁枪头相类了。宋代以后，矛基本上就被枪所代替了，《武经总要》就列举了十八种宋代长杆铁枪，其中有：捣马突枪、双钩枪、环子枪、单勾枪、拐枪、拐突枪、锥枪等。南宋抗金名将岳飞，极善使枪，至今尚有岳家枪法。

到了晚清，长枪趋于简单，偏重扁镞形刃，圆底筒，直到今天武术运动就是使用这种类型。目前流行的枪有大枪、花枪、双头枪、短枪、双枪、钩、枪等。枪的用法主要有：扎、刺、挞、抨、缠、圈、拦、拿、扑、点、拨、舞花等。

◉矛和枪有什么区别

矛和枪的区别关键在于杆的软硬。杆的软硬差异导致了枪和矛用法的完全不同。矛是重兵器，杆以枣木等硬木或精钢制成，基本没有韧性。最重的钢杆长矛重量可达七八十斤，使用者需具备极大臂力才能发挥威力。矛除了可以用于击刺对手，打、砸也是重要的攻击手段。它的历史远比枪长得多，早在西汉就逐渐在我国古代军队中取代了戈的地位，成为士兵常用的重要装备。

而枪则在东汉末年才逐渐得到应用，但使枪的技法到宋代才称得上完善。它的技巧性远远超过其他任何长兵器，非常难练。其最主要的攻击手段是刺，也可以像棍那样横扫对手，练成后威力极大，是可与短兵器中的剑并列的冷兵器之王。

枪杆的材料用的是柔韧的白蜡杆，这是专门为了制枪而栽种的树种，成材率很低，现在基本绝迹了。白蜡杆的比重比一般的木头要大很多，十分沉重，而且柔韧性极强，使用时可以随招数的节奏而反弹颤动。这就使枪法能够像太极拳那样作到“借力打力”。所以对于枪法好的人来说，最不怕的就是对手人数众多，因为敌人越多，自己就越省力。长枪借敌人的力量反弹舞动，可以做到滴水不漏。但如果对手抓住了自己的节奏，在兵刃相交时泄掉力量，使自己的枪杆不再颤动，那就说明遇到了高手。这时使枪者的处境极其危险，需要几秒钟时间用腰腹的力量再把枪舞起来。但高手是绝不会给他这个机会的。枪从宋代开始成为最受重视的武器，它和刀是宋代直至清末期间，军队中最常见的两种兵刃。

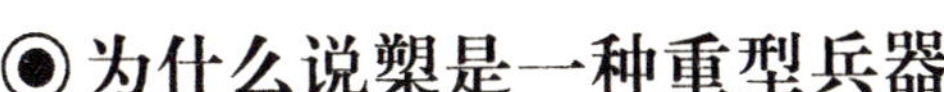

◉为什么说槊是一种重型兵器

槊多用于马上作战，古墓群出土了战国晚期和东汉早期的槊。槊的种类很多，结构复杂，较为笨重，多为力大之人使用。因此槊在现代武林之中已近失传，练槊的人寥若晨星。

槊是由矛和棒演变而来的。古代的槊，柄用坚木制，长约2米，粗约一把，柄端装有一长圆形锤，上面密排铁钉或铁齿六至八行，柄尾装有三棱铁钻。因铁钉和铁齿的形状与狼牙相似，故也称“狼牙槊”。《水浒传》中“百胜将”韩滔用的是一杆枣木槊；番将乌利可用的是一杆纯钢枣槊；另外，还有指槊、掌槊、双槊、衡槊及枣阳槊等。

传统演练的套路称为“单槊”，练法与大刀相似。它的用法有劈、盖、截、拦、挑、撩、云带、冲等。尽管槊较重，但也可演练许多招式，如“泰山压顶”、“刀劈华山”、“横扫千军”等等。

◉枪和槊是怎样代替矛的

春秋战国时期，车战盛行，对敌距离相对较远，于是多用长矛，那一时期的记载也多出现“二矛重英”，“修我戈矛”之类的词句。彼时步兵，战车也多结方阵，以密集阵形和长矛形成“集体的战争”。后来汉晋之时随着车战被步战和骑战替代，也随着和北方游牧民族的冲突日益频繁，机动性强，灵活松散的战法开始成为主流，交兵时对敌距离也近了很多，于是，较短一些的槊和枪开始为将士们所喜爱。到南北朝时期，马镫使用以后，在马上用力较易了，挥舞枪槊精通武艺冲击敌阵的勇将也就越来越多，长而不易舞动的矛，逐渐让位给较短的槊和枪。

◉戈是怎样退出战场的

戈的构造，简单地说就像一把长柄大镰刀，可以从上到下啄人脑袋，也可以交错时横啄人胸口，还可以钩人脖子。后来人们把矛和戈结合，就变成了戟，戈就慢慢退出历史舞台了。

戈有些很不好的缺点，比如头部易脱落、因挥击而攻击缓慢等。所以后来戈通用的装头方法只有绑缚，看起来简陋，但是便于重新捆紧。不过挥击缓慢是没治了，而且杆部由于抗力方向问题还易折断，到头来惟一不可取代的价值还是啄。因此随着车战的衰落，步兵摆脱了最大的侧面威胁，戈的存在就变得毫无价值了。

◉欧洲古代的骑枪是如何演变的

古典时代欧洲骑兵用的骑枪和步兵用的没有什么区别，因为当时没有马镫，所以骑兵不可能像后来的骑士那样，用枪去冲击对方，只能拿矛尖刺击，威力大大减弱——这也是古典时代欧洲骑兵不盛的一个重要原因。在马镫传入后，骑枪逐渐地为马上战斗而特化，到13世纪基本确定其形式。骑枪的规格是确定的：在2米左右的长杆头上安装尖锐的金属锥体，硬木制的枪身，在手的位置有护手，后部有配重的木锥，同时，在马鞍上制出“枪托孔”，以在冲锋时吸收刺杀的冲击力。

骑枪基本上是作为一次性的武器使用。因为很少能有在一次冲击下保持完整的骑枪，那样只会对骑士的手造成不必要的负担。

◉什么是龙刀枪

龙刀枪，即在长枪的柄上装上大剑的刃。虽然冲刺的杀伤力远不如骑枪，但是，在冲进敌阵后却是可怕的砍杀武器。尤其是混战中的它实在是令人闻风丧胆。日本和中国汉后元前那段时期的枪，确切地说很接近龙刀枪。

◉斩矛是如何产生的

在轻步兵的战斗中，沉重的龙刀枪对铠甲的破坏力，比起挥舞它的难度来，是得不偿失的，而阿拉伯的弯刀对软目标的杀伤能力有目共睹。欧洲的军人们在文艺复兴时期后，吸收了阿拉伯弯刀和东方关于中国大刀的传说后，发明了斩矛，它和它在日本的亲戚雉刀的外形几乎一模一样，在火器时代中发挥了巨大的作用。

◉古代的“城”有什么作用

城是中国古代都邑周围用土或砖石砌成的防御性墙垣。据说在原始社会末期，聚居于中原嵩山地区的部落领袖鲧（禹的父亲），已经开始构筑最早的城。随着社会生产力的发展和战争的推动，便逐渐形成以都邑为中心、以城墙为主体、以城门和敌楼为重点的点线结合、综合配置的军事筑城体系。由城墙围圈的城郭有正方、长方形、圆形和其他不规则几何形，它们的建筑受地质、地形、地理位置的制约，因此有平陆筑城、依山筑城、沿海临江筑城等，千姿百态，各有千秋。

采用先进技术构筑的城郭，再配以厚足的兵力和守城器械，就可以形成一个据可守、进可攻的坚固城防体系。

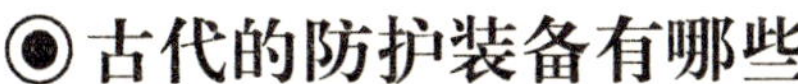

◉古代的防护装备有哪些

古代随着进攻武器的进步，防御装备也相应有了进步。这时皮甲还继续使用。皮甲是用一排排长方形的皮甲片编缀而成。大体上牢度强的皮料制作的皮甲片大些、长些，编缀的皮甲片的排数就少些。《考工记》说："函人为甲，犀甲七属，兕甲六属，合甲五属。犀甲寿百年，兕甲寿二百年，合甲寿三百年。"合甲由两层皮革合成，牢度较强，制成的皮甲片大些、长些，因而它只要"五属"，即五排编缀而成。兕甲的牢度次之，犀甲的牢度又次之。所以"兕甲六属"，"犀甲七属"。

战国后期，随着冶铁技术的进步，开始制造铁胄和铁甲。战国后期纵横家编造的苏秦游说辞中，已谈到"铁幕"。《吕氏春秋·贵卒篇》还说中山的力士"衣铁甲"。近年燕下都出土了一件战国后期的铁胄，是用八十九片铁甲片编缀而成。顶部用两片半圆形的铁甲片缀成圆形平顶，周围用圆角长方形的铁甲片从顶向下编缀，一共七排。铁甲片的编法都是上排压下排，前片压后片，制作已较完善。

◉什么是卫体装具

卫体装具，即对古代直接用于防护人体、免遭敌人兵器伤害的装具和器械的总称。它可分为附着人体的防护装具和手持防护器械两大类。人体防护装具包括头盔和铠甲。铠甲又有人体和各部位防护甲之分，如面叭颈甲、胸甲、护手、甲裙等等。手持防护器械在古代各国一般均选用盾牌。卫体装备按制作材料区分，可分为木、竹、藤、革、金属等类型；按作用可分为单纯防御型和攻守结合型两类。

◉现代头盔是怎样产生的

在现代战争中，战斗人员投入实战，人人都要戴上头盔。

第一代制式头盔诞生于第一次世界大战中。当时，法国将军亚得里安去医院看望伤兵，一个伤兵向他讲述了自己负伤的经过："德军炮击时，我正在厨房值日，炮弹劈头盖脑打来，弹片横飞，我急中生智，忙把铁锅举起来扣在头上，结果保住了头部，很多同伴都被炸死了，我只受了轻伤。"亚得里安想到：战场上如果人人都有一顶铁帽子，不就可以减少伤亡了吗？于是，他立即指定一个小组进行研究，制成了第一代头盔，并在当年装备了部队。从此，各国军队由此受到启发，纷纷装备了头盔。据统计，在第二次世界大战中，美军由于装备了头盔，使 7 万人免于死亡。

◉胄是一种什么器具

胄是一种中国头盔，战国以后称兜黎，宋代以后称盔。中国传说最早的胄由蚩尤创造，人们用兽角、藤条兽皮制成头盔。目前出土最早的铜胄为商代青铜胄，皆用青铜整体范铸，饰有兽纹。铜盔也称胄，古代作战时用以保护头部的防护装备，其形如帽，可以同时防护头顶、面部和颈部，盛行于商周时期。周代铜胄也是整块范铸，左有两侧向下延伸形成护耳，有的在周边宽带上凸出一排圆泡钉。出土的周胄，造形朴实。战国出现铁兜黎，用铁甲片层层编压而成。此后至宋代，头盔一般为整块范铸，铁甲片编缀，或二者结合制成。

◉盔甲是干什么用的

盔甲，即冷兵器时代头部和躯干各部位防护装具的统称。它的名称繁多，但基本上分为护头的盔和护身的甲两部分。

甲又可分为甲身、甲裙、甲袖和配件几部分。早期，人们用兽皮、柳条、有垫衬材料的布套、木头等固定在躯干上用以防护兵器的攻击。随着生产技术的发展，逐步出现了皮盔甲、铜（青铜）铸盔甲。整块金属锤炼而成的板甲、金属编织的锁子甲等等。

较早的铜制盔甲出现于亚洲。公元前 2600 年左右的两河流域、殷周时代的中国、吠陀时代的印度都已出现了铜盔甲。最早大量使用铁制盔甲是中东的亚述人。在盔甲的普及过程申，还出现了颈甲、面甲、腕甲、胸甲、手套等防护特定部位的配套甲具。封建时代的亚洲一些国家和中世纪的欧洲盔甲倍受重视。制作极为完善精美，也较昂贵，还出现了金银、稀少皮革制作的盔甲。随着近代火器的广泛使用，古代盔甲在战场上的防护作用逐渐降低，最终被以现代技术制作的防弹背心、钢盔等取代。

◉札甲是如何制成的

札甲是由表面涂漆的皮片编缀而成，身甲甲片为大块长方形，袖甲甲片较小，从下到上层层反压，以便臂部活动。春秋战国之交，影响深远的札甲已成为非常成熟的甲式。

到了秦代，札甲的长方形甲片已经日趋细小，从而更贴身和灵活，同时编缀技术也出现了阴线和阳线的区分。阴线和阳线并非术语，只是就表面特征而言。阳线在东周札甲的胸部以下和袖部已经使用，适用于臂、腰之类需要活动的部位，特征是甲片间有一段段较长的纵向绳段。阴线则是随着札甲胸背部制作的更为精细出现的，特征是甲片表面只露出几个极短的绳段，甲片间上下左右完全固定，适用于胸、背之类不需活动的部位。

至此，甲片叠压、阴线和阳线的规范就基本形成了，此后中国甲沿着这条路发展下去。

◉甲是怎样发展演变的

西汉时期，炼钢业蓬蓬勃勃，铁甲逐渐取代了皮甲，同时铁甲分化为精致的鱼鳞甲和普通札甲。鱼鳞甲是札甲登峰造极的结果，整套甲所用甲片可超过2200片，甲片叠压密似鱼鳞，考虑到当时的炼钢水平，毫无疑问只有显赫之人才能穿用。实际上，西汉鱼鳞甲即使与后世铁甲比较，也堪称精品了，因为在都懂炼钢的前提下，铁甲质量高低的决定力量只在于人工。鱼鳞甲历代从未普及过，或粗些或细些的札甲一直是士卒抵御冷兵器的标准甲。

魏晋南北朝是甲式发展的重要过渡，接踵出现的筒袖铠、两当铠、明光铠。隋唐最着名的甲是明光铠，其身甲由4块底板组成，胸背各2块，每块上有一面大圆护，从明光之名推测，圆护应由质量较高的钢铁制成，而底板大概是皮甲。尽管这种设计有图省事的嫌疑，但隋唐明光铠一改之前历代偷工减料的陋习，将护臂和延长的护腿纳入甲式基本要素，对后世却有重要影响。进入晚唐明光铠衰落了，整体化的身甲被札甲取代，经过五代的战乱，到宋代再次形成了成熟的制式。宋代甲胄通常只分成胄、护臂和身甲三部分，身甲为山字形，融合了身甲和护腿，在肩背腰部绑紧。甲按材料分为铁、皮、纸三等。

还有一种绵甲，以纺织品制造，主要使用于中国明代、清代和古代波斯等地区。以棉、麻、织布等材料制成，由甲身、甲袖、甲裙组成，还有小臂，小腿护套等配件。甲表面或可染成彩色，钉有大颗的铜、铁甲泡。绵甲用材比较轻软，甲衣宽大，战斗中，比着铁甲行动较为自如，沾湿后还可抵御初级火器的射击。

◉古代防护特定部位的配套甲具有哪些

历史上最早大量使用铁制盔甲的是中东的亚述人。在盔甲的普及过程中，还出现了颈甲、面甲、腕甲、胸甲、手套等防护特定部位的配套甲具。

脸甲：头盔的前部，防止冷兵器袭击军人脸部用。古代和中世纪使用脸甲。脸甲严密地与头盔连在一起，有的是活动的。脸甲由铁或钢制成，呈整块瓦片状或鳞片状。法国圆柱形头盔的脸甲就是头盔前墙的延长部分，并且有2个眼孔及1—2个鼻、嘴孔。古俄罗斯头盔实际上没有脸甲，而只有一窄条箭状金属片下垂在脸部中央。古俄罗斯军人，也戴球顶尖盔；有时这种头盔还带有锁子甲护肩，放下来可遮住后脑部、颈部、肩部，同时也遮住脸部。

颈甲：护具的一种配件。使用于古代和中世纪，用以保护军人的后脑、脖颈、肩膀和肩胛骨免受冷兵器伤害。在套环盔甲中，颈甲成锁状固定在军人头盔

3 古代兵器

边缘，垂于双肩。在叶片甲中，颈甲用环索连接整块的铁板或者数块金属板制成。在中世纪无缝隙的骑士盔甲中，颈甲是防护装备的主要组成部分。颈甲连接叶片甲、披膊和头盔，按武士的体形精工制作，分前后两部分，左面用活动铰链连接，右面用暗拍连接。

镜甲：一种护劈的防护甲。形似衬衫，最初是把一些皮带或薄金属片缝在皮衣上做成。有时铠甲用丝绒覆盖，饰以压制花纹和雕刻图案。

叶片甲：一种防备冷兵器和火器杀伤的防护装具。最初使用的是结实的麻布衣或皮衣，随着金属的出现，装上了铜片、背铜片、铁片和钢片。古代东方各民族早已有叶片甲，金属叶片甲就产生于那里。后来为罗马人广泛使用。叶片甲分叶子甲和鱼鳞甲两种。火器广泛使用以后（14 世纪起），叶片甲变为分别保护躯干和四肢等部位的厚金属局部护甲。

胸甲：用于保护军人的胸背免受冷兵器和火器杀伤的护具。由两块坚固的弯板——胸板和背板组成。古代胸甲用密实的毡片外包皮革制成。后来出现了铁制胸甲，其前半部与后半部上面用环拍和铰链或包铁皮带连接，下面用腰带系紧。胸前点缀以压制纹或镶嵌饰物，且镀金或其他金属。

◉什么是亚述铠甲

亚述人是最早使用铁铠甲的民族。亚述人的铠甲，按其长度大体可分为两种。早期的铠甲较长，有的达于足部，有的达于膝部。这一时期的铠甲只是把铁鳞片和铜片一排一排地缝在亚麻布或毡制的衣服上。后期的铠甲较短，其长度不超过腰部，根据鳞片的长度可分为新、旧两种。鳞片的一端呈方形，另一端呈圆形。鳞片是由铁和铜制成的。旧式的铠甲鳞片长约 2－3 英寸，新式的不超过 1 英寸。亚述人的铠甲通常有短袖，达于肩和肘的中间部位。

◉什么是拜占庭骑兵盔甲

拜占庭帝国骑兵盔甲。呈锅形头盔或圆锥形头盔，带护耳，盔顶上有一簇彩色马鬃。身着锁子甲，由皮条、金属片编织而成，脚蹬铁履，上部为皮靴或轻甲保护小腿，手和腕部带有铁手套。铠甲外罩较轻的棉制披风或长衣。全付重装甲重 30～50 磅。每支骑兵的盔顶马鬃统一颜色，以区别其他部队。队列前排马匹配有头、胸、胫甲。

◉什么是波斯鱼鳞甲

波斯人的一种铠甲。波斯人的鱼鳞甲带有袖子。波斯人和米底人的步兵和骑兵就穿着这样的铠甲。铠甲是由一排排连结在一起的金属片制的，有青铜制的，有铁制的。贵族骑兵的铠甲常常是镀金的。这些铠甲是由国王军械制造作坊生产。鱼鳞甲的样式有几种类型。第一种类型是用金属鳞片制成的。鳞片的上边呈直角，下边呈圆形。它有各种尺寸，从 1.5 厘米到 5 厘米不等。用金属（青铜）鳞片制成的盔甲产生于公元前二千年的叙利亚和巴勒斯坦地区。制作形式（都是把鳞片固定在软底上）有两种：第一种形式是鳞片的上部、中部和下部都有孔，整个平面被固定在软底上；第二种形式是鳞片仅仅上部有孔，有时中间也有孔，鳞片只是上半部被固定在软底上。第二种类型是用长方形金属薄片制成的。这类的薄片呈长方形，长度为 2.5—9 厘米，宽度为 1.2—3.2 厘米。大多数长方形的薄片有 4 个孔，每个角上有一个，供穿绳（或皮条）固定之用。第三种类型通常是用镀金的方形薄铁片制成的。第四种类型是用边上带有许多孔的青铜直角薄片制成的。阿黑门尼德时代的波斯人还有用非金属的软材料制成的铠甲，如用亚麻、毡子和皮革等材料制成的铠甲。

◉古印度铠甲有哪些种类

古印度铠甲因地制宜，种类繁多。据《政事论》记载有下列各种：1. 罗哈甲利克，用铁丝编成的周身防护；2. 罗哈帕陀，除手之外全身遮盖的铁制铠甲；3. 罗哈迎婆，遮盖头、胸、手臂的铁制铠甲；4. 罗哈苏陀罗迹，铁丝制成系于腰或腿的防护物；5. 悉罗斯特拉那，头盔；6. 乾陀特拉那，咽喉甲；7. 俱罗帕斯，胸甲；8. 乾鸣迦，膝甲；9. 婆罗婆那，至脚部的全身甲胄；10. 帕陀，仅露手臂的铠甲；11. 那高陀里迦，手套；12. 帕提，植物纤维编制的铠甲；13. 荫摩罗，兽皮甲。

◉什么是古埃及头盔

新王国时代以前的埃及军队作战没有盔甲，全靠盾牌防护，以后出现了金属和缝制的盔甲。头盔有青铜的，但更多是缝制的。头盔缝制得很厚，长度一般达于耳的下部，较长者下垂至肩部，形状与头形一致，贴扣在头上。国王头盔隆起，设有尖顶。有的头盔顶上有圆形饰物，如同鸟冠。

◉什么是古埃及衣甲

新王国时代的鱼鳞甲衣外表由约 11 行横排金属片组成，由青铜钉固定，鳞片宽度 1 英寸多，袖短，有的不及肘的一半。胸甲袖较长，几乎达到肘部。胸甲的长度一般不小于 2.5 英尺。为了减轻胸甲对肩部的压力，埃及人用腰带把它紧束在腰上，并使用亚麻材料缝制甲衣背心。

◉什么是亚述尖顶式头盔

亚述尖顶式头盔呈圆锥形，底部有1—2个环，前额外一般有半圆的护罩，有的头盔挂有下垂的护颈，上覆金属片以保护额、颈、耳、后脑。这种护颈制做复杂，有时代之以简单的金属薄板，与头盔下缘相连，仅护住耳朵和两颊，呈半圆或半椭圆形。考古发现的亚述尖顶头盔是铁制的，其下部的环和前额护罩是铜的。

◉盾是一种什么武器

盾是一种手持的防护兵器。古代将士在作战时，通常左手持盾以掩蔽身体，防卫敌人刃矢石的杀伤，右手持刀或其他兵器击杀敌人，二者配合使用。

盾，古人称“干”，与戈同为古代作战用具，故有“干戈相见”等词。后来还称作“牌”、“彭排”等。传说我国最早的盾，远在黄帝时代就有了。《山海经》中有关于“刑天”这位英雄人物的神话，描写他一手操干，一手持斧，挥舞不停的雄姿。陶渊明为此写诗赞道：“刑天舞干戚，猛志固常在。”盾作为一种“主卫而不主刺”的卫体武器，早在商代就已经存在。到唐代时，盾改称“彭排”。宋代时正式称“牌”。明清两代沿袭宋习，称牌而不再称盾。

◉盾的类型有哪些

古代的盾种类很多，形体各异。从形体上分有长方形、梯形、圆形、燕尾形，背后都装有握持的把手。手持的盾牌一般不超过三尺长。春秋战国时，战车上专门有人执盾，以遮挡矢石。城头上多设盾橹，作为守城护具。骑兵和步兵所用的盾牌渐渐趋于小型灵便、坚固耐用，而“鸿门宴”上，壮士樊哙使用铁盾将交戟门前的卫士撞倒在地，这种铁盾则是一种重盾。

盾牌按制作材料的不同又可分为木牌、竹牌、藤牌、革牌、铜牌、铁牌等。其中用木和革制作盾牌的历史最长，应用也最普遍。商周时期，盾多用于车战和步战，用木、革制做或者用藤条编制的盾是军队中的重要防卫武器。这时的盾，形状近似长方形，前面镶嵌青铜盾饰，有虎头、狮面等，个个面目狰狞，令人望而生畏，借以恐吓敌人，增强盾牌的防护效能。有一种木盾特别流行，顶上有双重弧花纹，呈长方形，表面涂漆，并绘有精美的图案。藤牌也是军队中常用的一种盾牌，最早出产于福建，明代中叶传入内地。藤牌是采集山上老粗藤制作的，一般编制成圆盘状，中心凸出，周檐高起，圆径约三尺，重不过九斤，牌内用藤条编成上下两环以容手臂执持。这种藤牌，编制简单，使用轻便，加上藤本身质坚而富有伸缩性，圆滑坚韧，不易兵器砍射破人，所以藤牌传入内地之后，很快便成为步兵的主要装备之一。

◉什么是亚述柳条盾

这种盾牌与希罗多德所描写的古代波斯人的盾牌十分相似，他们所使用的盾牌是细枝编成的。柳条盾的长度，大者相当于或超过士兵的身高；宽度可掩护二至三人。这种大盾牌的形状，有的是长方形；有的是顶部向后突出一块，与盾体成直角的方形；还有的是从一定高度开始向内弯曲并逐渐变窄，最后形成尖顶状，这是最常见的一种。作战时，持盾者和弓箭手二人一组。持盾者携带短剑或矛，将盾牌立在地上以掩护弓箭手；而弓箭手在盾牌的掩护下得以充分发挥其射箭的效能。这种大柳条盾最适于攻城战斗。上部向内弯曲的尖顶盾、顶部向后突出类似屋顶的盾，都能有效地遮挡从城头抛下的石块。单人使用这种大盾时，则把尖顶盾倚靠在墙上，自己藏匿其中进行攻城作业。柳条盾还有略小一点的，约半人高左右。这种小柳条盾供掩护一人或二人使用。

◉什么是亚述圆盾

圆盾在亚述人中间使用得较为普遍。战车兵多半使用圆盾，步兵矛手和早期帝王的侍从也使用这种盾。盾牌一般是用金属制成的，因而比较小，其直径很少超过 2 英尺或 2 英尺半。圆盾的边缘向内弯曲。金属盾，有的是青铜制造的，有的是铁制的，也有少数是用金银制成的。金盾是为国王和高官显宦等少数上层人物制造的。后来，圆形金属盾为同样形状的圆形柳条盾所代替，盾缘是用硬木或金属材料制成的，有的盾的中央饰以凸出物。

◉兰陵王面具是怎样产生的

在南北朝的北齐时期，有一位被封为兰陵王的勇将，名叫高长恭。他勇武善战，常常大败敌军。但作为一名武艺高强的将领，却天生一副俊相。这在当时两军阵前，与敌交兵有些不利，因为古时有“不战而驱人之兵”一说，意思是说敌兵一看到你的威严，而吓得后退。就像三国时的张飞，大喝一声，吓退曹兵。而高长恭面容秀美，非但不能吓退敌兵，敌方看到他还争相上前跟他交手，试试他的本事。这就迫使他必须使出本领，耗费更多的精力。兰陵王对这一点大伤脑筋，总想找一种让敌人一眼看上去就胆战心惊的威慑方法，来弥补自己天生相貌的“弱点”。

后来，兰陵王终于找到了用面具遮住脸部的方法，就是在木制的面具上雕出可怕的神态，涂抹上阴狠吓人的色彩，让敌人看上去就产生惧怕的心理，加之他在交战中勇猛无敌，于是，面貌和武艺统一起来，成为威慑敌人的一对法宝。兰陵王用面具加强了对敌人的压迫感。据说，从此他不仅时常取胜，而且还创造了一次以少胜多的战役的胜利。

◉土是如何运用于攻城的

以“土”攻城无非“上天入地”两途，所谓“上天”就是在敌城外堆起土山，当土山高于城墙时则敌方动静尽在我掌握中，到时步步进逼，实现反客为主。此法多用于先秦时期，时称“高临”之法，凡用此法，城池鲜有不破。但此法缺点和优点一样明显：一是建造土山费时费力，若再遇敌方袭扰，则此计败矣；二是迁延日久，如果敌援骤至，则会丧失战机。所以此法为不得已而用之。在云梯望楼等战具日益完善后，“高临”之法渐渐变为历史的传奇。

“入地”，就是掘地道进入。此法历数千年，常用常新，不仅齐桓晋文用过，唐宗宋祖用过，而且在解放战争的战场上，我人民军队也多次使用“坑道”之法，解放了大批拥有现代化防御体系的坚固城防。不过，这种方法也有不能速胜的缺点，而且坑道战也不适用于江南水乡与西南山地。

◉云梯是一种什么样的攻城装置

在古代，云梯是攻城战的功臣宿将，生卒年代不详，史家有夏、商和西周三种观点。但有一点史实是确定的：公元前 11 世纪初的周伐崇之战是中国历史上有史可考的第一次攻坚战。当时商纣无道，崇为其臂助，周伯伐之。崇依城据守，周军围于城下 30 余日，一筹莫展，后文王得“钩援”（一种原始的云梯）、“临冲”（一种原始的攻城塔）之法，一举破城而灭崇。

战国时，鲁班为楚造云梯以攻宋。墨子率弟子晋见楚王以阻之。乃“解带为城，以牒为械，公输班九设攻城之机变，子墨子九拒之。公输班之攻械尽，子墨子自守圉有余。”使楚王放弃攻宋的企图，免除了一场战火。如果说鲁班的云梯和我们日常爬上爬下的木梯是一个形制的话，那可就是对天下木匠的侮辱了。然鲁班的云梯终是无史可考，我们大体可从《武经总要》、《纪效新书》和《墨子·备梯》的记载中来想像当年古人的智慧。

◉轒輼车是一种什么样的攻城装置

轒輼车是一种有坚固防护的攻城作业车，春秋时轒輼就得到较普遍的使用。古代攻城作战，经常需要抵近破坏城墙、城门，或者挖掘地道等。如果没有相应的防护措施，进行这些作业就容易遭到来自城上的箭、石等武器的攻击，十分危险。使用轒輼车就比较安全，轒輼车有一个多轮的车底座；两侧和顶部用木板做防护，外蒙坚硬的皮革；车内可容十多人。作业时，人在车内将车推到城下，然后人在城下作业。可避城上的箭、石。以外形的不同形成了不同的轒輼车，平顶的叫“木牛车”，两壁内倾成夹角的称“尖头轳”（也叫“尖头木驴”）。

◉砲是如何发展演变的

砲，也叫抛石机，相传发明于周代，叫“抛车”。抛石机利用杠杆原理，将石头抛射出去。由抛杆，抛架和机索三部分构成。抛杆设一横轴，顶端连有一副皮兜绳；机索由数十上百根绳索组成。每根绳索需要 1—2 人拉拽。

东汉时期，砲已成为备受重视的攻城战具。公元 200 年，曹操、袁绍战于官渡，曹军使用一种自行砲——霹雳车攻破袁军壁楼，大获全胜。唐宋以后，砲的使用更为普遍。砲的种类达十几种，大体分为轻、中、重三类。轻者由两人操作；中者几十人；至于重者，高达数丈，发百斤石弹，动辄上百人前呼后拥，场面极其壮观。

在中国砲的使用史上，蒙古人处于突出重要地位，对中国砲的使用产生了革命性的变革。公元 13—14 世纪蒙古铁骑横扫欧亚，建立了空前而且很可能绝后的庞大帝国。虽然蒙古无敌的铁骑是这个神话的根本，但蒙古强大的砲兵却赋予了蒙古军队摧毁一切防御的巨大破坏力，是蒙古从草原之王走向世界霸主的重要标志。

◉为什么说“抛石机”是火炮的鼻祖

抛石机在古代是一种攻守城池的有力武器，用它可抛掷大块石头，砸坏敌方城墙和兵器；而越过城墙进入城内的石弹，可杀伤守城的敌兵，具有相当的威力。这种抛石机除了抛掷石块外，还可以抛掷圆木、金属物体等其他重物，或用绳、棉线等蘸上油料裹在石头上，点燃后发向敌营，烧杀敌人。在火器出现后，抛石机并没有立即从战争舞台上消失，人们还利用它“力气”大的特长，用来抛射燃烧弹、毒药弹和爆炸弹。

衡量抛石机的作战性能主要有两点：一是抛物重量；二是抛射距离。抛石机的射程一般在 50 至 300 步之间，石弹重量由数斤至上百斤不等。拽炮人数可根据目标远近增减，普通抛石机需用 40 人，大型抛石机需用 200 人至 300 人拉拽，一次可将重达 200 至 300 斤的石弹射到 300 步之外，使对方“牒碎楼坍”，威力极大。

抛石机在当时所起的作用，实际上与后来的火炮相近。

◉什么是巢车

巢车，取意于《左传》的“高悬望楼，如鸟之巢”。是在八轮车底座上竖高杆，称“望杆”，杆上设一楼，蒙牛皮以为固，周设望孔以为观敌之用。有史可稽的巢车最早的使用是公元前 575 年的鄢陵之战，其时楚共王由太宰伯州犁陪伴共登巢车观阵。公元200年的官渡之战中，袁绍军广设壁楼以逼曹营，弓弩齐下，飞矢如蝗，使曹军不敢现身，苦不堪言。幸而曹操以“霹雳车”之计破之。

◉镖、投枪、乾坤圈是什么样的兵器

镖、投枪、乾坤圈等兵器是投掷类兵器。其中镖就是飞刀，形制很小，除了演义中的扈三娘、祝融等，在实际战场上没什么用处。投枪在中国少数民族中有用的，不普遍，但古希腊、罗马却把它列入重要的远程兵器。乾坤圈是蒙古人常用的，外面有钉子等利器，平时挂在左手，用时用手指套住旋转，掷出刺割人面目。后人画哪吒的乾坤圈，是光溜溜的一个圈，是误解。

◉飞钩是怎样用于攻城的

飞钩是将一铁钩栓于绳索之上。飞钩用于攻城的历史几乎和飞钩本身的历史一样长。《墨子·备梯》等古代兵书都有记载，而令人更惊讶的是飞钩的寿命之长，太平天国时期，太平军二破武汉之时，正是陈玉成亲率敢死队用飞钩夜间偷袭得手。即便到了抗日战争和解放战争时，我军也多次利用飞钩建立功勋。

飞钩用于攻城多为人知晓，事实上，飞钩在防守上的功绩也是勿需多让。一旦攻方以云梯冲城，如果你有足够的冷静、足够的准确、足够的力量、足够的敏捷，便可用飞钩将云梯拉倒或拉垮，将梯上之人尽皆摔死。

◉什么是爱尔兰飞镖

古人为了狩猎，很早就懂得用投矛的方式攻击猎物。弓箭诞生了，但是投矛的战术仍然以其简单易用而有所保留，而且发展成为了一种独特的战争武器。中世纪之前的欧洲大陆上，无论希腊、罗马还是凯尔特这样的悍族，都有投掷“标枪”的战术。在爱尔兰，凯尔特人的后裔继承并且发展了这种武器甚至到了17世纪，也就是所谓的“爱尔兰飞镖”。它有几个近亲，比如说所谓的“短矛”和“标枪”，但是无论如何，这一类东西都有个共同的特征：可以进行简单的投掷。

确切地说，飞镖就像稍大一号的弓矢，它长约2—4英尺（当然也有更极端一些的例子），一端装上各种形状的铁箭头，另一端有便于飞行时保持稳定的箭羽。使用飞镖时重要的发射辅助工具是所谓的“梭镖投射器”，它和投矛本身一样历史悠久（目前确定的最早实物可追溯到1900多年前），而且广泛普及。投掷手先用大拇指和食指捏住飞镖的中部，其他三个手指握住下面的投射器，发力时甩动手臂，继续握住投射器的同时先松开飞镖，投射器继续推动飞镖，让其以更高的初速射出，这就像用勺子弹出小石块那样更有效地进行远距离射击。投射器是一种人类智慧的结晶，可以把飞镖投掷到120—150码之外，在30到40码之内，可以比较精确地瞄准射中目标，而飞镖的初速可以达到100英里/小时。

◉古代有哪些攻城武器

我国夏朝就有了城郭，修城是为了防御，攻城与守城战斗是古代战争主要模式之一：

1. 抛石机。即一种抛掷石头或石弹的攻城兵器。传说抛石机是公元前5世纪范蠡发明的。在官渡之战中曹操用威力强大的车攻击袁军，抛出的石弹在空中有响声，又称霹雳车。

2. 云梯。即一种爬城用的工具，传说是鲁班为楚惠王设计的一种新型攻城工具，比楼车还高，好像能碰到云，故称云梯。

3. 楼车。即一种攻城瞭望车，车上有望楼，像鸟巢，又称巢车。巢车是在一个八轮车上竖立两根长柱，两根柱子中有板屋，可以升降，屋中四面有望孔，居高观察敌人动静。

4. 轒轀。即一种有坚固防护的攻城作业车，是古代攻城战斗中的重要工具之一，它用来掩护攻城人员在掘城墙、挖地道时免遭敌人矢石、纵火、木檑等的伤害。车内可容10人，临城时，人员在其掩护下作业。

◉古代守城器械有哪些

守城器械包括防御敌人爬城，防御敌破坏城门、城墙，以及防御敌人挖掘地道等类器械，其主要有：撞车、叉竿、飞钩、夜叉擂、地听、擂石、擂木等。

1. 撞车。即用来撞击云梯的一种工具。在车架上系一根撞杆，杆的前端镶上铁叶，当敌的云梯靠近城墙时，推动撞杆将其撞毁或撞倒。1134年，宋、金仙人关之战中，金军用云梯攻击金坪垒壁，宋军杨政用撞杆击毁金人的云梯，迫使敌兵败退。

2. 叉竿。又叫"抵篙叉竿"，这种工具既可抵御敌人利用飞梯爬城，又可用来击杀爬城之敌。当敌人飞梯靠近城墙时，利用叉竿前端的横刃抵住飞梯并将其推倒，或等敌人爬至半墙腰时，用叉竿向下顺梯用力推剁，竿前的横刃足可断敌手臂。

3. 飞钩。又叫"铁鸮脚"，其形如锚，有四个尖锐的爪钩，用铁链系之，再续接绳索。待敌兵蚁附在城脚下，准备登梯攀城时，出其不意，猛投敌群中，一次可钩杀2～3人。

4. 夜叉擂。又叫"留客住"，是用直径1尺，长1丈多的湿榆木为滚柱，周围密钉"逆须钉"，钉头露出木面5寸，滚木两端安设直径2尺的轮子，系以铁索，连接绞车上，当敌兵聚集城脚时，投入敌群中，绞动绞车可将敌人碾压致死。

5. 地听。即一种听察敌人挖掘地道的侦察工具。最早应用于战国时期的城防战中。《墨子·备穴篇》记载，当守城者发现敌军开掘地道，从地下进攻时，立即在城内墙脚下深井中放置一口特制的薄缸，缸口蒙一层薄牛皮，令听力聪敏的人伏在缸上，监听敌方动静。这种探测方法有一定的科学道理，因为敌方开凿地道的声响从地下传播的速度快，声波衰减小，容易与缸体产生共振，可据此探敌所在方位及距离远近。

6. 狼牙拍。即用榆木做成畚箕形，长 5 尺，宽 4 尺 5 寸，上面钉 3200 个狼牙铁钉，钉长 5 寸，重 6 两，钉尖出木面 3 寸。拍的四面嵌入带利刃的刀，刀入木 1 寸半。木拍前后有两个铁环，用绳索系住，吊在城头滑车上，当敌人攻城时，先高高悬起狼牙拍，再重重落下拍击敌人，拍的四面俱有利刃，使敌兵不得还手。

◉战象是怎样用于战争的

印度人早在 4000 多年前就开始驯化大象，以利用其畜力。亚里安记载了印度人捕捉野生大象加以驯化的详细过程。大约在吠陀时代初期（前 1100 年），印度人开始在战争中使用大象。印度战象身高 3 米以上，全身披挂镶嵌铁片的战袍，前胸有整块铁甲保护，象牙上套着铁制矛尖。战象背上可驮一名驭手和一座木制小城堡，里面是三名弓箭手。未经专门训练的战马对大象的气味和吼叫有天生的恐惧，接近到 200 米距离以内就会受惊，因此无法使用骑兵对付战象。重装步兵的密集阵可以遏制骑兵的正面冲锋，却阻挡不了战象的冲击。战象的冲锋速度虽然只有每小时 30 公里，但由于其 5 吨的体重而具有巨大的冲击力，加上大象坚硬的厚皮和披挂的铠甲提供防护，可以轻易冲破长矛盾牌方阵。突入方阵的战象舞动象牙大步践踏，杀伤力极强。紧跟其后的印度步兵冲进方阵近距离格斗，而阵形散乱、陷入各自为战的敌方密集阵将很容易被击破。

◉怎样对付战象

一是远程法，用远程武器射杀或者惊吓大象。

二是散兵法。最好用步兵，分散的队形，缠住大象。首选角斗士，因为穿金属甲对弓箭防御力比较好，圆形的散兵阵能在四面八方攻击被围困的大象。其次是短矛兵对战象进行攻击。

◉火药的初步配方是怎样诞生的

早在春秋战国时期，有一位叫计然的人曾经说过："石流黄出汉中"，"消石出陇道"。石流黄也就是现在的硫黄，消石实际上就是硝石。对于组成火药的另一种成分即木炭，我们的祖先早在商周时期，就已经广泛用于冶金或取暖、烧饭了。

对于炭、硫、硝三种物质性能的认识，是火药产生的先决条件。而我国古代的炼丹家们，正是发现这三种物质性能的先行者。古代炼丹家们发现，硫黄可以和水银化合，生成红色的硫化汞。另外，它还可以与铜、铁等金属化合，这种制服金属的奇异物质，使炼丹家们万分惊异并欣喜非常。于是，他们以极大的兴趣，试图炼制出所谓神奇的“金液”、“还丹”。但在炼制过程中，有一点使炼丹家们愁眉不展的，就是硫极易着火飞升，为了设法擒住这条火龙，聪明的炼丹家们利用它和其他易燃物混合加热或发生某种程度燃烧的办法使硫变性，这种方法便是有名的“伏火法”。伏火法的发现，为火药的发明打开了一条通路。另外，炼丹家们在改变药物性质时，常常使用硝。在长期的实践中，炼丹家逐渐掌握了硝作为一种强氧化剂的化学性能。硝的引入，成为制取火药的一个重要关键。公元7世纪，唐朝的炼丹家如孙思邈等人，就已经掌握了火药的初步配方。

◉雷管是谁发明的

瑞典发明家诺贝尔从1860年开始研制雷管，在研制过程中，不少人死于非命，以致政府下令不准试验，但是这并没有动摇诺贝尔的决心，他把实验室搬到马拉湖上的一只平底船上。在这种艰苦的条件下，诺贝尔每天工作长达20个小时。他的身体本来很瘦弱，高度紧张的试验室的研究工作，常常使诺贝尔被病魔击倒。但他是一位意志力极强的人，他顽强地工作着。终于，他找到了用雷酸汞代替黑色火药装进导管，用它来引爆硝化甘油的办法，从而成功地解决了使用这种炸药的问题。

雷管的发明，使人类的爆炸学向前推进了一大步。

◉中国最早的火器是怎样制造的

中国是火药的故乡，中国的军队是最早使用火药武器的军队。在北宋的《武经总要》里边讲了三种配方，即蒺藜火球、霹雳火球、火炮火药法。当时用火药做成了用抛石机发射的炮弹。

南宋时候出现了竹筒火器，陈规的《守城录》里面讲到，在竹筒里边放上火药能够往外喷火，能烧伤敌人。还有就是把长矛下边安上一个药筒，也可以喷火，当时也叫火枪。这是最早出现的管形火器。

火药传到西方以后，有一个极大的发展。所以当时荷兰、西班牙这些商船到了中国，带来了当时西方先进的枪炮过来，明军开始引进西方的枪炮的制作技术。鸦片战争以后，清朝开始编练新军，并开始引进新的西式枪械，中国古代兵器的历史就结束了。

◉火是如何运用于战争的

火首次应用于战争的时间已无从考证，一个比较可靠的传说是，在一次波斯远征军进攻希腊的战争中，因波斯军队势大，雅典岌岌可危，著名学者阿基米德献计，组织全城妇女用镜子反射阳光照射波斯战舰的船帆，一举解了雅典之围。中国用火于军事的历史早于西方，《孙子兵法》中就将火计列为重要的战争手段。而墨子更是将防火攻作为一个城防的重要课题。可见早在春秋战国时期，火的军事运用就已经十分普遍了。

◉火球是一件什么样的武器

火球，即装有火药的燃烧性球形火器，有时也称“火炮”、“霹雳炮”等。其结构一般以火药为球心，用布或纸裱糊为壳体，外涂油脂等防潮材料，大者如斗，小者如蛋。使用时点燃火绳，抛向敌方。火球主要有霹雳火球、毒火烟球、铁西瓜炮等。仅《武经总要》中记载的火球类火器就有 8 种。宋钦宗靖康元年(1126 年)，金人攻汴梁，宋将李纲命令军士施放霹雳炮重创金军。根据明代出版的《武备志》记载：霹雳炮，以径寸之毛竹，取干者二三节，外附铁片、火药，裹竹为球，两端各留寸许，一端为柄，一端装引药。其响若霹雳，故曰霹雳火球。受此启发，金人创制了世界上最早的金属炸弹——震天雷，在日后对蒙古作战中得到了广泛的应用。

北宋年间，火药、火球已经有相当的发展。但是，火球以人力为动力射程有限，一般只能用于城市防御战。当随着新型火器的不断应用，14 世纪火球开始衰落，火箭、火铳开始大放异彩。

◉最早的火枪是谁发明的

南宋初期，火药已经普遍应用于战事，加之当时北方的金兵不断侵犯干扰，一些军事家和武器专家们就想利用火药来改进兵器，提高战斗力。当时有个叫陈规的人经过苦心钻研，发明了世界上第一支火枪。这种枪用竹管做枪身，里面装满火药，药线引在外面。打仗时，由两个人拿着，点燃后发射出去，用来烧伤敌人。这种用竹管制成的火枪，就是最早出现的管形火器。

陈规是当时力主抗金的地方官员。一次，当金兵攻城时，他率领一支火枪队，跟在 300 多头火牛后冲出城门，用火枪对金兵集中喷射，金兵被烧得哭爹喊娘，抱头鼠窜，从而取得了守城战的胜利。由于这种火枪主要用火药来烧伤敌人，所以杀伤力有限，作用距离也不远，不能满足作战的需要。于是，人们继续对火枪进行研究和改进。

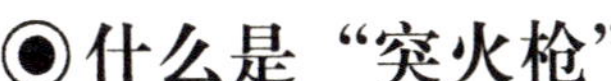

◉什么是“突火枪”

南宋末年，有人在火枪的基础上制成一种“突火枪”。这种枪是先在竹管里装上火药，然后放入类似子弹的“子巢”（即瓷片、碎铁片、石子一类东西）。使用时，用火点燃火药，“子巢”借着火药气体的力量被抛射出去，同时伴随有强烈的响声，其声响可传到100米远。

突火枪的威力虽然不算很大，但从原理上来说，突火枪已采用火药作为发射动力发射弹丸，“子巢”具有一定的杀伤力。因此，突火枪被认为是近代枪的鼻祖。而且突火枪开辟了使用管形火器的先河，这标志着火器已开始向近代枪炮的阶段发展。

由于用竹管制成的火枪枪身容易被烧毁或炸裂，而且这种火枪的射程短，威力不大，不能耐久使用。在13世纪至14世纪初，人们开始使用金属管火器。在我国古代兵器中，对枪、炮的划分不明确，起初也没有一定的制式和标准。金属管火器出现以后，人们才将口径大的叫做铳、炮；口径小的叫枪，有的称铳、筒。

◉火铳是一种什么武器

火铳是元明时期对金属身管射击火器的通称，又称“火筒”。现存最早的火铳是1980年在甘肃武威出土的西夏铜火炮，炮长100厘米，重108.5公斤，专家判定是13世纪初的产品。而存于中国历史博物馆的一门中型火铳，身上则有铭文三行，详细介绍了自己的“籍贯”、“履历”：本铳生于元至顺三年（1332年），装备于元边防军——绥远讨寇军，制造者名为马山，编号第三百。该火铳全长353毫米，口径105毫米，重6.94公斤。

元末明初是火铳最发达的时期，不仅装备数量大，种类多，而且开始左右战争的胜负。朱元璋得天下，善用火器是一个重要因素。1363年7月，朱元璋率舟师20万与号称60万的陈友谅部决战于鄱阳湖。朱军在远距离上用火铳一举摧毁敌船20余艘，先声夺人，终获全胜，成就了中国历史上第一次大规模使用火铳的水战。明政府于洪武十三年规定，全国卫所驻军按编制数的10%装备火铳，其规模是无可匹敌的。到了永乐年间，火铳终于有了自己的“队伍”：永乐八年（1410年）明成祖朱棣设立“神机营”，这是世界上第一支火器部队。

◉鸟铳如何给明军战斗力带来革命性提升

1548年（嘉靖二十七年），明军收复了被倭寇和葡萄牙殖民者占据的浙江双屿，缴获了一批铁炮（日式火绳枪）和善于制造铁炮的工匠。这批性能优良的火绳枪引起了明廷高层的重视，经过十年努力，终于在 1558 年制成中国的第一批火绳枪，被称为“鸟铳”。

叫“鸟铳”有三种原因：一是命中率高，就是连林中的飞鸟也能击落；二是枪形好似鸟嘴，故又名“鸟嘴铳”；三是扣动扳机击发时，龙头衔夹火绳叩向药池的动作好似小鸟啄水，故名“鸟铳”。鸟铳的装备对于明军来说是一项革命性的飞跃，由火门枪时代跨入了火绳枪时代。比起以往的火铳，鸟铳有诸多突破性的优点：1. 枪型更轻便，口径小，便于携带足够的弹丸，且安装弯形握把便于握持枪支，配以扳机便于击发。2. 设有准星和照门，可以三点一线瞄准目标作精确射击，大大提高了命中率，而不像原来的火铳仅凭经验瞄准。3. 使用火绳枪机，扣动扳机即可发射，比以往的火铳像点爆竹般的点火方式要方便可靠得多，而且延时短。鸟铳的装备使得明军的单兵火器打击能力和效率都大大提高，很快成为步兵的主要装备之一。

◉自生火铳为什么比鸟铳更进一步

自生火铳是 1635 年（崇祯八年）南京户部右侍郎毕懋康所造，以燧石枪机代替火绳枪机，是有记载的我国最早的燧发枪。燧发枪以扳机通过弹簧带动击锤击向燧石片，通过与燧石片的急速磨擦产生火星引燃火药，因此不必像火绳枪那样，作战时拖着一根点燃的火绳，雨天无法使用，在夜晚火绳的光亮还易暴露射手。此外，使用燧发枪便于警戒。火绳枪手无法在火绳点燃后长时间保持戒备，因为火绳一烧完就不能击发了；如果不点燃火绳警戒，则一遇到紧急情况再点燃火绳就来不及了。在这些方面上使用燧发枪就方便多了，作战性能大大提高。可惜当时正值明末，关内农民军席卷南北，关外清军虎视眈眈，而国库又空虚，自生火铳便没有上战场的记录了。而从清代直到第二次鸦片战争，火绳枪仍是中国军队的主角，燧发枪只有皇帝打猎时才能看到。

◉火铳是怎样退出战场的

明朝的火铳器，具有三大特点：“脾气大”、“看得准”、“打得快”。

脾气大：早期火铳发射的都是实心弹丸，命中概率不高。明弘治年间研制了一种“毒火龙炮”，炮弹在 200 步（每步约合 1.55 米）外爆炸，是世界上第一种开花炮弹。

看得准：最初的火铳不能调整发射角，使用不便，命中率低下。后来在火铳上安装了耳轴，使火炮的瞄准方便快捷，可谓“手急眼快”。这种方法领先欧洲 1 个多世纪。

打得快：明神宗万历二十六年（1598 年），赵士祯发明了连铳。这种武器能“遇众喷击，缘冲齐发，摧锋殿后”。以后又形成了三眼铳、十眼铳、子母百弹铳，颇具现代机枪的意味。

明代将火铳的性能推向了高峰，但正是由于其对火器的研制使用实行严密的控制，使中国火器的发展受到极大限制。自明朝中期开始，中国古代火器由鼎盛走向衰落，自此从西方引进的“佛郎机”、“红夷炮”开始在中国的战场上奏响主旋律。

◉“佛郎机”是怎样引进中国的

佛郎机是波斯语的音译，原指欧洲的基督徒。中国明朝的官员称葡萄牙人和西班牙人为佛郎机，因此将从葡萄牙等国引进的轻型火炮也称为佛郎机。

关于佛郎机的引进，有两种不同的传说，其一为嘉靖元年（1522 年），明军在广东击败了入侵的葡萄牙军队，缴获了 20 门佛郎机，后在南京仿制成功装备明朝军队；其二为相传明正德十二年，葡萄牙人向广东地方政府进献一门佛郎机及火药配方，此事明朝学者王守仁专作《书佛郎机遗事》以记之。因其书写于正德十五年（1520 年），显然后一种说法更为可靠。

◉“佛郎机”与一般火铳相比有什么优势

一是采用母铳和子铳相结合的结构，提高了射速。明朝早期的火铳主要的缺陷之一就是再装填速度慢。在生死立判的战场上仔细地填装弹药，实在让每一个炮手心惊胆寒。佛郎机以炮筒为母铳，预先装填好标准规格的子铳，类似于现代的定装炮弹，无需现场填装弹药。

二是装有射击瞄准具，提高了命中率。明代抗倭名将戚继光，称佛郎机“乃为精器也”。深赞佛郎机设计之精巧。当年威震天下的“戚家军”就装备了大量的佛郎机给倭寇以重创。

三是加长了身管，加厚了管壁，较好地解决了管内闭气问题，增大了射程与威力。嘉庆元年（1522 年），明将郑芝龙在与入侵的葡萄牙军队作战时，明军装备的旧式火铳在与入侵者的佛郎机的对抗中，明显存在着射程近、威力小的问题，使明军的水军主力遭受了惨重损失。

◉“红夷炮”是怎样发挥威力的

“红夷炮”最初由英国人发明，后由荷兰人传入中国，因时称荷兰人为“红夷”，故称此炮为“红夷炮”。公元 1623 年，努尔哈赤指挥 13 万大军围攻宁远（今辽宁兴城）。明将袁崇焕所部守城明军不足 2 万，由于明军装备了 11 门全新的红夷炮，终于创造了一场“辽东十年未有之大胜利”。清顺治十八年（1661 年），郑成功挥师东进，重创荷兰舰队，并于次年 2 月驱逐荷兰殖民者，收复宝岛台湾，红夷炮再建功勋，丝毫不给自己“娘家人”（荷兰）留面子。可见在宁远之战的刺激下，清政府经过半个世纪的卧薪尝胆，终于在火炮制造技术上超越了对手。但是，之后一个世纪的和平时期，加上清廷的固步自封，中国的火炮基本停滞不前。到了近代，面对侵略者的坚船利炮，红夷大炮雄风不再。

◉什么是轰天炮

16 世纪末，在欧洲出现了一种身管粗短、口径很大的滑膛炮。这种炮发射时，炮身仰得和现在的高射炮一样，炮口指向蓝天，用迫击炮一样的曲射火力来杀伤目标，所以人们给它起了个挺形象的名字——轰天炮。其实，它就是最早的臼炮。

臼炮是由于外形类似于捣米用的石臼而得名。早期的臼炮都是滑膛的前装炮，口径大，炮身射角达 50—70 度。开始，它发射石弹，主要用来破坏坚固的防御工事。后来，臼炮改为发射铸铁球形弹和燃烧弹。

臼炮的身管之所以这样短，主要是由于射角太大，加之由炮口装填炮弹所致。如果身管很长，装填炮弹就很困难。至于它选用大口径，则是为了加大装药量，增加杀伤威力。这种炮在发射时，改变射角可是件麻烦事，需用专门的“木枕”放在炮口下方来调整，而且一般只能装定两三个射角。对于两个射角之间的某一射击距离，可采用变换装药量来取得。因此，臼炮变成了不同用途的专用炮。

臼炮的选用随射击目标不同而不同。例如，用攻城臼炮和要塞臼炮杀伤隐藏在工事或战壕内的敌人；以海岸臼炮轰击敌舰艇甲板等。由此可见，当时的臼炮种类较多，用途也很广泛。

清朝于 1690 年制成铜质前装臼炮——轰天炮（当时也叫冲天炮），被封为“威远将军”。它全长 69 厘米，口径 212 毫米。此炮在 1696 年平息准噶尔部叛乱中发挥了重要作用。

◉古代的“火箭”是一种什么样的武器

火箭是一种依靠自身向后喷射火药燃气的反作用力飞向目标杀伤敌人的兵器，在中国，“火箭”一词始见于陈寿的《三国志》。但当时的“火箭”只是在箭头处绑易燃物，点燃后用弓弩发射，用以纵火。真正意义的火箭是在公元 969 年，由宋朝的岳义方所创，其主要靠火药的燃气为动力，虽然仍沿用这一名称，但含义已根本不同。

火箭在发明不久即应用于军事，到宋仁宗时期（1023—1063 年）火箭正式“参军”成为军队的标准装备。到明朝初年，火箭技术迅速提高，用途广泛，百花齐放，时称“军中利器”。

◉明代的火箭技术有什么突出成就

明朝除了在火枪和火炮上颇有建树之外，在火箭等其他火器上也有很大的发展。公元 12 世纪后，原始的火箭经过改进后，广泛地用于军事。到了元、明时代，火箭兵器在战争中有了很大发展，并发明了许多与现代火箭类型相近的火箭，相继出现了二虎追羊箭、九龙箭、一窝蜂等火箭，这些都利用了火箭多级串联或并联（捆绑）的技术。明代史籍中记载了多种火箭武器，重要的有震天雷炮、火龙出水、神火飞鸦、飞空砂筒、万人敌等。

明代是我国火箭技术迅速发展的时期，军事技术专家制成多种利用火药燃气推进的火箭用于军事行动。明初，朱棣在夺取政权的“靖难之役”中，于河北的白沟河同建文帝的部队作战时，遭到“一窝蜂”火箭的射击，这是中国最早将“喷气火箭”用于实战的记载。此后各种单级喷气火箭日益增多，有单发和多发两大类。单级火箭的高级制品是各种多发齐射火箭。它们大多是将多支火箭安置于一个口大底小的火箭桶中，桶内安置两层板，用于火箭的定位和定向，同时又将各支火箭的火药线集束在一起，点火后众箭齐飞，发射面有数丈之宽，除前面提到的装有 32 支火箭的“一窝蜂”火箭外，还有二虎追羊箭、百虎齐奔箭等几十种，一次可射 2 至 100 支火箭不等。

◉“三飞”火箭是谁创造的

戚继光率领的“戚家军”在东南沿海抗倭时，创制了飞刀箭、飞枪箭、飞剑箭等三种喷气火箭，统称“三飞箭”。这三种火箭用长 6 尺的坚硬荆木制作，箭镞长 5 寸，分别制成刀、枪、剑形锋刃，能穿透铠甲。箭镞后部绑附长 7 至 8 寸、粗二寸的火药筒。作战时，将火箭安于木架上，手托箭尾，点着火药筒的药线，对准敌人射去，它在水陆作战都可使用。这三种火箭在戚家军水兵营的 10 艘战船上装备了 2000 多支，在车炮营、骑兵营和步兵营中，共装备了 4760 支，平均每人 4 支。戚家军装备如此众多的火箭，在中国和世界军事史上都是空前的。世界上其他国家，直到 240 多年后，才知道世界上有喷气火箭这种火器。

戚家军还常将多个火箭桶固定在火箭车上发射，一次可射几百支乃至上千支火箭，是后世火箭炮车的前身。戚继光在北方守备东段长城时，至少装备了 40 辆火箭车，这在古代是独一无二的。在世界其他的一些国家中，直到 360 多年后，才出现火箭炮车。

◉中国古代火器是如何衰落的

中国在 17 世纪中期的明末清初时代，火器的发展程度并不很落后于西方世界。然而，清代除了初期为了和明军争夺政权，而大力发展和明军一样的火器外，其他的时候则毫无作为。清初，军事装备专家仍对火器有相当改良和实验，例如，清政府曾先后开发过三种主要形式的燧发枪，即转轮式、弹簧式和撞击式，只是这些燧发枪做出来不是用来装备军队，而是用做宫廷狩猎时使用的禽枪。

更可气的是，康熙年间的超天才武器发明家戴梓发明出“连珠铳”，一次可连续发射28发铅弹，威力极大，在当时可谓妙绝古今，冠绝中西，比欧洲人发明的机关枪早两百多年。又造出蟠肠枪和威远将军炮，他发明的威远将军炮类似现代的榴弹炮，射程远、火力猛、威力大。但清政府抱着“骑射乃满洲根本”这种观念，愚蠢地将戴梓充军关外，中国的火器发展乃告停顿，终于被欧洲所抛下。

◉火药枪械有什么局限性

在枪械发展史上，火药是最大的功臣，可以这样说，没有火药的诞生，就没有现代枪炮的发展。然而，随着枪械的日益发展，仅仅依靠火药已显得不够，火药已成为制约枪械进一步发展的障碍。以下三点因素制约着枪械初速的进一步提高：一是高能火药对枪产生严重的烧蚀，要求初速越高，这种烧蚀越严重，为此，需要寻找耐烧蚀的材料，目前显得困难重重；二是火药燃烧时，膛内压力很快达到峰值，随后，由于子弹前行，压力立刻下降，对弹头的推力作用越来越小，需寻找高能火药，以增大对弹头的推力，目前，已难以找到性能更优的火药了；三是枪械对能量的利用率目前仅为30%左右，未能将更多的热能转为动能，而热能通过枪管、枪口等部位散发了，科学家一直想寻找减少能量浪费的办法，然而，至今也没有找到从根本上克服能量散失的办法。

由于上述局限，火药枪械的发展难以有飞跃的变化，于是，枪械设计师们开始了新的发射能源的寻找工作。

4 现代兵器

◉枪有“姓名”吗

每支枪上面都标有一些数码，枪上的数码起着姓和名的作用。以“五六—1式”通用机枪为例，在这种枪的受弹机盖上刻有三组号码：最上面的是“五六—1式”字样，“五六”表示这种枪是我国1956年正式定型生产的，“1式”表示在原有基础上进行过一次改进，凡是这种机枪不论后来哪一年生产的都用这个姓。号码中间有个椭圆形或三角形，里面有“9346”字样，表示这挺机枪是9346工厂生产的。下面还有一排最多的数码，如“2503886”字样，“25”表示年号，后面的5位数才是真正的枪号。年号，是从这挺机枪被批准生产的那年算起的，如果是1956年生产的，年号就是“1”，按此类推，“25”则表示1980年的产品。

◉什么是手枪

手枪，就是能够单手使用、小巧玲珑的小型枪械。在各式各样的枪当中，手枪制作最小巧玲珑。它的最大特点是携带方便，使用灵活。

手枪按构造可分为转轮手枪和自动手枪。转轮手枪的弹仓可逐发对正枪管，实施射击。自动手枪利用火药燃气能量后坐枪机或枪管再次装弹入膛，连续射击。

手枪主要用于自卫的称自卫手枪。第一枝自卫手枪是由美国人布朗宁设计的，所以叫“布朗宁”手枪。奥地利人曾制造“胳肢窝手枪”，即袖珍手枪。袖珍手枪最完善的要算布朗宁1900型手枪，也称10号手枪。它结构简单，外形精美，曾被比利时、瑞典等军队用作军官佩枪。

真正能够在战斗中发挥作用的是大威力手枪。第一次世界大战时，德国曾制造了大口径的大威力手枪。第二次世界大战期间，一些供军队使用的大威力战斗手枪大量生产，有的还装有简化的瞄准及安全装置。有的自动手枪可装上长柄，以便连续射击时稳定枪身，提高射击精度。

◉手枪是怎样产生的

手枪作为射击武器，至今已近1000年的历史。最古老的枪是竹筒火枪。到了19世纪末和20世纪初，各式各样的手枪便出现了。手枪是枪族中最小的枪，尽管手枪在战争中作用并不很大，但它确是军队不可缺少的装备之一。手枪对于大多数人来说并不陌生，手枪的由来及演变却经过了复杂的过程。

1419年，在战争中出现了一种短枪，称为“pisk”，因为射击时枪管发出的尖叫声像“哨声”，手枪因此得名。还有的说手枪是由骑兵使用，不用时放入枪套内，故手枪因此得名。

手枪的名称虽然说法不一，但手枪是与长枪同时产生和并行发展的。手枪先后经历了火门手枪—火绳手枪—转轮发火枪—打火手枪—燧发枪—击发手枪—转轮手枪—自动手枪等几个发展阶段。现在装备部队的击发手枪和转轮手枪及自动手枪才算是真正的手枪。

◉最早期的手枪是怎样的

手枪的最早雏形在14世纪初或更早几乎同时诞生于中国和普鲁士（今德国境内）。在中国，当时出现了一种小型的铜制火铳——手铳。它口径一般为25毫米左右，长约30厘米。使用时，先从铳口填入火药、引线，然后塞装一些细铁丸，射手单手持铳，另一手点燃引线，从铳口射铁丸和火焰杀伤敌人。这可以看作是手枪的最早起源。1331年，普鲁士的黑色骑兵就使用了一种短小的点火枪，骑兵把点火枪吊在脖子上，一手握枪靠在胸前，另一手拿点火绳引燃火药进行射击。这是欧洲最早出现的手枪雏形。

◉什么是左轮手枪

左轮手枪是转轮手枪的俗称，它是一种个人使用的多发装填非自动枪械。其主要特征是枪上装有一个转鼓式弹仓，内有5—7个弹巢（大多为6个），枪弹装在巢中，转动转轮，枪弹可逐发对准枪管。由于常见的转轮手枪在装弹时转轮由左摆出，因而又称左轮手枪。

◉谁是左轮手枪之父

世界上第一支具有实用价值的左轮手枪是由美国人塞缪尔·柯尔特在1835

年发明的。在此之前，早在16世纪，在欧洲就曾出现过火绳式左轮手枪，后来又出现了燧发式转轮手枪。但是柯尔特以前的左轮手枪，一是需用手拨动转轮，或是用手扳动击锤带动转轮到位，然后才能扣压扳机完成单动击发；二是枪弹的击发未得到解决，所以它们应用不广。而柯尔特发明的左轮手枪具有底火撞击式枪机和螺旋线膛枪管，使用锥形弹头的壳弹，并且扣动一次扳机即可联动完成转轮待击发两步动作。这使左轮手枪头一次真正具有了良好的实用价值，得到了世界各国的广泛使用。虽然人们又对左轮手枪进行了一些改进，但它的基本结构和原理依然保持着柯尔特发明时的原样。所以柯尔特被称之为“左轮手枪之父”是当之无愧的。

◉什么是自动手枪

自动手枪，实际上仅指能自动装填弹药的单发手枪（即射手扣动一次扳机，只能发射一发枪弹）。所以严格地说应叫作自动装填手枪或半自动手枪。目前各国军队装备的手枪大多是这类枪。而真正的自动手枪是既能自动装填，又能连发射击的手枪，由于它射击精度差，命中率低，所以仅在本世纪的20—40年代在少数国家得到使用。

◉自动手枪是谁制造出来的

世界上第一支自动手枪（即自动装填手枪）是由美籍德国人雨果·博查德于1890年发明的。后来德国洛韦公司的格奥尔格·吕格对博查德的设计进行了改进，定名为“帕拉贝吕姆”手枪。这种手枪1900年后装备了瑞士、德国等国军队。德国的著名枪械设计师，毛瑟步枪的发明人P·P·毛瑟在1896年也设计了毛瑟自动手枪，后来还发明了可连发射击的全自动手枪。中国抗日战争中曾广泛使用的“驳壳枪”和“20响”，就是毛瑟式半自动和全自动手枪。

◉谁是现代步枪之父

在众多的兵器中，枪是最为人熟知的。自13世纪火药传入欧洲后，枪作为冷兵器时代的终结者，对现在热兵器的发展起过奠基和推动的重大作用。从第一支后膛枪的诞生，到今天战场上各种先进的枪竞相争秀，枪的发展历史勾画了一幅奇妙的兵器画卷。

从13世纪中国人发明第一支应用于军事的喷火枪，到近代步枪问世前，枪的发展虽然不断进步，但却未彻底解决后膛装填的问题，使枪械的发展受到制约。19世纪中，德国人保罗·毛瑟设计出了旋转后拉式枪机结构，从而实现了枪械技术从前装到后装的飞跃，标志着近代枪械新纪元的到来。保罗·毛瑟也由此被称为现代步枪之父。

◉谁是现代自动武器之父

在毛瑟完成枪械后膛装填革命后，实现超速连续射击就是人们追求的目标。早期连发枪械的设计，采用多管装置，不仅操作不便，而且作战威力也有限。19世纪末，美国人马克沁发明了利用发射药的作用力与反作用力引导火药气流完成枪械自动射击的新型枪械——机关枪。其射速比一般毛瑟枪提高了近百倍，并可单发、点射、使用可连接的弹带，可以不间断地发射数千发子弹。马克沁的枪械自动原理为枪炮的自动化奠定了基础。重机枪、轻机枪、车载机枪、航空机枪等随着战场的需要，不断问世。在枪械发展史上，马克沁被称为自动武器之父。

◉冲锋枪是如何登上战争舞台的

机枪在第一次世界大战前期成为诸兵器中真正的王者。密集的机枪火力，使进攻方付出了沉重的代价，迫使交战双方被压制在泥泞的堑壕里忍受着战争的煎熬。但到了一战后期，装甲突击兵器——坦克的出现，扼制了机枪战斗力的威力，并引导大量步兵冲击敌军防御阵地，与敌近距接火，这使步兵的攻防战术发生巨大变化。新的作战方式，对枪械的发展提出了新的要求。于是，一种双手握持的单兵连发枪械——冲锋枪开始大受青睐。二战中各交战国部队都大量装备冲锋枪。

◉什么是冲锋枪

冲锋枪是一种单兵连发枪械，它比步枪短小轻便，具有较高的射速，火力猛烈，适于近战和冲锋时使用，在200米内具有良好的作战效能。一般公认世界上第一种冲锋枪是意大利在1915年设计和生产的帕洛沙，这是一种发射9mm手枪弹的双管全自动轻型武器，不过帕洛沙其实是要作为超轻型的机枪使用。后来德国人施迈塞尔在1918年设计的MP18冲锋枪，被认为是第一支真正意义上的冲锋枪。

冲锋枪的基本特点可概括为：体积小，重量轻，灵活轻便，单兵携弹量大，火力猛烈和持续性强。但由于冲锋枪枪弹威力较小，有效射程较近，射击精度较差，加之步、冲合一的突击步枪的问世，第二次世界大战后，其战术地位逐步下降。从轻武器发展势头来看，除了微型、轻型、微声冲锋枪仍有生命力以外，常规冲锋枪将被小口径突击步枪所取代。

◉用于近战突击的冲锋枪有什么特点

用于近战突击的冲锋枪是一种介于手枪和机枪之间的武器，比步枪短小轻便，便于突然开火，射速大，火力猛，适用于近战和冲锋，在200米内有良好的杀伤效力。

这种冲锋枪结构简单，自动方式多采用枪机后坐式，采用容弹量较大的弹匣供弹，战斗射速单发时约40发/分，长点射时约100—120发/分；而简单的冲锋枪没有快慢机，只能连发射击。冲锋枪多具有小握把，枪托一般可伸缩或折叠。

◉为什么乌齐冲锋枪是同类中的佼佼者

如果有人问：“当代现役冲锋枪中，哪一种经受的战火考验最多？哪一种最适用、最可靠！”轻武器专家们会毫不犹豫地告诉你：“以色列的乌齐冲锋枪。”

乌齐冲锋枪的研制工作始于20世纪40年代末，研制者是乌齐·加尔中尉。多年来，他潜心研究世界各国的多种冲锋枪，融众枪之长，于1950年研制出一种新型冲锋枪。作为第二次世界大战结束后的第一代冲锋枪，乌齐是一支较早体现第三代冲锋枪结构特点的冲锋枪。首先，该枪采用了包络式枪机，包络式枪机又称嵌套式枪机，它是在枪机前面一部分将弹膛和大部分枪管包络起来，这样既可以缩短枪的全长（而枪管长度保持不变，以保证不降低初速和精度），又可以在不慎发生早发火或迟发火故障的情况下避免损坏枪的工作机构或伤害射手。其次，就是朝体积小、重量轻和微声方向发展。第三，巧妙地将弹匣与握把合一，还设计了一个基本上包裹枪管的套人式枪机，使得全枪结构紧凑，外形较小。第四，采用折叠枪托以缩短全枪长。

◉重机枪有什么特点

重机枪发射的子弹像流水一样，1秒钟可连续发射10发，能形成一张强大的火力网。它既可以用来压制敌人的火力点，封锁敌人的行动路线，还能大批杀伤集团目标，支援步兵冲锋陷阵。

重机枪的射程比步枪、冲锋枪都远。使用普通枪弹时，在3000米以内仍有一定的杀伤力；用特种弹，射程可达到5000米。射击时，机枪需要不断冷却。早期的重机枪采用水冷式，很笨重。现代的重机枪由于改为气冷式，机件减少了2/3，大大提高了机动性。

重机枪在发展过程中产生了三个小兄弟：一个是轻机枪；一个是通用机枪；一个是高射机枪。

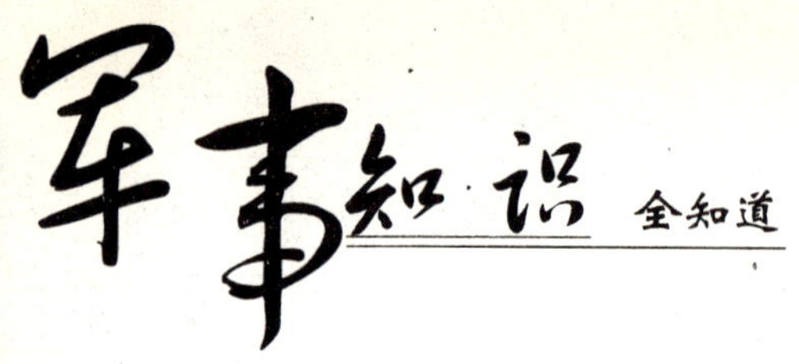

◉什么是通用机枪

通用机枪，是介于重机枪和轻机枪之间的一种机枪，又称两用机枪。它以两脚架支撑时，可当轻机枪使用。装在稳周的枪架上又可当重机枪用。它的性能也介于轻、重两种机枪之间。如同轻机枪一样配有枪托，便于抵肩射击；又同重机枪一样使用重枪管或更换枪管，保证有较高的战斗射速和连续射速。通用机枪一般装备到排或连，从这个意义上讲，人们又叫它连用机枪。

◉通用机枪是如何诞生的

通用机枪，又叫两用机枪，是一种既具有重机枪射程远、威力大的优势，又兼备轻机枪携行方便、使用灵活的优点的一种机枪，是机枪家族中的后起之秀。近几十年来，各国研制的新型机枪大多是通用机枪。

通用机枪的历史并不短，在以希特勒为首的德国纳粹党执政后，积极准备发动新的战争，加紧研制各种新武器。不过，由于有凡尔赛和约的限制，希特勒的研制工作都是秘密进行的。为了欺骗国际社会，德国枪械专家施坦格绞尽脑汁，设计出一种既具有重机枪性能，又能以轻机枪面目应付监督的机枪，该枪 1934 年设计定型，由毛瑟兵工厂生产，命名为 MG34 机枪。

◉通用机枪有什么特点

MG34 是世界上第一种通用机枪，在设计上有许多独到之处：使用与步枪相同的子弹；既可用弹链供弹，又可换装弹鼓供弹，弹链供弹左右都可进行，能双枪联装使用；主要零部件由易装卸的销钉结合，分解和操作简单，可迅速变换射击方式。该枪配两脚架和弹鼓时即成为轻机枪，配三脚架和弹链时即为重机枪。该枪有两根备份枪管，一旦枪管过热可迅速更换。作轻机枪使用时，其有效射程为 800 米；作重机枪使用时，其有效射程为 1000 米。第二次世界大战中，MG34 成为法西斯德国的主要步兵武器之一。

不过，该枪在实践中也暴露出结构仍显复杂、重量仍感偏大的弱点，为此，德国金属冲压专家格鲁诺夫对 MG34 进行了多项改进，于 1942 年研制成功 MG42 通用机枪。MG42 的研制成功，是枪械生产技术的一次天才的突破。

◉金属弹壳有什么缺点

枪弹最早是散装的。19 世纪末，金属弹壳定装枪弹出现后，为枪械自动化的实现创造了条件。金属壳定装枪弹是将弹头、发射药、火帽或击发药用弹壳组装成为一个整体，其优点是装药误差小，弹道性能稳定，火药和击发药处于密封状态，可长期储存，携带方便，装填迅速，发射时密闭火药气体不向后泄出。然而，尽管金属弹壳定装枪弹有这么多的优点，但是，其金属弹壳都是由黄铜或钢材制成，其重量约占全弹重的一半，发射后又被抛弃，造成极大的浪费。所以，早在 20 世纪 30 年代末期，一些兵器专家即提出取消金属弹壳的问题，德国、美国等相继开始了无壳弹的研制工作，后因膛内弹药自燃问题没有能够解决而导致半途而废。

◉无壳弹机枪是怎样诞生的

二战以后，美国、德国等国的技术人员相继开始无壳弹的研究工作，虽然各有进展，但取消弹壳并不是件轻而易举的事，枪弹无壳会带来了一系列的技术难题：发射时枪机如何可靠地密闭膛内火药燃气？连续射击导致枪管灼热，如何有效地防止膛内待发弹自燃？同火药燃气直接接触的零部件如何抗击无壳弹药的烧蚀？

后来，德国 HK 公司设计的一种无壳弹，是将发射药粘接起来，压成一个坚固的圆柱体，把底火和弹头直接嵌在药柱的两端，这种无壳弹由耐热高分子材料、发泡剂等组成，其燃点比硝化棉高出 100℃，经试验，燃点可达 260℃，发点射时可以连续射击 100 发而不自燃。100 发无壳弹的重量仅相当于 20 发普通枪弹的重量，使用无壳弹的步枪将不再需要抽壳、抛壳机构，从而使无壳枪的结构大为简化，金属弹壳原来的密闭火药气体、防止后喷的功能，由新设计的转膛式枪机阀气装置代替。同时，在无壳弹基础上设计的无壳弹步枪采用回转式枪机。这种枪机发射速度非常高，达 2200 发/分；打一发弹仅 90 毫秒，扣一次扳机打出 3 发子弹，此时射手才感到有轻微的后坐力，由于点射射速高，子弹迅速离开枪膛，不易引起自燃，同时枪口不会很快上跳偏离瞄准点，有利于提高射击精度。

◉什么是步枪

步枪，是指有膛线（又称来复线）的长枪，是单兵肩射的长管枪械。主要用于发射枪弹，杀伤暴露的有生目标，有效射程一般为 400 米；也可用刺刀、枪托格斗；有的还可发射枪榴弹，具有点、面杀伤和反装甲能力。步枪按自动化程度分为非自动、半自动和全自动 3 种，现代步枪多为自动步枪。按用途分为普通步枪、骑枪（卡宾枪）、突击步枪和狙击步枪。

步枪被称为“枪中之王”。各种各样的枪支都是在步枪的基础上发展起来的，所以它是枪的“元老”。

◉什么是狙击步枪

狙击步枪，是指在普通步枪中挑选或专门设计制造、射击精度高、射程远、可靠性好的高精度专用步枪。狙击步枪分为非自动与半自动两种。半自动狙击步枪应用最广。狙击步枪性能和构造与一般步枪基本相同，不过枪身比步枪更长，多数配装光学瞄准镜或夜视瞄准具及折叠式双脚架，有的还带有消声、消焰装置，20 世纪 80 年代开始，大口径（12.7mm）狙击步枪出现，其主要战术任务是在较远距离上（1500 米左右）摧毁敌装备器材。

狙击步枪的学名叫“高精度战术步枪”，最初的狙击步枪并非专门制造，而是在普通步枪中挑选精度相对较高的作为狙击步枪使用，并且最早的狙击步枪没有光学和其他辅助瞄准器具。普通步枪的射程一般在 400 米以内，而狙击步枪的射程一般在 800 米以上。狙击步枪以其特别高的射击精度，被人称为“一枪夺命”的武器。

◉什么是狙击手

狙击手，指受过专门训练，完全掌握精确射击、伪装和观察技能的射手，通常可首发击中目标。第一次世界大战期间，英军首先使用狙击手这一名称。狙击步枪枪弹的散布精度再好，也需要优秀的狙击手操作。否则狙击步枪的高精度也得不到有效发挥。

◉为什么狙击步枪弹无虚发

在军事上，狙击步枪主要用于射击对方的重要目标（如指挥人员、车辆驾驶员、机枪手等）。狙击步枪的结构与普通步枪基本一致，区别在于狙击步枪多装有精确瞄准用的瞄准镜；枪管经过特别加工，精度非常高。狙击步枪配备光学瞄准镜，是在较远距离上消灭敌人重要单个目标的高精度步枪。

狙击步枪通常有单发直动式和半自动式两种。单发直动式打得非常准，100 码（即 91.4 米）距离的误差不超过 12 毫米，但是打一枪需装填一发子弹，这种枪在狙击步枪中占多数；半自动式狙击步枪火力密度较大，尽管其命中率低于单发直动式狙击步枪，但是若第一发打不中，可以扣动扳机再补一枪或若干枪。从结构上看，狙击步枪只是一些特制的枪械，也有从大量普通步枪中精选出来的。

为提高精度，狙击步枪的枪管壁较厚，内膛加工精度和光洁度也比一般枪管高得多，而且采用铬铂钢或不锈钢等优质钢材制造，很多枪管采用精密锻造工艺。此外，狙击步枪的枪管通常比普通步枪枪管长很多，从而保证子弹飞出枪口后的外弹道性能稳定。

◉ AK—47 为什么被称为“步枪之王”

AK—47 突击步枪属于自动步枪，与第二次世界大战时期的步枪相比，枪身短小、射程较短，射击距离保持在近战 300 米，适合较近距离的突击作战的战斗。采用导气式自动原理，导气管位于枪管上方，通过活塞推动枪机动作。回转式闭锁枪机。属中间型威力枪弹，容量 30 发子弹的弧形弹匣供弹，保险/快慢机柄在机匣右侧，可以选择半自动或者全自动的发射方式，拉机柄位于机匣右侧。AK—47 的保险非常有特色，从上至下一般突击步枪都是“保险，半自动，全自动”，而 AK—47 却是“保险，全自动，半自动”。在应对突发情况时，士兵们总会把快慢机扳到底，扣住扳机不放而射出全部枪弹，AK—47 则只会打出一发，大大节约了子弹，提高了安全性。AK—47 的枪机动作可靠，即使在连续射击时或有灰尘等异物进入枪内时，它的机械结构仍能保证它继续工作，可以在沙漠、热带雨林、严寒等极度恶劣的环境下保持相当好的效能。据说在越南战争中把它放入水中几个星期，然后从水中拿出来上膛后仍能射击。而且它的火力强，适合短兵相接。结构简单，分解容易；容易清洁和维修，勤务性好；操作简便，经久耐用。

◉自动步枪是怎样诞生的

冲锋枪虽然在近战中发挥优势，在 600—800 米的第一作战地域中则无能为力，而当时的单发步枪虽射程较远，但只能打一枪装填一发子弹，已远不能适应战场的需要。军队迫切需要装填一次子弹可以连续射击的步枪。美国人加兰德设计的“M1 半自动步枪”率先脱颖而出。这种步枪不仅成功地解决了一次装填连续发射的问题，而且性能优良，可靠性好，大大提高了部队的战斗力。被二战的士兵们亲切地称为“我们的加兰德枪”。

二战后至 20 世纪 60 年代，枪械自动化结构发展迅速。先后有美国人在 M1 半自动的基础上研制的 M14 自动步枪、苏联枪械专家卡拉什尼科夫研制的 AK—47 突击步枪等。尤其是 AK—47 突击步枪，采用一种比步枪弹小、比冲锋枪弹大的中间型子弹，既具备冲锋枪的特点，又具有半自动步枪的特点。

◉什么是电热枪

所谓电热枪，是由外部电源提供必要的能量，通过放电产生高温高压气体，以推动弹头前进的枪械。由于 20 世纪 90 年代以来，超高能电池的出现和贮能器件的贮能密度大幅度提高，单兵携行电脉冲功率能可望得到解决，所以，电热枪的诞生成为可能。电热枪的工作原理是这样的：枪和枪弹上带有高压电极，弹壳内装有做功工质，即作用液体，在发射瞬间，用脉冲放电方式将液体转化成等离子气体，从而将弹头推入枪管，使它旋转向前。

与常规枪械相比，电热枪的主要优点是可以大幅度提高枪弹的初速；其次，电热枪用于推动弹头前进的等离子气体的参数可以调节，从而可以改善弹丸的内弹道性能；第三，由于不使用火药，枪弹的生产、贮存和运输就比较安全了。美国一家公司曾研制成功了一种口径为5.56毫米的试验电热枪，该枪由重为0.68千克的硫一锂电池供电，试验表明，这种枪能使重为3.61克的弹头获得1440米/秒的初速。不过，电热枪离真正实用还时日久远，因为，目前还有许多关键技术有待解决。

◉什么是激光枪

激光枪，就是一种借助激光束进行瞄准的手提式机枪。这种枪的射击准确度极高，几乎可说是百发百中；而且这种枪的射击速度高，其威力也相当大，能将车辆的防护装甲击穿，还可以穿透较厚的墙壁。如果再给它配备上红外瞄准器，就能在漆黑的夜间准确击中1000米外的目标。

手提式激光机枪瞄准用的红色激光束又细又直，而且很亮，照在目标上非常醒目，激光束和枪管是平行的，只要将激光红色光点照在目标上，就能准确地击中目标。该枪体积小、重量轻、结构精巧，可以拆开放在公文包内携带，也可以在需要时很快组装起来。还有一种手提式激光机枪，其固定藏在公文包的暗层里，用包的提手作为击发机，当遇到紧急情况时，按下击发机按钮，红色的激光束便透过包的外层照射在目标上，紧接着子弹便射向目标。

以上介绍的激光枪是1978年3月美国研制成功的，实际上是利用激光瞄准的激光枪。

◉什么是现代激光枪

在上述激光枪的基础上，人们又成功研制了能产生强激光束，在瞬间使目标烧蚀、熔化、雾化或汽化，并产生爆震波，从而导致目标毁损的真正意义上的激光枪。这种新型激光枪的激光器能将激光束高度集中，产生高温高压。

根据激光武器所具有的能量，人们又将它们分为两大类——低能激光武器和高能激光武器。现代激光枪主要属于低能激光武器，又称激光轻武器或单兵激光武器。这种激光枪主要用于杀伤敌方人员，也可用于破坏敌方红外测距仪、夜视仪和其他电子器材。它的样式与普通步枪相似，使用方法也差不多。

◉非致命激光枪有什么特点

非致命激光枪的特点是致盲，就是说这种枪一般不致敌于死地，而是以人眼为射击目标，以激光束使敌人暂时致盲。激光致盲枪的原理很简单。人的眼睛是一个优良的聚光光学系统，接近平行的激光束进入人眼后，经过晶状体的会聚，就在视网膜上聚焦成一个小光斑，从而使激光能量高度集中。视网膜非常脆弱，它吸收光的能力很强，光斑部位的极薄的一层视网膜组织能吸收光束的大部分能量，并迅速转变成热能，将视网膜烧伤。正是由于眼睛极易受到损伤，而且只需使用产生绿色激光的小型高功率脉冲激光器就能达到要求，所以激光枪的发射比激光炮以及其他高能激光武器更容易实现。

目前，美军使用的激光致盲枪内装一个小型高效率的脉冲激光器，具有重量轻、体积小、成本低、携带方便等特点。用这种激光致盲枪在战场上扫射，可以使半径 1500 米范围内所有看到激光束的人员致盲。它既可打单发，也可像机关枪、冲锋枪那样打连发，射出的“光弹”速度比普通子弹快 40 万倍，任何人都来不及躲闪。除美国外，俄罗斯、英国、法国也都研制出不同能量的激光武器。

◉单兵自卫武器是一种什么武器

近年来，世界枪坛上出现了一种单兵自卫武器，又叫“四不像”：既不像手枪、冲锋枪，也不像卡宾枪和步枪。它的概念最早出现在美国步兵学校副校长巴里·麦卡弗里 1986 年为美国陆军制定的至 2000 年《美国轻武器总规划》中。这个规划将美军轻武器的发展分为两个阶段：1995 年前对现有武器系统进行适当的改进；1995 年以后研制未来先进轻武器族，其中包括单兵自卫武器、单兵战斗武器和班组支援武器。美国人提出单兵自卫武器概念的目的，就是用其取代手枪、冲锋枪和短突击步枪。由于单兵自卫武器的结构特点、作战效果更接近于冲锋枪，因此，一些军事专家将其归于冲锋枪的行列，认为其是新一代冲锋枪。随着它的性能日渐提高，种类更加丰富，它终将会成为一类专门武器，成为一个与手枪、步枪、冲锋枪等并驾齐驱的新型枪种。

◉什么是次声枪

次声波与超声波一样，都看不见、听不到、摸不着，但由于次声波频率低、波长长，所以传播距离很远。次声波的另一个重要特性是有较强的穿透能力，它既能穿透空气、海水、土壤，也能穿透飞机机体、军舰壳体、坦克车体以及坚固的钢筋混凝土构件。

次声枪是次声武器中的一种，是以次声波来进行杀伤和起破坏作用的枪。科学家们认为，次声枪一旦研制成功，掌握次声波的人就拥有了来无形、去无踪、大量杀伤对方有生力量的神出鬼没的手段。不过，到目前为止，还没有哪一个国家研制成功了次声枪。因为，要将次声枪推向战场，首先需要其产生的次声波具有足够的强度，其次要求小型化，再次必须实现定向聚束传播，否则会误伤己方。目前，科学家正在努力，以使次声枪早日走出实验室，成为新一代作战武器。

◉什么是头盔枪

20 世纪 70 年代，一种新型的射击武器——头盔枪在联邦德国诞生了，它被认为是世界兵器史上的一大奇迹。从外表看，头盔枪与普通头盔并没有多大差别，头盔枪仍具有普通头盔所具备的防护作用。但头盔枪的内部结构相当复杂和巧妙。在头盔枪的最上方是容纳子弹的枪膛，其前端是射出子弹的枪管，后端则是排泄火药气体的喷口。头盔的前额处装着光学瞄准镜，它的瞄准线和枪膛轴线平行。当发现目标时，通过瞄准镜和装在射手眼睛前面的反射镜，将目标准确地反射到人的视线以内，这时射手可根据需要来操纵电发火装置，向目标进行点射或连射。这样，射手的两只手就可腾出来操作其他武器或兼做别的工作，如驾驶车辆、指挥交通或操作轻型反坦克武器等。头盔枪在射击时像无坐力炮那样由喷口向后喷出火药气体，所以没有后坐力。用头盔枪发射 9 毫米的无壳弹，在 100 米以内几乎能百发百中。头盔的口部、耳部装有传声器和耳机，便于同附近的伙伴联系。同时配有几个频道的微型发报机，用于 1000 米以内的通信联络。

◉钢笔枪是干什么用的

钢笔枪通常被人们看作是间谍使用的武器。在俄罗斯等国很早就有人生产这种枪，它主要是在那些小型的作坊和正在迅速发展的小工厂中生产的。它使用小口径的手枪子弹。由于钢笔枪没有保险，人们携带它自卫时，又必须装上膛弹，所以极易走火。长期携带钢笔枪，其极易走火的弊端对持枪者和周围的人都构成了威胁。由于钢笔枪结构简单、便于生产，且廉价而令人新奇，购买者趋之若鹜。

1782 年俄罗斯著名枪械生产地图拉市的造枪工匠献给沙俄叶卡捷林娜女皇一支墨水瓶烛台式手枪。开创了将枪和日常用品相结合的先例。19 世纪中期，从枪口前部装填弹药的钢笔枪首次出现，因为这种枪体积太大，既不适于书写也不适于射击，未能得到推广。后来出现了装填无烟发射药的金属定装子弹，可直接从枪管后部装填，这样钢笔枪的口径和体积都大大缩小了，所以，钢笔枪是在近代金属弹壳定装子弹出现后才得以发展起来的。

在 20 世纪前 60 年间，钢笔枪曾盛行半个多世纪。近年来，随着间谍武器的日益现代化，出现了可多管发射的匕首枪、烟盒式手枪、手机式手枪，这此伪装在生活用品中的间谍手枪的威力、发射枪弹的数量都比钢笔枪大。因此，钢笔枪便逐渐退出了间谍武器的行列，成了博物馆的展品。

◉间谍枪为什么“奇形怪状”

间谍枪，往往制作得十分精致，还常常巧妙伪装成生活用品，秘密携带，出其不意地射击，使敌人防不胜防。

烟盒枪：很像一包普通的香烟，揭开锡纸，里面便露出小口径的枪管。烟盒枪的侧面装有压杆式触发器，用手指一按，烟盒里面就会射出子弹来。

公文箱枪：外表看起来和普通手提包没有多大区别，然而里面却装着枪械设施，并带有消音筒。这种枪在箱子的提手下面有一个铜指环。只要扣动铜环，使触发杆启动板机，子弹就会从箱子的小孔里射出去，而且声音很小，一般不易觉察。

此外，还有手杖枪、钥匙枪、钢笔枪、烟斗枪、打火机枪、腰带扣枪等，形形色色，无奇不有。

◉谁是坦克的发明者

第一次世界大战期间，交战双方为突破由堑壕、铁丝网、机枪火力点组成的防御阵地，打破阵地战的僵局，迫切需要研制一种火力、机动、防护三者有机结合的新式武器。英国人斯文顿在一起意外中发现，如果在拖拉机上装上火炮或机枪，它不就无敌了吗？1915 年，英国政府采纳了斯文顿的建议，利用汽车、拖拉机、枪炮制造和冶金技术，试制了坦克的样车。1916 年生产了“马克”Ⅰ型坦克，外廓呈菱形，刚性悬挂，车体两侧履带架上有突出的炮座，两条履带从顶上绕过车体，车后伸出一对转向轮。

这种坦克靠履带行走，能驰骋疆场、越障跨壕、不怕枪弹、无所阻挡，很快就突破德军防线，从此开辟了陆军机械化的新时代；从那时起到现在，世界上已经制造了数十万辆坦克，成为各国陆军、海军陆战队和空降兵的主要作战武器。

◉坦克的名字是怎样得来的

坦克制造出来后，英国人把自己发明的坦克称为“陆地巡洋舰”。这其中有这样几个原因。当时英国在世界称雄是靠海军，海军最漂亮最有威力的是巡洋舰。坦克一问世，就好比威力强大的巡洋舰，因此就叫“陆地巡洋舰”；另一个原因，当时坦克上应用的炮和机枪都是从巡洋舰上拆下来装到坦克上的，由海洋走向陆地，因此把坦克称为“陆地巡洋舰”也不是没有道理的。

至于为什么又叫坦克，那是因为英国人为了保密，在将这批坦克运往前线时，所有包装箱上都写“水箱”的名称，英文“水箱”的中文音译就是“坦克”，后来人们都把“陆地巡洋舰”称为坦克。

◉坦克有哪些类型

20 世纪 60 年代以前，坦克多按战斗全重和火炮口径分为轻、中、重型。通常轻型坦克重 10—20 吨，火炮口径不超过 85 毫米，主要用于侦察、警戒，也可用于特定条件下作战；中型坦克重 20—40 吨，火炮口径最大为 105 毫米，用于遂行装甲兵的主要作战任务；重型坦克重 40—60 吨，火炮口径最大为 125 毫米，主要用于支援中型坦克战斗。最重的坦克是第二次世界大战期间德国建造的“鼠”式坦克，重达 188 吨，有 8 名乘员。

根据生产年代和技术水平，坦克也被分为三代。从第一次世界大战出现坦克到第二次世界大战中期，主流的坦克类型被称为第一代坦克；第二次世界大战中期到 20 世纪 60 年代的主流坦克，被称为第二代坦克；20 世纪 60—90 年代研制的坦克，被称为第三代坦克（主战坦克和特种坦克的划分方式是从第三代坦克开始的）。

◉什么是主战坦克

从 20 世纪 60 年代开始，各国将原来的轻、中、重型坦克重新分类。中、重型坦克是各国装甲部队的主力，一般被称作主战坦克（主力战车）。

主战坦克是装有大威力火炮、具有高度越野机动性和装甲防护力的履带式装甲战斗车辆，一般全重为 40 吨—60 吨，从 20 世纪 80 年代开始，各国的主战坦克的重量有快速飚涨的趋势。火炮口径目前多为 105 毫米以上，滑膛炮也在 20 世纪 80 年代开始成为许多国家设计新一代主战坦克的首选，以增强对装甲的破坏力。主战坦克主要用于与敌方坦克和其他装甲车辆作战，也可以压制和摧毁反坦克武器、野战工事，歼灭有生力量。

◉目前最先进的主战坦克有哪些

目前世界上最先进的主战坦克，主要是上世纪 80 年代以后研制的，其代表有：俄罗斯（包括苏联）的 T－80/T—90、美国的 M1A1/M1A2、德国的豹 2、英国的挑战者 2、法国的勒克莱尔、以色列的梅卡瓦 IV、日本的 90 式等。这些坦克的战斗全重一般为 40—60 吨，越野速度 35－55 公里每小时，最大速度 72 公里每小时，载有 2－4 名乘员。坦克的主要武器是一门 120－125 毫米口径火炮，直射距离一般在 1800－2000 米左右，射速每分钟 6－9 发，弹药基数为 39－60 发。通常采用复合装甲或贫铀装甲，部分还可以披挂外挂式反应装甲，并多数装备了导航系统、敌我识别系统、夜战系统以及三防系统（防核、化学、生物武器）。

◉现代坦克的主要火力因素是什么

火力、机动力和防护力是现代坦克战斗力的三大要素。火力的强弱主要取决于坦克的观瞄系统、火炮威力和弹药的威力。现代坦克一般采用先进的计算机、红外、微光、夜视、热成像等设备对目标进行观察、瞄准和射击。坦克炮可以发射穿甲、破甲、碎甲、杀伤和爆破弹等多种类型的炮弹，还可发射炮射导弹。除具有较大的破坏威力外，坦克炮的命中精度也很高，2000 米静止对固定目标射击首发命中率可达 80%以上，1500 米行进间对活动目标射击首发命中率能达到 60%以上。如果再配合使用激光半主动制导炮弹，命中精度还会大大提高。不难看出，坦克炮的命中精度和导弹相差不大，且穿甲、破甲和碎甲威力亦十分强大，所以各国主战坦克仍以火炮为主要攻击武器。

◉什么是装甲车

装甲车，即装甲汽车、装甲输送车，步兵战车等的统称，它是装有武器和拥有防护装甲的一种军用车辆，按行走机构可分为履带式装甲车和轮式装甲车。在装甲车辆中，除坦克、步兵战车和装甲人员输送车这三种主要车型外，还有装甲侦察车、反坦克导弹发射车、自行高炮、自行火炮和自行火箭炮，以及工程保障和后勤技术保障车辆等。

◉什么是装甲输送车

装甲输送车，即设有乘载空的一种轻型装甲车辆，主要用于输送步兵，也可用于战斗。有履带式和轮式两种，大多数为水陆两用。由装甲车体、武器、通信设备、观察瞄准装置和推进系统等组成。动力装置位于车的前部。车后部为乘载室，其两侧和后部均有射击孔。车上武器有机枪、小口径机关炮。主要用于战场上输送步兵，也可运输作战物资和器材。利用装甲输送车底盘可改装成装甲指挥车、装甲侦察车、装甲通信车、装甲抢救车、装甲救护车、装甲供弹车和坦克架桥车、坦克保养工程车、坦克修理工程车、坦克运输车等多种变型装甲车。

◉什么是装甲侦察车

装甲侦察车是一种装有侦察设备的车辆，分履带式和轮式两种。履带式装甲侦察车最大爬坡度可达 70%，越壕宽达 2.1 米，通过垂直墙高度为 0.7 米。轮式装甲侦察车陆上最高时速 105 公里，最大行程 800 公里，最大爬坡度为 51%。车上一般装有大倍率光学潜望镜、红外夜视观察镜、微光瞄准镜、微光夜视观察系统和热像仪等。昼间光学仪器对装甲车辆最大观察距离15公里，夜间一般为1.5—3公里。如装有雷达和激光测距仪，可观察20公里左右。目前，主要的装甲侦察车有美国的M3步兵战车、俄罗斯BPTIM装甲侦察车、法国AMX－I0RC轮式侦察车和英国的“蝎”式侦察坦克等。

◉什么是山炮和野炮，二者的区别是什么

山炮是轻型榴弹炮的一种，重量轻机动能力强，适合在山地等复杂地形使用。口径一般不超过105mm，发射弹种以榴弹为主，弹道弯曲射程较近。野炮，是用于野战的一种火炮，多为口径75毫米左右的加农炮，是第一次世界大战中使用的主炮。

山炮、野炮其差别在于山炮适用于山地作战，重量小，便于作大部件的分解组合，一般用骡马拖曳、驮载或人力搬运。而野炮的重量较大。如1921年仿日本明治41式75山炮、1925年仿日本大正6式75山炮身长口径比都为18，1924年仿日本明治38式75野炮身长口径比为31。国内早期山、野炮都是从英国（阿姆斯特郎）或德国（克虏伯）进口的，自制的山野炮口径都很小。自从1905年清政府规定制式火炮为75毫米山炮和75毫米野炮以后，所谓野炮的概念应该是特指口径100毫米以下的榴弹炮。一般山炮、野炮口径都为57或75毫米，只有个别例外，如1925年沈阳曾仿制过奥式77毫米口径的野炮。

◉什么是火箭炮

火箭炮是利用火箭发射架（或管）发射火箭弹的一种大威力面杀伤武器系统的总称。火箭弹靠自身携带的发动机提供动力向前飞行。它能有效地对付暴露的集群目标，能迅速、突然、猛烈地以饱和火力打击敌人。

火箭炮经过二次大战及战后以来的发展，目前在战术技术性能上已有很大提高，发射火箭弹用的定向器装弹数目前已达40枚，火箭弹口径和射程均有大幅度提高，高低射界能达0－60”，方向射界可达360”，再装填时间最短的只有半分钟。目前，装备火箭炮的国家主要有俄、美、德、意、日等。

◉火箭炮的主要特点是什么

火箭炮一般配属炮兵使用，通常称为多管火箭炮。和普通炮弹相比，它的最大特点是依靠自身的动力飞行。因此，既可以由火箭炮发射，也可以由便携式发射器发射，还可进行无发射器的简便射击。火箭炮可以发射带有各种战斗部的火箭弹，如杀伤爆破式火箭弹、燃烧弹、发烟弹、末敏反坦克子母弹、反坦克子母弹、燃料空气弹和干扰弹等。

和身管火炮相比，火箭炮的主要特点，一是射程远。普通身管火炮要增大射程受到一定限制，而火箭炮不同，只要改变火箭推进剂、增大装药量、改善发动机性能就可以增大射程。二是火力猛。一个18门制的122毫米40管火箭炮营，20秒内可发射720枚火箭弹；而一个18门制的122毫米榴弹炮营，20秒内只能发射54—72发炮弹，相差十几倍，因此，火箭炮具有火力猛、震撼力强的优点。三是机动性好。它能迅速捕捉目标，并在极短的时间内发射大量火箭弹，然后迅速转移，重新进行攻击。缺点是火箭弹散布比炮弹大，只适合对付面杀伤目标。

◉大贝尔塔炮是谁发明制造的

早在20世纪初，德军总参谋部就要求设计一种用于攻克堡垒的能在陆上运输的最重型大炮。德军将这一重任交给了"大炮王"阿尔夫莱德·克虏伯之子菲利茨·克虏伯，并要求绝对保密。菲利茨立即组织一些有经验的设计师与工程师进行集体攻关，在1909年秘密研制出一种巨型臼炮，并以菲利茨母亲的名字命名，称为"大贝尔塔"炮。这种炮长7米，炮口直径420毫米，炮身连同炮车重达120吨，能将近1吨重的炮弹发射至14.5公里之外的目标。每发炮弹用掉的发射药近200公斤重，需要200多名炮手。它还能发射装有延发引信的破甲炮弹，让炮弹贯入目标内部后爆炸。

然而，它太笨重了，搬运时必须将其分解开，各由一辆火车头拖运。还必须铺设专轨，才能把它运到炮座上。同时，由于它发射时会产生巨大的后坐力，因而必须浇筑几米深的混凝土底座，转移时再把它炸掉。仅安置炮位就需要6个小时。在以后的四年中，菲利茨·克虏伯继续研制一种可以分成几部分、适宜公路运输的大炮。第一次世界战争爆发时，克虏伯已生产了5门420毫米口径铁路大炮和2门公路大炮，这些大炮在战争中发挥了不可替代的作用。

◉什么是火炮

火炮是一种以发射药为动力发射弹丸，口径在20毫米以上的身管射击武器。其作用原理是将发射药在膛内燃烧的能量转换为弹丸的炮口动能以抛射弹丸，同时产生声、光、热等效应。火炮的主要战术技术性能是初速、射程、精度、射速和机动性等。火炮的主要任务是用于对地面、空中和水上目标射击，毁伤和压制敌有生力量及技术兵器，以及完成其他任务。

◉火炮的结构是怎样的

火炮通常由炮身和炮架两大部组成。炮身部由身管、炮尾、炮闩和炮口制退器组成。身管用来赋予弹丸初速及飞行方向，并使弹丸旋转。炮尾用来盛装炮闩。炮闩用来闭锁炮膛、击发炮弹和抽出发射后的药筒。现代火炮大都采用半自动炮闩，有的采用自动炮闩。炮口制退器用来减少炮身后坐能量。发射时，装在炮闩内的击针撞击炮弹底火，点燃发射药。发射药燃烧产生大量的燃气，推动弹丸以极大的加速度沿炮膛向前运动。弹丸离开炮口瞬间获得最大速度，尔后沿着一定的弹道飞向目标。燃气推动弹丸向前运动的同时推动炮身后坐。

炮架部由反后坐装置、摇架、上架、高低机、方向机、平衡机、瞄准装置、下架、大架和运动体等组成。反后坐装置包括驻退机和复进机。摇架耳轴装在上架上，借高低机作垂直转动。上架是回转部分的主体，以基轴装在下架上，借方向机作水平转动。高低机和方向机使炮身在高低和方向上转动。高低机装在摇架和上架之间，方向机装在上架和下架之间。平衡机使火炮起落部分在摇架耳轴上保持平衡，使高低机操作轻便。瞄准装置由瞄准具和瞄准镜组成，用来根据火炮射击诸元实施火炮瞄准。下架、大架和运动体，射击时支撑火炮，行军时作为炮车。

◉火炮是怎样分类的

火炮根据安装发射的平台不同，可分为地面炮、舰炮和航炮。按运动方式可分为固定火炮、骡马拖曳炮、机械牵引炮和自行火炮；按发射方式可分为身管火炮和火箭炮；按作战用途又可分为地面压制火炮、海岸炮、高射炮、坦克炮、特种炮等；按口径大小可分为：大口径炮（高炮在100毫米、地炮在152毫米、舰炮130毫米以上），中口径炮（高炮在61—100毫米、地炮在76—152毫米、舰炮在76—130毫米左右），小口径炮（高炮在20—60毫米、地炮在20—75毫米、舰炮在20—57毫米之间）。按炮膛结构可分为线膛炮和滑膛炮；按弹道特性可分为加农炮（弹道低伸）、榴弹炮（弹道较弯曲）和迫击炮（弹道最弯曲）；按装填方式可分为前装式火炮和后装式火炮。

◉滑膛火炮是如何产生和发展的

中国元代已经制造出最古老的火炮——火铳。中国历史博物馆展出的元代至顺三年（1332）制造的青铜铸炮，炮的尾部有两个方孔，可装耳轴。明朝政府设有“兵仗”、“军器”二局，分造火器，其中的“虎蹲炮”用铁爪限制后坐，射击时后坐不过五寸（约15.55厘米），能装小铅弹百个以上。“无敌大将军炮”重千斤，装在车上，能装铁子500个。而“毒火飞炮”、“飞摧炸炮”能发射爆炸弹。这种炮弹为铸铁空心体，内装火药及其他药剂，并装有将药线安放在竹管内的引信，发射时将弹丸装入炮管，先点燃引信，后点燃炮管内发射药，弹丸到达目标后爆炸。

中国的火药和火器西传以后，火炮在欧洲开始发展。14世纪上半叶，欧洲开始制造出发射石弹的火炮。16 世纪中叶，欧洲出现了口径较小的青铜长管炮和熟铁锻成的长管炮，代替了以前的臼炮。1600 年前后，一些国家开始用药包式发射药，提高了发射速度和射击精度。瑞典国王古斯塔夫二世·阿道夫在位期间（1611—1632），采取减轻火炮重量和使火炮标准化的办法，提高了火炮的机动性。1697 年，欧洲用装满火药的管子代替点火孔内的散装火药，简化了瞄准和装填过程。17 世纪末，欧洲大多数国家使用了榴弹炮。

◉线膛炮是怎样诞生的

从火炮出现到 19 世纪中叶以前，火炮一般是滑膛前装炮，发射实心球弹，部分火炮发射球形爆炸弹、霰弹和榴霰弹。最初的线膛炮是直膛线的，主要目的是为了前装弹丸方便。这种火炮发射速度慢，射击精度低，射程近。为了增大火炮射程，19 世纪初欧洲许多国家进行了线膛炮的试验。1846 年，意大利的卡瓦利少校制成了螺旋线膛炮，发射锥头柱体长形爆炸弹。螺旋膛线使弹丸旋转，飞行稳定，提高了火炮威力和射击精度，增大了火炮射程。在线膛炮出现的同时，炮闩得到改善，火炮实现了后装，发射速度明显提高。线膛炮的采用是火炮结构上的一次重大变革，至今线膛炮身还被广泛使用。

◉世界上射程最远的火炮是什么炮

世界上射程最远的火炮是 1918 年 3 月从德国圣戈班林区轰击法国首都巴黎时用的“巴黎大炮”，它的炮管是世界上最长的炮管，达 37 米，竖起时比一座十层楼房还高，其射程 120 公里，比目前美国的“鱼叉”导弹的射程还远。

◉世界上射高最大的火炮是什么炮

世界上射高最大的火炮是苏联的 KS—20 式 130 毫米牵引式高射炮，它的有效射高 17 公里，最大射高 21.9 公里，基本和美国“爱国者”地空导弹的射高差不多，已经具有中高空、中远程攻击空中目标的能力。

◉世界上发射速度最快的火炮是什么炮

世界上发射速度最快的火炮是美国“火神”式 6 管 20 毫米转管航炮，射速为 6000 发/分，主要装备 F—4、A—4 和 B—52 轰炸机。美海军用的“火神—密集阵”6 管防空炮射速为 3000 发/分。

◉世界上造价最高的火炮是什么炮

世界上造价最高的火炮是德国的“猎豹”式 35 毫米双管自行高射炮系统，它装在“豹”式坦克底盘上，具有全天候、全自动独立作战能力，每门火炮价格为 800 多万德国马克，比最新的“豹”1 坦克还贵一倍多。

◉世界上配用弹种最全的火炮是什么炮

世界上配用弹种最全的火炮是美国 155 毫米榴弹炮，它能配用普通榴弹、底凹榴弹、核炮弹、次毒气弹、化学弹、照明弹、发烟弹、远程全膛弹、火箭增程弹、反坦克子母弹、子母雷弹、电视侦察炮弹等 30 多个弹种，可完成多种作战任务。

◉世界上最重的火炮是什么炮

世界上最重的火炮是德国 1942 年制造的“杜拉”铁道炮，重达 1329 吨，起落部分重 400 吨，口径为 800 毫米，也居世界之最。该炮最后一次使用是 1944 年在波兰华沙附近，发射了约 30 发炮弹。该炮发射的混凝土穿甲弹弹丸重达 7.1 吨，每小时可发射 3 发。

◉美国威力最大的火箭炮是哪种炮

美国威力最大的火箭炮是美国首次在海湾战争中使用的 M270 式 12 管火箭炮，它可在 50 秒钟内一次齐射 12 枚火箭弹，杀伤面积相当于 6 个足球场大（6 万平方米）。如需布雷时，它还能在 40 公里范围内布设一个宽 400 米，长 1000 米的反坦克雷区。

◉什么是无坐力炮

无坐力炮是一种在发射过程中利用后喷物质的动量与前射弹丸动量平衡使炮身不后坐的火炮。早在 1914 年，美国海军少校戴维斯就发明了世界上第一门可供实用的无坐力炮。为了抵消炮弹发射时所产生的巨大反作用力，戴维斯在同一根炮管的另一头也装上一个配重弹丸，这样，在向前发射出去弹丸的同时，后面那颗平衡弹则在其反作用的推力下从炮后射出，爆成碎片。

1936 年，苏联的梁布兴斯基制造了一门 76.2 毫米的无坐力炮，他首次使用喷管来发射喷射气体弹消除后坐力。第二次大战中，由于空心装药破甲弹的使用，这种无坐力炮成为有效的反坦克武器。在现代条件下，由于这种炮后喷火焰大、初速低，很多国家都已停止研制和生产，只有英国、日本等少数几个国家装备，主要用于反坦克作战。随着反坦克导弹、新型榴弹炮和反坦克火箭筒的发展（火箭筒与无坐力炮界线逐渐消失），纯无坐力炮有被取代的趋势。

◉什么是短途自行牵引火炮

短途自行牵引火炮，又称自运火炮，它是一种长途道路行军依靠汽车牵引、在阵地能够依靠自身动力进行短途战术机动的新型火炮。在现代战争中，由于侦察卫星、侦察机和远程探测设备的发展，战场的透明度越来越高。汽车把火炮牵引到阵地就撤离，让火炮始终进行不变换发射位置的作战方式早已过时。即使不开炮，敌方尚能探测和定位，倘若一开炮射击，则更容易暴露阵地和炮位，所以在现代战争中危险性很大。为了能使火炮进行阵地机动，从上世纪 50 年代开始，就出现了一种装有辅助动力装置的牵引式火炮，可以 15－30 公里每小时的速度调换炮位、转移阵地或进行战场机动。

◉什么是自行火炮

自行火炮，就是一种安装在车辆底盘上，不需外力牵引而能自行运动的火炮。1914 年，俄国制造出了世界上第一门安装在卡车底盘上的 76 毫米自行高射炮。二战时，自行火炮得以迅速发展，仅苏联就发展了 5 种口径、9 个型号的自行反坦克炮。在 3 年左右的时间内，就生产了 31000 辆自行反坦克炮，在战争中发挥了重要作用。战后以来，由于强调机动力、火力、防护力的有机协调，自行火炮的发展倍受重视，目前，几乎所有牵引式火炮都研制了自行式火炮的派生型。

自行火炮按重量可分为重、中、轻三型；按行驶方式可分为轮式和履带式两种；按装甲防护程度可分为全装甲（封闭式）、半装甲（半封闭式）和敞开式；按火炮种类可分为自行加农炮、自行榴弹炮、自行火箭炮、自行高射炮、自行反坦克炮、自行无坐力炮、自行迫击炮等。

◉火炮怎样才能增加射程

提高火炮的射程，一般来说有三个途径：增大初速、外弹道加速和改进弹形减少飞行阻力。

增大初速靠火炮，其他两项措施都是靠弹丸的改进。外弹道加速主要通过采用火箭增程弹和冲压喷气弹来实现，利用这种炮弹，火炮炮管和结构无需改变，便可将射程大为增加，但弹丸的威力和精度有所下降，成本也有所提高。改进弹形的主要方法是加大长径比，使炮弹更加细长和更具流线形，这样可以减小飞行阻力。发射次口径弹，也能大大增程。

◉怎样才能增大火炮的初速

增大初速是提高火炮射程的重要途径，初速越高，推力越大，射程也就越远。初速提高了，弹丸飞行的时间就短了，弹道也就平直低伸，因而有利于提高命中概率，所以增大初速一直是人们梦寐以求的。怎样才能增大火炮的初速呢？通常有三种办法：加长身管、增大膛压和减轻弹重。我们知道，弹丸是依靠发射药燃烧时产生的高温高压气体推动而向前运动的，它在炮膛内受发射药气体的作用实际上是一个不断加速的过程，加长火炮的身管，便能延长发射药气体的推动过程，提高了火药气体能量利用率。增大膛压就是通过增加发射药量或采用高能发射药，使火药气体的平均压力增大，这样推动弹丸前进的作用力自然也大了，从而得以提高射程。当然，增大膛压将加重对炮管的烧蚀、加速疲劳及断裂等一系列问题，也和增长炮管一样，需权衡利弊，综合考虑。

◉火炮与火箭炮有什么区别

火炮与火箭炮虽然最后都是把装有炸药的弹丸发送到目标起爆对目标进行毁伤，但是二者最大的区别在于发射弹丸的原理不同。火炮是靠在炮膛内发射药燃烧产生的高温高压气体，使弹丸经炮管被加速（加速度可以高达数万倍重力加速度），然后弹丸高速飞离炮口，按火炮赋予的方向和射角飞向远方，弹丸飞行的远近主要依靠从火炮所获得的炮口动能的大小。火箭炮对火箭弹的关系，则只是赋予弹丸以一定的射向、射角和弹丸飞离轨道或发射管之前对其的支撑作用。火箭弹前进的动力与火箭炮本身并无直接的关系，而是靠弹丸本身所携带的推进剂提供动力。

火炮发射弹丸（炮弹）的初速（炮口速度）远远大于火箭弹的离轨速度。炮弹飞离炮口后，由于空气阻力的作用，是一个减速飞行的过程，而火箭弹速度的最大值是在其携带推进剂燃烧完的那一点上（又称主动段的末速）。

一般中、大口径火炮都是单管的，发射炮弹是一发一发地装填和发射的；而火箭炮可以是多轨（管）同时装填，发射时可以多轨（管）齐射，因此一般来说，火箭炮所形成的火力猛，奇袭效果明显。

此外，火箭炮通常都比火炮重量轻、机动性好，便于打了就跑。火炮发射出去的炮弹，初始速度大，定向性好，加之弹丸本身多为高速旋转稳定式弹丸，所以受外界干扰（如阵风）小、命中精度要远比火箭弹高，适合攻击点目标，而火箭弹飞行中受横风干扰大，散布也较大，主要靠多发齐射所形成的火网覆盖面目标。

◉什么是迫击炮

迫击炮是一种近距离支援步兵作战的炮种。早期的迫击炮在结构上与臼炮相似，它的射角一般都大于45°，因此弹道像抛物线一样弯曲，是一种典型的曲射武器。由于弹道弯曲、初速小、射程近，因此能打击加农炮和榴弹炮射击不到的隐蔽目标，它较好地解决了威力与机动性的矛盾。同时由于射角大，发射时所产生的后坐力经由座钣直接传至地面，因此不需要反后坐装置。迫击炮弹飞行时靠尾翼稳定，落角大，威力也大。

早期的迫击炮还一直沿用那种大脑袋的炮弹——超口径长尾形炮弹。这种炮弹从炮口填装，而将尖锥形的大脑袋露在外面。由于这种炮弹在膛内受火药气体压力作用时间短，并且密闭火药气体的性能差，所以这种迫击炮初速低，射击精度差，射程只有几百米。然而，它能在起伏的山地和难以通行的复杂地形条件下伴随步兵作战，并且具有杀伤其他枪炮的低伸火力不具备的杀伤遮蔽目标的能力，因而在作战中备受重视。

◉迫击炮是怎样发明的

1904年，日军进攻我国旅顺港。当时，旅顺港由俄军驻守。日军采用挖壕筑垒的办法，悄悄逼近了旅顺口。

当俄军发现这一情况时，日军已近在眼前，形势非常危急。用一般火炮难以射击这样近的目标，用机枪等轻武器射击，又伤不着躲在堑壕里的日军。在无可奈何的情况下，俄军驻旅顺口基地炮兵技术副主任戈比亚托想起了他研制的“水雷臼炮”及一种超口径长尾形炮弹，于是他命令将口径为47毫米的海军炮装在炮架上，以大仰角发射蘑菇形的大头弹，将战壕里的日军打死打伤很多，日军只好暂时撤退。这种迫击炮弹质量为11.5公斤，从炮口装填，弹体在炮膛外部，仅将弹尾部装入膛内，射程只有50—400米。这种应急中使用的炮和炮弹，就是最早出现的迫击炮和迫击炮弹。

◉迫击炮是怎样分类的

迫击炮按口径大小可分为三类：大口径（或重型）迫击炮，主要有105、106.7、120、160和240毫米等口径；中口径（或中型）迫击炮，主要有81、82毫米等口径；小口径（或轻型）迫击炮，主要有51、52、60毫米等口径。

大口径迫击炮主要有三种代表型：苏联的wt240式，口径240毫米，射程9.7—12.5公里，战斗全重4150公斤，射速1发/分；以色列的M66式，口径160毫米，射程9.6公里，弹重40公斤，战斗全重1700公斤；法国的RT—61

式 120 毫米迫击炮采用线膛身管，能发射 18.7 公斤带预刻膛线的炮弹，使射程达 8.14 公里。

中口径迫击炮的代表型有：苏联 M37 式改进型，口径 82 毫米，射程 3 公里；美国 XM252 式 81 毫米口径迫击炮，射程 5.6 公里；英国 L16 式 81 毫米口径迫击炮，射程 5.6 公里，有效杀伤破片占弹体重量的 40%以上。

小口径迫击炮的代表型有：法国远程迫击炮；芬兰 C－06 迫击炮；美国的 M224 式迫击炮；法国“卡曼多”迫击炮等。

◉历史上迫击炮发挥了什么作用

第一次世界大战中，由于堑壕阵地战的展开，各国开始重视迫击炮的作用，在“雷击炮”的基础上，研制出多种专用迫击炮。到第二次世界大战时，迫击炮已是步兵的基本装备，此时迫击炮的结构已相当成熟，完全具备了现代迫击炮的种种优点，如射速高、威力大、质量轻、结构简单、操作简便等，特别是无需准备即可投入战斗这一特点，使其在二战中大放异彩。据统计，二战期间，地面部队 50%以上的伤亡都是由迫击炮造成的。

◉迫击炮是如何操作的

迫击炮的操作使用很简单，在发现并瞄准目标后，将迫击炮弹从炮口滑进炮管，依靠其自身质量使炮弹底火撞击炮管底部的撞针；或者依靠其自身质量滑至炮身底部，待射手操作释放撞针后，撞击炮弹底部底火。底火被击发后，点燃炮弹尾部的基本药管，随后捆绑在弹体外面附加药包内的火药亦被点燃。虽然炮弹与炮管之间有一定的间隙以保证炮弹滑落，但是弹体外部的闭气环仍能形成极大的膛内压力，推动炮弹出炮口并飞向目标。迫击炮的这种发射原理决定了迫击炮弹不能与炮管紧密贴合，因此不能依靠膛线使炮弹产生旋转以稳定其飞行姿态，转而使用尾翼稳定装置来保证其飞行姿态。因此，所有的迫击炮弹均带有尾翼。典型的迫击炮弹在结构上除尾翼外，还包括引信、传爆管、炸药、弹体、闭气环、基本药管、附加药包、底火等零部件。

◉什么是微声迫击炮

近年来，随着战场环境的不断变化，各国都在用高新技术“武装”古老的迫击炮，出现了几种新型迫击炮，其中就包括微声迫击炮。

微声迫击炮是一种射击时只发出很微弱的声音，同时，炮口既微烟又微焰的迫击炮。微声迫击炮实现微声，其原理并非如微声枪那样在枪口装有消声器，其秘密在所使用的炮弹上。这种炮弹弹体后半部装有一个金属圆筒，圆筒上口用发射药密封，下口开放，火炮发射时，产生的燃气、烟雾、火焰都被封闭在炮弹尾部的金属筒内，所以发射时微烟、微焰、微声。目前，比利时已研制成功NR8113A1式52毫米微声迫击炮，其消声效果好，既可发射杀伤榴弹，又可发射照明弹及烟幕弹。

◉什么是智能迫击炮

智能迫击炮是一种无人监管的遥控、全自动迫击炮系统。目前，美国海军陆战队正在对120毫米的智能迫击炮系统进行可行性演示。该迫击炮系统包括120毫米线膛迫击炮、射击指挥和通信设备以及弹药补给装置。该系统的数据处理、目标瞄准、弹药补给和目标攻击都将自动执行。据称，这种自行装填的箱形迫击炮可携带20—30发弹，作战中由V—22“鹗”式飞机部署，火炮进行3分钟准备，即可攻击目标。当任务完成后，迫击炮或被重新定位，或被遥控摧毁。

◉什么是复合材料迫击炮

复合材料迫击炮是一种采用复合材料制造的迫击炮。目前，美国洛克希德导弹与宇航公司采用复合材料制造了一种120毫米迫击炮。该炮全质量只有54.43公斤，比采用钢材减轻了60%，可由1人携行，因此特别适合于快速反应部队、空降部队、突击队及特种部队使用。这种迫击炮除发射常规炮弹外，还可发射精确制导炮弹。

◉什么是数字化迫击炮

新型数字化迫击炮的突出特点，是装有一种“利用迫击炮散布型传感器收集目标信息和观测炮弹落点系统”。该系统的特点是，使用一套系统就能够进行目标信息的收集和炮弹落点的观测。它主要由散布传感器迫击炮弹、发射电磁波迫击炮弹、接收装置和标定装置四大部分组成。散布传感器迫击炮弹主要用于收集目标信息，炮弹能识别履带车、轮式车、气垫车、直升机和有生力量等目标；发射电磁波迫击炮弹主要用于观测炮弹落点，在普通的120毫米迫击炮的底部装上电磁波发射机，在引信起动时可发射出火炮的识别代码；接收装置，主要用于接收传播（中继传送）电磁波，该装置还配有GPS定位系统，可随时标定自己的位置；标定装置主要用于信息的处理、显示、存储等。

◉为什么要开发自行迫击炮

现代作战，肩扛背驮的传统迫击炮不能适应战场节奏。为适应步兵快速机动作战要求，提高步兵对迫击炮火力的需求，在步兵实现机械化的同时，迫击炮在逐步向自动化方向发展。自行迫击炮不仅包括迫击炮发射管，还配有完整的全套弹药系统（迫击炮弹、装药和引信系统）、操作平台以及先进的火控系统。自行迫击炮装备有自动探测及定向系统、定位导航系统、激光测距仪，能实施360度的圆周射击，具有高度的战场机动性。另外，自行迫击炮采用全封闭装甲炮塔，具有一定的装甲防护能力，战场生存能力明显提高。世界军事强国纷纷推出包括轮式和履带式的自行迫击炮系统。最先进自行迫击炮系统当数新加坡SRAMS、法国2R2M、俄罗斯2C31“维纳”、美国“龙火”、以色列“卡多姆”等。为更加满足步兵的高强度的火力要求，各国也争相研制双管自行迫击炮系统。如瑞典的AMOS双管迫击炮系统，其最大射速达24发/分，可确保16发炮弹同时击中一个目标。

◉为什么车载式迫击炮是城市战的利器

现代城市作战，双方激战于楼群之间，机动迅速，要求提高步兵机动作战能力。这样，轻型车载式迫击炮系统应运而生。车载式迫击炮系统底盘采用改装后的“高机动性多用途轮式车”，迫击炮安装在转盘上，可以实施环射。车载式迫击炮系统装备有先进计算机火控系统，提高了射击精度；装备有先进弹药辅助装填系统，提高了射击速度。正因为它能有效地适应现代城市作战高机动性、高杀伤性需求，故称其为“移动的巷战杀手”、“城市猎人”。最典型的当数以色列索尔塔姆最新研制的120毫米轻型车载式迫击炮系统和美国“蝎”式82毫米“悍马”车载式迫击炮系统。新加坡新近定型的超高速迫击炮系统，也计划安装在美国“悍马”多用途轮式车上。

总之，轻型车载式迫击炮系统具有的高度机动性和越野性，必将广泛应用于城市作战和山地丛林作战。

◉什么是加农炮

加农炮，是指发射仰角较小、弹道低平、可直瞄射击、炮弹膛口速度高的火炮。常用于前敌部队的攻坚战中。严格上说，坦克炮也属于加农炮。榴弹炮则是发射仰角大，弹道较高而弯曲，不能直瞄射击而炮弹能飞越障碍物攻击目标的火炮，一般射程较加农炮远，常用于第二线的阵地上对最前线的火力支援和对敌阵的火力压制。军事上没有“普通”炮的概念，加农炮和榴弹炮都属于很“普通”的火炮的两大不同种类。不过，现代军事装备上还有将加农炮和榴弹炮的功能合而为一的火炮——加农榴弹炮，简称加榴炮。

◉坦克炮有什么特点

坦克炮是一种安装在坦克上的加农炮，按坦克特殊要求所制成的火炮，多用于直瞄射击，弹道平直。坦克炮分线膛炮和滑膛炮两种，具有方向射界大、发射速度快、命中精度高、穿甲威力强和火力机动性好等特点。

坦克炮大都采用旋转式炮塔，既可保护乘员和炮尾免受敌火力损伤，乘员可直接从炮塔顶部观察战场态势，以发现和跟踪目标，又可使火炮360环射。坦克炮的口径目前最大为125毫米。在滑膛式坦克炮中，口径最大的是苏联/俄罗斯的T－72、T－80等主战坦克装备的125毫米滑膛炮；在线膛式坦克炮中，目前口径最大的是英国“挑战者”号装备的120毫米线膛炮。

坦克炮主要用于反坦克作战，是用以弥补反坦克导弹的近距离死区，以在1－2公里近距离格斗为主，再远的距离则由各种反坦克导弹去完成。坦克炮的射击方式主要是直接瞄准射击，射击时坦克可以静止射击，也可以进行行进间射击。

◉什么是反坦克炮

反坦克炮是一种采用直接瞄准、专用于对坦克和装甲目标进行攻击的火炮，曾用过战防炮之类的名称。反坦克加农炮具有身管长、初速大、弹道低伸、瞄准速度和发射速度较高、弹丸飞行速度快等特点。反坦克炮按机动方式分为牵引式和自行式，按炮管结构可分为滑膛炮和线膛炮。

自行反坦克炮是一种车炮结合、能够自行机动和射击的反坦克炮。按行动部分结构，它可分为履带式、半履带式、轮式和轮履合一式等；按防护程度，可分为全装甲式和半装甲式自行反坦克炮。

◉反坦克炮是怎样发展起来的

自从1916年英军在第一次世界大战中首次使用坦克以后，坦克与反坦克武器的发展日臻完善。当时，德军用来对付英、法坦克的主要武器是77毫米野战炮。一次大战以后，瑞典、德国等国相继发展了20毫米、37毫米、47毫米反坦克炮，由于当时坦克装甲厚度只有6－18毫米，所以许多国家认为用37毫米反坦克炮发射钨芯穿甲弹足以穿透坦克装甲。

在二次大战中，随着重型坦克装甲厚度猛增至70－100毫米，反坦克炮的口径也随之增大到57－100毫米。二战中反坦克炮得以迅速发展，仅苏联1943年就生产了23200门，当时反坦克炮的初速就已达900－1000米/秒，穿甲厚度在1000米距离上，可达70－150毫米，有的可达200毫米（如苏联的1944年式），使用的弹种已有次口径钨芯超速穿甲弹、钝头穿甲弹和空心装药破甲弹等，有的国家还配装了自行反坦克炮。

战后，因为牵引式反坦克炮太笨重，不如使用反坦克导弹灵便，自行反坦克炮又和坦克炮、反坦克导弹发射车相似，所以美、英等国就没有发展这种装备，只有苏联、奥地利等国仍继续发展反坦克炮。现代反坦克炮的初速最大为1700米/秒，直射距离1700米，最大射速12发/分，战斗全重5吨，配用穿甲弹、破甲弹、碎甲弹等。

◉什么是榴弹炮

榴弹炮是一种身管较短、弹道比较弯曲、适合于打击隐蔽目标和面目标的中程火炮。榴弹炮口径较大，杀伤威力大，并可打击山背后的目标。最早的榴弹炮起源于15世纪意大利、德国的一种炮管较短、射角较大、弹道弯曲、发射石霰弹的滑膛炮。16世纪下半叶出现了爆炸弹。17世纪，在欧洲正式出现了榴弹炮的名称，它是指发射爆炸弹、射角较大的火炮，最先装备榴弹炮的是由荷兰裔士兵组成的英国部队。

榴弹炮按机动方式可分为牵引式和自行式两种，弹道较弯曲，弹丸的落角很大，接近沿铅垂方向下落，因而弹片可均匀地射向四面八方。榴弹炮可以配用燃烧弹、榴弹、特种弹、杀伤子母弹、反坦克布雷弹、反坦克子母弹、末制导炮弹、化学炮弹、核炮弹、碎甲弹、制导弹、增程弹、照明弹、发烟弹、宣传弹等多种弹药，采用变装药变弹道可在较大纵深内实施火力机动。

◉新型榴弹炮的技术特点是什么

1. 自行与牵引并重，以自行为主。如20世纪80年代以来服役的美M109A2式、法F1式和英AS90，都是自行式榴弹炮。AS90式155毫米自行榴弹炮最大公路行驶速度可达53公里每小时，最大公路行程为420公里，爬坡度60%，侧倾度25%，可以通过高达0.75米的垂直障碍物，跨越宽达2.8米的壕沟，涉水深度可达1.5米。AS90采用全焊接装甲炮塔，装甲钢板最大厚度为17毫米，可防直射距离内的7.62毫米枪弹、100米距离内的14.5毫米穿甲弹及炮弹破片。炮塔上配用39倍口径炮管，但正在研制52倍口径新型炮管，其射程可达24.7公里，发射火箭增程弹时可达30公里。

2. 研制制导炮弹，增强远距离反活动装甲目标能力。随着微电子技术和精确制导技术的发展，制导炮弹和具有自动寻的能力的灵巧炮弹相继装备使用，从而大大提高了榴弹炮的命中精度，使之具有导弹的某些特点，而在破甲、杀伤等方面又优于导弹。如美国的155毫米激光半主动制导炮弹“铜斑蛇”，对20公里外的坦克目标射击，命中概率高达80—90%，散布误差0.3—1米。

3. 射程和射速有较大提高。

◉什么是海岸炮

海岸炮，即配置在沿海重要地段、岛屿和水道两侧的海军炮，简称岸炮。海军岸防兵的主要武器之一。用于射击海上舰船、封锁航道，也可用于对陆上和空中目标射击。

海岸炮有固定式和移动式两种。固定式海岸炮一般配置在永备工事内；移动式海岸炮有机械牵引炮和铁道列车炮。按其口径、炮管数、防护结构、操作条件和射击性能，又有大、中、小口径岸炮，单管、双管、多管岸炮，炮塔岸炮，护板岸炮，敞开式岸炮，自动、半自动、非自动岸炮，平射岸炮，平高两用岸炮等区分。

◉海岸炮有什么特点

初期的海岸炮与陆炮相同，以后逐步发展成专用的海岸炮。20 世纪初，海岸炮和舰炮统一了建造规格，统称为海军炮。现代海岸炮的口径一般为 100－406 毫米，射程为 30－48 千米，火炮连同指挥仪、炮瞄雷达、光电观测仪等组成海岸炮武器系统，能自动测定目标要素，计算射击诸元，在昼夜条件下对目标射击。具有投入战斗快、战斗持久力强、不易干扰、射击死角小、命中概率高、穿甲破坏力强等特点，是海岸防御作战中的有效武器。

◉什么是舰炮

舰炮是海军舰艇的传统武器，近年来虽然导弹武器广泛装舰，但并没有完全取代舰炮，它仍在现代海战中发挥着重要作用。目前，世界上有 70 多个型号的舰炮，有 13 个国家从事舰炮的研制和生产，有数千艘舰艇装备有舰炮武器。

舰炮按口径可分为三类：大口径舰炮、中口径舰炮和小口径舰炮。

◉什么是大口径舰炮

舰炮的口径在 130 毫米以上的，称为大口径舰炮，或重型舰炮。其主要任务是攻击岸上和海上目标。目前，此类舰炮除美国外基本全部停止研制和生产。例如，美国海军“依阿华”号战列舰装备的 406 毫米舰炮是当前世界上口径最大、威力最大的舰炮，它能发射重达 1 吨的炮弹，射程达 38 公里，可用炮弹穿透 9 米厚的混凝土工事。

◉什么是中口径舰炮

舰炮的口径在76—130毫米的舰炮称为中口径舰炮，或中型舰炮，其主要任务是抗击中、低空来袭的飞机，也具有一定的反导能力，并可攻击海上和岸上目标。目前装备舰艇的主要有：俄国130毫米双联装舰炮，射程30公里，射高20公里，射速每管每分钟10发；美国MK45—0型127毫米单管舰炮和意大利“奥托”127毫米单管舰炮，射程均为23.7公里，射高均为13.7公里，射速分别为每分钟20发和45发。

◉什么是小口径舰炮

舰炮的口径20—57毫米之间的舰炮称为小口径舰炮，也称作近程防御武器系统。根据舰炮所完成任务的不同，又分两种类型，一种是近程反导舰炮，这类舰炮主要执行在距舰3000—300米内拦截来袭反舰导弹的任务；另一种是小口径高射炮，主要用于抗击低空和超低空来袭的飞机，并具有一定的反导能力，也可用于射击海上或岸上目标。在小口径舰炮中，有苏联和瑞典装备的57毫米舰炮、意大利和瑞典装备的40毫米舰炮和35毫米舰炮，法国装备的30毫米舰炮等。

◉舰炮是否过时了

舰炮是海军最古老的传统型舰载武器，在20世纪水鱼雷、舰载机和导弹武器出现之前，它曾是海军威力的象征，是海军舰艇上最重要的主战兵器。

舰炮自14世纪装备海军舰艇以来，经过了漫长的滑膛炮发展时期（14世纪—19世纪）和线膛炮时期（19世纪—20世纪60年代）。20世纪60年代以后，反舰导弹的出现，以及接踵而至的舰空导弹、反潜导弹和巡航导弹的大量装舰使用，使舰炮武器面临有史以来最大的一次挑战：射程远、精度高、破坏威力大、作战效能好的各型导弹均已装舰，舰炮还能发挥什么作用？于是，一场关于海军舰艇上还要不要装炮，以及装什么炮的争论日益激烈起来。虽然美国曾认为现代军舰可不装舰炮，舰炮可完全为导弹所取代。然而，令人奇怪的是，今天的海军舰艇中，舰炮口径最大的是美国海军，数量最多、质量最高的也是美国海军，这是为什么呢？因为在现代战争中，靠任何一两件先进的武器都难以赢得胜利，导弹和舰炮各有千秋，二者只能互补，不能互相取代。所以，舰炮并没有过时。

◉什么是航炮

航炮，又称航空机关炮，口径在20毫米以上，是安装在飞机上的一种自动射击武器。1916年，法国首先在飞机上安装了37毫米的航炮，经过两次大战的洗礼，航炮得到了迅速发展。战后以来，虽然导弹武器广泛装备飞机，但航炮仍不失为一种有效的近距格斗性自动武器。

现代航炮主要有单管转膛炮、双管转膛炮和多管旋转炮等。所谓转膛炮就是弹膛旋转的火炮，即在射击过程中炮管不转，只是几个弹膛依次旋转到对准炮管的发射位置进行发射，其原理很像左轮手枪的射击原理。转管炮的射击原理恰恰与之相反，弹膛不动而炮管连续不断地旋转。现代航炮口径一般在20—30毫米左右，弹丸初速700—1100米/秒，射速每管可达400—1000发/分，有效射程2000米左右。

◉航炮有哪些特点

航炮具有重量轻、后坐力小、结构紧凑、自动化程度高、反应时间快、机动性能好、射速快、杀伤威力大等优点，因此特别适合于近程防空反导作战使用。近年来，由于飞机采取低空、超低空突防，加上导弹威胁的日益加剧，人们希望能使用一种最有效的武器进行拦截，航炮自然成为一种很有竞争力的武器。多年来，有不少性能良好的航炮已改装为地面自行式高射炮和舰载近程防空武器系统。

航炮的射速极高，单管可达1000发/分，而地炮、舰炮也就是100—200发/分左右，美国的M61“火神”式六管航炮的射速达6000发/分，居世界射速之最。

现代航炮一般是雷达、指挥仪和火炮三位一体的紧凑型配置，自动化程度很高，反应时间只有3—7秒钟。航炮可选用穿甲燃烧弹、穿甲弹和爆破弹等，有的航炮炮弹能够穿透40—70毫米厚的装甲，有的还装有近炸引信和预制破片，从而使杀伤威力大大提高。

◉俄罗斯射程最远的火炮是什么炮

203毫米2C7自行加农炮是苏联射程最远的火炮，1975年开始装备苏军方面军重炮旅，每团24门。该炮炮管长达12米（59倍口径），炮车没有炮塔，只载4发炮弹，其他炮弹装在弹药车上。发射时要借助炮尾大型驻锄（驻锄是火炮大架尾部像推土机前铲似的一种装置，火炮射击前埋到土里，防止巨大的后坐力使火炮后移或下陷）才能射击。配用弹包括核弹、子母弹、化学弹和榴弹。改进型2C7M可载8发炮弹。最大初速960米/秒，弹丸重110公斤（榴弹），最大射速2发/分，最大射程37500米（榴弹）、47500米（火箭增程弹），战斗全重（包括炮、炮架或车辆底盘的总重）46.5吨，最大行驶速度50公里/小时，最大行程650公里，炮班人数7人。

◉二战中口径最大的火炮是什么炮

美国的“小戴维”是二战时期制造的最大口径的迫击炮。它是盟军为了突破德军“齐格菲”防线而设计和制造的。该炮口径914毫米，仅身管就重达65吨，底座重72.56吨，所配用的弹种有混凝土穿透弹和爆破弹两种。炮弹重达1.7吨，包括700公斤炸药和970公斤的发射药，炮口装填。射程10 000米，战时仅制成1门，没来得及投入实战二战就结束了，现在保存在美国马里兰州阿伯丁陆军武器博物馆。

◉枪榴弹是一种什么弹药

枪榴弹，就是用枪和枪弹或空包弹发射的一种超口径弹药。所谓空包弹是一种没有真实弹头的枪弹，用于训练和发射枪榴弹。超口径是指枪所发射的榴弹的直径远远大于枪的口径。从20世纪50年代中期开始，枪榴弹进入兴旺发展阶段，破甲用的枪榴弹出现后，坦克再也不敢像昔日那样为所欲为了，不少坦克被枪榴弹击毁。所以，反坦克枪榴弹在当时曾被人们称为“尖端武器”。

然而，有矛必有盾，枪榴弹出现后，坦克设计师将坦克越造越厚，甚至还披上了新式“外衣”，如复合装甲、间隔装甲、反应装甲等，这样一来，枪榴弹就得增加份量，于是后坐力增大，射程越来越近。后来，人们越来越感到枪榴弹无法对付坦克，重新给枪榴弹定了个位，将枪榴弹用来对付轻型装甲，从此，枪榴弹开始向小型化、轻量化、弹药系列化和采用实弹发射的方向发展。

◉什么是野战炮

野战炮是一种长距离射程的武器，以平弧度发射炮弹，利用它们的穿透能力攻击坚硬的目标，威力强大到足以连续猛击最坚固的防御工事，消灭工事内的敌军，也能够迅速地从一个发射位置移到另一个发射位置。在机动式的战争中作战或是躲避敌军的火力攻击时，这是一个重要的性能。1897年，由德维尔将军、德波尔上校和里马伊奥上尉三人组成的法国炮兵研制小组发明了75毫米野战炮，这是世界上第一门现代化加农炮。

◉什么是步兵炮

步兵炮，泛指所有归属步兵自身的重火力，与其说是某一类型的火炮，不如视作是因应战术要求而发展，具备某些特性火炮的统称。在一、二战间，炮兵技术发展极为迅速，射程、弹药威力及准确性大幅提升，炮兵也逐渐摆脱以往须依附步装骑兵作战的配角地位，而成为具有独立自主性的战斗兵种，并且随着火炮射程增加而远离前线，这些均造成步兵单位在需求直接火力支援时的不便，而有了发展步兵自属火炮的构想。

步兵炮一般配属步兵连、营、团级单位，具备重量轻、容易搬运、操作简易等特性，通常会以直接射击方式来支援步兵作战，广义上可包含迫击炮、兼具发射高爆榴弹能力的反战车炮（火箭炮、无后坐力炮或小口径加农炮）以及专为步兵而发展的轻量化榴弹炮，在狭义的定义上则是专指后者。

◉什么是列车炮

列车炮，即在列车上使用的大炮。早期的武装列车只有轻武器作为攻击的主要装备，想要有更强大的攻击武力，就必须换装大口径的火炮增强攻击力，这就是列车炮的前身。早期的列车炮除了放上一些中口径的火炮外，有些直接拆下海军舰炮来使用，这些火炮的后坐力极强，没有经过特殊设计的车身往往承受不住强大的后坐力，车体结构受损、列车直接出轨的情形层出不穷。发展列车炮的各国，纷纷针对早期列车炮的问题进行改善，使用的火炮口径也越来越大，第一次世界大战后，法国在马其诺防线，建立了一连串可互相支援的列车炮铁路网，到了第二次世界大战，德国更开发出拥有 800 毫米口径的古斯塔夫超重型列车炮。

◉什么是高射炮

高射炮，即从地面对空中目标射击的火炮。它炮身长、初速大、射界大、射速快、射击精度高，多数配有火控系统，能自动跟踪和瞄准目标。高射炮也可用于对地面或水上目标射击。

高射炮按运动方式分为牵引式和自行式高射炮。按口径分为小口径、中口径和大口径高射炮。口径小于 60 毫米的为小口径高射炮，60—100 毫米的为中口径高射炮，超过 100 毫米的为大口径高射炮。小口径高射炮有的弹丸配用触发引信，靠直接命中毁伤目标；有的配用近炸引信，靠弹丸破片毁伤目标。大、中口径高射炮的弹丸配用时间引信和近炸引信，靠弹丸破片毁伤目标。20 世纪 60 年代以后，有些国家用地空导弹逐步取代了大、中口径高射炮。但由于地空导弹在低空存在射击死区，小口径高射炮仍获得发展。

◉高射炮的前身是什么

19 世纪下半叶，欧洲战事不断。1870 年，普法战争爆发后，普鲁士派重兵包围了法国首都巴黎，切断了它同外界的一切联系。法国政府为了突破重围，决定派人乘气球飞出城区，同城外联系。10 月初，内政部长甘必达乘坐载人气球，飞越普军防线，在都尔市进行宣传和鼓动，很快组织了新的作战部队，并通过气球不断与巴黎政府保持联系。普军发现这一情况后，立即研究对策，决定首先击毁这些气球。普军总参谋长毛奇下令，研制专打气球的火炮，以切断巴黎与都尔之间的联系。不久，这种打气球的炮就制造出来了。它是由加农炮改装的，口径为 37 毫米，装在可以移动的四轮车上。为了追踪射击飘行的气球，由几个普军士兵操作火炮，改变炮位和射击方向，打下了不少气球，并由此得名“气球炮”。它就是高射炮的雏形。

◉第一门高射炮是怎样诞生的

1906 年，德国莱茵军火公司的前身——爱哈尔特军火公司根据飞机和飞艇的特点，改进了原来的气球炮装置，制成专门用来射击飞机和飞艇的火炮。这标志着世界上第一门高射炮正式问世。设计师将火炮装在汽车上，并采用了与现代舰炮相似的防护装甲。这门火炮口径为 50 毫米，炮管长约 1.5 米，发射榴弹的初速可达每秒 572 米，最大射高为 4200 米。两年之后，德国又制成一门性能更优越的高射炮。这门炮的口径为 65 毫米，炮管长约 2.3 米，为口径的 35 倍。发射榴弹时初速提高到每秒 620 米，最大射程可达 5200 米，而且高低射界和方向射界也都相应扩大了。这门炮已开始使用门式炮架并利用控制手轮调整高低射界。采用这些改进措施后，火炮的机动性能有了较大提高。

◉什么是激光高射炮

激光高射炮是以激光发射镜为炮管，直接将束能以接近光速的速度投射到目标上，使激光射中处瞬间被高热能毁伤。激光高射炮具有发射无需弹药、无声、无后坐力等特点，只要光能充足即可，可灵活、快速、高效打击不同方向的饱和攻击，所以发展激光高射炮备受世界各国青睐。

美国在激光高射炮的研制中，曾多次击落靶机、靶弹，美国陆军曾在演习中使用“鹦鹉螺”激光高射炮，仅用 5 秒钟就击落 3 架无人靶机。俄军新装备的激光防空系统由两辆车组成，一辆载电源，一辆载发射机，用雷达捕捉目标后，发射高能激光毁伤或激燃目标内的仪器。法、德两国也正在实施氧化碘化学助能激光高射炮的研制计划，让激光射束能更强、更远。

◉什么是电磁高射炮

电磁高射炮属超高速弹射武器，是未来超音速空袭兵器的克星。它以电磁装置代替传统高炮的发射装置，以超大功率电磁感应原理，在炮膛内产生 3 兆焦耳以上的发射动能，是一种以弹丸撞击力毁伤目标的拦截武器，具有较强的防空能力，打击目标能力可提高5倍以上。

美国在1995年电磁高射炮的试验中，连发8.5克重的弹丸，速度已达5.6公里/秒；俄罗斯在1999年用样炮进行打击目标试验，在4000米空中穿透了2枚“飞毛腿”靶弹；英国也在加紧实验，并在2005年装备部队。目前发达国家正从试验向实用发展阶段过渡，通过改进发射结构，减轻其重量，使其达到野战实用化水平。

◉什么是隐身高射炮

隐身高射炮，即不易被发现的高射炮。它生存力强，最适应全天候、全频谱作战。隐身高射炮一般有三种类型：

一是涂料隐身。英、法军在1993年率先用吸波涂料研制出隐身高炮；俄军现正研制用电质变色吸波薄膜等视频隐身新技术，不但让其具备吸波能力，且能通过炮身颜色与地面背景调色，以求隐、景“合一”。

二是反红外隐身。高射炮电器部分工作时会不断向外辐射红外线，易遭红外侦察和红外导弹打击。为提高反红外探测能力，美国将“高灵敏”油冷装备安装在“回击者”自行高炮各电器上，消除了热能的向外辐射。

三是综合技术隐身。瑞典采用“综合隐身术”，将MK2式自行高射炮炮塔、甲板采用复合塑料制成，炮管护有玻璃钢筒体外套，电器部分加装速冷空调，用迷彩、隐身材料伪装车体，使红外、电磁波向外辐射几乎为零。

◉什么是火箭高射炮

火箭高射炮，即通过火箭发射炮弹的新型高射炮。较传统高炮而言，火箭高射炮无后坐力，它可多管同时发射，管数多，射弹散布范围大，杀伤概率高；同时发射声极小，射速快，最适应反导作战。

法国于1992年首先研制的30毫米64管火箭高射炮，3秒钟可发射64发炮弹，发射速度是同口径高射炮的5倍。意大利在2000年装备了20毫米36管火箭高射炮，作战时以“集阵射”方式将36枚火箭同时射向目标，一次齐射击毁巡航导弹的概率达99%。俄罗斯正在研制中的火箭高射炮，将“冰雹”40管火箭炮进行改造，采用了新技术、新材料，射程比原来增加20%，毁伤目标的精度比普通高射炮增加200余倍。

◉什么是智能高射炮

智能高射炮，即具有电子计算机等自行控制能力的高射炮。具体有以下三种：

一是火控智能。由计算机自动控制，使火炮、导弹实现了共用一个控制系统的“软结合”；火控系统能控制和决定火炮、导弹打击的先后顺序；火炮实现了自我装填发射；导弹发射后对目标自动寻的，“发射后不管”。

二是光电智能。俄罗斯“通古斯卡”自行高射炮，具有“三光合一”（潜望镜、电视摄像机、激光）瞄准具、微光摄像机、计算机等特性，使捕捉、跟踪目标和计算射击诸元实现了自动化、精确化。

三是弹药智能。瑞士双 35 高射炮采用“阿海德”子母榴弹，内装 152 枚子弹，母弹在发射时自动装定引爆时间，距目标 8—10 米爆炸。爆炸后子弹药可对目标形成一个半径为 8 米的弹幕群，使目标无处可逃。

◉什么是子母型炮弹

随着火炮射程的增加，靠单发弹丸命中目标的可能性越来越小，为此美国研制了可携带多个子弹丸的子母型炮弹。子母型炮弹是上世纪 70 年代后出现的，炮弹外形和普通炮弹一样，火炮不需做任何改变。和发射普通炮弹时一样，先将其发射到预定攻击目标的上方，母弹上的时间引信使母弹开舱，并将子弹由母弹底部推出，每个小子弹丸按自由落体方式下落，每个小子弹丸上各带有一个能引爆战斗部的引信，子弹落在目标上（坦克顶装甲或地面）起爆，对目标进行毁伤。如果是小雷，则落于地面等待目标到达进行毁伤。这种子母型弹丸的出现大大提高了弹丸的毁伤覆盖面积，特别是反装甲子母弹使地面火炮也具备了间接瞄准远距离对付集群装甲目标的能力。

这种子母型的战斗部现在已广泛配用于火箭弹、导弹、航空炸弹等兵器上，形成了当前各种弹药发展的一个新趋势。

◉什么叫末制导炮弹

火炮要对付各种各样的目标，完成各种不同的作战任务，就要发射各种不同作用的炮弹。例如，火炮要完成压制敌人火力、消灭敌有生力量及防御工事等任务，大多配用起杀伤爆破作用的榴弹，这是最常用也是最普通的一个弹种。火炮对付的大多是固定的点目标，如果要对付远距离的活动点目标（如行进中的坦克）怎么办呢，再靠普通炮弹就束手无策了，于是美国首先为其 155 毫米火炮研制成功了激光半主动末段制导炮弹——“铜斑蛇”。

火炮不用做任何变动，就像发射普通炮弹时一样，把末制导炮弹送到目标附近的上空，此时飞行的炮弹就和普通炮弹一样按火炮赋予的弹道自由飞行没有任何制导，只是在靠近目标一定范围内，接收到来自目标反射的激光信号时，才开始制导飞行直至命中目标。因为此炮弹是在弹道飞行的末段开始制导的，故简称末制导炮弹。目标反射的激光信号并不是炮弹上主动发射的，而是靠另外一个激光目标指示器照射到目标上的，所以称为半主动。

此种末制导炮弹集中了火炮初速高、飞行时间短、弹丸飞行的大部分时间无制导靠自然弹道飞行、不会受到外来干扰、炮弹能改变飞行弹道追踪目标以及命中精度高等优点。

◉什么是“发射后不管”的末制导炮弹

美国的“铜斑蛇”属于半主动式末制导炮弹，它需要用弹与目标之外的第三者——激光目标指示器进行引导。而激光目标指示器要么放在目标上空的飞机上，这时就必须有目标上方的制空权，以使照射的飞机能安全完成任务；要么就是必须在目标附近地面上有人照射，这也很危险。如果飞行中照射器不能指示目标了，末制导的功能便会完全丧失，这时的炮弹犹如无制导的普通炮弹一样了。

为此，美国又研制了新型导引头，抛开了目标指示器，而是靠弹上本身发射的毫米波信号碰到目标反射，然后由弹上导引头接收，在弹道末段实现全主动式导引；还有一种是接收目标辐射的红外线，进行全被动式导引，于是实现了“发射后不管”的愿望。

◉什么是末段敏感炮弹

末段敏感炮弹简称末敏弹，它不是像末制导炮弹那样在弹道末段用制导系统来改变弹道、追踪和精确命中目标，而是靠子弹丸携带的毫米波遥感装置向下环视扫瞄，在扫瞄过程中，分辨出目标（如坦克）和周围背景，并能在最佳时机，起爆一个可形成高速弹丸的自锻破片战斗部，靠此爆炸形成的高速弹丸命中并击穿坦克的顶装甲。

这种炮弹在发射时和普通炮弹一样，火炮无需做任何变动。先把炮弹发射到目标上方一定高度，然后母弹开舱，将舱内携带的子弹丸撒下（如 203 毫米炮弹中可带 3 枚子弹丸），子弹丸上的降落伞张开，吊着子弹丸以 10—25 米/每秒的速度徐徐下降，同时以 10 转/每秒的速度旋转。这时末敏装置相对垂直方向倾斜 30 度角，对下面的目标区进行环视扫瞄，发现目标后，便选择适当时机起爆。

◉坦克炮配用什么弹药

坦克炮主要的攻击目标是对方的坦克，它是通过发射反坦克炮弹来完成这一任务的。当前坦克炮配用的反坦克弹种以尾翼稳定的长杆式次口径脱壳穿甲弹为主，同时还配有空心装药破甲弹及碎甲弹。

尾翼稳定的长杆式次口径脱壳穿甲弹，靠火炮赋予它的机械动能将坦克的装甲击穿。随着坦克装甲防护能力的不断提高，穿甲弹也从普通穿甲弹、超速穿甲弹、旋转稳定的次口径脱壳穿甲弹、发展到现在的细长如箭的尾翼稳定脱壳穿甲弹了。空心装药破甲弹对装甲的破坏作用不是像穿甲弹那样是靠机械动能，而是靠弹丸本身装填的炸药释放的化学能，巧妙地利用了聚能作用（犹如经过凸透镜会聚的阳光，可以把纸烧穿），大大提高了穿透装甲的能力，推动了反坦克武器的大发展。碎甲弹也是靠弹丸所携带炸药在目标处爆炸时所释放的化学能，所不同的是它是通过把塑性炸药紧贴在装甲的外表面上起爆，利用爆炸波在装甲介质中的作用，使装甲内表面剧烈崩溅而对车体内的人员、设施进行毁伤的，其实装甲并未被穿透，只是内表面产生了崩落效应。

此外，坦克炮配用的弹药中，还有一定数量的杀伤爆破弹和炮射导弹。

◉谁是俄罗斯的“火箭之父”

俄国双耳失聪的中学教师齐奥尔科夫斯基，对火箭理论的研究和发展做出了震古铄今的贡献。他首先敏锐地指出，巨大火箭的动力应当是液体火箭发动机。他设计了用液体火箭发动机作动力的飞行器草图，并设想用煤油和液氧作推进剂（燃料）。

齐奥尔科夫斯基全力以赴地投身于火箭和宇宙航行问题的研究之中。他确信只有火箭才是实现宇宙航行的最理想的交通工具，并首先提出多级火箭理想速度的计算公式。这个公式就是著名的齐奥尔科夫斯基公式。它解决了火箭及其运动的一系列理论问题。1898 年，他完成了第一部有关火箭原理研究的科学论著。这部著作为航天事业树立了一个里程碑，为火箭技术的发展奠定了基础。

1935 年，这位苏联火箭之父的心脏停止了跳动。但苏联人沿着他的足迹，于 1957 年首先发射了世界上第一颗人造地球卫星。

◉谁制造了世界上第一枚液体火箭

世界上第一个制成液体火箭并投入试验的，是美国科学家戈达德。1926 年 3 月 16 日，他在罗斯维尔的荒郊，架起了一座两米多高的发射架，上面竖着一枚高约 3.9 米的火箭。开始发射了，火箭下面喷出燃气，火箭直往上蹿，可是只飞了 12 米高、56 米远。这和现代的火箭相比，自然不可同日而语，但它毕竟是世界上第一枚发射成功的液体火箭。

戈达德不断地改进他的火箭，最终使火箭有了相当可观的高度和速度。戈达德是制造液体火箭的创始人。刚开始发射的火箭，由于没有控制设备，火箭不能按预定的方向飞行，1932 年，戈达德开始用高速旋转的陀螺来解决火箭的稳定性。

火箭上升到一定高度后，还要改变方向，这就需要操纵。为了解决这个问题，戈达德发明了燃气舵，它的功用有如飞机的方向舵，不过飞机的方向舵是靠外部气流的作用，使其偏转以改变飞机的航向，而燃气舵却是装在火箭发动机的内部靠近喷口的地方，它利用燃气流的作用使其偏转，从而达到改变火箭方向的目的。1932 年，戈达德完成了陀螺和燃气舵控制火箭飞行的试验。1935 年，戈达德制造的火箭的速度超过音速，射程达到 70 公里。

◉什么是导弹

导弹是一种依靠自身动力装置推进、由制导系统导引、控制其飞行路线并导向目标的武器。较之其他武器，导弹具有射程远、速度快、精度高、威力大等特点。

导弹的分类方法有多种，按照作战使命不同，导弹可分为战略导弹和战术导弹；按照发射点和目标位置不同，可分为地（舰）地导弹、空地导弹、地（舰）空导弹、空空导弹和岸舰导弹等；按照结构和弹道特征，又可分为弹道导弹和飞航式导弹。作为一种武器，导弹是一个复杂的系统，一般由导弹、地面设备、侦察瞄准系统和指挥控制系统组成。

◉什么是战略导弹

战略导弹是指用于打击战略目标的导弹。它是战略武器的主要组成部分，通常携带核弹头。战略弹道导弹射程通常在 1000 公里以上，用于打击政治和经济中心、军事和工业基地、核武器库、交通枢纽等目标，以及拦截来袭战略弹道导弹。战略核导弹是衡量一个国家战略核力量和军事科学技术综合发展能力的主要标志之一。

◉什么是战术导弹

战术导弹，即用于毁伤战役战术目标的导弹。其射程通常在 1000 公里以内，多属近程导弹。它主要用于打击敌方战役战术纵深内的核袭击兵器、集结的部队、坦克、飞机、舰船、雷达、指挥所、机场、港口、铁路枢纽和桥梁等目标。战术导弹种类繁多。有打击地面目标的地地导弹、空地导弹、舰地导弹、反雷达导弹和反坦克导弹；打击水域目标的岸舰导弹、空舰导弹、舰舰导弹、潜舰导弹和反潜导弹；打击空中目标的地空导弹、舰空导弹和空空导弹等。这些导弹采用的动力装置有固体火箭发动机、液体火箭发动机和各种喷气发动机。战术导弹的弹头（战斗部）有普通装药弹头、核弹头和化学、生物战剂弹头等。20 世纪 50 年代以后，常规战术导弹曾在多次局部战争中被大量使用，成为现代战争中的重要武器之一。

◉导弹是怎样产生的

导弹的起源与火药和火箭的发明密切相关。火药与火箭是由中国发明的。南宋时期，不迟于12世纪中叶，火箭技术开始用于军事，出现了最早的军用火箭。约在13世纪，中国的火箭技术传入阿拉伯地区及欧洲国家。18、19世纪火箭武器进展不大，直到1926年，美国才第一次发射了一枚无控液体火箭。20世纪30年代，由于电子、高温材料及火箭推进剂技术的发展，为火箭武器注入了新的活力。20世纪30年代末，德国开始火箭、导弹技术的研究，并建立了较大规模的生产基地，1939年发射了A—1、A—2、A—3导弹，并很快将研制这种小型导弹的经验应用到V—1导弹和V—2导弹上。第二次世界大战后期，德国首先在实战中使用了V－1和V－2导弹，从欧洲西岸隔海轰炸英国。

◉什么是弹道导弹

弹道导弹是指在火箭发动机推力作用下按预定程序飞行，关机后按自由抛物体轨迹飞行的导弹。这种导弹的整个弹道分为主动段和被动段。主动段弹道是导弹在火箭发动机推力和制导系统作用下，从发射点起到火箭发动机关机时的飞行轨迹；被动段弹道是导弹从火箭发动机关机点到弹头爆炸点，按照在主动段终点获得的给定速度和弹道倾角作惯性飞行的轨迹。

◉弹道导弹有哪些类型

弹道导弹按作战使用分为战略弹道导弹和战术弹道导弹；按发射点与目标位置分为地地弹道导弹和潜地弹道导弹；按射程分为洲际、远程、中程和近程弹道导弹；按使用推进剂分为液体推进剂和固体推进剂弹道导弹；按结构分为单级和多级弹道导弹。

◉弹道导弹的主要特点有哪些

弹道导弹的主要特点有以下几种：一是导弹沿着一条预定的弹道飞行，攻击地面固定目标；二是通常采用垂直发射方式，使导弹平稳起飞上升，能缩短在大气层中飞行的距离，以最少的能量损失克服作用于导弹上的空气阻力和地心引力；三是导弹大部分弹道处于稀薄大气层或外大气层中，因此，它采用火箭发动机，自身携带氧化剂和燃烧剂，不依赖大气层中的氧气助燃；四是火箭发动机推力大，能串联、并联使用，可将较重的弹头投向较远的距离；五是导弹飞行姿态的修正，用改变推力方向的方法实现；六是弹体各级之间、弹头与弹体之间的连接通常采取分离式结构，当火箭发动机完成推进任务时，即行抛掉，最后只有弹头飞向目标；七是弹头再入大气层时，产生强烈的气动加热，因而需要采取防热措施；八是导弹无弹翼，没有或者只有很小的尾翼，起飞质量和体积大，结构复杂；九是为提高突防和打击多个目标的能力，战略弹道导弹可携带多弹头（集束式多弹头或分导式多弹头）和突防装置；十是有的弹道导弹弹头还带有末制导系统，用于机动飞行，准确攻击目标。

◉世界上第一种实用弹道导弹是谁制造的

V－2 导弹是世界上第一种实用导弹。第二次世界大战期间，德国的 V－2 导弹曾给英国带来巨大灾难，当时又叫“飞弹”。V－2 工程起始于 A 系列火箭研究，由冯·布劳恩主持，是 1936 年后在佩内明德新建火箭研究中心的重点项目。A 系列火箭经过许多新的改进，性能大大提高，是世界上第一种实用的弹道导弹。“V”来源于德文 Vergeltung，意即报复手段，这是纳粹在遭到盟国集中轰炸后表示要进行报复的意思。V－1 和 V－2 表示这两种型号仅仅是整个系列的恐怖武器的先驱。

◉ V－2 导弹有什么特点

V－2 导弹长 13.5 米，发射全重 13 吨，能把 1 吨重的弹头送到 322 公里以外的距离。火箭由液体火箭发动机推动，燃烧工质为液氧和甲醇。发射时火箭先垂直上升到 24－29 公里高，然后按照弹上陀螺仪的控制，在喷口燃气舵的作用下以 40 度的倾角弹道上升，也可由地面控制站向弹上接收机发射无线电指令控制。一分钟后，火箭已飞到 48 公里的高度，速度已达每小时 5 796 公里。此时，无线电指令控制系统指令关闭发动机，火箭靠惯性继续上升到 97 公里的高度，然后以每小时大约 3 542 公里的速度大致沿一抛物线自由下落，击中目标。

V－2 是单级液体火箭，采用较先进的程序和陀螺双重控制系统，推力方向由耐高温石墨舵片操纵执行。V－2 在工程技术上实现了宇航先驱的技术设想，对现代大型火箭的发展起了承上启下的作用，成为航天发展史上一个重要的里程碑。

◉世界上最大的导弹是哪一种

俄罗斯的 SS—18 是世界上最大的导弹。该型导弹无论外形尺寸还是威力，在世界上可以说是首屈一指，在冷战时期一问世，北约国家就将其称作“撒旦”，从中不难听出“畏而敬之”之意。不过，该导弹自服役以来几乎一直默默无闻，进入 21 世纪后，开始不断成为人们关注的新焦点。2002 年 8 月，时任俄战略火箭兵司令的索罗夫佐夫突然宣布将 SS—18 服役期延长到 2014 年，不久俄在 2004 年 12 月又恢复了中断 16 年的 SS—18 试射，此后俄在削减该导弹的同时，又不断重新部署和试射 SS—18。

◉ SS—18 导弹有什么特点

一是设计威力大。SS－18 本身就是为打击发射井等加固目标而设计的，因此一开始就将大威力作为目标。在导弹设计中，注重了导弹的巨大推力，其有效载荷接近 9 吨，这一能力即使是今天的运载火箭也少有能及。巨大的推力使其可以携带更大、更多的核弹头。

二是打击效率高。SS－18 已成为世界上惟一的有 10 个分导式弹头的陆基弹道导弹。分导式弹头与集束式弹头的无法自主打击目标不同，能够分别打击各自的目标，也就是说以一当十，1 枚导弹可完成 10 枚导弹的打击任务。而且，SS－18 在发展到Ⅳ型时，其精度已经达到 350 米以内。

三是抗打击能力强。SS－18 在阵地建设中非常重视抗核打击能力。由于采用类似潜射导弹的地下井冷发射，因此将排烟道的空间浇铸上了水泥，缩小了发射井的直径，显著提高了发射井的抗压强度。

四是导弹射程远。推力大的另一个好处就是保证了导弹较大的射程。

◉什么是巡航导弹

巡航导弹也称飞航式导弹，是指导弹的大部分航迹处于巡航状态、用气动升力支撑其重量、靠发动机推动力克服前进阻力在大气层内飞行的导弹。它具有突防能力强、机动性能好、命中精度高、摧毁力强等优点。如果按照这一定义，除远程巡航导弹外，各种飞航式反舰导弹和空地、空舰飞航式导弹也属于巡航导弹。目前，世界上只有美国和俄罗斯装备有实施核威慑和核打击的战略巡航导弹以及远程常规巡航导弹。此外，英国、法国和印度等国也都具备了制造巡航导弹的能力。

◉世界上第一枚巡航导弹是哪一种

世界上第一枚巡航式导弹是德国的 V—1 导弹。第二次世界大战期间，德国曾向英国发射了 10500 枚 V—1 导弹，但落在英国本土的只有约 3200 枚。战后，美、苏借鉴 V—1 的技术，分别研制了本国的第一代巡航导弹，它们大都比较笨重、体积大、速度慢、飞行高度高、命中精度低、机动性差，易被对方发现和拦截。但大都装备了核弹头。

◉巡航导弹有哪些特点

一是体积小，重量轻，便于各种平台携载。海军攻击型核潜艇可垂直携载12枚，并可抵近敌沿海发射，因而可打击其纵深1300—2500公里的重要军政目标。水面舰艇一般每舰可携8—32枚，采用MK－41垂直发射装置后，一艘舰可携100余枚，由于它能在水面机动发射，所以不易被探测。

二是射程远，飞行高度低，攻击突然性大。"战斧"巡航导弹射程最远达2500公里，最近为450公里，均在敌火力网外发射，因此发射平台很难被对方发现。

三是命中精度高，摧毁能力强。射程2500—3000公里的巡航导弹，命中误差不大于60米，精度好的小于10米，基本具有打点状硬目标的能力。携常规弹头的巡航导弹可摧毁坚固的地面目标，也能用子母弹杀伤和摧毁面状目标。

◉巡航导弹的结构是怎样的

巡航导弹主要由弹体、推进系统、制导系统和战斗部组成。弹体外形与飞机相似，它包括壳体、弹翼和稳定面、操纵面等，通常用铝合金或复合材料制成。

推进系统包括助推器和主发动机。助推器通常采用固体或液体火箭发动机。主发动机通常采用涡轮喷气发动机、小型涡轮风扇发动机，也有采用冲压喷气发动机的。

制导系统常采用惯性、星光、遥控、寻的、图像匹配等制导方式，并多以其中两种或两种以上方式组成复合制导。攻击固定目标的巡航导弹通常采用惯性一地形匹配制导。攻击活动目标的巡航导弹多采用惯性一寻的制导。战斗部有常规战斗部，也有核战斗部，通常安装在导弹的前段或中段。战略巡航导弹多携带威力大的核战斗部。战术巡航导弹多携带常规战斗部，也可携带核战斗部。

◉弹道导弹与巡航导弹的主要区别是什么

弹道导弹主要攻击远程固定目标，在大气层外飞行，射程为1000—10000公里以上，是以抛物线式惯性制导。导弹内部装有惯性陀螺仪和微型计算机，在接近目标时计算出距离，进行空中停车，以弹道惯性击中目标。半径误差为50米—150米，所以一般都用于战略打击和核打击。

巡航导弹射程在100—3000公里左右，为GPS和地形匹配制导或末段主动雷达引导攻击，巡航导弹的优点是机动灵活，命中精度高误差在2米—10米。大多用于战术打击。

◉什么是反弹道导弹

反弹道导弹，就是用来击落弹道导弹的导弹。一般使用核弹头，利用核弹强大的爆炸震波摧毁目标，并且可加大有效杀伤半径，以弥补高速飞行下过大的误差。上世纪，由于美国和苏联签定了反弹道导弹条约，双方只能在首都附近部署，数量不足使其失去研发的意义，当年的反弹道导弹已经停止研发。但是由于美国展开了战区导弹防御（TMD）与国家导弹防御（NMD）的计划，新一波的反弹道导弹研发风潮也有展开的可能。而现在的反弹道导弹发展趋势，是使用较没有核污染危险的传统弹头，以近距离爆炸的破片，或是以直接撞击的方式击毁对方目标。

◉什么是地空导弹

地空导弹，是指从陆地上发射，用来拦截飞机、导弹等空中目标的导弹武器。其作战火力单元一般由导弹、发射装置、搜索探测设备、制导设备、指挥控制设备和技术保障设备等组成。由于作战任务、战斗性能、使用原则和所用技术等方面的不同，地空导弹系统的具体组成和构造差别很大，简单的可由单兵携带，有的可装在一辆单车上，复杂的至少需要几辆、甚至十几或几十辆车装载。导弹是整个地空导弹武器系统的核心，一般由弹体、弹上制导装备、战斗部和动力装置等组成。

地空导弹种类繁多，各国分类方法和标准也不尽相同，按射程可分为远程、中程、近程和短程；按射高分为高空、中空、低空和超低空四类；按地面机动性分为固定、半固定、机动式三种，其中机动式又分为自行式、牵引式和便携式地空导弹等。

◉什么是地地导弹

地地导弹是指从陆地发射攻击陆地目标的导弹。它由弹头、弹体、战斗部、动力装置和制导系统等组成，与导弹地面指挥控制、探测跟踪、发射系统等设备构成地地导弹武器系统。地地导弹携带单个或多个弹头，具有射程远、威力大、精度高等特点，已经成为战略核武器的主要组成部分。地地战术导弹携带核弹头或常规弹头，射程较近，用于打击战役战术纵深内的目标，是地面部队的重要武器。地地导弹的发射方式有地面和地下、固定和机动、垂直和倾斜、热发射或冷发射等区分。其最大射程远超过 1 万公里，如地地洲际导弹；最小射程近至几十米，如地面发射的反坦克导弹。

◉什么是空空导弹

空空导弹，即从飞行器上发射攻击空中目标的导弹，歼击机的主要武器之一，也用作歼击轰炸机、强击机、直升机的空战武器，具有反应快、机动性能好、尺寸小、重量轻、使用灵活方便等特点。与航空机关炮相较，具有射程远、命中精度高、威力大的优点。它与机载火控系统、发射装置和检查测量设备构成空空导弹武器系统。空空导弹分为近距格斗导弹、中距拦射导弹和远距拦射导弹。

◉什么是空面导弹

空面导弹，就是从导弹载机上向地面目标发射的导弹。不过，随着防空系统作战能力的不断提高，导弹载机面临的危险越来越大，仅仅依靠低空快速飞过目标区上空已不能保证载机的安全，必须要求导弹在防区外发射来保护载机。早先的空面导弹一般采用固体火箭发动机，显然难以满足这一要求，因此目前大都改用冲压喷气发动机或涡轮喷气发动机。

此外，由于空面导弹所对付的目标，如主战坦克、装甲车、舰船、面面导弹发射装置和面空导弹发射装置等，尺寸越来越小，隐身性和机动性也越来越好，因而也越来越难以识别。这些目标的防御手段也在不断改进，如采用了光电和电子对抗措施以及近程防空导弹等。为了适应这些变化，空面导弹正在引入双模导引头以便能够探测静止的和移动的目标。

◉空面导弹有哪些种类

目前，空面导弹可分为如下四类：一是进行战场支援的空面导弹，用于攻击装甲车、军队和机动防空导弹系统；二是反舰导弹；三是执行对陆攻击的空面导弹，作战目标为机场、港口、基础设施、固定防空设施以及指挥控制设施；四是反雷达导弹，用于攻击地面或舰船雷达目标。

战场支援型空面导弹要求有较远的防区外射程，能够全天时、全天候作战，攻击精度高，附带破坏小。反舰型空面导弹则要求有更远的射程，并且能够对付不断发展的舰载防御武器和干扰措施。满足这一要求可以有多种途径，如提高导弹的速度和隐身性，在敌舰最有可能进行拦截的距离处进行机动动作等。对陆攻击型空面导弹也开始遇到作战能力不断增强的防御系统的挑战，它也必须具有更远的防区外射程，避开已知的防御设施，提高命中精度，降低附带破坏。

◉什么是潜地导弹

潜地导弹，即由潜艇在水下发射攻击地面固定目标的导弹。同艇上的导航系统和导弹指挥控制、检测、发射系统等构成潜地导弹武器系统。机动性强，隐蔽性好，生存能力强，便于实施核突击，是战略核武器的重要组成部分。

潜地导弹分为潜地弹道导弹和潜地巡航导弹。潜地弹道导弹多用固体火箭发动机作动力装置，采用惯性制导或天文加惯性制导，携带核弹头。潜地巡航导弹通常用空气喷气发动机作动力装置，采用惯性加地形匹配复合制导，且携带的核弹头的威力较高。它可借助潜艇内的鱼雷发射管或专用发射筒发射，当导弹出水升到一定高度时，弹翼自动张开，火箭助推器脱落，空气喷气发动机工作，使导弹转为水平巡航飞行。

◉什么是岸舰导弹

岸舰导弹，即从岸上发射攻击水面舰船的导弹，又称岸防导弹，是海军岸防兵的主要武器之一。岸舰导弹由弹体、战斗部、动力装置和制导装置等组成。它与地面指挥控制、探测跟踪、发射系统等构成岸舰导弹武器系统。岸舰导弹配置在沿海重要地段上，通常分为固定式岸舰导弹和机动式岸舰导弹两种。前者配置在坚固的永备工事内，采用固定发射，有固定的射击区域，阵地分散隐蔽，生存能力较强，能连续作战；后者由车辆装载，可机动发射。其射程为数十至数百公里，飞行速度多为高亚音速。与海岸炮相比，岸舰导弹射程远，命中精度高，破坏威力大。

◉岸舰导弹分为哪几类

岸舰导弹通常分为固定式岸舰导弹武器系统和机动式岸舰导弹武器系统两类。固定式岸舰导弹武器系统的导弹及其发射控制系统，配置在坚固的永备工事内，有固定的发射点和射击区域，阵地分散隐蔽，能连续作战；为获得较远的作战距离，其目标搜索指示雷达通常配置在高地上。机动式岸舰导弹武器系统的各组成部分及其指挥操作人员，装载于车辆上，战时可驶入预先或临时选定的阵地投入战斗，并可随时转移；为能连续作战，每个机动式岸舰导弹部队，都拥有供应维修车和装载导弹的重新装填车。

◉什么是反舰导弹

反舰导弹，即从舰艇、岸上或飞机上发射，攻击水面舰船的导弹，是对海作战的主要武器。通常包括舰舰导弹、潜舰导弹、岸舰导弹和空舰导弹。常采用半穿甲爆破型战斗部；固体火箭发动机为动力装置；采用自主式制导、自控飞行，当导弹进入目标区，导引头自动搜索、捕捉和引导导弹攻击目标。反舰导弹多次用于现代战争，在现代海战中发挥了重要作用。

世界上最早的舰艇导弹是苏联于20世纪50年代中期装备军队的SS—N—1型导弹，它是大型舰舰导弹，可携带常规弹头或核弹头，核弹头当量为1000吨级，主要用于攻击航空母舰等大型水上目标。但大多数舰舰导弹是中小型的。1967年10月21日，埃及使用“蚊子”级导弹快艇发射苏制SS—N—2“冥河”式舰舰导弹，击沉了以色列“埃特拉”号驱逐舰。这是舰舰导弹击沉敌舰的首次战例。

1982年6月12日在马尔维纳斯群岛战争中，阿根廷发射岸基“飞鱼”反舰导弹，击中英国“格拉摩根”号导弹驱逐舰，还用机载“飞鱼”反舰导弹，击沉英国“谢菲尔德”号导弹驱逐舰。

◉反舰导弹的发展现状是怎样的

在过去10年中，西方国家在反舰导弹的发展方面，主要是对现有的亚音速导弹，如美国的“捕鲸叉”、法国的“飞鱼”、德国的“鸬鹚”、以色列的“迦伯列”和英国的“海鹰”等进行改进。改进重点放在软件和新型导引头的研制方面，以提高导弹在硬杀伤和软杀伤对抗环境中的生存能力。而在超音速反舰导弹的研制方面，却没有什么进展。与西方国家相反，俄罗斯在反舰导弹的研制方面侧重于大型的超音速导弹，如恒星设计局的kh－31空舰导弹、彩虹设计局的3m80舰舰导弹以及kh－15空舰导弹。这些导弹在10多年前就已服役。

近来，西方国家的反舰导弹研制方向有所变化。作战目标转向对付距海岸极近的舰船，在性能方面注重发展和提高目标分辨能力、敌我识别能力、作战破坏评估能力以及使用多枚导弹同时攻击目标的饱和防御和再次攻击能力等。

◉什么是反坦克导弹

反坦克导弹，即用来打击装甲目标和摧毁部分固定掩体、能进行制导的导弹武器。主要是依靠金属射流破甲和尾翼稳定脱壳穿甲弹侵彻装甲，对目标进行摧毁。与反坦克火炮相近，它具有射程远、精度高、威力大、重量轻等特点。按制导方式可以分有线制导和无线制导等。

反坦克导弹经历了“四代”发展，如今战术技术性能显著提高，已成为世界各国反坦克武器的主体。第一代导弹需要射手同时瞄准目标并控制导弹飞行；正在服役的主要是第二、三代及其改进型，它们只要射手瞄准目标或以激光器照射目标即可；第四代绝大多数正处于研制中，“发射后不管”是基本特征。

◉什么是反雷达导弹

反雷达导弹，即利用敌方雷达的电磁辐射进行导引，摧毁敌方雷达及其载体的导弹，又称反辐射导弹。它与机载或舰载探测跟踪、制导、发射系统等构成反雷达导弹武器系统。通常有空地反雷达导弹、舰舰反雷达导弹等。

反雷达导弹由弹体与弹翼、战斗部、动力装置、制导装置等组成。战斗部用普通装药，由触发或非触发引信起爆；动力装置一般用固体火箭发动机；制导方式多采用被动式雷达寻的制导或复合制导。多数反雷达导弹的发射重量为数百公斤，射程在100公里以内。

最早的反雷达导弹，是美军1964年装备的“百舌鸟”导弹。随后，苏、法、英等国也研制和装备了反雷达导弹。现代反雷达导弹正向着增强抗干扰能力、提高导引头性能、增大射程和威力、能利用多种电磁辐射源进行导引和攻击的方向发展。

◉什么是反卫星导弹

反卫星导弹，即用来击毁敌方的人造卫星的导弹，可以从地面、空中或太空发射，能自动发现和跟踪目标，通过引爆导弹核弹头或常规弹头将目标击毁，也可利用导弹弹头直接碰撞目标。由于研发成本高昂以及国际间对这类武器研发计划持反对态度，目前没有任何国家公开表示正在进行研发或者是有现役的系统，但是，美国曾经进行过地面导弹摧毁太空卫星的实验，并且获得了成功。

◉什么是空舰导弹

空舰导弹，即由飞机从空中发射攻击水面舰船的导弹，也可用于攻击地面目标，海军航空兵的主要攻击武器之一。通常由弹体、弹翼、战斗部、制导系统、动力装置等构成。战斗部有普通装药和核装药；制导系统，常用寻的制导或复合制导，多数为复合制导，其中以惯性加末段主动雷达制导较普遍；动力装置，有液体燃料火箭发动机、固体燃料火箭发动机、涡轮喷气发动机和冲压喷气发动机。有些空舰导弹可作舰舰导弹、岸舰导弹使用。

◉什么是舰舰导弹

舰舰导弹，即从水面舰船和潜艇发射，主要用于攻击出水潜艇、驱逐舰、大型战舰、巡逻艇和商船等水上目标的导弹武器系统，具有较高的效费比，是反舰导弹大家族的重要成员。目前世界上有10余个国家能够自行生产舰舰导弹，80

多个国家部署有舰舰导弹，但真正经过大量实战检验并能代表当今舰舰导弹发展潮流的当属俄罗斯和美国。

未来舰舰导弹将向中远程、隐身、精确制导、微电子化、智能化方向发展，缩短作战反应时间，提高导弹速度、制导精度和机动性、隐蔽性，增强抗干扰和突防能力。

◉什么是精确制导武器

精确制导武器，就是采用精确制导技术，直接命中概率在50%以上的武器。主要包括精确制导导弹、制导炮弹、制导地雷等。直接命中，指制导武器的圆概率误差（也叫圆公算偏差）小于该武器弹头的杀伤半径。精确制导武器一词源于20世纪70年代，美国在越南战争中大量使用了精确制导炸弹。由于它具有精确的制导装置，在战场上取得了惊人的作战效果，因而引起人们的极大注意。

◉精确制导武器有什么作战特点

一是直接命中概率高。这是精确制导武器名称的根本由来，也是精确制导武器最基本的特征。目前，一些有代表性的精确制导武器其命中概率可达80%以上，激光制导炸弹和电视制导炸弹，其圆概率偏差约在2米以内。

二是具有自主制导能力。随着电子技术的发展，高性能的毫米波制导系统、红外探测器以及人工智能计算机的采用，精确制导武器不仅具有较高的直接命中概率，而且还通常具有“发射后不管”的自主制导能力，它可完全依靠弹上的制导系统独立自主地捕捉、跟踪和击中目标，不需要人工或其他辅助设备进行干预。

三是作战效能好。精确制导武器虽然技术较一般武器复杂，制造成本高，但由于精确制导武器具有较高的直接命中概率，因而它的作战效能好，经济效益高。

◉精确制导武器有哪些制导系统

常用的制导系统有指令制导、雷达制导、电视制导、红外制导、激光制导、毫米波制导、地形匹配制导和数字景像匹配制导、全球定位系统辅助制导等。由于精确制导武器具有精确的制导系统，所以命中精度极高，具有反应敏捷的控制系统和识别并摧毁目标的能力，抗干扰能力强，且造价低廉，能大批量生产和装备部队，是使用和维护相对简便的新式武器。

精确制导武器能提高作战效能达几十倍到上百倍，是现代战争中的重要武器。随着精确制导武器技术的进一步发展，今后还将出现灵巧武器和智能武器。

灵巧武器能自主探测和识别诸如坦克、汽车、建筑物等目标；智能武器不仅能自主探测和识别目标，还能决定打击的先后次序，对最有威胁的或最有可能杀伤的目标优先进行攻击。

◉精确制导武器的弱点是什么

精确制导武器已成为高技术战争的主要兵器，对现代作战的战略战术、兵力兵器对比乃至战争结局都产生了至关重要的影响。精确制导武器优点突出，弱点也很明显。例如，它对目标的侦察定位要求高，其电子系统易遭干扰破坏，容易受不良战场环境的影响，技术复杂，保障维护难度大。所以，任何一种武器都不可能尽善尽美，不可战胜。只要避其所长，攻其所短，也可以叫精确制导武器精确不起来，大失准头。

◉世界上第一枚激光制导炸弹是何时出现的

世界上第一枚激光制导炸弹是美国“宝石路”计划的产物，在越南战争期间诞生。激光技术在当时是一种非常先进的科技，其具有很高的光色纯度和频率纯度、很小的投射发散以及很高的亮度。因为激光器的核心是价格昂贵的红宝石，激光制导武器计划也因此被称为“宝石路”，后来空军干脆以此为计划命名，以显示其科技含量。早期的激光制导炸弹和廉价两个字毫无关系，既然是关于宝石的计划，价格自然昂贵。激光制导炸弹的出现，主要是为了取代当时应用不太理想的白光型电视制导炸弹——“白眼星”。

◉为什么潜空导弹是“深海隐蔽杀手”

自从反潜飞机和潜艇投入实战以来，两者之间便展开了旷日持久的殊死搏杀。最初，潜艇只能消极地深潜隐匿，暂避一时，但终难逃脱其“天敌”的“掌心”。一些国家海军迫于无奈，只得把火炮搬上潜艇。交战时，让潜艇浮至水面，由射手操纵火炮进行抗击，然而作战效果并不理想。

导弹的问世，特别是20世纪50年代形形色色的导弹广泛应用，使潜艇防空出现了转机。不少国家的武器专家先后把新型导弹搬到本国潜艇上，目前比较突出的有：英国的“斯拉姆”潜空导弹系统、美国的“西埃姆”潜用防空导弹和瑞典AIM—9L“响尾蛇”潜用防空导弹等。这种新式潜空导弹外形酷似“飞鱼”导弹，装在潜艇舰桥围壳中的导弹箱内。当潜艇探测装置收听到反潜直升机和反潜飞机低空飞行时发出的声响后，导弹即以低速从发射筒内垂直射出水面。当捕捉住目标后，导弹由红外自导装置操纵对准目标飞行，直至将其摧毁。

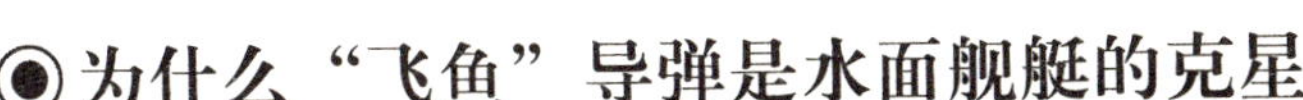

◉为什么“飞鱼”导弹是水面舰艇的克星

“飞鱼”导弹最初是由 MM38 舰对舰导弹“脱胎换骨”而成的，1978 年定型投产。这种导弹以体积小、重量轻、精度高、掠海飞行能力强并具有“发射后不管”，以及全天候作战能力为特长，广泛装备于法国的各类战机。

“飞鱼”之所以能成为水面舰艇的克星，与它的掠海作战、攻击方式独特分不开。当载机发现目标后，先由载机上的发射系统把目标的方位、距离和速度，以及载机的方向和速度等数据及时处理，得出导弹的飞行制导指令。随后将指令装定到导弹上，一旦符合发射条件，导弹即沿着目标方向实施无力投放发射。在导弹发射后 1 秒钟，自由下落约 10 米时，助推器点火，自动制导系统开始工作，导弹进入俯冲飞行，当导弹速度到 280 米/秒时，主发动机点火工作，导弹增速至超音速；然后，导弹迅速降到 15 米并改为水平飞行，惯导系统开始工作，导弹以 0.9 马赫的速度贴海面巡航飞行并解除战斗部引信保险。在导弹距目标 10 公里时，导引头开机搜索目标，截获目标后，转入对目标的自动跟踪并用比例导引法使导弹迅速接近目标，这时导弹按预定程序下降高度至 2—8 米，掠海飞行，直至命中目标。

◉ “爱国者”导弹有哪些性能和缺陷

“爱国者”是美国 1967 年开始研制的防空导弹。该弹从武器体制到技术方案，都是当今地对空导弹的佼佼者，能够以大于 80%的杀伤概率飞向来袭目标。该导弹系统的控阵雷达可以监视正面 120°（±60°）、高低 0°—90°范围内的 100 批目标；可同时跟踪 8 批目标、制导 8 枚导弹；雷达的主天线探测距离为 150—160 公里。当发现敌目标后，所有经过处理的信息都显示在指挥控制车上。车上的 1 名指挥官和 2 名操作手通过控制台即可完成作战全过程。

“爱国者”采用的是无线电指令和半主动寻的制导相结合的复合制导方式，所以具有极高的精度和抗干扰能力。不过，“爱国者”主要设计用于对付机动性强的飞机，其战斗部装药有限，改进余地也不大，今后战争中很难彻底摧毁性能优于“飞毛腿”的弹道导弹。

◉ “战斧”巡航导弹为何身手不凡

“战斧”巡航导弹是上世纪 70 年代初由美国海军正式提出研制的。该导弹外形采用长度比较大的一字形正常式中弹翼平面布局。其头部呈卵形，中段为圆柱形，尾部为截锥体，尾段后部串接无翼式固体助推器。弹身中部装有一对窄梯形的折叠式直弹翼，腹部装有涡扇发动机及收放式进气斗，尾部装有二字形折叠尾翼。平时，弹翼折叠在弹身纵向贮翼槽中，发射后打开。为了达到隐身效果，“战斧”头锥天线罩和进气斗均采用吸收雷波能力较强的复合材料，以减小雷达散射截面。弹翼和尾翼则采用雷达波传播能力强的表面材料。

“战斧”导弹的攻击过程并不复杂：导弹发射后先经助推段爬升至预定高度，然后以7—15米的高度掠海飞行。在此阶段，导弹只靠弹上测高雷达和惯性导航系统控制飞行；进入陆地后，导弹转入惯性导航与地形匹配复合制导。弹上计算机实时地将实际飞行航线与原定飞行航线进行比较，得出飞行误差，及时纠正飞行方向；临近目标时，导弹转入景像匹配末制导段，制导系统把成像传感器所得的图像与计算机内存储的目标图像不断加以比较，不断纠正误差，控制导弹直至命中目标。

◉为什么双体反水雷舰是水雷的“坟墓”

远洋双体反水雷舰是法国海军1987年5月决定建造的一种新型舰船。该型舰的设计具有两个突出特点：一是声、磁场较小；二是舰上装有两个主动舵，可用来提供特殊的机动性。它的作用主要是监视和扫除水雷。为了实现上述目的，它特地配置了2部有换能器基阵的拖曳声纳和1部监视水雷自航深潜器。舰上的拖曳声纳是一种能发射多波束的主动侧视声纳，能在水深80—300米、流速10节、风力5节的情况下工作，并可覆盖深潜器左右两侧200米的范围。更令人惊奇的是，它一次可完成目标的探测和分类。一旦水域中出现新的可疑物，它立即就能检测出来。

该舰扫雷设备一应俱全、性能优越：不但有能在300米深度作业的机械扫雷具，而且还装有音响和磁性扫雷具。此外，自航深潜器上还装有黑白和彩色电视摄像机、100公斤爆炸装药或一个操纵臂及两套切割装置。

◉为什么“台风”级核潜艇是海中巨人

世界上最大的潜艇是苏联海军的“台风”级弹道导弹核潜艇，其水下排水量达2.9万吨；采用双艇体结构，即在耐压艇体之外还包有一层壳体。不仅如此，“台风”级还把2个耐压艇体并列在宽敞的非耐压艇体内。由于“台风”级采用双体结构，自然每个耐压艇体的直径要比其他单耐压艇体的直径要小。更重要的是，2个耐压艇体由于直径相等，因此非常有利于制造。除了双耐压艇体，还有双反应堆和双蒸汽轮机，这些都带来许多优点。

若从“台风”级的隐蔽性和机动性来看，其庞大的身躯和巨大的吨位肯定会带来诸多不利的因素：容易被敌方主动声纳探测到；比起小型潜艇来，它的机动性差，同时需要在较深的海区活动。但大也有大的好处，“台风”级巨型潜艇续航力大、生活设施好、载荷量大，且可应用被动探测技术进行反潜作战。因此，苏海军不遗余力地加紧建造，即使在国内局势动荡、军费急剧削减的情况下，仍然没有放松的迹象。

◉“无畏”级导弹驱逐舰有什么威力

在世界各国的驱逐舰中，苏联的“无畏”级的吨位也堪称“世界之最”，只有日本建造的装备有“宙斯盾”系统的新型驱逐舰才可与之媲美。从作战性能上讲，它属于第二代反潜舰艇，是以苏联“克列斯塔”Ⅱ级反潜巡洋舰为蓝本改进而成的，具有结构紧凑，布局简明等特点。舰上的防空、反潜武器和火炮均集中在前部；中部为电子设备；后部为直升机平台，全舰整体感很强。该舰的武器装备齐全，尤其是反潜武器足以使任何潜艇感到畏惧。其中包括 8 枚 SS—N—14 舰对潜导弹，2 座 RBU—6000 十二管反潜火箭发射器，2 架卡—27 反潜直升机。

为了有效地对付空中袭击，“无畏”级装备了最为先进的 SA—N—9 型舰对空导弹。舰上共装有 8 个这种导弹发射舱，每个发射舱有 8 枚导弹，分别部署于舰前部和后部。该型导弹采用垂直发射方式，可以攻击任何方向和高度的空中目标，而不受距离和角度的限制，反应速度较快。

◉“提康德罗加”号导弹巡洋舰的防空装备有何特点

美国海军“提康德罗加”号是目前世界上最先进的导弹巡洋舰。舰上装备了“宙斯盾”防空武器系统。“宙斯盾”系统集探测装置、情报分析处理、火控发射系统为一体，具有反应速度快，处理目标批量大，既能对付空中目标，也可对付海面或水下敌情诸优点。同时，“宙斯盾”具有极强的抗干扰能力，能有效地消除海浪的反射干扰。

与“宙斯盾”配套的舰空导弹在制导和发射方式上也有很大的改进。其飞行前段采用惯性导航，由武控系统通过雷达给导弹发送修正指令；进入末段后，舰上跟踪照射雷达对准目标照射，导弹根据提供的目标反射能量自动寻的，直至命中目标。

“提康德罗加”级巡洋舰的攻防火力均属上乘。除首制舰“提康德罗加”号外，基本都装备有 MK—41 导弹垂直发射系统，可混装“战斧”巡航导弹和“标准”防空导弹。

◉小巧玲珑的“皇家方舟”号航母有哪些优点

英国海军的“皇家方舟”号是一艘貌似巡洋舰的小型航母，采用传统的直通式飞行甲板，也没有装蒸汽弹射器，但是该航母却有相当多的优点。

一是飞机滑跑距离短。滑跃起飞甲板上翘角为 12°，这一改进，使飞机起飞重量可增加1135公斤；或在同样的起飞重量条件下，起飞滑跑距离可缩短50—60%。

二是增加了防潜、防空能力。该航母上不仅搭载有“海鹞”式战斗机、而且还载有反潜直升机。它们可与编队内的其他反潜直升机、反潜水面舰艇和潜艇配合，实施反潜作战。后来，英军对“皇家方舟”号航母进行了部分改装：在舰首和舰尾加装了两座6管20毫米“密集阵”近程武器系统和2座GAM—B01型火炮，目的在于提高该级航母的防御和反导弹能力。为了解决没有空中预警机的问题，英军还改装了部分“海王”直升机，加装了下视雷达，以担任空中预警。

◉遥控飞行器为什么是“空中多面手”

现代遥控飞行器比普通飞机，甚至比直升机要轻便得多。别看它小巧玲珑，却称得上“空中多面手”，它不仅能担负电子战、侦察与监视，而且还能执行攻击、炮兵校射等任务。在敌方强大的火力阵地前，可先将大量的遥控飞行器发射到敌方雷达附近，迅速在攻击机群预定的突防走廊上施放干扰、投放箔条，发射投掷干扰机或欺骗装置，起到“开路先锋”的作用。

侦察是遥控飞行器的拿手好戏，特别是飞临战场上空侦察更是其他兵器所无法比拟的。它能携带电视摄像机和静态图像摄影机等侦察器材，隐蔽悄然地飞越严密设防的目标上空，对敌雷达及通信设施进行战术情报侦察；亦可深入敌后实施战略侦察。

遥控飞行器装上反辐射（反雷达）导弹，就变为名符其实的反辐射飞行器。这种反辐射飞行器与反辐射导弹不同，当敌雷达关机时，它能飞到高空盘旋，或等敌雷达开机，或伺机进行攻击。遥控飞行器还可以用于中继、预警、反潜、化学战、生物战，以及作为靶机等。

◉ “地狱之星”无人驾驶直升机有什么特点

无人驾驶直升机并不是什么新发明，早在上世纪60年代美国海军就曾使用过一种QH—50的无人驾驶直升机。由于存在许多缺陷，被打入了“冷宫”。后来，以色列海军看好无人驾驶直升机，因为该机体积小、重量轻、起降性能理想。1990年6月，“地狱之星”进行了首飞，接着又进行了着舰试验和停载能力试验。它的突出特点，一是能在全天候条件下并在海浪不高于5级时昼夜执行任务；二是无需专职舰员来操作。

“地狱之星”无人驾驶直升机的机身为低反射曲面，旋翼也经过精心设计。这种结构保证了飞机在阵风和横风条件下具有高度的稳定性，所以“地狱之星”特别适合于小型舰只搭载，尤其适合导弹艇和其他小艇使用。

“地狱之星”直升机上的目标探测、分类和识别设备，都运用了高度集成化的固态技术，机上雷达探测距离大于40海里，而热成像光电传感器可以对近距离目标进行识别。舰面上用于操作和支援直升机的电子导航及相关设备被集中成一个系统安装在载舰上。

◉哪些武器装备的发明是受动物的启发

世界上有许多军事发明，都是科学家在探索动物奥秘中得到启迪而发明的，以下是部分例证。

乌贼和鱼雷诱饵：乌贼体内有囊状物能分泌黑色液体，遇到危险时便释放出这种黑色液体，诱骗攻击者上当。潜艇设计者们仿效设计成鱼雷诱饵。现在鱼雷诱饵酷似一艘袖珍潜艇，既可按潜艇的航向航行，航速不变；也可模拟噪音、螺旋桨节拍、声信号和多普勒音调变化等。正是它这种惟妙惟肖的表演，令敌潜艇或攻击中的鱼雷真假难辨。

蜘蛛和装甲：生物学家对蜘蛛丝的研究发现，其强度相当于同等直径的钢丝的5倍。受此启示，英国剑桥一所技术公司试制成犹如蜘蛛丝一样的高强度纤维。利用纺织技术把这种纤维加以纺织或者做成复合材料，可以用来作防弹衣、防弹车、坦克装甲车等的结构材料。

长颈鹿和“抗荷服”：长颈鹿是目前世界上最高的动物，其大脑和心脏的距离约3米，完全是靠高达160—260毫米汞柱的血压把血液送到大脑的。按分析，当长颈鹿低头饮水时，大脑的位置低于心脏，大量的血液会涌上大脑，使血压更高。但是，世界上没有一只长颈鹿会在饮水时得脑充血或血管破裂等疾病而死。原来，是裹在长颈鹿身上的一层厚皮紧紧箍住了血管，限制了血压。飞机设计师和航空生物学家依照这一原理，设计出一种新颖的“抗荷服”，从而解决了高速歼击机驾驶员在突然加速爬升时因脑部缺血而引起的痛苦。这种“抗荷服”内有一装置，当飞机加速时可压缩空气，能对血管产生相应的压力。

鲸鱼和潜艇的“鲸背效应”：当代核潜艇能长时间潜航于冰海之下，但若在冰下发射导弹，则必须破冰上浮，这就碰到了力学上的难题。潜艇专家从鲸鱼每隔一段时间必须破冰吸一次气中得到启迪，在潜艇顶部突起的指挥台围壳和上层建筑方面作了加强，材料力度和外形仿鲸背处理，果然取得了破冰时的“鲸背效应”。

青蛙和电子蛙眼：青蛙的眼睛对小飞虫非常敏感，当小飞虫在它头上飞时，它会盯住不放。于是，人们模仿蛙眼的结构原理制成了“电子蛙眼”，可用来识别飞行中的飞机和导弹，也可用来预防飞机相撞。

蝴蝶和卫星控温系统：遨游太空的人造卫星，当受到阳光强烈辐射时，卫星温度会高达2000℃；而在阴影区域，卫星温度会下降至－200℃左右，这很容易损坏卫星上的精密仪器仪表，它一度曾使航天科学家伤透了脑筋。后来，人们从蝴蝶身上受到启迪。原来，蝴蝶身体表面生长着一层细小的鳞片，这些鳞片有调节体温的作用。每当气温上升、阳光直射时，鳞片自动张开，以减少阳光的辐射角度，从而减少对阳光热能的吸收；当外界气温下降时，鳞片自动闭合，紧贴体表，让阳光直射鳞片，从而把体温控制在正常范围之内。科学家经过研究，为人造地球卫星设计了一种犹如蝴蝶鳞片般的控温系统。

◉“大黄蜂”战斗机有什么特点

F/A—18“大黄蜂”是美国超音速战斗机，采用的是单座、双发后掠翼和双垂尾的总体布局。其机翼后掠角不大，前缘装有全翼展机动襟翼，后缘有襟翼和副翼，前后缘襟翼的偏转均由计算机控制。翼根前缘装有一对大边条，一直前伸到座舱两侧，边条机翼在大仰角飞行时可产生脱体涡，使机翼上表面产生高升力。为了适应载舰的需要，“大黄蜂”的机翼被做成可以折叠的，后机身下部还装有着舰用的拦阻钩。

F/A—18 的雷达电子设备也相当完善，AN/APG—65 多功能数字式空对空和空对地跟踪雷达，使其在空对空工作状态时可跟踪 10 个目标，并向飞行员显示 8 个目标。而且该型雷达重量轻、体积小、可靠性较高。该机采用了数字式电传操纵系统，并备有电动操纵系统；水平尾翼还备有机械操纵系统。

“大黄蜂”战斗机不仅作战能力强，而且生存能力也强。机上装有 1 门 20 毫米机关炮，备弹 570 发。然而，该机最突出的一点是，翼身下共有 9 个外挂架，可挂各类导弹。

◉为什么苏—27 是世界最先进的战斗机之一

苏—27 是当今世界各国现役战斗机中第一种能在低空进行失速机动飞行的飞机；而且具有吨位大、航程远、机动能力强、速度范围大等特点。它采用翼身融合体、大边条气动布局，这对高速飞行十分有利。机翼的平面形状为梯形，前缘后掠角 42°。机身基本上呈圆截面的半硬壳结构，飞机的双垂尾安装在发动机外侧的缘条上。飞机座舱盖为气泡式，视界良好。

该机装备有先进的电子设备：边跟踪边扫瞄的相干脉冲多普勒雷达；红外搜索/跟踪传感器在风挡前透明壳体内；进气道前缘外侧及尾部有“警笛”360°雷达告警接收机。雷达、红外搜索跟踪装置及激光测距仪都与装在驾驶员头盔上的头盔瞄准具同步，并显示在广角平视显示器上，彼此独立，又可以互相交联。

苏—27 的武器系统也相当完善：在飞机右侧翼根前缘边条处装了一门 30 毫米口径单管炮，备弹 200 发；飞机共有 10 个武器外挂点，可挂载空空导弹、航空炸弹和航空火箭弹，最大载弹量 6000 公斤。

◉什么是航空母舰

航空母舰，简称“航母”、“空母”，苏联称之为“载机巡洋舰”，是一种可以提供军用飞机起飞和降落的军舰。中文“航空母舰”一词来自日文汉字。航空母舰是一种以舰载机为主要作战武器的大型水面舰艇。现代航空母舰及舰载机已成为高技术密集的军事系统工程。

航空母舰是一支航空母舰舰队中的核心舰船，有时还作为航母舰队的旗舰。舰队中的其他船只为它提供保护和供给。一般航母舰队会配备 1—2 艘潜艇、护卫舰、驱逐舰以及补给舰。驱逐舰或航母上搭载反潜直升机、预警机、电子侦察机等。依靠航空母舰舰队，一个国家可以在远离其国土的地方，不依靠当地的机场，对某些区域或国家施加军事压力和进行作战。不过，航空母舰的最大缺点，是易受到超低空掠海兵器的毁灭性打击。

◉航空母舰有哪些类型

航空母舰按其所担负的任务分，有攻击航空母舰、反潜航空母舰、护航航空母舰和多用途航空母舰；按其舰载机性能又分为固定翼飞机航空母舰和直升机航空母舰，前者可以搭乘和起降包括传统起降方式的固定翼飞机和直升机在内的各种飞机，而后者则只能起降直升机或是可以垂直起降的固定翼飞机。一些国家的海军还有一种外观类似的舰船，称作“两栖攻击舰”，也能搭乘和起降军用直升机或是可垂直起降的固定翼机。按吨位分，有超级航空母舰（满载排水量 9 万吨以上，只有美军有此类航母，美军核动力航母均为超级航母）、大型航空母舰（6—9 万吨）、中型航空母舰（满载排水量 3—6 万吨）和小型航空母舰（满载排水量 3 万吨以下）；按动力分，有常规动力航空母舰和核动力航空母舰。

◉航空母舰的诞生有哪些“第一”

第一个从一条停泊的船只上起飞的飞行员是美国人尤金·伊利，他于 1910 年 11 月 14 日驾驶一驾“柯蒂斯”双翼机从美国海军“伯明翰”号轻巡洋舰上起飞。

第一个从一艘行驶的船只上起飞的飞行员是英国人查尔斯·萨姆森。1912 年 5 月 2 日他从一艘行驶的战舰上起飞。

第一艘为飞机同时进行起降作业提供跑道的船只是英国“暴怒”号巡洋舰，它的改造 1918 年 4 月完成。

第一艘安装全通式飞行甲板的航空母舰，是由一艘客轮改建的英国的“百眼巨人”号航空母舰，它的改造 1918 年 9 月完成。

1917年，英国按照航空母舰标准全新设计建造了“竞技神”号航空母舰（又译作“赫尔姆斯”号），第一次采用了舰桥、桅杆、烟囱等在飞行甲板右舷的岛状上层建筑形式。

第一艘服役的从一开始就作为航空母舰设计的舰船，是日本的“凤翔”号航空母舰，它1922年12月开始服役。从此，全通式飞行甲板、上层建筑岛式结构的航空母舰，成为各国航空母舰的样版。

◉航空母舰战斗群的基本建制是什么

虽然航空母舰能投送大量的空中兵力，但是其本身的防御能力薄弱，所以需要其他舰艇，包括水面与水下舰艇提供保护。航母战斗群的分工可以看成是航空母舰执行任务，而其他舰艇保护航空母舰。

航空母舰战斗群的建制各有不同，以美军航母战斗群为例，基本上由以下舰艇组成：1艘航空母舰、2艘巡洋舰、2—3艘驱逐舰、1艘战斗支援舰、2艘攻击型潜艇、1艘补给舰。

航空母舰战斗群的使命包括：保护海上运输航道的使用与安全、保护两栖部队的运输与任务执行、协同陆基飞机共同形成与维持特定地区的空中优势、以武力威慑的手段满足国家利益需求、进行大规模海空正面作战、对陆地纵深事件进行干预。

◉目前哪些国家拥有航空母舰

法国、意大利、俄罗斯、西班牙、巴西、印度、泰国、英国和美国拥有航空母舰。世界各国海军共有数十艘在使用。美国拥有世界上最多的和最大的航空母舰，其他国家的航空母舰比美国的都小得多。

美国：共拥有“尼米兹”级航空母舰和“企业”号航空母舰在内的13艘大型航母。

英国：“无敌”级航空母舰（亦称“常胜”级）是英国皇家海军也是世界上最先采用滑跃起飞甲板的轻型航空母舰。

法国：“戴高乐”号航空母舰，“克莱蒙梭”级航空母舰。

俄罗斯：“库兹涅佐夫”号航空母舰。

意大利：“加里波第”号航空母舰、“加富尔伯爵”号航空母舰、“凯沃尔”号航空母舰。

西班牙：“阿斯图里亚斯亲王”号航空母舰。

印度：“维拉特”号航空母舰原为英国皇家海军的“竞技神”号。1986年4月从英国购进此舰。

泰国：“加克里·纳吕贝特”号航空母舰。

巴西："圣保罗"号航空母舰。

◉为什么"中途岛"号航母资格最老

"中途岛"号是美国现役15艘航母中资格最老、吨位最小、载机最少的"三朝元老"。自1945年服役以来，它经历了半个世纪的风风雨雨，参与了数百次的海上行动。"沙漠风暴"开始后，"中途岛"号不甘示弱，与其他航母一道倾其全部战斗机、攻击机出击，再度显示出老将的威力。

资格最老的"中途岛"号航母是美国海军与纽波特纽斯造船厂于1942年8月签约开始建造的，全部工程则拖至1945年9月才完成。但此时，第二次大战的硝烟已经散尽。原计划建造6艘"中途岛"级航母，最后只建成3艘，另2艘分别命名为"罗斯福"号和"珊瑚海"号。1977年9月，"罗斯福"号因武器装备损坏严重，而被迫退役；1990年4月，素有"永恒的战士"美称的"珊瑚海"号也结束了它长达43年的海军服役生涯。"中途岛"号的姐妹舰相继退役，使其变得更加孤单。多年来，它先后进行过3次大的改装，但仍有些力不从心，直到上世纪末才"告老返乡"。

◉"罗斯福"号航母创下哪些第一

"罗斯福"号航母建于1981年10月，1984年10月下水，1986年9月加入现役，现归属于美大西洋舰队。该舰还创下了美海军史上不少第一。

第一个采用新式F/A—18"大黄蜂"式战斗/攻击机。美航母舰载机的编制体制自20世纪50年代中期以来大约经历了5个发展阶段，直至80年代初才最终形成了近乎标准的编成。不过，这编成仍不太适应现代战争需要，于是美海军又于1987年将"罗斯福"号上的第8航空联队重新改组，例如，用F/A—18"大黄蜂"战斗/攻击机取代A—7"海盗"攻击机。

第一次比其他航母多搭载一架E—2C"鹰眼"式预警机和EA—6B电子战飞机，因而其预警能力和电子干扰能力要胜其他航母一筹。更使美军感到鼓舞的是，由于S—3B反潜机具有空中加油能力，可为A—6飞机加油，因此"罗斯福"号取消了KA－6空中加油机。

"罗斯福"号吸取了"尼米兹"级前3艘（"尼米兹"号、"艾森豪威尔"号和"卡尔·文森"号）的经验教训，接受了对该级航空母舰进行的首次多项重大改装：保护设施越来越重要可靠，电子设备越来越先进复杂。

◉什么是驱逐舰

驱逐舰是一种多用途军舰，是19世纪90年代至今的海军重要舰种之一，是以导弹、鱼雷、舰炮、反潜兵器、防空兵器等为主要武器，具有多种作战能力的中型军舰。它是海军舰队中突击力较强的舰种之一，用于攻击潜艇和水面舰船、舰队防空以及护航、侦察巡逻警戒、布雷、袭击岸上目标等，是现代海军舰艇中用途最广泛、数量最多的舰艇。驱逐舰能执行防空、反潜、反舰、护航、侦察、巡逻、警戒、布雷、火力支援以及攻击岸上目标等作战任务，有“海上多面手”的称号。

◉什么是导弹驱逐舰

20 世纪 60 年代以来，随着导弹武器的逐步应用，反舰导弹、对空导弹、反潜导弹逐步被安装到驱逐舰上，成为主力作战兵器，而舰载火炮不断减少，并且更加轻巧。1967 年，以色列海军“埃拉特”号驱逐舰被反舰导弹击沉，攻击水面舰艇的任务又成为驱逐舰的重要任务。燃气轮机开始取代蒸汽轮机作为驱逐舰的动力装置。为搭载反潜直升机而设置的机库和飞行甲板也被安装到驱逐舰上。为控制导弹武器以及无线电对抗的需要，驱逐舰安装了越来越多的电子设备。例如美国的“亚当斯”级驱逐舰、英国的“郡”级驱逐舰、苏联的“卡辛”级驱逐舰等，已经演变成较大而又耗费颇多的多用途导弹驱逐舰。

◉“现代”级导弹驱逐舰的强大攻击力有哪些

“现代”级驱逐舰是苏联海军 20 世纪 80 年代初建造的大型导弹驱逐舰。首舰“现代”号于 1980 年服役。

“现代”级驱逐舰是以对海攻击为主的通用型驱逐舰，主要使用猛烈持续的弹炮火力为登陆部队提供火力支援、对滩头纵深目标实施打击、对空中来袭之敌进行火力攻击、在护航中对敌方大中小型舰艇进行攻击，具备同时对付来自空中、水面、水下之敌的能力，是一型至今仍在兵器排行榜中名居前列的王牌战舰。

从各国军事观察家们的分析可以看出，“现代”级导弹驱逐舰具有适航性强、生存力强、隐身性好、居住性优、机动性好、作战威力大六大特点。

◉现代驱逐舰有什么特点

现代驱逐舰装备有防空、反潜、对海等多种武器，既能在海军舰艇编队担任进攻性的突击任务，又能担任作战编队的防空、反潜护卫任务，还可在登陆、抗登陆作战中担任支援兵力，以及担任巡逻、警戒、侦察、海上封锁和海上救援等任务。舰体空间增大，舰上条件逐步改善，现代驱逐舰的舰员们也不再像其前辈那样，在简陋而狭窄、颠簸剧烈的舱室中，用他们的英勇和胆量经历艰苦的磨难，而是在舒适的封闭的舱室中值勤，利用自动化技术操纵他们的战舰。驱逐舰从过去一个力量单薄的小型舰艇，已经成为一种多用途的中型军舰。除了名称留下一点痕迹之外，驱逐舰已经失去了它原来短小灵活的特点。

◉什么是战列舰

战列舰，又称为战斗舰、主力舰、战舰，是一种以大口径火炮的攻击力与厚重装甲的防护力为主要诉求的高吨位海军作战舰艇。由于这种军舰自19世纪60年代开始发展直至第二次世界大战中末期逐渐式微为止，一直是各主要海权国家的主力舰种之一，因此在过去又曾经一度被称为主力舰。但由于近代以来战列舰的战略地位被航空母舰和弹道导弹潜艇所取代，再也不是舰队中的主力，因此，这样的称呼方式也相对失去了意义。

战列舰是人类有史以来创造出的最庞大、复杂的武器系统之一，在其极盛时期——20世纪初到第二次世界大战，战列舰是唯一具备远程打击手段的战略武器平台，因此受到各海军强国的重视。

◉何时是战列舰称雄海上的时代

17世纪至19世纪中期，是风帆战列舰主宰海战的阶段。战船为木质船体，最大为三桅帆船，通常设2—3层甲板，带有轮子的火炮置于甲板之上，通过舷侧门进行射击。17世纪，战列舰最大为1750吨，装有80—100门火炮，舰员600—700人。18世纪，排水量增至2000吨以上，设三层甲板，装120—140门火炮。火炮多为固定炮塔的滑膛炮，需从炮口装填实心炮弹。19世纪中期，战列舰排水量已达4000—5000吨，装有120—130门从炮尾装填爆炸弹的火炮。由于炮塔不能旋转，所以作战时必须将战列舰一字排开，用舷侧舰炮射击。

19世纪中期，蒸汽动力战列舰出现了。1849年，法国建成世界上第一艘蒸汽战列舰“拿破仑”号；1859年，法国又建成世界上第一艘木壳装甲舰“光荣”号；1860年，英国建成世界上第一艘铁壳装甲舰“勇士”号；1873年，英国建成世界上第一艘完全去除风帆、采用蒸汽动力的“蹂躏”号铁壳装甲舰；1892年，英国又建成世界上第一艘钢质装甲舰。至此，战列舰的发展趋于成熟。

◉什么是巡洋舰

巡洋舰是一种主要在远洋活动的大型舰艇。装备有较强的攻防武器系统，具有较高的航速、较大的续航力和适航性，能在恶劣的气象条件下长时间进行远洋作战。主要任务是为航空母舰和战列舰护航，以巡洋舰为核心组成强大的海上编队，保卫海上交通线，攻击敌水面舰艇、潜艇和岸上目标，进行防空和反导弹作战，并在登陆作战时进行火力支援等。

◉巡洋舰是如何发展演变的

在17—18世纪的帆船时代，巡洋舰是指那些装备火炮较少、口径较小、一般不直接参与战列舰战斗而主要执行巡逻及护航任务的快速炮船。19世纪中期，最好的巡洋舰是英国造的多桅帆船“阿拉巴马”号，该舰装有蒸汽机，用螺旋桨进行辅助推进，排水量为1040吨。19世纪末，巡洋舰主要是装甲巡洋舰和水平装甲巡洋舰。

第一次世界大战期间，出现了满载排水量3000—4000吨级的巡洋舰，动力装置以燃油汽轮机为主，航速由25节增至30节，舰炮口径多为127—152毫米，最大达190毫米。战后各国的巡洋舰有两种：一种是重巡洋舰，一种是轻巡洋舰。

◉什么是潜艇

潜艇是一种能潜入水下活动和作战的舰艇，也称潜水艇，是海军的主要舰种之一。潜艇在战斗中的主要作用是：对陆上战略目标实施袭击，摧毁敌方军事、政治、经济中心；消灭运输舰船、破坏敌方海上交通线；攻击大中型水面舰艇和潜艇；执行布雷、侦察、救援和遣送特种人员登陆等。

◉潜艇有哪些类型

潜艇按作战使命分为攻击潜艇与战略导弹潜艇；按动力分为常规动力潜艇（柴油机一蓄电池动力潜艇）与核潜艇（核动力潜艇）；按排水量分，常规动力潜艇有大型潜艇（2000吨以上）、中型潜艇（600—2000吨）、小型潜艇（100—600吨）和袖珍潜艇（100吨以下），核动力潜艇一般在3000吨以上；按艇体结构分为双壳潜艇、个半壳潜艇和单壳潜艇。

◉潜艇有哪些优缺点

潜艇之所以能够发展到今天，是因为它具有以下特点：能利用水层掩护进行隐蔽活动和对敌方实施突然袭击；有较大的自给力、续航力和作战半径，可远离基地，在较长时间和较大海洋区域内以至深入敌方海区独立作战，有较强的突击威力；能在水下发射导弹、鱼雷和布设水雷，攻击海上和陆上目标。

但其自卫能力差，缺少有效的对空防御武器；水下通信联络较困难，不易实现双向、及时、远距离的通信；探测设备作用距离较近，观察范围受限，掌握敌方情况比较困难；常规动力潜艇水下航速较低，充电时须处于通气管航行状态，易于暴露。

◉什么是核动力潜艇

核潜艇是潜艇中的一种类型，指以核反应堆为动力来源设计的潜艇。由于这种潜艇的生产与操作成本，加上相关设备的体积与重量，只有军用潜艇采用这种动力来源。核动力潜艇水下续航能力能达到20万海里，自持力达60—90天。

核潜艇在战争中，因为其强大的续航性备受关注。在一些国家的军事思想中，核潜艇是应对核动力航空母舰的最有力武器。作为战略打击力量，核潜艇可以装备带核弹头的弹道导弹或巡航导弹。核潜艇是一个国家的战略力量的重要组成部分，弹道导弹核潜艇（也称战略核潜艇）为当前军事理念中军事核能“三位一体”中海基核力量的主要实现形式。

◉核潜艇有哪些类型

核动力潜艇一般分为两种：攻击型核潜艇与导弹核潜艇。按武器装备可以分为鱼雷核潜艇和导弹核潜艇。按照不同潜艇作战任务的不同，分为战略导弹核潜艇、弹道导弹核潜艇、攻击型核潜艇、巡航导弹核潜艇。

◉为什么要研制核潜艇

常规动力潜艇在第二次世界大战的使用中，暴露出一个很大的问题，那就是潜艇的水下续航时间短。潜艇在水面下操作的时间受到电池蓄电量的严重限制，即使以最低的速率航行，也必须在一段时间之后浮出水面进行充电，在充电的过程中，潜艇非常容易受到攻击。另外一个限制是，潜艇上的电池提供的动力有限，导致潜艇的最大航速低，以及持续的时间短，尤其是水面下的最大航行速率远低于水面上的速率，若是要追赶高速航行的舰船，潜艇必须浮出海面以柴油引擎输出动力，才能勉强追上航行速率较慢的舰船，可是这样一来，潜艇就失去海水对它的保护以及作战上的优势。因此，为了扩大潜艇的战术价值，大幅提高海面下持续操作时间，研发替代动力来源，一直是潜艇研究的一个重要目标。

◉第一艘核潜艇是怎样诞生的

世界上第一艘核潜艇是美国的“鹦鹉螺”号，由美国科学家海曼·里科弗积极倡议并研制和建造，他被称为“核潜艇之父”。1946年，以里科弗为首的一批科学家开始研究舰艇用原子能反应堆也就是后来潜艇上广为使用的“舰载压水反应堆”。第二年，里科弗向美国海军和政府建议制造核动力潜艇。1951年，美国国会终于通过了建造第一艘核潜艇的决议。

◉早期的核潜艇与现代核潜艇有什么区别

早期的核潜艇均以鱼雷作为武器。以后由于导弹的发展，出现了携带导弹的核潜艇。核潜艇装上导弹之后，便出现了两种类型：一类是近程导弹和鱼雷为主要武器的攻击型核潜艇；另一类是以中远程弹道导弹为主要武器的弹道导弹核潜艇（又称战略核潜艇）。攻击型核潜艇主要用于攻击敌水面舰艇和潜艇，同时还可担负护航及各种侦察任务。弹道导弹核潜艇则是战略核力量的一次重要的转移。在各种侦察手段十分先进的今天，陆基洲际导弹发射井很容易被敌方发现，弹道导弹核潜艇则以高度的隐蔽性和机动性，成为一种移动的、难以捉摸的水下导弹发射场。

◉什么是战斗机

战斗机，简称战机，是指主要用于保护我方运用空权以及摧毁敌人使用空权之能力的军用机种。特点是飞行性能优良、机动灵活、火力强大。现代的先进战斗机配备各种先进设备，能全天候攻击所有空中目标。

◉最早的战斗机是怎样产生的

早在1903年，莱特兄弟就发明了飞机，不过发明后很长一段时间都没有用于具体的空战，而是只用它来执行侦察任务。世界上公认的第一种真正意义上的战斗机是法国的莫拉纳·索尔尼爱L型飞机。它由于装备了法国飞行员罗兰·加洛斯的“射击断续器”，稍微解决了飞机在机载机枪射击时被螺旋桨干扰的难题，使飞行员可以专心驾驶飞机去攻击对方，同时不需要另外配备机枪手。但是这个系统会造成机枪射速变慢。世界上第一架真正意义上的战斗机正式宣告诞生。

◉战斗机是怎样划代的

从上世纪40年代中期出现了以喷气式发动机为动力的战斗机后，按时代、按美军标准、特别是按技术水平，将各种战斗机分为三代，目前正在发展第四代战斗机。

第一代：上世纪40年代后期，飞行速度低于音速，为亚音速战斗机，最大航速M＝0.8，作战半径约400—800公里，代表机型有美国的F－86、苏联的米格－15。

第二代：上世纪50年代后期到70年代初，最大飞行速度M＝2.0，巡航速度M＝0.8，作战半径约1 000公里。代表机型有美国的F－104（50年代后期）、

F—4“鬼怪”式（60年代初），苏联的米格—21（50年代末）、米格—23（70年代初）等，目前大部分仍在服役。

第三代：从上世纪70年代中至今。特点：具有高机动性，要求飞机推重比（发动机推力/飞机重量）大于1.0。代表机型有：美国的F—15（1974年）、F—16（1978年）、F/A—18（1980年），苏联的米格—29（1983年）、苏—27（1984年）。

第四代：1997年9月7日美国F—22首飞，标志着战斗机即将进入第4代，随后，俄罗斯的S—37、米格1.44、T—50，美国的联合攻击机JSF等新型机先后进行了各自的首飞。

◉什么是截击机

战斗机根据执行的任务又可分为歼击机和截击机。截击机的主要任务是快速升空之后争取高度，在敌人的轰炸机进入我方空域之前将其摧毁。由于截击机是针对高飞行高度的轰炸机群，在设计上特别强调对速度与爬升率的需求，机动性排在较为次要的地位。第二次世界大战结束之后，有鉴于原子弹的摧毁威力，截击机的发展一度成为许多国家与传统战斗机同等重要的机种。不过在导弹逐渐成熟并大量配备之后，截击机的特性往往可以经由传统战斗机加装导弹来满足，因此，现在趋向不再专门发展截击机种，而是以现役的战斗机同时担负拦截的任务。

◉战斗机是怎样进入喷气时代的

第二次世界大战末期，喷气式发动机和雷达设备的出现，预示了下一阶段战斗机的发展方向。战后，苏联和西方国家从纳粹德国获得了该技术的研究成果，各自发展出第一代喷气式战斗机。在朝鲜战争中，喷气式战斗机第一次投入实战，标志着螺旋桨式战斗机的衰落。该阶段的战斗机特征是飞得更快，看得更远，打得更准。电子技术的进步，大大提高了战斗机的作战能力。在冷战的高峰期，失败就会灭国灭种的恐惧，使华约和北约两大阵营都疯狂地发展战斗机。这个阶段各国列装的机型和数量，也达到了史无前例的顶峰。

◉喷气式战斗机是哪个国家首先研制的

世界第一架喷气式战斗机是由德国于1939年首先研制出的。安装有德国的科学家冯·奥亨研制的喷气发动机的He—178型飞机，是世界上第一架喷气式飞机。该机于1939年8月27日首次试飞。最早投入批量生产并装备部队的喷气式战斗机，是英国的“流星”式战斗机和德国的梅塞施密特Me—262型战斗机。

Me—262 首次试飞在 1942 年 7 月 18 日，时速达 850 公里，这比当时所有活塞式战斗机要快得多。直到 1944 年秋天，Me—262 才得以作为战斗机投入使用。尽管 Me—262 取得了辉煌的战绩，但它已不能挽回纳粹德国的败局了。

◉第一种超音速战斗机是哪个国家研制的

最早的超音速战斗机是 F—100，由美国北美航空公司于 1949 年研制成功，是世界上第一种具有超音速平飞能力的战斗机，最高时速为音速的 1.3 倍。此后，苏联的米格—19 战斗机也在 1953 年的试飞中突破音障，最高时速为音速的 1.36 倍。后来，美、苏、法等国相继研制出最大时速为音速 2 倍以上的战斗机。

◉第一种垂直/短距起降战斗机是哪个国家研制的

世界上第一种垂直/短距起降战斗机是“鹞”式战斗机，是由英国霍克·西德利公司于 1966 年研制成功的，机上装有一台“飞马”型涡轮风扇喷气式发动机，两个喷口对称置于在两侧，喷口可转向后，飞机向前飞，喷口向下，喷气产生升力，使飞机能垂直/短距起降和在空中悬停。这种飞机甚至可在空中实现向后和横向的移动，具有极高的机动灵活性。“鹞”式飞机可大大减少对跑道的依赖，提高作战部署的灵活性。

◉变后掠翼战斗机是怎样研制成功的

世界上第一种变后掠翼战斗机 F—111，是由美国通用动力公司于 1965 年研制成功的。亚音速和超音速飞机大部分采用大后掠角的机翼，这种机翼和平直机翼相比，更有利于高速飞行，但低速飞行性能不好，转变半径大，起飞和着陆滑跑距离比较长。于是，有人开始研究能在飞行时改变机翼的后掠角度的飞机，起降和低速飞行时呈平直翼型，在高速飞行时呈后掠翼或三角翼型，较好地解决飞机低速和高速飞行性能的矛盾。早在第二次世界大战期间，德国就已进行了这项研究。美国战胜并占领德国后，在此基础上于 1948 年开始变后掠翼飞机的技术试验。F—111 就运用了上述技术成果。此后，苏联的米格—23 战斗机、美国的 F—14 战斗机和英国、联邦德国、意大利联合研制的“旋风”式战斗机也采用了变后掠翼技术。

◉什么是隐身战斗机

“隐身”战斗机并不是肉眼看不见的飞机，而是在飞机的外形、涂料等方面作了特殊处理，使对空警戒的雷达、红外等现代探测装置难以发现的飞机，这种战斗机可隐蔽接近敌人，达到出其不意攻击目标的目的。目前许多先进的战斗机已采用了一些抑制雷达波反射和自身红外波辐射的技术，实现了部分的“隐身”效果，而世界上第一种真正的隐身战斗机是美国研制的F—117型战斗机，它在上世纪80年代装备美国空军。

◉强击机是怎样的一种飞机

强击机主要用于从低空、超低空突击敌战术和浅近战役纵深内的小型目标，直接支援地面部队（水面舰艇部队）作战的飞机，又称攻击机，旧称冲击机。它主要用于直接支援地面部队作战，摧毁敌方战役战术纵深内的防御工事、坦克、地面雷达、炮兵阵地、前线机场和交通枢纽等重要军事目标。强击机具有良好的低空操纵性、安定性和良好的搜索地面小目标能力，可配备种类较多的对地攻击武器。为提高生存力，一般在其要害部位有装甲防护。

◉哪个国家最先使用强击机

第一次世界大战中，德国首先使用“容克斯87”俯冲轰炸机攻击行军纵队和坦克等，直接支援地面部队作战。在战争后期这种飞机增设装甲，配备37毫米口径的航空机关炮，专门用于低空反坦克作战。苏联在战争中也同时广泛使用“伊尔2”强击机，在支援部队作战方面发挥了很大作用。这种飞机的机身前部装有防弹钢板，将发动机、油箱、驾驶员、射击员完全保护起来，免受小口径枪弹的伤害。机上装有机枪、机炮、火箭弹，并能携带600公斤航空炸弹。

◉强击机有什么作战特点

强击机的特点是有良好的低空和超低空稳定性和操纵性；良好的下视界，便于搜索地面小型隐蔽目标；有威力强大的对地攻击武器，除机炮和炸弹外，还包括制导炸弹、反坦克集束炸弹和空地导弹等；飞机要害部位有装甲保护，以提高飞机在地面炮火攻击下的生存力；起飞着陆性能优良，能在靠近前线的简易机场起降，以便扩大飞机支援作战的范围。

现代强击机有亚音速的，也有超音速的，正常载弹量可达3吨，机上装有红外观察仪或微光电视等光电搜索瞄准设备和激光测距、火控系统等；有的新型强击机已具有垂直和短距起落能力，如苏联的“雅克36”和英国的“鹞”式强击机。

◉强击机和歼击轰炸机的区别是什么

强击机与歼击轰炸机的区别，在于突防手段和空战能力不同。强击机的突防，主要靠低空飞行和装甲保护，歼击轰炸机则主要靠低空高速飞行；强击机一般不宜用于空战，而歼击轰炸机具有一定的空战能力；强击机用于突击地面小型或活动目标，比使用歼击轰炸机更有效。此外，强击机可在野战机场起降，而歼击轰炸机一般需用永备机场。

◉什么是轰炸机

轰炸机，指用于对地面、水面目标进行轰炸的飞机，具有突击力强、航程远、载弹量大等特点，是航空兵实施空中突击的主要机种。轰炸机按执行任务范围分为战略轰炸机和战术轰炸机；按载弹量分为重型（10 吨以上）、中型（5—10 吨）和轻型（3—5 吨）轰炸机；按航程分为近程（3 000 公里以下）、中程（3 000—8 000 公里）和远程（8 000 公里以上）轰炸机。

◉轰炸机的主要系统有哪些

轰炸机上的武器系统包括机载武器如各种炸弹、航弹、空地导弹、巡航导弹、鱼雷、航空机关炮等。机上的火控系统可以保证轰炸机具有全天候轰炸能力和很高的命中精度。轰炸机的电子设备包括自动驾驶仪、地形跟踪雷达、领航设备、电子干扰系统和全向警戒雷达等，用以保障其远程飞行和低空突防。现代轰炸机还装有受油设备，可进行空中加油。

◉轰炸机是怎样投入使用的

在飞机用于军事后不久，人们就开始用飞机轰炸地面目标的试验。1911 年 10 月，意大利和土耳其为争夺北非利比亚的殖民地利益而爆发战争。11 月 1 日，意大利的加福蒂中尉驾驶一架“朗派乐—道比”单翼机向土耳其军队投掷了 4 枚重约 2 公斤的榴弹，虽然战果甚微，但这是世界上第一次空中轰炸。

1913 年 2 月 25 日，俄国人伊格尔·西科斯基设计的世界上第一架专用轰炸机首飞成功。这架命名为“伊里亚·穆罗梅茨”的轰炸机装有 8 挺机枪，最多可载弹 800 公斤，机身内有炸弹舱，并首次采用电动投弹器、轰炸瞄准具、驾驶和领航仪表。1914 年 12 月，俄国用“伊里亚·穆罗梅茨”组建了世界第一支重型轰炸机部队。于 1915 年 2 月 15 日首次空袭波兰境内德军目标。第一次世界大战期间，轰炸机得到迅速发展和广泛使用。当时轰炸机的时速不到 200 公里，载弹量 1 吨左右，多为双翼机。

◉现代轰炸机有什么特点

现代高亚音速轰炸机多采用大展弦比的后掠翼，以保证飞机有较高的巡航速度和升阻比。炸弹舱的底部有可在空中开启的舱门。由于炸弹布置在重心附近，空中投弹以后，重心不会有很大变化，便于保持飞机的平衡。喷气轰炸机载油量大，除机翼内放置部分燃油外，机身内炸弹舱的前后也对称地布置有许多油箱。飞机上装有完善的通信导航设备、轰炸瞄准装置和电子干扰设备等，以保证飞机准确飞抵预定目标区域，完成轰炸任务。通常飞机上除正、副驾驶员外，还有轰炸领航员、报务员、射击员等。为抵御敌方截击机的攻击，上世纪 50 年代以前设计的轰炸机上普遍装有旋转炮塔。60 年代以后，由于空空导弹的发展，炮塔自卫已失去意义。现代轰炸机多靠改善低空突防性能、采用隐身技术来提高自卫能力。

◉为什么 F—117 是第一种真正的"隐身"轰炸机

第一种真正的"隐身"轰炸机是美国的 F—117 战术轰炸机。美国洛克希德公司从上世纪 70 年代中期开始执行秘密研制"隐身"战斗机的"臭鼬工程"计划。1977 年原型机试飞成功，1981 年定型投产。F—117 外形奇特，翼身融为一体，整个机身表面几乎全部由多个小平面拼成，可将雷达波以各种角度散射，不能形成有效的回波。机身采用了大量复合材料，并涂有隐身涂料。这就使得 F—117 基本上不会被雷达和红外线探测装置所发现。F—117 原本是作为战斗轰炸机而设计的，但由于它优异的"隐身"功能，敌机几乎不可能发现它并与它进行空战，加上它飞行灵活性不够，所以它实际是被用来执行夜间轰炸任务的战术轰炸机。

◉什么是战斗轰炸机

战斗轰炸机又称歼击轰炸机。它是既能执行轰炸任务，又能执行空战任务的飞机。1915 年，德国的"齐柏林"飞艇不断地轰炸英国本土，英国临时将 3 架"泰洛伊德"小型战斗机改装，携带炸弹成功地攻击了德国的飞艇基地。这是战斗轰炸机的最早起源。40 年代末，最先冠以"战斗轰炸机"这一名称的是美国的 F—80，它在朝鲜战场上多次执行轰炸和空战的双重任务。早期的战斗轰炸机都是由战斗机改装的。

第一种专门设计的战斗轰炸机，是美国于 1955 年首次试飞的 F—105"雷公"式战斗轰炸机。它最多可载 5900 公斤炸弹，还可携带核弹。F—105 在越南战场上大量执行轰炸和空战任务。

◉什么是侦察机

侦察机，即用于从空中获取情报的军用飞机，是现代战争中的主要侦察工具之一。按遂行任务范围，分为战略侦察机和战术侦察机。战略侦察机一般具有航程远和高空、高速飞行性能，用以获取战略情报，多是专门设计的。战术侦察机具有低空、高速飞行性能，用以获取战役战术情报，通常用歼击机改装而成。

◉什么是电子侦察机

电子侦察机，即通过电子手段获取情报的侦察飞机。机上的无线电发射机通过机载天线向周围空间辐射电磁波，同时机上的无线电接收机接收反射回来的电磁波。这样，无线电设备就把飞机所经过的地域、海域和空域范围的各种情报信息收集起来，及时地发回自己的地面接收站。

那么，天线是如何接收电磁波的？天线的外面加装了一个用非金属材料做成的球形罩子，保证了天线不被机体金属外壳所屏蔽，顺利地接收到电磁波，又减小了空气阻力对飞行的影响。

◉什么是预警机

预警机，又称空中指挥预警飞机，是装有远程警戒雷达，用于搜索、监视空中或海上目标，指挥并引导己方飞机执行作战任务的飞机。大多数预警机有一个显著的特征，就是机背上背有一个大“蘑菇”，那是预警雷达的天线罩。目前，世界上拥有预警机的主要国家和机型有：美国装备了 E－2A、B、C“鹰眼”预警机和 E－3“望楼”预警机，俄罗斯装备了 A－50“中坚”预警机……预警机自诞生之日起，就在几场高技术局部战争中大显身手，屡建奇功，深受各国青睐。

◉为什么预警机是航空母舰的“千里眼”

预警机靠形成电子侦察警戒网，通常以电子侦察设备等发现敌目标，迅速将情报信息传送给航空母舰指挥控制中心，由其指挥实施攻击。电子侦察警戒网的主要任务是：争取在敌作战平台（飞机、水面舰艇和潜艇）发射导弹之前将其发现，并引导己方兵力进行拦截和干扰；发现来袭导弹后即向航空母舰战斗群发出警报，进行目标指示，保障战斗群的各道防线实施有效干扰或将来袭导弹击毁。

◉预警机的弱点是什么

预警机监视范围大、指挥自动化程度高、目标处理容量大、抗干扰能力强，通常远离战线、纵深部署，执勤时有歼击机掩护，工作效率高。但它也存在着许多弱点：活动区域和飞行诸元相对固定；活动高度一般在 8000—10000 米，有一定规律；飞机体形较大，雷达反射截面积大，易于被敌方雷达发现和跟踪，行迹容易暴露；机动幅度小，机载雷达只有在飞机转弯坡度小于10°的条件下，才能保证对空的正常搜索，且下视能力弱于上视能力；巡航速度慢，机上没有攻击武器，自卫能力弱；电子防护能力弱，工作功率较大，极易被对方探测、电子干扰和反辐射导弹攻击；技术复杂，作战操纵不便。

◉什么是歼击机

歼击机，即用于在空中消灭敌机和其他飞航式空袭兵器的军用飞机，又称战斗机。第二次世界大战前曾广泛称为驱逐机。歼击机的主要任务是与敌方歼击机进行空战，夺取空中优势（制空权）。其次是拦截敌方轰炸机、强击机和巡航导弹，还可携带一定数量的对地攻击武器，执行对地攻击任务。歼击机还包括要地防空用的截击机。但自上世纪60年代以后，由于雷达、电子设备和武器系统的完善，专用截击机的任务已由歼击机完成，截击机不再发展。歼击机具有火力强、速度快、机动性好等特点，是航空兵空中作战的主要机种，也可用于执行对地攻击任务。

◉最早的歼击机是怎样诞生的

第一次世界大战初期，飞机首先用于战场上空指引炮兵射击、侦察和轰炸。随后就出现用飞机来阻挠敌机执行上述任务的战斗行动，形成空中的对抗。开始时只是后座的射击员用手枪、步枪和机枪在空中相互射击。1915年德国研制出装有射击协调器的“福克”飞机。机枪固定在机身头部，穿越机头的螺旋桨旋转面射击而子弹不会击中旋转桨叶。这样，后座的射击员被取消，驾驶飞机和射击都由驾驶员来完成。这种飞机的出现，从根本上改变了空战的方式，提高了飞机空战能力。从此确立了歼击机武器的典型布局形式。此后，歼击机在速度、高度和火力等方面不断改进。

◉现代歼击机有什么特点

为了获得优异的空中格斗能力，现代歼击机在性能、外形、动力装置、机载设备、武器配备和火控系统等方面均有一些新的特点。

一是性能突出中、低空跨音速机动性，在音速附近稳定转弯率可达18度/秒，瞬时转弯率达75度/秒。二是飞机在空战中的推力普遍大于重力（即推重比大于1），多采用低流量比的加力涡轮风扇发动机，加力推力大，重量轻，不加力工作时耗油率低。三是现代歼击机普遍装有口径20毫米以上的航空机关炮，同时携带多枚雷达制导的中距拦射导弹和红外跟踪的近距格斗导弹。也可携带2

—3 吨航空炸弹或其他对地攻击武器。四是歼击机上各种机载设备和控制系统越来越复杂，维护工作量大大增加。为此，飞机表面开有大量检查和维护用的口盖和舱门，总面积达飞机表面积的 60%。所有电子设备均采用积木式结构，有自动检测能力，可在外场方便地更换插件。现代歼击机具有很高的可靠性和良好的可维护性。

◉什么是教练机

所谓教练机，即为训练飞行人员，专门研制或改装的飞机。训练飞行员的教练机设有前后 2 个座舱或在 1 个座舱里并排设 2 个座椅，有 2 套互相联动的操纵机构和指示仪表，分别供教员和学员使用。通常分为：初级训练教练机、中级训练教练机和高级训练教练机三种。初级训练教练机构造简单，一般分单发动机，着陆速度小，易于操纵，安全经济，便于初学飞行者掌握初级驾驶技术。中级和高级训练教练机用以训练飞行员掌握大型或高速飞机的驾驶技术，此外还有训练空中领航员、雷达员、专业人员等所用的专业教练机，一般由轰炸机或运输机改装而成，机上配有若干专用技术教学设备。

◉什么是空中加油机

空中加油机，即专门给正在飞行中的飞机和直升机补加燃料的飞机。空中加油可使受油机增大航程，并且延长续航时间，增加有效载重，提高远程作战能力。空中加油机多由大型运输机或战略轰炸机改装而成，加油设备大多装在机身尾部或机翼下吊舱内，由飞行员或加油员操纵。空中加油技术出现于 1923 年。在第二次世界大战后，空中加油机大量装备部队。上世纪 80 年代初，美国研制了新型的 KC—10A 空中加油机，机上装有伸缩管加油设备，主管长 8 米，套管长 6 米多，全长 14 米，总载油 16.1 万公斤，可同时给 3 架飞机进行加油，该机在海湾战争中发挥了重要作用。

◉第一架空中加油机是怎样诞生的

世界上第一架空中加油机是 1923 年在美国诞生的。1923 年 8 月 27 日，在美国加利福尼亚州的圣地亚哥湾上空，两架飞机在编队飞行，从在前上方飞行的飞机上垂下一根 10 多米长的软管，后面飞机的后座飞行员站起身来用手捉住飘曳不定的软管，把它接在自己飞机的油箱上。在前后总共 37 小时的飞行中，两架飞机互相共加注了 678 加仑汽油和润滑油。这是航空史上第一次空中加油试验，那第一架空中加油机的代号为 DH—4M。这时的加油过程全由人力操作，加油机高于受油机，靠高度差加油。这种加油方式很难实际应用。上世纪 40 年代中期，英国研制出插头锥套式加油设备，1949 年美国研制出伸缩管式加油设备，这才使空中加油进入了实用阶段。

◉空中加油机的作用是什么

一是增大飞机作战半径。作战半径是衡量战机乃至空军作战能力的重要指标之一。为了提高飞机的作战半径，人们总是尽可能地增大飞机的载油量，但过大的油料载荷，只能以牺牲飞机的其他性能为代价。采取空中加油，就能较好地解决这一矛盾。二是延长执勤机留空时间。巡逻机、预警机、侦察机等执行特殊勤务的飞机，往往需要较长的留空时间。要想保持较长的执勤时间，出动的架次就多，如果使用空中加油，少量的飞机就可以完成较多的任务。三是提高快速机动能力。加油机的支援，使各类飞机得以实施远距离不着陆飞行，减少了对中途机场的依赖，避免了转场起降带来的延误和不便，大大提高了航空兵的远程机动和快速反应能力。四是救援缺油飞机。对因缺油断油而可能失事的飞机，进行空中紧急加油，就可使其顺利返航。

◉侦察机有哪些装备

侦察机一般不携带武器，主要依靠其高速性能和加装电子对抗装备来提高其生存能力。通常装有航空照相机、前视或侧视雷达和电视、红外线侦察设备，有的还装有实时情报处理设备和传递装置。侦察设备装在机舱内或外挂的吊舱内。侦察机可进行目视侦察、成相侦察和电子侦察。成相侦察是侦察机实施侦察的重要方法，它包括可见光照相、红外照相与成相、雷达成相、微波成相、电视成相等。

◉侦察机是怎样诞生的

1910 年 6 月 9 日，法国陆军的玛尔科奈大尉和弗坎中尉驾驶着一架亨利·法尔曼双翼机进行了世界上第一次试验性的侦察飞行。这架飞机本是单座飞机，由弗坎中尉钻到驾驶座和发动机之间，手拿照相机对地面的道路、铁路、城镇和农田进行了拍照。可以说，从这一天起，最早的侦察机便诞生了。

第一次世界大战的侦察飞行发生在 1910 年 10 月爆发的意大利和土耳其的战争中。10 月 23 日，意大利皮亚查上尉驾驶一架法国制造的“布莱里奥”型飞机从利比亚的黎波里基地起飞，对土耳其军队的阵地进行了肉眼和照相侦察。此后，意军又进行多次侦察飞行，并根据结果编绘了照片地图册。

◉什么是反潜机

反潜机，即用于攻击敌方潜艇的飞机。反潜机具有快速、机动的特点，能在短时间内居高临下地进行大面积搜索，并可以十分方便地向海中发射或投掷反潜炸弹，甚至最新型的核鱼雷。反潜机大致可以分为水上反潜机、反潜直升机、岸基反潜机、舰载反潜机等。

◉军用直升机的主要用途有哪些

直升机的突出特点是可以做低空（离地面数米）、低速（从悬停开始）和机头方向不变的机动飞行，特别是可在小面积场地垂直起降。这些特点使其具有广阔的用途及发展前景。在军用方面已广泛应用于对地攻击、机降登陆、武器运送、后勤支援、战场救护、侦察巡逻、指挥控制、通信联络、反潜扫雷、电子对抗等。

还可用于民用方面。民用方面应用于短途运输、医疗救护、抗灾救生、紧急营救、吊装设备、地质勘探、护林灭火、空中摄影等。

◉直升机发展的起点与什么有关

中国的竹蜻蜓和意大利人达芬奇的直升机草图，为现代直升机的发明提供了启示，指出了正确的思维方向，它们被公认是直升机发展史的起点。

竹蜻蜓又叫飞螺旋和“中国陀螺”，这是我们祖先的奇特发明。有人认为，中国在公元前 400 年就有了竹蜻蜓，另一种比较保守的估计是在明代。这种叫竹蜻蜓的民间玩具，一直流传到现在。现代直升机尽管比竹蜻蜓复杂千万倍，但其飞行原理却与竹蜻蜓有相似之处。现代直升机的旋翼就好像竹蜻蜓的叶片，旋翼轴就像竹蜻蜓的那根细竹棍儿，带动旋翼的发动机就好像我们用力搓竹棍儿的双手。竹蜻蜓的叶片前面圆钝，后面尖锐，上表面是圆拱形，下表面比较平直，当气流经过圆拱形上表面时，其流速快而压力小；当气流经过平直的下表面时，其流速慢而压力大，于是上下表面之间形成了一个压力差，便产生了向上的升力。当升力大于它本身的重量时，竹蜻蜓就会腾空而起。直升机旋翼产生升力的道理与竹蜻蜓是相同的。

◉谁研制了人类第一架直升机

1907 年 8 月，法国人保罗·科尔尼研制出一架全尺寸载人直升机，并在同年 11 月 13 日试飞成功。这架直升机被称为“人类第一架直升机”。这架名为

"飞行自行车"的直升机不仅靠自身动力离开地面 0.3 米，完成了垂直升空，而且还连续飞行了 20 秒钟，实现了自由飞行。

保罗·科尔尼研制的直升机带两副旋翼，主结构为一根 V 形钢管，机身由 V 形钢管和 6 个钢管构成的星形件组成，并采用钢索加强，以增加框架结构的刚度。V 形框架中部安装一台 24 马力的发动机和操作员座椅。机身总长 6.20 米，重 260 公斤。V 形框架两端各装一副直径为 6 米的旋翼，每副旋翼有 2 片桨叶。

◉世界第一种试飞成功的直升机是什么情况

1938 年，年轻的德国姑娘汉纳赖奇驾驶一架双旋翼直升机在柏林体育场进行了一次完美的飞行表演。这架直升机被直升机界认为是世界上第一种试飞成功的直升机。

1936 年，德国福克公司在对早期直升机进行多方面改进之后，公开展示了自己制造的 FW－61 直升机，1 年后该机创造了多项世界纪录。这是一架机身类似固定翼飞机、但没有固定机翼的大型双旋翼横列式直升机，它的两副旋翼用两组粗大的金属架分别向右上方和左上方支起，两副旋翼水平安装在支架顶部；桨叶平面形状是尖削的，用挥舞铰和摆振铰连接到桨毂上；用自动倾斜器使旋翼旋转平面倾斜进行纵向操纵，通过两副旋翼朝不同方向倾斜实现偏航操纵；旋翼桨叶总距是固定不变的，通过改变旋翼转速来改变旋翼拉力；利用方向舵和水平尾翼来增加稳定性。

◉第一架实用直升机是什么情况

1939 年春，美国的伊戈尔·西科斯基完成了 VS－300 直升机的全部设计工作，同年夏天制造出一架原型机。这是一架单旋翼带尾桨式直升机，装有三片桨叶的旋翼，旋翼直径 8.5 米，尾部装有两片桨叶的尾桨。其机身为钢管焊接结构，由 V 型皮带和齿轮组成传动装置。起落架为后三点式，驾驶员座舱为全开放式。动力装置是一台四气缸、75 马力的气冷式发动机。这种单旋翼带尾桨直升机构型成为现在最常见的直升机构型。

自首次系留飞行以来，西科斯基不断对 VS－300 进行改进，逐步加大发动机的功率。1940 年 5 月 13 日，VS－300 进行了首次自由飞行，当时安装了 90 马力的富兰克林发动机。

◉第三代直升机是什么情况

20 世纪 70 至 80 年代是直升机发展的第三阶段，典型机种有：美国的 S－70/UH－60"黑鹰"、S－76、AH－64"阿帕奇"，苏联的卡－50、米－28，法国的 SA365 “海豚”，意大利的 A129 “猫鼬” 等。这个阶段的直升机具有以下特点：涡轮轴发动机发展到第二代，改用了自由涡轴结构，因此具有较好的转速控制特征，改善了起动性能，但加速性能没有定轴结构的好。发动机的重量和体积有所减小，寿命和可靠性均有提高。翼型不再借用固定翼飞机的翼型，而是为直升机专门研制的翼型，即二维曲线变化翼型。桨尖呈抛物线后掠。桨毂广泛使用弹性轴承，有的成无铰式。尾桨已开始采用效率高又安全的涵道尾桨。

◉现代直升机有什么特点

20 世纪 90 年代是直升机发展的第四阶段，出现了目视、声学、红外及雷达综合隐身设计的武装侦察直升机。典型机型有：美国的 RAH－66 和 S－92，国际合作的“虎”、NH90 和 EH101 等，称为第四代直升机。这个阶段的直升机采用第三代涡轴发动机，这种发动机虽然仍采用自由涡轴结构，但采用了先进的发动机数字控制系统及自动监控系统，并与机载计算机管理系统集成在一起，有了显著的技术进步和综合特性。

◉什么是军用运输机

军用运输机是用于运送军事人员、武器装备和其他军用物资的飞机。具有较大的载重量和续航能力，能实施空运、空降和空投，保障地面部队从空中实施快速机动。机上有完善的通信、领航设备，能在昼夜和各种复杂的气象条件下飞行。军用运输机由机身、动力装置、起落装置、操作系统、通信设备和领航设备等组成。机身舱门宽阔，有前开、后开和侧开，便于快速装卸大型装备和物资。动力装置多为 2－4 台涡轮风扇或涡轮螺旋桨大功率发动机。起落架多采用多轮式，并装有升降机构，以调节机舱底板离地高度，便于夜战条件下的装卸作业。军用运输机分为战略运输机和战术运输机。

◉什么是战略运输机

战略运输机是指主要承担远距离（一般是洲际间的）、大量兵员和大型武器装备运输任务的军用运输机，这类运输机具有的特点是：载重能力强、航程远，起飞重量一般在 150 吨以上，载重量超过 40 吨，正常装载航程超过 4 000 公里，能空降、空投和快速装卸，主要是在远离作战地区的大型/中型机场起降，必要时也可在野战机场起降。美国的 C－5，俄罗斯的安－22、安－124、安－225、伊尔－76 等都属于这类飞机。

◉什么是战术运输机

战术运输机是指主要在战区附近承担近距离运输兵员及物资任务的军用运输机。战术运输机一般是中小型飞机，起飞重量 60～80 吨，载重量 20 吨左右，可运送 100 多名士兵；航程 3 000—4 000 公里；大多安装涡桨发动机，巡航速度通常为 500—700 公里/小时。典型的战术运输机有：美国的 C－130，乌克兰的安－12。战术运输机主要用于在前线战区从事近距离军事调动、后勤补给、空降伞兵、空投军用物资和运送伤员，其特点是载重量较小，主要在前线的中、小型机场起降，有较好的短距起降能力。

◉什么是隐身飞机

隐身飞机，就是让对方难以侦测到的飞机。从原理上来说，隐身飞机的隐身并不是让我们的肉眼都看不到，它的目的是让雷达无法侦察到飞机的存在。隐身飞机在现阶段能够尽量减少或者消除雷达接收到的有用信号，是最为秘密的军事机密之一。隐身技术已经受到了全世界的极大关注。

隐身飞机的外形上避免使用大而垂直的垂直面，采用凹面，这样可以使散射的信号偏离力图接收它的雷达。隐身飞机采用非金属材料或者雷达吸波材料，吸收掉而不是反射掉来自雷达的能量。另外，应尽量减少机身的强反射点或者说是“亮点”、发动机的噪声以及机体本身的热辐射等。

◉ F—117 隐身轰炸机为什么能“隐身”

美军 F—117 隐身轰炸机的外形就像一只展翅腾飞的大鸟，全身呈灰黑色。整架飞机几乎全由直线构成，连机翼和 V 型尾翼也都采用了没有弯曲的菱形。它的雷达反射截面积仅 0.001—0.01 平方米，比一个飞行员的头盔反射面积还要小得多。如此隐身有术，主要得益于外形特征、结构材料及声、光、电等高技术的综合应用。

首先，F—117 的多棱锥体结构能将射向它的雷达波向各个不同的方向散射；进气口用相距 1.5 厘米的吸波复合材料格栅屏蔽起来，以防止雷达波直接照射到具有强反射特性的发动机风扇叶片上；对于座舱接缝、起落架舱门等小部件，专家也作了周密考虑，设计成锯齿状嵌板。

其次，广泛使用各种吸波材料。机身虽大部分采用铝合金，但其上涂有一层雷达波吸收物质。这种灰黑色的物质在雷达照射后，可有效地吸收一部分雷达波，从而达到减弱雷达回波的目的。

第三，减少红外辐射。该机尾部采用了严格的屏蔽措施，以减少发动机喷口发出的热量；它的进气口高约 0.6 米，宽 1.5 米，从进气口进入的大量冷空气，在尾喷口处与发动机排气相混合，也可大大降低发动机的排气温度。

此外，F—117 还采用埋入式武器舱，可伸缩天线以及 V 形尾翼等，都有效地减小了飞机的雷达波反射截面积。

◉隐身飞机真的能够“隐身”吗

隐身飞机在现代战争中发挥着重要的作用。随着材料技术和更新的技术的出现，隐身飞机的隐身能力会越来越强，在未来战争中的作用会越来越突出。

不过，有隐身就有反隐身，随着对隐身技术的不断了解，各个国家同时也在不断寻求反隐身的技术。虽然隐身飞机的材料和形状十分巧妙，但是还是不可避免地在雷达上会留下一点痕迹。而且，隐身飞机为了隐身，牺牲了另外的一些技术性能，比如 F－117A 这种先进的战机的速度就远远低于普通的战机，甚至飞行高度在肉眼观察范围之内，而且已经有通过地面火力成功击落 F－117A 的战例。

◉降落伞是怎样诞生的

传说我国古代的舜，幼年失母，父亲娶了个后妻后，不再喜欢舜，甚至想杀害舜。一天，父亲让舜去修粮仓。当舜爬到粮仓上时，父亲就放火烧粮仓，想烧死舜。舜在粮仓上眼看要被烧死，情急之下，手拿两顶斗笠，像小鸟展翅一样，从粮仓上飘然而下，竟没有受伤。这个传说故事表明我国早在 4000 多年前就对降落伞有过尝试。

明朝时期，一些艺人创造了一个新的表演节目——跳伞。人站在很高的搭台上，手握张开的特制雨伞往下跳，以博取观众的喝彩。这种表演节目传到欧洲，欧洲人利用绸制的“翅膀”，从教堂上、宫殿上或塔上往下跳，进行杂技表演。到了 18 世纪 30 年代，氢气球出现了，为人们探索升空道路提供了新工具，但氢气球常常发生爆炸等事故，威胁着升空者的安全。于是人们不断探索，逐渐进入了研究降落伞的过程。到 18 世纪末至 19 世纪初，一些国家设计并制造了降落伞。早期的飞机由于安全性较差，常常发生事故，为了拯救飞行员的生命，人们迫切需要一种救生工具——救生伞。1911 年，俄国人考杰尼柯夫设计制造出第一具救生伞。同年，意大利人皮诺对其进行了改进，从而使其完备。此后，降落伞被广泛使用，出现了人用伞、投物伞和专用伞。

◉什么是军事卫星

军事卫星包括侦察卫星、通信卫星、导航卫星、预警卫星等。许多国家都把军事卫星当作国防竞备的重要内容，并让它在现代战争中大显身手。而在和平年代，又把这些军事卫星改造为民用，为经济建设服务。世界上最早部署国防卫星系统的是美国。自 1962 年至 1984 年，美国共部署了三代国防通信卫星 68 颗，使军队指挥能运筹帷幄，决胜千里。

军用卫星的发展趋势主要在于提高卫星的生存能力和抗干扰能力，实现全天候、全天时覆盖地球和实时传输信息，延长工作寿命，扩大军事用途。

◉什么是侦察卫星

侦察卫星，即用以获得军事情报的人造卫星。它利用卫星的光、电遥感器或无线电接收机等侦查设备，从轨道上搜集地面、海洋和空中目标的有关信息，对目标实施侦查、监视和跟踪，获取情报。侦查设备收集到的电磁波信息，或由胶卷、磁带等记录储存于返回舱内，在地球上回收：或通过无线电传输方法送到地面接收站进行处理工作，从中获取情报。具有侦查面积大、范围广、速度快、效果好、可长期或连续监视以及不受国界和地理条件限制等优点。

侦察卫星根据执行任务和侦察设备的不同，分为照相侦察卫星、电子侦察卫星、海洋监视卫星和预警卫星。我们通常所说的侦察卫星，一般是指照相侦察卫星，它又分为可见光（红外）照相侦察卫星和雷达照相侦察卫星。

◉照相侦察卫星是怎样工作的

照相侦察卫星的图像，实际上和我们平时用照相机拍照所得到的照片没有什么区别，它是由许多肉眼看不见的像点组成，类似于我们通常所说的数码相机的像素，像点越小，图像的分辨率就越高。

地面分辨率是衡量照相侦察卫星技术水平的重要指标。根据卫星照片不同的使用情况，对地面分辨率提出了不同的要求，共分为四级。第一级是发现，指大致知道目标形态，从照片上仅仅能判断目标的有无；第二级是识别，指发现目标较为细致，能够辨识目标，例如是人还是车，是大炮还是飞机；第三是确认，能较为详细地区分目标，能从同一类目标中指出其所属类型，例如车辆是卡车还是公共汽车，房子是民房还是军队营房；第四是描述，能更为细致地知道目标的具体形状，识别目标的特征和细节。在这四级中，“发现”要求的地面分辨率最低，“描述”所要求的地面分辨率最高。

◉“高级锁眼”照相侦察卫星有什么缺陷

目前，世界上最先进的照相侦察卫星是美国的 KH－12“高级锁眼”可见光侦察卫星，其分辨率已达到 0.1—0.15 米，有“极限轨道平台”之称。然而，这只是它的最高分辨率，实际上在绝大多数时间内是根本达不到的。首先，KH－12卫星是运行在近地点322公里、远地点966公里的太阳同步轨道上，达到最高分辨率，需要达到卫星的近地点，而在轨道的其他地方，地面分辨率都会有所下降；其次，是卫星在侦察时需要有极好的能见度，浓雾、烟尘、云层都会使其侦察效果大打折扣，甚至根本无法使用。

◉什么是通信卫星

即无线电通信中继站的人造地球卫星。通信卫星反射或转发无线电信号，实现卫星通信地球站之间或地球站与航天器之间的通信。通信卫星是各类卫星通信系统或卫星广播系统的空间部分。一颗静止轨道通信卫星大约能够覆盖地球表面的40％，使覆盖区内的任何地面、海上、空中的通信站能同时相互通信。在赤道上空等间隔分布的3颗静止通信卫星，可以实现除地球两极部分地区外的全球通信。

◉什么是预警卫星

预警卫星一般发射到地球静止轨道上，在卫星上装有高精度的探测器。这个探测器在空中定向，始终指向敌对方的地区。一旦敌方发射导弹，在不到几分种的时间内，卫星就可以探测出来，同时通过对飞行弹道进行计算，可以确定它的落点和攻击目标，并马上把信息传到本部指挥中心，提醒作好反击准备。一般的洲际导弹要飞行几十分种的时间，就是一般中程导弹也要飞行几分种到十几分种的时间。预警卫星的报警，为己方赢得了宝贵的时间。有的卫星上还装有核辐射探测器如X射线探测器、射线探测器等来监视大气层内外的核爆炸。预警卫星是名副其实的“千里眼”，甚至可以称为“万里眼”。

◉什么是GPS

GPS，即全球定位系统。简单地说，这是一个由覆盖全球的24颗卫星组成的卫星系统。这个系统可以保证在任意时刻、地球上任意一点都可以同时观测到4颗卫星，以保证卫星可以采集到该观测点的经纬度和高度，以便实现导航、定位、授时等功能。这项技术可以用来引导飞机、船舶、车辆以及个人安全、准确地沿着选定的路线，准时到达目的地。

全球定位系统（GPS）是20世纪70年代由美国陆海空三军联合研制的新一代空间卫星导航定位系统。其主要目的是为陆、海、空三大领域提供实时、全天候和全球性的导航服务，并用于情报收集、核爆监测和应急通讯等一些军事目的，是美国独霸全球战略的重要组成。经过20余年的研究实验，耗资300亿美元，到1994年3月，全球覆盖率高达98％的24颗GPS卫星已布设完成。

◉ GPS的前身是什么

GPS系统的前身为美军研制的一种子午仪卫星定位系统，1958年研制，1964年正式投入使用。该系统用5到6颗卫星组成的星网工作，每天最多绕过地球13次，并且无法给出高度信息，在定位精度方面也不尽如人意。然而，子午仪系统使得研发部门对卫星定位取得了初步的经验，并验证了由卫星系统进行定位的可行性，为GPS系统的研制做了铺垫。由于卫星定位显示出在导航方面的巨大优越性及子午仪系统存在对潜艇和舰船导航方面的巨大缺陷。美国海陆空三军及民用部门都感到迫切需要一种新的卫星导航系统。

◉ GPS由哪些部分构成

一是空间部分：由24颗工作卫星组成，它位于距地表20 200公里的上空，均匀分布在6个轨道面上（每个轨道面4颗），轨道倾角为55°。此外，还有4颗有源备份卫星在轨运行。卫星的分布使得在全球任何地方、任何时间都可观测到4颗以上的卫星，并能保持良好定位解算精度的几何图象。

二是地面控制部分：由1个主控站、5个全球监测站和3个地面控制站组成。监测站均配装有精密的铯钟和能够连续测量到所有可见卫星的接受机。监测站将取得的卫星观测数据，包括电离层和气象数据，经过初步处理后，传送到主控站。主控站从各监测站收集跟踪数据，计算出卫星的轨道和时钟参数，然后将结果送到3个地面控制站。地面控制站在每颗卫星运行至上空时，把这些导航数据及主控站指令注入到卫星。

三是用户设备部分：用户设备部分即GPS信号接收机。其主要功能是能够捕获到按一定卫星截止角所选择的待测卫星，并跟踪这些卫星的运行。当接收机捕获到跟踪的卫星信号后，即可测量出接收天线至卫星的伪距离和距离的变化率，解调出卫星轨道参数等数据。根据这些数据，接收机中的微处理计算机就可按定位解算方法进行定位计算，计算出用户所在地理位置的经纬度、高度、速度、时间等信息。

◉ GPS有哪些实用价值

一是在道路工程中的应用。主要是用于建立各种道路工程控制网及测定航测外控点等。随着高等级公路的迅速发展，对勘测技术提出了更高的要求，由于线路长，已知点少，因此，用常规测量手段不仅布网困难，而且难以满足高精度的要求。

二是在汽车导航和交通管理中的应用。汽车导航系统由GPS导航、自律导航、微处理机、车速传感器、陀螺传感器、CD－ROM 驱动器、LCD 显示器组成。GPS 导航系统与电子地图、无线电通信网络、计算机车辆管理信息系统相结合，可以实现车辆跟踪和交通管理等许多功能。

三是其他应用。除了用于导航、定位、测量外，由于 GPS 系统的空间卫星上载有的精确时钟可以发布时间和频率信息，因此，以空间卫星上的精确时钟为基础，在地面监测站的监控下，传送精确时间和频率是 GPS 的另一重要应用，应用该功能可进行精确时间或频率的控制，可为许多工程实验服务。此外，还可利用 GPS 获得气象数据，为某些实验和工程应用。

◉什么是卫星定位系统

即利用卫星进行无线电定位的系统。可分为静止卫星定位系统和非静止卫星定位系统两大类。

静止轨道卫星定位系统一般采用有源定位方式，是由相距较远（卫星与地心连线的夹角应大于 30°）的 2 颗或 3 颗静止卫星、中心地球站及移动用户终端组成。当已知静止卫星的位置、用户的海拔标高，并能测得 2 颗或 3 颗静止卫星到用户终端的距离，从而根据几何学三维坐标确定位置的原理可对移动用户终端进行定位。

非静止轨道卫星定位系统一般是由中、低轨上的多颗卫星（星座）和移动用户终端构成的无线电定位系统。通常采用无源定位方式，即依靠定位接收机接收来自多颗卫星的导航定位信号进行自定位。

◉侦察气球有什么妙用

侦察气球可以在预定高度上，借助高空风对预定的作战地域进行侦察。气球下携带的无线电侦察器材在侦察地面目标的过程中，随时将情报传递回地面接收站，因此，使用各种手段消灭敌方的侦察气球，是国土防空和战场防空的重要任务之一。

早在第一次世界大战前，气球就被用于执行空中侦察任务。1794 年，法国建立了世界上第一支军事气球部队，这支部队的主要任务就是执行战场侦察。1796 年 6 月 26 日，法军在弗勒鲁斯战役中，利用系留气球载人，对敌军的阵地进行了目视空中侦察，保障了法军取得战役的胜利。这也是气球首次用于军事目的。随着科学技术的发展，高科技的侦察器材和技术，使现代气球侦察不受地形、天候、高度和地面各种伪装的影响，使这种古老的侦察手段获得了新的生命，在军事行动中发挥了更大的作用。

除此之外，气球还被广泛地运用于执行其他各项军事任务，例如，使用空飘气球，抛撒传单，实施心理战，瓦解敌国士兵的抵抗意志，或震慑敌军；放出载有气象探测仪器的探空气球，就可随时掌握200米以下各个高度的气象实况，从而保障空军和导弹部队的作战、训练、演习等等。

◉世界十大航天基地是哪些

1. 肯尼迪航天中心：位于美国东部佛罗里达州东海岸的梅里特岛，成立于1962年7月，是美国宇航局（NASA）进行载人与不载人航天器测试、准备和实施发射的最重要场所。

2. 西部航天和导弹试验中心：位于美国西部洛杉矶北面的西海岸，成立于1964年5月，是美国最重要的军用航天发射基地，主要用于战略导弹武器试验，武器系统作战试验和发射各种军用卫星、极地卫星等，航天发射次数居全美之首。

3. 拜克努尔发射地：位于哈萨克斯坦拜克努尔市西南288公里处，建于1955年，是苏联最大的导弹和各种航天飞行器发射场地。俄哈两国2000年6月19日发表联合声明和备忘录，宣布两国将共同使用拜科努尔航天发射场。

4. 普列谢茨克基地：位于俄罗斯白海以南300公里的阿尔汉格尔斯克地区，建于1957年，主要用于发射大倾角的侦察、电子情报、导弹预警、通信、气象和雷达校准卫星，是世界上发射卫星最多的发射场，发射次数占全世界总数一半以上。

5. 酒泉卫星发射中心：位于我国甘肃省酒泉以北的戈壁滩上，建于1958年，是利用长征系列火箭发射大倾角、中低轨道的各种试验卫星和应用卫星的主要基地。

6. 西昌卫星发射中心：位于我国四川省西昌市西北的幽深峡谷中，建成于1983年，专门用于发射地球静止卫星。

7. 种子岛航天中心：位于日本最南部种子岛南端，建成于1974年，主要用于发射试验卫星和应用卫星。

8. 库鲁发射场：位于南美洲北部法属圭亚那中部的库鲁地区，建成于1971年，是目前法国惟一的航天发射场，也是欧空局（ESA）开展航天活动的主要场所。

9. 圣马科发射场：位于肯尼亚福莫萨湾海岸约5公里的海上，正式启用于1967年，是世界惟一的海上航天发射场，曾多次用美国的“侦察兵”火箭发射小型航天飞行器。

10. 斯里哈里科塔发射场：位于印度南部东海岸的斯里哈里科塔岛，正式使用于1977年，是印度的导弹试验和卫星发射场。

◉什么是雷达

雷达概念形成于20世纪初。雷达是英文radar的音译，为Radio Detection

And Ranging 的缩写，意为无线电检测和测距，是利用微波波段电磁波探测目标的电子设备。它可以测定目标的方向、距离、大小等。

各种雷达的具体用途和结构不尽相同，但基本形式是一致的，包括五个基本组成部分：发射机、发射天线、接收机、接收天线以及显示器。还有电源设备、数据录取设备、抗干扰设备等辅助设备。

世界上第一部雷达是英国人瓦特逊·瓦特于 1935 年发明的。当时这部雷达能在 12 公里距离上发现飞行着的飞机。后来经过改进，雷达更加完善，作用更大，探测距离也更远。在现代社会，雷达被广泛应用在军事、天文、气象、航海、航空等方面。

◉雷达有哪些种类

雷达种类很多，可按多种方法分类：

按定位方法可分为：有源雷达、半有源雷达和无源雷达。按装设地点可分为：地面雷达、舰载雷达、航空雷达、卫星雷达等。按辐射种类可分为：脉冲雷达和连续波雷达。按工作波长波段可分：米波雷达、分米波雷达、厘米波雷达和其他波段雷达。按用途可分为：目标探测雷达、侦察雷达、武器控制雷达、飞行保障雷达、气象雷达、导航雷达等。

◉雷达的工作原理是怎样的

雷达的工作原理，是雷达设备的发射机通过天线把电磁波能量射向空间某一方向，处在此方向上的物体反射碰到的电磁波；雷达天线接收此反射波，送至接收设备进行处理，提取有关该物体的某些信息（目标物体至雷达的距离、距离变化率或径向速度、方位、高度等）。

测量距离实际是测量发射脉冲与回波脉冲之间的时间差，因电磁波以光速传播，据此就能换算成目标的精确距离。

测量目标方位是利用天线的尖锐方位波束测量。测量仰角靠窄的仰角波束测量。根据仰角和距离就能计算出目标高度。

测量速度是雷达根据自身和目标之间有相对运动产生的频率多普勒效应原理。从多普勒频率中可提取的主要信息之一是雷达与目标之间的距离变化率。当目标与干扰杂波同时存在于雷达的同一空间分辨单元内时，雷达利用它们之间多普勒频率的不同，能从干扰杂波中检测和跟踪目标。

◉什么是地雷

地雷，即一种爆炸性武器。通常布设在地面下或地面上，受目标作用并满足其动作条件时即自行发火，或待目标进入其作用范围时操纵爆炸。在工程装备中属地雷战器材，主要用于构成地雷场，以阻滞敌人的行动，杀伤敌人有生力量和破坏其技术装备。它由雷体和引信两大部分组成。雷体包括雷壳和装药两部分。有的地雷没有雷壳；有的地雷还装有保证布雷安全的保险装置、使敌方难以取出地雷的不可取出装置或难以使其失效的反拆装置，以及定时自毁（失效）装置等。

地雷的发火原理，通常是利用目标的碾压触碰作用或利用目标产生的物理场（磁、声、震动和红外等）启动引信，也有用绳索、有线电、无线电等操纵爆炸的。

◉地雷的种类有哪些

地雷按用途分为防步兵地雷、防坦克地雷和特种地雷；按控制方式分为操纵地雷和非操纵地雷；按抗爆炸冲击波能力分为耐爆地雷和非耐爆地雷；按布设方式分为可撒布地雷和非撒布地雷；按制作方式分为制式地雷和应用地雷等。现代地雷中还有寻的地雷、遥控地雷和人工智能地雷等新品种。地雷在近代和现代战争中都曾发挥过重要作用。

◉最早的地雷是什么样的

地雷是中国古代又一战争智慧的结晶，有史可查的关于地雷的记载始于明朝嘉靖年间，而地雷的实际生日还要更早一些。早期的地雷结构简单：选一圆形石头，腹中凿空，装上火药引信即可。明朝中期后，地雷得到迅速发展，《武备志》中载有 10 多种此类火器。引爆方式有燃发、拉发、绊发和机发，其中机发的使用对地雷的发展最具意义。

中国最早的机发装置是“钢轮发火”，是由大名鼎鼎的“戚家军”创制的，并且在公元 1580 年，戚继光镇守蓟州时，大量使用。这种地雷是在机匣中安装一套传动装置，当敌人触动机索时，匣中钢轮转动，急剧摩擦火石发火，引爆地雷。这种装置解决了燃发雷发火时机不准、拉发雷需要人工看护的问题，因而叩响了现代地雷的大门。

◉水雷是何时出现的

水雷是地雷的孪生姐妹，也出生在抗倭战场上。倭寇成分复杂，时聚时散，到处偷袭，明军来时，则逃向外海；明军去时，便劫掠乡里。明军处处设防难免百密一疏，形势被动，迫切需要一种能封锁港口海岸的军事装备，水雷应运而生。中国古代水雷最具代表性的是“水底龙王炮”，每个 4—6 斤，以熟铁打造，内装火药5升—1斗，以香头为引信，长度视目标远近而定。雷体密封于牛脬内，以羊肠一根引出水面，系于雁翎做的浮伐上，以保证香火所需的空气。是世界上最早的定时爆炸水雷。

◉手榴弹是如何诞生的

手榴弹，即用以投掷的小型炸弹，是现代战争中，在迫近白刃格斗前使用的杀伤力强的武器。

手榴弹源于我国。云南哀牢山彝族创造的葫芦飞雷（亦称火药葫芦），是世界上最早的手榴弹，它是把火药和铅块、铁矿石碴或铁锅碎片等物，放入掏尽籽实的干葫芦里，在葫芦颈部塞入火草作为引火物，这种火草是当地的一种野生植物，有大叶和细叶两种，人们把叶背上的一层白色皮绵剥下晒干，揉成绵绒，然后投入木炭热灰中炮制成为一点即燃的火草，使用葫芦飞雷时，先把葫芦放在网兜中，点燃火草，很快抛掷出去。葫芦抛达目标，火草燃及火药，就会发生爆炸，导致铅块、铁矿石碴、铁锅碎片等四处飞溅，杀伤力很大。葫芦飞雷分兜抛短颈葫芦飞雷和手投长颈葫芦飞雷，后者即手榴弹的前身。

◉手榴弹在欧洲是怎样发展运用的

在欧洲，直到1405年，在意大利的一份手抄本上才有了最早的手抛弹药的图样。到17世纪以后，才出现把火药和铅弹丸或金属碎片装入铁筒内的铁壳手抛弹药。也就是在这时，欧洲出现了“手榴弹”这一名称，并沿用至今。在17世纪和18世纪，手榴弹曾是欧洲军队装备使用很普遍的武器，并出现了专职的“榴弹兵”部队。19世纪，由于枪炮的发展及城堡攻防战的减少，手榴弹一度受冷遇。到了20世纪，1904年爆发的日俄战争和后来进行的第一次世界大战，堑壕战兴起，使手榴弹重又获得了广泛使用。如今，在现代化步兵中，手榴弹仍是重要的武器装备之一。

◉手榴弹的种类有哪些

手榴弹一般由弹体、引信两部分组成。现代手榴弹不仅可以手投，同时还可以用枪发射。按用途，手榴弹可分为杀伤、反坦克、燃烧、发烟、照明、防暴手榴弹以及演习和训练手榴弹，杀伤手榴弹又可分为防御（破片）型和进攻（爆破）型两种；按抛射方式，它又可分为两用（手投、枪发射或布设）、三用（手投、枪发射和榴弹发射器发射或布设）、多用等。

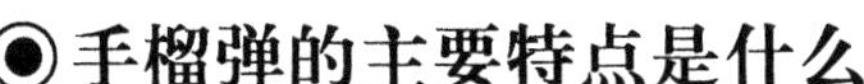

◉手榴弹的主要特点是什么

一是体积小、质量小。手榴弹的体积与质量直接影响着士兵的负荷大小，影响着士兵的整个战术动作和短兵相接时的战斗效果。因此，常用的防御手榴弹的弹径一般在50毫米左右，全弹长为100毫米，全弹质量为500克左右。

二是结构简单、造价低廉。由于手榴弹装备量和消耗量大，因此在保证使用安全可靠的前提下，一般结构很简单，只有弹体和引信两部分，弹体用铸铁或薄钢片、铁皮或塑料制成，成本低廉。

三是操作简易、使用方便。手榴弹是所有武器弹药中操作使用最为简便的，它既不需要任何投掷装置，也不需要任何复杂的操作程序和附加条件，只要知道简单的操作方法后即可使用。

四是弹种齐全、用途广泛。根据需要，手榴弹只要改变战斗部结构与装药，就可改变成为一个新的弹种。由于手榴弹弹种很多，因此使用范围很广，除战场作战使用外，防暴、灭火、杀虫等民用手榴弹应用也很普遍。

◉什么是细菌武器

细菌武器由来已久。1347年，围攻意大利热那亚要塞的鞑靼人，曾把自己队伍中死于鼠疫的尸体投入要塞，把鼠疫传染给敌人；1763年，英国进攻加拿大时，曾把天花患者的被子和手帕，送给居住在加拿大的印第安人领袖，结果使天花病在印第安人中广泛流行，大大削弱了印第安人的战斗力。

从20世纪开始，人们开始系统地研究和使用细菌武器。第一次世界大战中，德国间谍曾用马鼻疽杆菌感染了协约国的4500头螺子。战争快结束时，德国用飞机在罗马尼亚上空投掷过染有病菌的食物。日本在侵华战争期间大量制造过细菌武器，在哈尔滨、长春等地都设有制造厂，研制细菌武器者达6000人以上。

◉什么是核武器

核武器，即利用能自持进行核裂变或聚变反应释放的能量、产生爆炸作用、并具有大规模杀伤破坏效应的武器的总称。其中主要利用铀235（U－235）或钚239（239Pu）等重原子核的裂变链式反应原理制成的裂变武器，通常称为原子弹；主要利用重氢（D，氘［dāo］）或超重氢（T，氚［chuān］）等轻原子核的热核反应原理制成的热核武器或聚变武器，通常称为氢弹。

一般化学炸药如梯恩梯（TNT）爆炸时释放的能量，来自化合物的分解反应。在这些化学反应里，碳、氢、氧、氮等原子核都没有变化，只是各个原子之间的组合状态有了变化。核反应与化学反应则不一样。在核裂变或核聚变反应里，参与反应的原子核都转变成其他原子核，原子也发生了变化。因此，人们习惯上称这类武器为原子武器。但实质上是原子核的反应与转变，所以称核武器更为确切。

◉核武器有什么威力

核武器爆炸时释放的能量，比只装化学炸药的常规武器要大得多。例如，1千克铀全部裂变释放的能量，比1千克梯恩梯炸药爆炸释放的能量约大2000万倍。因此，核武器爆炸释放的总能量，即其威力的大小，常用释放相同能量的梯恩梯炸药量来表示，称为梯恩梯当量。

核武器爆炸，不仅释放的能量巨大，而且核反应过程非常迅速，微秒级的时间内即可完成。因此，在核武器爆炸点周围不大的范围内形成极高的温度，加热并压缩周围空气使之急速膨胀，产生高压冲击波。地面和空中核爆炸，还会在周围空气中形成火球，发出很强的光辐射。核反应还产生各种射线和放射性物质碎片；向外辐射的强脉冲射线与周围物质相互作用，造成电流的增长和消失过程，其结果又产生电磁脉冲。这些不同于化学炸药爆炸的特征，使核武器具备特有的强冲击波、光辐射、早期核辐射、放射性沾染和核电磁脉冲等杀伤破坏作用。核武器的出现，对现代战争的战略战术产生了重大影响。

◉核武器系统由哪些部分组成

核武器系统，一般由核战斗部、投射工具和指挥控制系统等部分构成，核战斗部是其主要构成部分。核战斗部亦称核弹头，并常与核装置、核武器这两个名称相互代替使用。实际上，核装置是指核装料、其他材料、起爆炸药与雷管等组合成的整体，可用于核试验，但通常还不能用作可靠的武器；核武器则指包括核战斗部在内的整个核武器系统。

◉核武器有哪些类型

原子弹：是最普通的核武器，也是最早研制出的核武器，它利用原子核裂变反应所放出的巨大能量，通过光辐射、冲击波、早期核辐射、放射性沾染和电磁脉冲起到了杀伤破坏作用。

氢弹：是利用氢的同位素氘、氚等轻原子核的聚变反应，产生强烈爆炸的核武器，又称热核聚变武器。其杀伤机理与原子弹基本相同，但威力比原子弹大几十甚至上千倍。

中子弹：又称弱冲击波强辐射弹。它在爆炸时能放出大量致人于死地的中子，并使冲击波等的作用大大缩小。在战场上，中子弹只杀伤人员等有生目标，而不摧毁如建筑物、技术装备等设备，“对人不对物”是它的一大特点。

电磁脉冲弹：它是利用核爆炸能量来加速核电磁脉冲效应的一种核弹。它产生的电磁波可烧毁电子设备，可造成大范围的指挥、控制、通信系统瘫痪，在未来的“电子战”中将会大显身手。

伽玛射线弹：它爆炸后尽管各种效应不大，也不会使人立刻死去，但能造成放射性沾染，迫使敌人离开。所以它比氢弹、中子弹更高级，更有威慑力。

感生辐射弹：是一种加强放射性沾染的核武器，主要利用中子产生感生放射性物质，在一定时间和一定空间上造成放射性沾染，达到阻碍敌军和杀伤敌军的目的。

冲击波弹：它是一种小型氢弹，采用了慢化吸收中子技术，减少了中子活化削弱辐射的作用，其爆炸后，部队可迅速进入爆炸区投入战斗。

红汞核弹：它用红汞（氧化汞锑）作为中子源，由于不用原子弹作为中子源，所以体积和重量大大减少，一般小型的红汞核弹只有一个棒球大小，但当量可达万吨。

三相弹：用中心的原子弹和外部铀－238 反射层共同激发中间的热核材料聚变，以得到大于氢弹的效力。

◉核武器是怎样产生的

核武器的出现，是 20 世纪 40 年代前后科学技术重大发展的结果。1939 年初，德国化学家哈恩和物理化学家斯特拉斯曼发表了铀原子核裂变现象的论文。几个星期内，许多国家的科学家验证了这一发现，并进一步提出有可能创造这种裂变反应自持进行的条件，从而开辟了利用这一新能源为人类创造财富的广阔前景。但是，同历史上许多科学技术新发现一样，核能的开发也被首先用于军事目的，即制造威力巨大的原子弹。

1939 年 8 月，物理学家爱因斯坦写信给美国总统罗斯福，建议研制原子弹，受到美国政府的重视，并投入人力和财力进行研制。1940 年夏，德军占领法国。法国物理学家约里奥・居里领导的一部分科学家被迫移居国外。英国曾制订计划进行这一领域的研究，但由于战争影响，人力物力短缺，后来也只能采取与美国合作的办法，派出以物理学家查德威克为首的科学家小组，赴美国参加由理论物理学家奥本海默领导的原子弹研制工作。到第二次世界大战即将结束时，美国制成 3 颗原子弹，成为第一个拥有原子弹的国家。

◉法西斯德国为什么没有造出原子弹

二战期间，德国的科学技术处于世界领先地位。1942 年以前，德国在核技术领域的水平与美、英大致相当，但后来落伍了。美国的第一座试验性石墨反应堆，在物理学家费密领导下，1942年12月建成并达到临界；而德国采用的是重水反应堆，生产钚239，到1945年初才建成一座不大的次临界装置。为生产高浓铀，德国曾着重于高速离心机的研制，由于空袭和电力、物资缺乏等原因，进展很缓慢。另外，希特勒迫害科学家，以及有些科学家持不合作态度，是这方面工作进展不快的另一原因。更主要的是，德国法西斯头目过分自信，认为战争可以很快结束，不需要花气力去研制尚无必成把握的原子弹，先是不予支持，后来再抓已困难重重，研制工作终于失败。

◉世界核武器现状是怎样的

目前得到国际社会认可的有核国家是美国、俄罗斯、英国、法国和中国，5国的核地位是在特定历史条件下形成的。冷战刚结束，白俄罗斯、乌克兰、哈萨克斯坦、南非等一批国家都主动放弃现有核武器及核武器发展计划，成为无核国家。一些没有核武器的国家千方百计谋求核武器，成为“核门槛”国家。印度、巴基斯坦等国已进行了核爆炸试验。以色列和日本虽未公开进行核爆试验，但以色列是公认的具有核武器的国家，而日本则完全具备生产核武器的技术条件。此外，在美国的压力下，利比亚放弃了核计划，把相关资料和离心机运往美国。

除了“核门槛”国家，谋求核武器的还有各种恐怖组织。

◉美俄两国的核武器比较有什么不同

美俄两国进攻性战略核武器（包括洲际核导弹、潜艇发射的弹道核导弹、巡航核导弹和战略轰炸机）在数量和当量上比较，美国在投射工具（陆基发射架、潜艇发射管、飞机）总数和TNT当量总值上均少于俄罗斯，但在核战斗部总枚数上多于俄罗斯。

比较美、俄两国的战略核武器的破坏能力，由于当量小于百万吨的核战斗部枚数，美国多于俄罗斯，两国的差距并不很大。但自上世纪80年代以来，随着俄罗斯在分导式多弹头导弹核武器上的发展，这一差距也在不断扩大。而对点（硬）目标的破坏能力，则核武器投射精度起着更重要的作用，在这方面美国一直领先，仍处于优势。

◉核试验有几种类型

核武器试验按爆炸的环境可分为以下几类。

一是大气层爆炸。即在裸露的大气层环境下进行核爆试验，这种爆炸破坏性最大（体现在对人的影响上）。在没有很好的躲避设施的环境下，十几平方公里内的人都会受到严重创伤甚至死亡。

二是地下核爆。地下试验一般属于科学实验，也有军事专家认为，可以通过地下核爆，人为地给敌对国造成地震、海啸等“自然灾害”。不过这种破坏是很难控制的，因此并没有得到很多军事专家的认同。

三是水下核爆。主要是在大海里进行试验。美国在上世纪50年代曾经进行过，爆炸时，所有的参试船只都没能抗住核弹的巨大爆炸威力，当然，核爆试验也给当地的自然生态环境造成了极其恶劣的损伤。

◉什么是氢弹

氢弹是核武器的一种。是利用原子弹爆炸的能量，点燃氢的同位素氘等轻原子核的聚变反应而瞬时释放出巨大能量的核武器，又称聚变弹、热核弹、热核武器。氢弹的杀伤破坏因素与原子弹相同，但威力比原子弹大得多。原子弹的威力通常为几百至几万吨级TNT当量，氢弹的威力则可大至几千万吨级TNT当量。还可通过设计，增强或减弱其某些杀伤破坏因素，其战术技术性能比原子弹更好，用途也更广泛。

◉氢弹是怎样研制成功的

氢弹的研制是在第二次世界大战末期开始的，自从原子弹试爆之后，因为它能产生上千万度的超高温，也为日后研制氢弹开创了条件，美国在研制氢弹初期，经过了多次试验都没有成功，1950年以后美国又重新开始试验，终于在1952年11月1日，在太平洋上进行了第一次氢弹试验。当时所用的氢弹重65吨，体积十分庞大，没有实战价值，直到1954年找到了用固态的氘化锂替代液态的氘氚作为热核装料之后，才缩小了体积和减轻重量，制出了可用于实战的氢弹。

◉什么是化学武器

化学武器，是以化学毒剂的毒害作用杀伤有生力量的各种武器、器材的总称，是一种大规模杀伤性武器。

化学武器是在第一次世界大战期间逐步形成具有重要军事意义的制式武器。包括装备各军种、兵种的装有毒剂的化学炮弹、航空炸弹、火箭弹、导弹、枪榴弹、地雷、布毒车、毒烟罐、航空布撒器和气溶胶发生器，以及装有毒剂前体的二元化学弹药，可安全、灵活、机动地实施远距离、大纵深和大规模的化学袭击。

◉化学武器有哪些类型

一是毒剂：又称化学毒剂、化学战剂、军用毒剂，是军事行动中以毒害作用杀伤人畜的化学物质。它是化学武器的基础，对化学武器的性能和使用方式起着决定作用。目前外军装备的毒剂主要有6类14种。

二是化学武器：狭义的化学武器是指各种化学弹药和毒剂布洒器。化学弹药是指战斗部内主要装填毒剂（或二元化学武器前体）的弹药。主要有化学炮弹、化学航弹、化学手榴弹、化学枪榴弹、化学地雷、化学火箭弹和导弹的化学弹头等。由两种以上可以生成毒剂的无毒或低毒的化学物质构成的武器，称为二元化学武器，其化学物质分装在弹体中由隔膜隔开的容器内，在投射过程中隔膜破裂，上述物质依靠旋转或搅拌混合而迅速生成毒剂。

◉化学武器有什么特点

与常规武器相比，化学武器的特点是：杀伤途径多，可经口、鼻、皮肤中毒；持续时间长，可延续几分钟、几小时，甚至几天、几十天；杀伤范围广，染毒空气可随风扩散，渗入无防护设施的工事、舱室，滞留于沟壕和低洼处。

同核武器相比，化学武器造价低，来源方便。比如，以1平方公里面积内杀伤人畜计算，常规武器需2000美元，核武器需800美元，化学武器仅需600美元；但恶劣气候条件和不同地形地物，都会影响或限制某些化学武器的使用。

◉化学武器怎样防护

化学武器虽然杀伤力大，破坏力强，但由于使用时受气候、地形、战情等战场因素的影响，使其具有很大的局限性，而且，同核武器和生物武器一样，化学武器也是可以防护的。其防护措施主要有：探测通报、破坏摧毁、防护、消毒、急救。

探测通报：采用各种现代化的探测手段，弄清敌方化学袭击的情况，了解气象、地形等，并及时通报。

破坏摧毁：采用各种手段，破坏敌方的化学武器和设施等。

防护：根据军用毒剂的作用特点和中毒途径，防护的基本原理是设法把人体与毒剂隔绝。同时保证人员能呼吸到清洁的空气，如构筑防化学袭击工事、器材防护（戴防毒面具、穿防毒衣）等。

消毒：主要是对神经性毒剂和糜烂性毒剂染毒的人、水、粮食、环境等进行消毒处理。

急救：针对不同类型毒剂的中毒者及中毒情况，采用相应的急救药品和器材进行现场救护，并及时送医院治疗。

◉化学武器在战争中的地位和作用是什么

由于化学武器的独特性，在战争中具有特殊的地位和作用。

一是既可用作战略武器，又可用作战术武器。可用来突袭远距离战略目标，如机场、交通枢纽、核设施、港口、指挥中心；又是一种重要的战术武器，可对坚固设防但无防化设施的阵地造成大量杀伤。

二是在装备部署后，即使未使用也能产生巨大的威慑作用。例如，1991 年海湾战争中，多国部队的防化装备质量和数量均大大超过伊拉克，因此伊军未敢使用化学武器，海湾战争成为一场在化学战威胁下进行的常规局部战争。

三是可对付游击战。1941 年 8 月，日寇曾用毒剂杀害晋察冀根据地抗日军民 5000 多人。越战期间，美军使用植物杀伤剂，使染毒面积占越南南方总面积的 30%以上，造成 130 多万人中毒。

◉什么是生物武器

生物武器，旧称细菌武器，是生物战剂及其施放装置的总称，它的杀伤破坏作用靠的是生物战剂。生物武器的施放装置包括炮弹、航空炸弹、火箭弹、导弹弹头和航空布撒器、喷雾器等。以生物战剂杀死有生力量和毁坏植物的武器，统称为生物武器。

生物武器是大规模杀伤性武器之一，它靠散布生物战剂制造“人工瘟疫”，使对方军队、居民、牲畜以及农作物受到感染，引起人、畜疾病流行或死亡，农作物遭受损失，从而削弱对方战斗力，破坏对方的战争潜力。

◉生物武器有什么特点

一是致命性、传染性强。一旦发生病例，易在人群中迅速传染流行，造成人员伤亡，甚至造成社会恐慌。

二是生物专一性。生物武器可以使人、牲畜感染得病，并能危及生命，但是不破坏无生命物体，例如武器装备、建筑物等。

三是面积效应大。现代生物武器可将生物战剂分散成气溶胶状达到杀伤目的。这种气溶胶技术在适当气象条件下，可造成大面积污染。

四是危害时间长。在适当条件下，有的致命微生物可以存活相当长的时间，如 Q 热病原体在毛、棉布、土壤中可存活数月，球孢子菌的孢子在土壤中可以存活 4 年，炭疽杆菌芽胞在阴暗潮湿的土壤中甚至可存活 10 年。

五是难以发现。生物战剂气溶胶无色、无味，不容易发现，若在夜间或多雾时偷偷使用，就更难及时发现。

◉什么是生物战剂

生物战剂，是军事行动中用以杀死人、牲畜和破坏农作物的致命微生物、毒素和其他生物活性物质的统称，旧称细菌战剂。生物战剂是构成生物武器杀伤威力的决定因素。致病微生物一旦进入机体（人、牲畜等）便能大量繁殖，导致破坏机体功能、发病甚至死亡。它还能大面积毁坏植物和农作物等。生物战剂的种类很多，据国外文献报道，可以作为生物战剂的致命微生物约有160种之多，但就具有引起疾病能力和传染能力的来说，为数不算很多。

◉生物战剂有哪些类型

根据杀伤力分两类：一是致死性战剂。这类战剂的病死率在10%以上，甚至达到50%—90%，如炭疽杆菌、霍乱狐菌、野兔热杆菌、伤寒杆菌、天花病毒、黄热病毒、东方马脑炎病毒、西方马脑炎病毒、班疹伤寒立克次体、肉毒杆菌毒素等。二是失能性战剂。这类战剂病死率在10%以下，如布鲁氏杆菌、Q热立克次体、委内瑞拉马脑炎病毒等。

根据生物战剂的形态和病理可分为六类：一是细菌类生物战剂，主要有炭疽杆菌、鼠疫杆菌、霍乱狐菌、野兔热杆菌、布氏杆菌等；二是病毒类生物战剂，主要有黄热病毒、委内瑞拉马脑炎病毒、天花病毒等；三类是立克次体类生物战剂，主要有流行性班疹伤寒立克次体、Q热立克次体等；四类是衣原体类生物战剂，主要有鸟疫衣原体；五类是毒素类生物战剂，主要有肉毒杆菌毒素、葡萄球菌肠毒素等；六类是真菌类生物战剂，主要有粗球孢子菌、荚膜组织胞浆菌等。

根据生物战剂有无传染性可分为两类：一是传染性生物战剂，如天花病毒、流感病毒、鼠疫杆菌和霍乱弧菌等；二是非传染性生物战剂，如土拉杆菌、肉毒杆菌毒素等。

◉怎样防护生物战剂

一是带防毒面具。防毒面具的式样很多，但主要由滤毒罐和面罩两部分组成。滤毒罐包括装填层和滤烟层。装填层内装防毒炭，用于吸附毒剂蒸汽，但对气溶胶作用很小。滤烟层是用棉纤维、石棉纤维，或超细玻璃纤维等做的滤烟纸制成的。为了增加过滤效果，滤烟纸折叠成数十折，它的作用是过滤放射性尘埃、生物战剂和化学毒剂气溶胶，滤效可达99.99%以上。

二是使用防护口罩。例如，使用那种用过氯乙烯超细纤维制成的防护口罩。这种口罩对气溶胶滤效在99.9%以上。在紧急情况下，如果没有防毒面具或特殊型的防护口罩，也可采用容易得到的材料制作简便的呼吸道防护用具，例如脱脂棉口罩、毛巾口罩、三角巾口罩、棉纱口罩以及防尘口罩等。此外，还需要保护好皮肤，以防有害微生物通过皮肤侵入身体。通常采用的办法有穿隔绝式防毒衣或防疫衣以及戴防护眼镜等。

◉现代生物武器发生了什么变化

由于科技水平的不断进步，生物武器也发生了较大变化。战剂的种类、传染性、致病性、耐药性及对外界的稳定性不断增加或提高，新的致病微生物也在不断地被研究发现。并且随着遗传工程技术的发展，可以将几种病原体的遗传成分进行杂交或重组，形成新的杀伤能力更强的生物战剂。同时，战剂的布撒方法、战剂的混合使用、降低气溶胶衰变、战剂的浓缩和生产速度等方面，都有较快的发展，这样生物武器的破坏将越趋严重，防护越趋困难。

◉头盔在现代战争中的作用是什么

头盔是用于使头部免受伤害的一种单兵防护装具，历来为各国军队所重视。据有关资料报道，战场上的伤亡大多数由弹片所致，而防弹头盔可以有效地减少战场上的伤亡。英国有关部门研究表明，戴防弹头盔可减少5%的受伤率和19%的阵亡率。美军在二战的统计数字也表明，钢盔至少保护了美国7万名士兵的生命。

现代军用头盔经历了从金属到纤维增强复合材料的发展过程。在纤维增强复合非金属头盔种类中，主要有玻璃纤维头盔、锦纶（尼龙）头盔、芳纶头盔、超高分子量聚乙烯头盔等。

◉防毒面具是如何诞生的

防毒面具是伴随着化学武器的杀戮而诞生的。

在第一次世界大战早期，对于毒气的防护还没有很好的办法，防护措施十分简单。例如，加拿大军队在同德军作战时，就在氯气弹袭来时在衣服上小便，然后用浸着尿液的衣服捂住口鼻来避免氯气的吸入。

在第一次世界大战中，德军于1915年4月的伊普雷战役上使用了氯气，造成英法联军5000多名士兵中毒死亡。战场周围的大量野生动物也因为中毒而死去，惟独野猪安然无恙。经专家实地考察和研究，发现当野猪嗅到强烈刺激的气味后，就本能地用嘴拱地，把长鼻子埋入疏松的泥土下，泥土对毒气起到了过滤和吸附的作用。人们也由此受到了启发，仿照疏松的泥土，采用多孔的物质来吸收、吸附毒剂。1916年，由俄国化学家捷林斯基研制出防毒效能高的活性炭。同年，第一具单兵使用的防毒面具诞生了，经战场实地使用，防毒效果很好。仅在第一次世界大战中就使10万俄军幸免于难。从此，各国争相仿制。

◉什么是沙盘

沙盘是用沙土或其他材料做成的地形模型。它根据地形图、航空照片或实地地形，按一定的比例制作。通常步以兵棋，以显示地形和地面目标。主要用以研究地形、敌情、作战方案、组织协同和军事训练等。沙盘上的兵棋，就是供沙盘作业使用的军队标号图形和表示人员、兵器、地物等的模型式棋子，如表示直升机、坦克的小模型等。

中国历史上有记载的最早沙盘是东汉。东汉名将马援曾经被汉光武帝刘秀派去侦察陇西，回来后就用白米堆集成山川地势、道路分布，给刘秀讲陇西形势、这可能是中国记载沙盘最早使用的历史记载。

◉什么是夜视仪

夜视仪收集现有的环境中存在的光（月光、星光或者是红外光等）通过镜头前端，通过这个点，电子从管子一头射入时，便在管内来回碰撞，激发出越来越多的电子，这些电子被管壁的电压加速，并且碰撞出的几何级数增加的电子，使得管子末端射出的电子获得很高的增益，放大或者更多一点，变成我们可以看到的光，由红外光变成可见光，便实现了无须红外照明的微光观测。它时常被用于军事的操作和警察搜索。适合用于警察、边界守卫、关税服务、旅游者、狩猎、航海等。

夜视仪分主动式和被动式两大类，主动式为最早的红外技术，通过放大红外灯变成肉眼可见光，夜视仪自身需要有红外发射装置；被动式通过放大自然界的微弱光线变成肉眼可见光。

◉主动式红外夜视仪有什么特点

主动式红外夜视仪具有成像清晰、制作简单等特点，但它的致命弱点是红外探照灯的红外光会被敌人的红外探测装置发现。上世纪 60 年代，美国首先研制出被动式的热像仪，它不发射红外光，不易被敌发现，并具有透过雾、雨等进行观察的能力。

1982 年，英国和阿根廷之间爆发马尔维纳斯群岛战争。4 月 13 日半夜，英军攻击阿军据守的最大据点斯坦利港。英国的所有枪支、火炮都配备了红外夜视仪，能够在黑夜中清楚地发现阿军目标。而阿军却缺少夜视仪，不能发现英军，只有被动挨打的份。在英军火力准确的打击下，阿军支持不住，英军趁机发起冲锋。到黎明时，英军已占领了阿军防线上的几个主要制高点，阿军完全处于英军的火力控制下。

◉什么是防弹服

防弹服，即用于人体躯干免受弹丸或弹片伤害的一种单兵防护军服，多呈背心状，由防弹层和衣套制成。衣套常用化纤织物制作，起覆盖和保护防弹层的作用；防弹层用金属、玻璃钢、陶瓷、尼龙、凯夫拉等硬质和软质材料单一或复合制作，使弹头、弹片弹开或嵌入，并消释冲击动能，起到防护作用。

防弹服能够预防弹丸直射和防弹片击伤，对人体胸、腹部有良好的防护作用。防弹层的厚度，根据不同使用对象，以防护性能与穿着舒适之间的最佳平衡数确定。军人单兵穿着，能显著地减少战地死亡率和负伤率。

◉防弹服是怎样产生的

防弹服是在古代铠甲的基础上发展起来的。第一次世界大战期间，战场上人员伤亡总数的80%是由低速和中速流弹或炸弹的碎片造成的，专家从古代铠甲得到启发，在大战末期研制出第一代防弹服。第二次世界大战中，碎弹片造成的伤亡仍约占60%左右，人们对防弹服的研制越来越重视。上世纪40年代初，美国和西欧一些国家开始研制出合金钢、铝合金、钦合金、玻璃钢、陶瓷、尼龙、仿蜘蛛丝等材料的防弹服，并用于战场。60年代开始出现用优质化纤材料取代优质钢材的第二代防弹服。70年代以后，防弹服又有了新的发展。

◉什么是兵工厂

兵工厂，是贮藏各种武器与战争军械的仓库，现代也指能制造武器、弹药、装备，同时可进行修理的工厂。在中国，除了历史上著名的汉阳铁厂外，在抗日战争时期有名的兵工厂有：上海兵工厂、金陵兵工厂、巩县兵工厂、济南兵工厂、华阴兵工厂、重庆兵工厂、圈杨家村兵工厂、梁沟兵工厂、水窑兵工厂、太原兵工厂、柳树店兵工厂等。

军种军校

◉国防部是什么机构

国防部，即国家中央政府中负责掌管国防与军队事务的军事部门，通常隶属于政府首脑，也有直属武装力量最高统帅的。现在世界上绝大多数国家的中央政府都设有军事行政机关，但名称、职权和组织机构不完全一样。在名称上，多数国家称国防部，有少数国家称“人民武装力量部”、“军事部”等。在组织上，一般设部长或大臣一人，副部长若干人，部长或大臣通常是中央政府和国防决策机构中的重要成员，由军官或文官担任，也有由总统或总理兼任的，部内通常设有若干业务部门。在职权上，多数国家的国防部全面负责国防事宜及各种武装组织的建设和作战指挥；有少数国家的只负责指挥和管理军队，或只负责军队的行政事务，还有仅负责外交事宜的。

◉什么是军种

军队在其组成上，依据主要作战空间、使命和武器装备所划分的基本种类。现代各国军队多数分为陆军、海军、空军三个军种，有的国家还有防空军，俄罗斯还有战略火箭军。有些国家只有陆军、海军或陆军、空军两个军种，少数国家只有陆军，也有个别国家不分军种。每个军种一般都包括若干个兵种和专业兵，设有领导指挥机关及院校、科研机构和后勤保障系统，有特定的服装和标志，配备专用的武器装备，有自己的编制、训练、作战特点和战略战术等。军种的产生和划分取决于社会生产力的提高、经济实力的增强、武器装备的发展以及军事战略、地理环境、军队规模、历史传统等多种因素。

◉什么是兵种

兵种在其组成上，依据主要武器装备、作战任务和技术战术特性所划分的基本种类，例如：步兵、坦克兵、导弹兵等。现代兵种多达几十个，每个军种都由五个以上的兵种组成。

随着科学技术在军事领域的广泛运用，还将出现新的兵种。如俄罗斯已于1994年组建了军事航天兵，该兵种系从战略火箭军中划分出来，直接归国防部指挥。

◉什么是专业兵

军种内不称兵种的担负保障战斗行动和日常活动等专门任务的专业部队、分队。如电子对抗兵、侦察兵、测绘兵、气象兵、汽车兵等。一些国家的工程兵、铁道兵、化学兵、通信兵等也称专业兵。专业兵编配特种技术装备，通常直属于各级领导机关。战时，一般配属各军种、兵种部队使用。各国的专业兵，其名称、编成、编制、武器和技术装备不尽相同。主要视所担负的任务而定。另外，军队中担任专业勤务的士兵亦称专业兵。

◉什么是陆军

即在陆地上作战的军种。它同军队一样古老，自古以来一直是军队的主要组成部分。现代陆军主要由步兵（摩托化步兵、机械化步兵）、装甲兵（坦克兵）、炮兵、陆军防空兵、陆军航空兵、电子对抗兵（电子对抗部队）、工程兵、防化兵（化学兵）、通信兵、侦察兵等兵种和专业兵组成。有的国家的陆军还有空降兵、导弹兵（火箭兵）、铁道兵和特种部队等。

现代陆军是一个多兵种、多系统和多层次有机结合的整体，具有强大的火力、突击力和高度的机动能力，既能独立作战，又能与其他军种联合作战。当今世界上几乎所有的国家都建有陆军，许多国家的陆军都由五个以上的兵种和保障部队构成，每个兵种又由不同层次、多种类型的部队编成。

◉陆军的编制是怎样的

陆军通常设有军种领导指挥机关，军种领导指挥机关的名称不尽一致，有的称陆军部，有的称陆军总司令部，有的称陆军司令部，有的称陆军参谋部等。但也有的国家不单设陆军领导指挥机关，其陆军的领导和指挥职能一般由军队总部兼负。各国陆军通常按师（旅）、团、营、连、排、班的序列编制，有的国家的陆军还编有集团军（军）一级，主要装备步兵武器、汽车、坦克、装甲车、火炮、导弹（火箭）、直升机和各种技术器材。

◉美国陆军有什么特点

美国陆军按任务性质区分为战斗兵种、战斗支援兵种和战斗勤务支援兵种。战斗兵种有装甲兵、机械化步兵、步兵、轻步兵、空降（空中突击）兵。战斗支援兵种有野战炮兵（包括地地战术导弹部队）、防空炮兵（包括防空导弹部队）、工程兵、通信兵、化学兵、航空兵、侦察兵、军事情报和宪兵。战斗勤务支援兵种有行政、牧师、民事、财务、军法、军械、军需、卫生、补给、维修、工程建筑、运输等。其最高行政领导机构为陆军部，最高军事指挥机构为陆军参谋部。部队编制序列为集团军、军、师、旅、营、连。

◉俄罗斯陆军有什么特点

俄罗斯陆军由摩托化步兵、坦克兵、空降兵、火箭兵和炮兵、防空兵、陆军航空兵以及工程兵、通信兵、化学兵、无线电技术兵、汽车兵、铁道兵等专业兵种和其他勤务部队组成。最高领率机构为陆军总司令部。部队编制序列为集团军、军、师、团、营、连。

◉什么是海军

即以舰艇部队为主体，在海洋上作战的军种。海军同陆军一样也是一个古老的军种，但产生于陆军之后，是军队的重要组成部分。现代海军通常由水面舰艇部队、潜艇部队、航空兵、岸防兵和陆战队等兵种及专业兵组成。通常设有领导指挥机关，编有部队、院校、科研机构等，并辖有海军基地等。各国海军的领导指挥机关名称不一，有的称海军部，有的称海军司令部或海军总司令部，有的称海军参谋部。

海军的编制，各国不尽相同。如舰艇部队有的按舰队基地，支队（水警区）、大队、中队的序列编制；有的区分为行政编组和作战编组，行政编组按舰队、大队、中队的序列编制；作战编组按作战舰队、特混大队、特混小队的序列编成。

◉为什么中国是古代海军发祥地之一

中国是古代海军的发祥地之一，古代海军称舟师、楼船军、水军或水师。据文献记载，中国历史上第一次海战发生在公元前485年，吴国舟师从长江口出海北上攻打山东半岛的齐国，两国舟师在黄海展开激战，以吴国舟师战败而告终。

16 世纪 40—60 年代，著名将领戚继光等统率水军、陆军，转战中国东南海疆，有力地打击了倭寇的侵扰，保卫了海防。19 世纪 60 年代，清政府开始筹建近代海军，相继组成北洋海军（北洋水师）、南洋水师、福建水师和广东水师，其实力在亚洲国家中居于前列。

◉什么是水面舰艇部队

水面舰艇部队，即在海洋水面作战的海军兵种。有水面战斗部队（包括航空母舰、战列舰、驱逐舰、巡洋舰、护卫舰、布雷舰、扫雷舰艇、登陆舰艇、猎潜艇、导弹艇、鱼雷艇等舰艇部队）和勤务舰船部队（包括遂行战斗保障、技术保障和后勤保障等任务的勤务舰船部队）。主要任务是：消灭敌舰船、反潜作战、破坏敌岸上目标、输送登陆部队在敌岸登陆和抗登陆作战。进行海上侦察、巡逻、警戒、布雷、保护或破坏海上交通线，进行海上封锁与反封锁作战，进行救生和运送人员、物资等。

◉什么是海军航空兵

海军航空兵，即在海洋上空作战的海军兵种。海军航空兵部（司令部）隶属于海军，辖航空兵部队。主要装备有轰炸机、歼击机、强击机、反潜机、侦察机、电子战飞机、预警机、运输机和高炮、雷达、地空导弹等。按基地性质可分为岸基航空兵和舰载航空兵。主要任务是：消灭敌舰船和海军航空兵，夺取制空权和制海权，破坏敌海军基地、港口及岸上重要目标，掩护、支援舰艇部队的战斗行动，保卫海军基地的对空安全，以及进行侦察、巡逻、反潜、布雷、救生和运送人员、物资等。

◉什么是海军岸防兵

海军岸防兵，即配置在沿海海岸，参加海岸防御作战的海军兵种，是海岸防御的主要力量。由海岸导弹部队和海岸炮兵部队组成。装备有大、中口径的海岸炮和不同射程的岸舰导弹武器系统。主要任务是：保卫港口、沿海重要地段和海军基地，消灭敌舰船，掩护近岸海上交通线和封锁航道，支援濒海地区守备部队作战和濒陆海区活动的舰船等任务。

◉岸防兵是怎样发展的

早在公元前，一些濒海国家就有了岸防设施和兵力。14—15 世纪，岸防兵随着配备岸防火炮的濒海要塞的出现而开始形成。18 世纪以后，许多国家先后将岸防兵列入海军序列。19 世纪，各军事强国的濒海岸段要地多筑有较为完善的防御火炮阵地，至 20 世纪初达到最盛时期。在第一次世界大战的达达尼尔海峡战役和第二次世界大战苏联卫国战争中，海军岸防兵都发挥了重要作用。第二次世界大战后，随着导弹武器的使用，许多国家建立了海岸导弹部队。苏联海军把海岸导弹（火箭）炮兵作为一个兵种。80 年代末，世界各国海军岸防部队称谓不一，规模装备差异较大。苏联称海岸导弹炮兵，共编 8000 余人，营为最大的编制单位。越南海军编 1 个岸舰导弹旅。瑞典海军编 5 个海岸炮兵团（含若干导弹中队）。中东等地区的国家也编有海岸导弹部队。美、英、法等国家不设海军岸防兵，其海岸防御任务由海岸警备部队等担负。

◉什么是海军陆战队

海军陆战队，即担负海、陆两栖作战等任务的海军兵种。通常隶属于海军或舰队，其部队建制为师（旅）、团、营和特别任务分队。由步兵、炮兵、装甲兵、工程兵、通信、侦察等部（分）队组成。主要装备有登陆舰船、水陆坦克、直升机、装甲车及其他登陆工具和技术器材。主要任务是：独立或配合陆军进行渡海登陆作战，夺取登陆场，保障后续梯队登陆，实施反登陆，消灭敌登陆部队，也可进行海岸防御作战，保卫海军基地、港口和岛屿。

◉海军陆战队是怎样发展的

15—16 世纪，一些国家为了向海外扩张，建立了经过专门训练的登陆作战部队。17 世纪中期，英国建立了海军步兵团。此后，俄国、葡萄牙、法国、西班牙、美国等先后建立了海军陆战团或海军陆战队。第二次世界大战中，海军陆战队迅速发展，各国的海军陆战队在登陆作战中发挥了重要作用。第二次世界大战后，美、英等国还多次把海军陆战队用于局部战争，如美国在侵朝和侵越战争中、英国在马岛战争中，都动用了海军陆战队。

至上世纪 90 年代初，世界上有 50 多个国家和地区的军队编有海军陆战队。美国海军陆战队是独立兵种，由于其地位和作用独特，被美国人视为“第四军种”。美国海军陆战队是世界上最大的精锐部队，总数大约为 19 万多人，共有 3 个师与 3 个配有 416 架战斗机的空中联队，它甚至比大多数国家的整个军队都要大上许多。

◉什么是潜艇部队

潜艇部队，即在海洋水下作战的海军兵种。通常隶属于舰队，其建制为支队。按其执行任务的性质分为战略导弹潜艇部队和攻击潜艇部队。一般装备有常规动力潜艇和核动力潜艇。主要任务是：消灭敌水面舰艇和潜艇。袭击敌纵深战略目标，袭击敌基地、港口、海上交通线，也可实施海上侦察、巡逻、布雷、输送人员或物资等。

◉潜艇部队是怎样发展的

潜艇出现于17世纪，初期的潜艇称潜水船，木质结构。第一艘潜水船是荷兰人德雷布尔于1620年设计制造的，潜水4～5米。1775年，美国的布什内尔发明的单人木壳潜艇开始用于海战。1864年2月，美国南北战争中，南军的“亨利”号潜艇击沉北军的“豪萨托尼克”号战舰，这是潜艇击沉军舰的首次战例。19世纪80年代，以蓄电池、蒸汽机为动力的潜艇陆续出现后，装备部队的潜艇逐渐增多。20世纪初，随着柴油机—电动机双推进系统潜艇研制成功，潜艇具备了一定的实战能力，美、英、德、俄等国先后组建潜艇部队。当时，潜艇因受技术条件的限制，主要用于近岸遂行保护港口和沿岸海区安全的任务。第一次世界大战期间，潜艇部队由防御作战转为进攻作战，主要用于袭击水面舰艇和运输船队。第二次世界大战期间，海上交通运输日趋重要，敌对双方破坏和保护海上交通线的斗争日益激烈，潜艇部队广泛用于海洋交通线上巡洋游猎和在指定海区袭击运输船、军舰。大战中，由潜艇击沉的运输舰船的吨位达2200余万吨，占被击沉运输舰船总吨数的69%。这一时期，潜艇部队已能在各海洋战区遂行战役任务，成为海军的重要作战兵种。

◉现代潜艇部队有什么特点

第二次世界大战后，世界各国的潜艇数量不断增多，潜艇的动力、武器装备、电子设备等发展迅速。上世纪50年代起，美、苏、英、法等国海军相继开始装备核动力潜艇，组建战略导弹潜艇部队。80年代末，世界上拥有潜艇部队的国家已达40余个，潜艇总数达1000余艘，其中攻击型核潜艇和导弹核潜艇有300余艘。

由于各国经济力量、军事战略和科学技术水平的差异，潜艇部队的规模和编组形式不尽相同。随着新技术革命的发展和世界战略格局的变化，海洋资源的争夺日趋激烈，世界各国将更加注重潜艇部队的建设和发展。少数发达国家为保持和争夺战略优势，将完善和充实战略导弹潜艇部队，建立海上战略核武器系统、大型水下基地等。发展中国家则根据其海防的需要，将主要发展常规动力潜艇部队，并建立精干的导弹潜艇部队。

◉什么是空军

空军，即以空中作战为主要任务的军种，主要由多种航空兵组成，并编有地空导弹兵、高射炮兵和雷达兵等。有的国家的空军还编有地地战略导弹部队和空降兵。通常设有领导指挥机关，编有战斗和勤务保障部队、院校和科研机构等，并辖有空军基地等。各国空军的领导指挥机关名称不一，有空军部、空军司令部、空军总司令部、空军参谋部等。其编制序列，有的为航空队、空军师、联队、中队，有的为师、团、大队、中队，有的为航空方面队、航空团、飞行队等。空军航空兵通常装备歼击机、轰炸机、歼击轰炸机、强击机、侦察机、运输机、直升机及其他特种飞机。空军具有远程作战、快速反应、高速机动和猛烈突击的能力，既能单独作战，又能协同其他军种作战。

◉空军是怎样产生的

空军是从陆军中建立航空兵部队开始逐步发展起来的。第一次世界大战前夕，美、法、英、俄、德、意等国在陆军中组建航空兵部队。1918 年 4 月，英国首先建立皇家空军，使空军成为一个独立的军种。第二次世界大战期间，空军得到飞速发展。

◉什么是防空军

防空军，即以防空作战为主要任务的军种，通常由歼击航空兵、地空导弹兵、高射炮兵、雷达兵和其他专业兵组成。主要装备有歼击机、高射炮、雷达、地空导弹等，能单独或者在其他军种、兵种协同下组织防空战役，实施防空作战。

防空军是随着空袭反空袭兵器的发展，在防空部队的基础上建立起来的。第一次和第二次世界大战，空军的建立和发展极大地促进了防空部队的建立和发展，为统一领导指挥担负要地防空任务的部队。

世界上只有少数国家建有防空军，多数国家将防空部队编入空军，也有的编入陆军或海军。

◉什么是陆军防空兵

陆军防空兵，曾称“陆军高射炮兵”，是以地空导弹、高射炮为基本装备的陆军兵种，由地空导弹、高射炮编成的部（分）队以及雷达部（分）队组成，具有较强的火力和较高的机动能力，可在昼夜各种气象条件下集中、突然、连续地对空中目标射击。可单独或协同其他军种的防空兵力完成防空作战任务。其主要任务是：制止敌方空中侦察，歼灭敌方飞机和无人驾驶空袭兵器，与敌空降兵作战，进行雷达侦察，并向己方通报空情，完成陆军各种战斗行动中的对空掩护任务。

◉什么是陆军航空兵

陆军航空兵，即以武装直升机和轻型飞机为主要装备，直接支援地面部队作战的航空兵。由武装直升机分队、运输直升机分队和战斗勤务飞机分队组成。主要任务是：对地面战斗进行直接的空中火力支援，机动兵力、兵器和快速布雷，同敌武装直升机作战，并担任侦察、通信、校射、电子对抗和救护伤员、运输物资，对宽大地域或暴露翼侧进行警戒等。

◉什么是轰炸航空兵

轰炸航空兵，即装备轰炸机，对地面、水面目标进行突击的航空兵。美、英、法等国家称轰炸机部队。分属于空军和海军。按装备、任务的不同，可分为战略（远程）轰炸航空兵和战术（方面军）轰炸航空兵，前者装备中、重型轰炸机，后者装备轻型轰炸机。

轰炸航空兵能投放航空炸弹、核弹、鱼雷和发射空地、空舰导弹，具有猛烈突击和远程作战能力，是空军的主要进攻力量。其主要任务是：消灭敌方导弹、核武器，摧毁、破坏敌方政治、经济中心和重要工业目标，参加夺取制空权、制海权的作战，支援地面、舰艇、空降部队作战，以及实施航空侦察和电子干扰。有些国家的战略轰炸机部队与地地战略导弹部队、海军弹道导弹潜艇部队相结合，构成战略核威慑力量。

◉轰炸航空兵是怎样诞生和发展的

轰炸航空兵是在第一次世界大战中诞生和发展起来的。当时，随着专用轰炸机的出现，法、德、俄、意、英等国陆续组建轰炸机部队，编有中队或大队。参战国的轰炸机数占作战飞机总数的14%—15%。两次世界大战之间，在意大利的杜黑、英国的特伦查德和美国的米切尔等人的空中战争理论影响下，轰炸航空兵有较大发展。德、苏、英、法、意等国的空军编成中，轰炸航空兵的比例已达40%—50%。许多国家建立轰炸机联队、团或旅，少数国家的海军编有轰炸机中队。轰炸航空兵的指挥机构逐渐完备，作战保障体系开始形成。

第二次世界大战中，轰炸航空兵迅速发展，成为空军的基本突击兵力，出现战役军团一级的航空队或空军集团军，能一次出动几百至上千架轰炸机，实施大规模轰炸。此后，越南战争、第三次中东战争、第四次中东战争、马尔维纳斯群岛战争以及此后爆发的多次大规模战争中，轰炸航空兵仍是空中突击的重要力量。

◉现代轰炸航空兵有什么特点

20 世纪 80 年代，一些工业发达的国家，为保持其战略威慑力量，继续发展战略轰炸航空兵。随着防空兵器、预警系统和电子技术的高度发展，发达国家军队一方面继续改进战略轰炸航空兵已有的装备，如在飞机上配备新型电子设备和远程巡航导弹，以增强电子干扰与从敌方防空火力圈外突击目标的能力；另一方面加紧研制新型隐身轰炸机，更新机载武器及其投射装置，进一步提高突防能力、生存能力和轰炸威力。不过，由于轻型轰炸机已逐渐为性能较优越的歼击轰炸机所代替，少数国家编有的战术轰炸航空兵将日趋减少以至被淘汰。

◉什么是地空导弹兵

地空导弹兵，即装备地空导弹武器系统、遂行防空作战任务的兵种或部队。英、法、日等国称防空导弹部队，俄罗斯称防空导弹兵。它的主要任务是：保卫国家政治经济中心、军事要地、交通枢纽、军队集团以及其他重要目标，参加争夺制空权的作战。必要时，还可用于摧毁敌方地面、水面目标。通常与歼击航空兵、高射炮兵共同遂行作战任务，也可单独进行防空作战。地空导弹兵在现代防空作战中，具有重要的地位。

◉地空导弹兵是怎样发展的

二战后，由于作战飞机的飞行高度、飞行速度和机动性等性能的不断提高，航空兵突防战术的不断改进，对防空武器的效能提出了更高的要求，一些国家有计划地开展了地空导弹武器系统的研制工作。20 世纪 50 年代，随着火箭技术和制导技术的发展，美、苏、英和瑞士等国先后研制成地空导弹武器系统，并相继装备部队。1952 年，苏联组建防空导弹部队，后来发展成为国土防空军的一个兵种。美、英、法等国也在 50 年代组建了防空导弹部队。90 年代初，世界上有 80 多个国家的军队编有地空导弹兵。

◉地空导弹兵的特点是什么

一是兵力部署，主要取决于所保卫目标的重要程度、敌方空袭兵力的大小和可能采取的战术手段。由于现代空袭兵器航程远、速度大，可从任何方向突击对方的保卫目标，因此，对重要保卫目标，一般采用环形部署，以构成环形对空防御火力配系；对较重要保卫目标或濒海保卫目标，也可在敌方进袭的主要方向进行扇形部署；为增大火力纵深，还可在重要保卫目标的主要方向，进行集团部署或宽正面一线部署。

二是该兵种在各国防空兵力的比重中，有日益增大的趋势。为提高防空作战效能，提高部队生存能力，不少国家将地空导弹兵与高射炮兵混合编组，或在地空导弹部队中增编小口径高炮分队；在武器装备方面，大力提高抗击多批目标、电子对抗、敌我识别和机动的能力，使地空导弹成为既能抗击多批飞机、又能抗击较小反射面目标的防空武器系统。

◉什么是空军高射炮兵

高射炮兵，即装备高射炮、高射机枪等武器系统，遂行防空作战任务的兵种或部队。该兵种的主要任务是：保卫国家政治经济中心、军事要地、交通枢纽、军队集团以及其他重要目标，参加争夺制空权的作战。通常与地空导弹兵共同遂行作战任务，也可单独进行防空作战。

◉空军高射炮兵是怎样配合作战的

第一次世界大战期间，高射炮兵多以连为单位，靠近被掩护目标配置，与歼击航空兵部队按空域组织协同，并建立对空监视、报知系统和专门的指挥机构。第二次世界大战期间，经过总结要地防空作战经验，形成了空军高射炮兵战斗基本原则，主要包括：混合使用各种不同口径的高射炮，构成环形的纵深梯次配置，与歼击航空兵密切协同，实施统一的集中指挥，保持常备不懈，适时实施机动等。

20 世纪 50 年代以来，空军高射炮兵和地空导弹兵配合使用，使空军高射炮兵战术增加了新内容。随着空袭兵器和防空兵器的发展以及作战手段的不断变化，空军高射炮兵战术在抗击超低空目标、提高快速反应能力和电子干扰条件下的作战等方面，将有新的发展。

◉什么是空降兵

空降兵，即以伞降、机降方式投入地面作战的兵种或部队，俗称伞兵，一般隶属于陆军。最高建制单位在大多数国家为师或旅，少数国家为军。编成内有步兵、炮兵、装甲兵、工程兵、航空兵、通信兵及其他专业部队、分队。人员经过专门的空降训练，武器装备轻便，能伞降或机降。具有空中快速机动能力，能超越地理障碍和地面防线，直接进入敌后进行突然袭击，是用于快速部署和纵深攻击的重要力量，既能配合正面进攻（或登陆）部队作战，也能在敌后独立作战。其基本任务是：对敌方政治、军事、经济等战略要地实施突然袭击；夺取并扼守敌方战役、战术纵深内的重要目标或地域；在敌后进行特种作战。

◉空降兵是怎样产生和发展的

第一次世界大战中，已有军事专家探索建立空降兵的问题。1918 年，美国的米切尔等曾提出用轰炸机群将 1 个步兵师空降到德军战线后方实施攻击的设想。战后，运输机、降落伞的发展，为建立空降兵提供了物质基础。第二次世界大战中，空降兵迅速发展，并大规模用于作战。大战初期，苏联有 5 个空降兵军，德国有 2 个空降兵师。以后，苏联发展到 10 个空降兵军，德国发展到 1 个空降兵集团军（8 个师)。美国、英国、日本于 1940 年开始组建空降兵。战后，编有空降兵的国家越来越多，空降兵的体制编制、武器装备不断改进，技术水平不断提高，在局部战争中被广泛使用。

到上世纪 90 年代初，世界上近 80 个国家有不同规模的空降兵部队。其中，30 多个国家编有师或旅，兵力最多的是俄罗斯和美国。随着空中输送工具和地面武器装备的不断发展，空降兵的空中、地面机动能力与作战能力将进一步增强，任务范围将不断扩展，组织结构将进一步向体系化、多样化方向发展。

◉什么是步兵

即陆军中徒步或搭乘汽车、装甲输送车、步兵战车实施机动和作战的兵种。前者称徒步步兵，后者称机械化步兵或摩托化步兵、装甲步兵。主要装备有步枪、机枪、火箭筒、轻型火炮、反坦克导弹、防空火器、汽车、装甲输送车和步兵战车。徒步步兵，顾名思义，是用两条腿走路的兵，爬山、涉水皆可，行动受地形、气象影响小，便于机动；机械化步兵是以步兵战车或装甲输送车为主要装备的步兵，以乘车战斗为主，也可下车作战，具有较强的机动力、防护力和火力，行动快、突击力强，但乘车时目标大，受一定地形和气象条件的限制，且需可靠的技术保障。

步兵是陆军中人数最多的兵种，在地面作战中具有重要作用，通常情况下，最后夺取和扼守阵地，歼灭敌人，主要靠步兵。

◉步兵是怎样产生和发展的

步兵产生于远古时代。奴隶社会时期，在许多国家，步兵是战场上的主要力量，分为重装步兵、轻装步兵。中国古代称步兵为徒或卒，有徒兵、徒卒、武卒、锐士、技击、带甲等称呼，主要围绕战车作战，后来逐渐成为主要作战力量。封建社会时期，骑兵发展为主要兵种，步兵担负辅助任务。随着火器的出现和发展，步兵又成为主要兵种，其组织编制也不断变化。15—16 世纪，出现了步兵连、营、团、旅。18 世纪，有了步兵师。第一次世界大战中，开始用汽车、装甲车输送步兵部队。第二次世界大战中，组建了大量机械化步兵部队后，步兵朝进一步提高火力和快速机动力的方向发展，一些国家的步兵改称为机械化步兵或摩托化步兵、装甲步兵。

◉什么是炮兵

炮兵是以火炮、火箭炮和战役战术导弹为基本装备，执行地面火力突击任务的兵种。炮兵是陆军的重要组成部分和主要火力突击力量，具有强大的火力、较远的射程、良好的精度和较高的机动能力，能集中、突然、连续地对地面和水面目标实施火力突击。主要用于支援、掩护步兵和装甲兵的战斗行动，并与其他兵种、军种协同作战，也可独立进行火力战斗。

◉炮兵有哪些种类

炮兵按隶属关系，分为队属炮兵和预备炮兵；按运动方式，分为摩托化炮兵（机械化炮兵）和骡马炮兵；按装备战斗性能，分为榴弹炮兵、加农炮兵、山地炮兵、火箭炮兵、迫击炮兵、反坦克炮兵和地地战役战术导弹部队。

队属炮兵指集团军以下各级合成军队建制内的炮兵，英、美、法等国家称“野战炮兵”。预备炮兵是隶属于统帅部或军区（方面军）建制的炮兵，有的国家称“最高统帅部预备队炮兵”。摩托化炮兵是指火炮及其配套装备用自身的动力，或用汽车、履带车辆牵引和装载而进行运动的炮兵。骡马炮兵是指火炮、仪器等装备由骡马拖曳或驮载进行运动的炮兵。山地炮兵是以轻型加农炮、榴弹炮和迫击炮为主要装备，用于在山地和难以通行的大起伏地作战的炮兵。反坦克炮兵是以反坦克武器为基本装备，以击毁敌坦克和装甲车辆为基本任务的炮兵，亦称反坦克歼击炮兵、防坦克炮兵等。地地战役战术导弹部队是以地地战术导弹、反坦克导弹和地空导弹为基本装备，在战术范围内以火力支援地面部队作战和掩护地面部队对空安全的部队。

◉为什么说“网军”是第四军种

从发展的前景看，“网军”极有可能成为继陆军、空军、海军之后的又一新军种，它将担负起保卫网络主权和从事网络上作战的艰巨任务。那么，“网军”到底是一支什么样的部队呢？

按照军事学理论，一支部队的构成应按照战争规律，取决于作战本身的需要。美军认为，网络战是在有限的作战指挥空间内，以进攻性行为夺取和实现信息优势，从而破坏敌方的信息站和计算机网络系统。其基本的作战方法是运用计算机网络输送病毒和进行“黑客”破坏。

现代战争中，网络战已不可避免。在科索沃战争中，南联盟曾动员民众向北约发动网络反击战。1999 年 3 月 29 日，南联盟和俄罗斯的网络高手钻入美国白宫网站，成功地实施了破坏行动，致使该网站瘫痪一天。继后，南联盟“黑客”又对北约通信系统实施了病毒攻击，美海军陆战队带有作战信息的邮件服务器几乎全被“梅丽莎”病毒阻塞。

◉网络战有哪些表现

纵观近年来世界各国对网络战的研究和实战情况，网络战的主要体现在四个方面：黑客攻击、病毒传播、信道干扰、节点破坏。专家对网络战作了不少评论，有的认为网络战分为全球网络战和战场网络战两种，全球网络战就是国家或集团围绕和运用国际计算机网络进行的政治、经济、文化、科技、军事等斗争。战场网络战，是指战争中交战双方围绕和运用战场互联网进行的对抗。

这种战场网络战，战斗在看不见的网络系统内，网军凭借有力的武器和高超技术，侵入敌方指挥网络系统，随意浏览、窃取、删改有关数据或输入假命令、假情报，破坏敌人整个作战自动化指挥系统，使其做出错误的决策；通过无线注入、预先设伏、有线网络传播等途径实施计算机网络病毒战，瘫痪对方网络；运用各种手段施放电脑病毒直接攻击，摧毁敌方技术武器系统；同时运用病毒和黑客攻击敌国的金融、交通、电力、航空、广播电视、政府等网络系统，搞乱敌国政治、经济和社会生活，造成社会动荡。

◉“网军”有哪些分工

根据网络战的特征，网络部队是一支崭新的技术部队，它至少应由三大块组成：攻击和干扰部队，负责进行黑客攻击、病毒传播、信道干扰、节点破坏等。防御对抗部队，负责对各类病毒的预防和受病毒攻击后的清除任务，并负责研究建设性的、周密有效的防攻保护体系。保障维护部队，负责对计算机网络战设备的保障以及担负对网络战指挥员、技术人员、黑客等的警卫、保护工作等。

一个国家对网络部队的建设，还得设置总部统率机关，其作用是统一领导整个网络部队，协调各网络分队与其他军种的协同作战，协调全军网络战的配套建设，负责与国家信息技术部门的联络，并直接领导指挥直属分队、研究机构、培训网络战官兵的专门军校等。总部直属的网络战分队，主要负责广义上的网络战，即对敌国国家政治、军事指挥系统的破坏和对敌反攻击的防御，对敌国经济、社会网络信息系统的攻击破坏等等。与之相适应，联络军队和民间对外宣传等网站，广泛开展宣传战、心理战，从根本上动摇敌国民心，使其社会土崩瓦解。

◉什么是电子对抗兵

电子对抗兵，是陆军的一个新兵种，是陆军中与敌方进行电子斗争的主要力量，是使用电子设备或器材与敌进行电磁斗争的专业兵种。电子对抗兵由电子技术侦察、通信干扰、雷达干扰、反雷达伪装等部（分）队组成。它通常不与敌进行面对面的斗争，而是通过电磁频谱这一特殊领域与敌进行较量。其行动具有很强的技术性、隐蔽性和谋略性，并贯穿于作战全过程，对作战行动和结局影响很大。它通常按（团）大队、营、连编成。

◉电子对抗兵的主要任务是什么

电子对抗兵的主要任务是：搜索敌电子设备的电磁辐射信号，查明其类型、参数和部署情况；干扰其无线通信；协同其他军兵种对敌指挥、控制、通信和情报系统实施干扰和火力突击，破坏敌指挥协同；干扰敌武器控制、制导系统，使其不能发挥出效能；与敌电子对抗兵进行斗争；协同其他兵种实施电子佯动和电子伪装等；发现并测定敌电子干扰兵力。电子对抗兵的主要装备有：各种类型的电子测向仪、干扰机、角反射器等电子侦察、电子干扰和电子伪装设备。

◉电子对抗兵的战术是什么

电子对抗兵的战术是随着电子技术在军事上的广泛应用，逐步产生和发展起来的。20 世纪初，无线电通信用于作战后，即出现了对无线电通信的侦察和干扰的行动。第一次世界大战期间，开始运用无线电测向定位和无线电欺骗等作战方法。第二次世界大战期间，雷达、无线电导航等新型电子设备装备部队，电子对抗分队开始出现，交战双方针对雷达、导航和无线电通信均采取了侦察、干扰措施以支援部队作战。作战中强调突然、集中和综合使用电子对抗手段，并注意加强与其他兵种的协同，使电子对抗兵战术得到发展。1944 年 6 月美、英等同盟国军队在诺曼底登陆战役中，首先在佯动方向从地面、海上、空中使用大量电子干扰器材实施佯动，模拟大部队进攻的假象，主攻部队在各种有源干扰和无源干扰的掩护下顺利登陆。第二次世界大战后，电子对抗已成为现代战争的重要作战手段，在局部战争中发挥了重要作用。作战中，统一集中使用各种电子对抗兵力，组织周密、不间断的电子对抗侦察，重视电子干扰与火力摧毁相结合，实施电子干扰强调突然、准确和快速反应，促进了电子对抗兵战术的进一步发展。

◉电子对抗兵战术的基本原则是什么

电子对抗兵战术的基本原则，一是集中兵力，形成局部电磁优势。通过合理部署和统一指挥，在主要方向上集中使用兵力、兵器，重点侦察监视和干扰压制战术价值较大的电子目标，并用于战斗的关键时机。二是隐蔽行动，达成电子干扰的突然性。利用自然条件和制式器材严密伪装，严格控制电磁波的辐射，隐蔽战斗企图和行动，出敌不意地突然实施电子干扰。全面掌握战场电磁情势，及时、准确地判明敌情变化，迅速采取恰当的应变方法，不让敌方有充分的时间组织反干扰或突然使用新的电子对抗兵器。三是综合运用各种电子对抗手段。充分发挥整体力量，各种电子对抗措施结合运用，不同用途、性能、频率的电子对抗装备互相弥补和加强，侦察和干扰、有源电子干扰和无源电子干扰、压制性电子干扰和欺骗性电子干扰等多种手段密切配合，结合火力摧毁，以取得电磁斗争的最佳效果。四是按照统一计划，密切协同动作。按目标、时间、方向、地域、空域、海域及使用频率，组织电子对抗兵各分队之间以及与其他兵种和专业部队之间的协同。利用电子对抗侦察手段为摧毁敌方电磁辐射源提供依据。

◉现代条件下电子对抗兵战术的特点是什么

现代条件下实施电子对抗侦察时，需周密地搜索和截获敌方电子设备的电磁辐射信号，查明其类型、性能和部署，研究、掌握其工作特点和变化规律，以便为判明敌人作战企图和动向，以及对敌电子设备实施干扰或采取其他对策提供充分依据。在实施压制性电子干扰时，须使敌方电子设备的效能降低或完全失效，力求造成其无线电通信中断、雷达迷盲、制导兵器失控、指挥失灵和协同失调。对敌无线电通信的干扰，有时只是造成其通信困难，迫使其不断重复电文或采用明文发信，以便己方获取情报并有足够的时间进行测向定位。在实施电子欺骗时，采取设置假电子目标，模拟不存在的部队及作战能力，进行无线电通信冒充，伪装成敌方的电台并对其发送假情报以扰乱和迷惑对方。

未来战争中，随着电子对抗领域和运用范围的拓展，电子对抗兵的作战领域将不断扩大，电子进攻能力将不断提高，指挥、控制、通信和情报系统将成为电子对抗兵的重点目标，电子对抗作战中的指挥和协同更加复杂，运用上也将更加注重与火力摧毁手段的结合。

◉什么是骑兵

即陆军中骑马执行任务的部队、分队。既能骑马作战，又能徒步作战，通常担负正面突击、迂回包围、追击、奔袭等任务。其行动轻捷，受地形、气象影响较小。

历史上骑兵曾经是陆军的主要作战兵种，中国自战国时代到清朝，西欧在整个中世纪，骑兵迅速发展为陆战的主要兵种，在作战中往往成为迅速歼敌、扭转战局的重要力量。

◉骑兵的历史地位是怎样的

历史上骑兵曾经是陆军的主要作战兵种。在外国，17 世纪 30 年代的战争中，参战国军队中一般都有 40%—50%的人员是骑兵。第一次世界大战时，德、法、俄国均编有骑兵集团军。第二次世界大战时，苏军曾有 17 个骑兵军，80 多个骑兵师。中国历史上骑兵的极盛时期是元朝，骑兵部队主要装备有弓箭、马刀、标枪、战斧等。民国时期，骑兵最多时达 20 多个师。

随着现代科学技术和武器装备广泛运用于战场，骑兵逐渐丧失了原有的兵种地位。一些国家只保留少量骑兵，主要用于执行巡逻、侦察、警戒等任务。

◉古代骑兵是怎样产生的

我国在春秋时代以前作战以车战为主，步兵仅起辅助作用，兵车的数量多少成为军事实力的象征，基本没有骑兵这一兵种。到春秋时期步兵开始兴起，军队成为车步并重，各国的军队中有了少量的骑兵，同战车步兵混编，仅是一种无足轻重的辅助力量。到了战国时代随着战争规模的扩大、战术的多样化及同北边游牧民族的战争需要，骑兵作为一种独立的兵种正式登上战争舞台。

◉为什么两汉时代是古代骑兵的“黄金时代”

进入两汉时代，迎来了中国骑兵发展的黄金时代，因为对匈奴等游牧民族作战的需要，骑兵迅速壮大，军队作战从以前的车骑并重转变为骑兵取代车兵，骑兵成为决定胜负的力量，骑兵发展壮大，成为军队的主力军种，取代战车的位置。

这一时代的一个重要成就就是官马制度的确立，汉为了对抗匈奴，发展骑兵，建立了饲马的制度。汉文景时期颁行“马复令”用免役的办法鼓励民间养马。并在中央和地方设立专管的马政机构。中央任命太仆管理，在地方设有马丞负责。这些官员负责马匹的饲养以备军用。从汉初至武帝时即有厩马四十余万匹。这一制度保证了汉朝对匈奴作战的大量马匹的消耗。

◉我国的马镫是何时出现的

我国最早的马镫在西晋墓中出土，可以说我国最晚在晋代就有了马镫。这是一项划时代的发明，很大程度上促进了人类文明。军事上，马镫的出现使骑兵的近距离格斗战更容易（有了借力之处），并且有利于骑兵的长距离行军（减少疲劳），能更有效地发挥出骑兵机动性好、冲击力强的优点。在西方，马镫的发明，

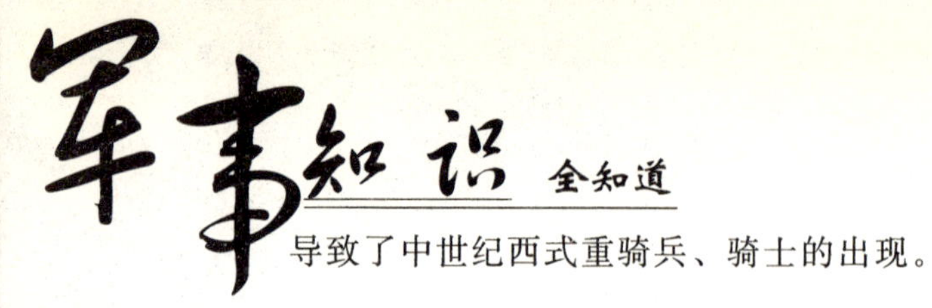

导致了中世纪西式重骑兵、骑士的出现。

◉项羽在中国骑兵发展史上的作用是什么

秦末楚汉时期，西楚霸王项羽是历史上最早提出用利用骑兵的高速冲击力打闪击战的人，在无马镫的时代，项羽就想到了后世骑兵战术主流的突击战术，这在军史上是相当超前的，用骑兵突击打乱敌军阵脚，步兵紧跟骑兵的步伐歼灭被突散并落单的敌军，这种步骑协同作战的思想在当时是前所未有的。正是由于项羽在与刘邦的战争中大规模使用骑兵，给刘邦造成了多次惨烈的打击，才使刘邦认识到骑兵的力量，并下定决心组建骑兵部队，尽管这第一支骑兵部队的主帅灌婴起用秦国降将李必、骆甲为校尉训练骑兵，但战术上依然是在模仿项羽的骑兵战术。这也间接性地为后世汉帝国拥有强大的骑兵部队打下了基础。

◉为什么拜占庭帝国的骑兵称为“铁骑”

“铁骑”一词源于希腊语中的“覆盖”——马匹与骑手皆披挂铠甲。“铁骑”最早出现在帕提亚帝国的军队中。由于罗马人与其多次交战，让他刻骨铭心，并因此建立了自己的重装骑兵部队。铁骑的骑手们身上披着铠甲，使用长矛和弓箭。西方军史学者将这种骑兵称为“双重功效骑兵”，即指那些能够在远距离杀伤敌人，也可以在近距离发起突击的骑兵。后来，各国的骑兵都披上了铠甲。

◉什么是十字军东征的三大骑士团

1072 年，西欧诸国发起长达两个世纪的远东征讨，史称“十字军东征”。十字军东征时期赫赫有名的三大骑士团是——

圣殿骑士团：成立于 1114 年至 1118 年之间，是一个以保护自第一次十字军东征后到巴勒斯坦的朝圣者为目标而成立的宗教军事组织。由休·德斯·佩尼斯和圣奥马的戈弗雷两位骑士建立。这个组织的严格名称是“基督的穷骑士会社”，但是它流行的名字是所罗门圣殿骑士或圣殿骑士，这是因为它开始时设在耶路撒冷的总部靠近所罗门神殿的缘故。

条顿骑士团：成立于 1198 年，主要成员是德意志的骑士。起初是一个纯慈善机构，受到教皇的承认。实际上是一个披着宗教外衣四处侵略的强盗团伙，并占领了普鲁士全境，建立起了强大的德意志帝国。直到 1410 年，条顿骑士团被波兰、立陶宛和俄罗斯联军击败，势力才逐渐衰落。

医护骑士团：又称圣约翰骑士团，成立的主要目的是为了保护十字军沿途的各个医院。

◉什么是防化兵

防化兵，即军队中担负防化保障任务的专业兵种，又称化学兵、防化学兵。一般由核观测、化学辐射侦察、洗消、喷火、火烟等部队、分队组成，主要任务是实施化学和核辐射侦察；实施消毒和消除沾染；实施喷火、协同步兵作战；施放烟幕，掩护部队行动；指导部队对核武器、化学武器和生物武器的防护。

防化兵是第一次世界大战期间，各交战国为使用化学武器而开始建立的。现在，世界大多数国家的军队中建立有防化兵。

◉什么是通信兵

通信兵，即担负军事通信任务的专业兵种。一般由通信、通信工程、通信技术保障、无线电通信对抗、航空兵导航、军邮等专业部队、分队组成。主要任务是组织运用各种通信手段，保障军队畅通的通信联络，进行无线电通信干扰和反干扰；组织实施海区观通、航空兵导航勤务和野战军邮勤务。

通信兵对保障军队指挥和完成各项任务具有重大作用，它是随着战争的出现，为适应军队作战指挥的需要而逐渐成为军队的一个组成部分。

◉通信兵的产生和发展情况是怎样的

在中国古代，指挥军队作战的通信工具有旗、鼓、角、金等，并配有专司击鼓、鸣金、挥旗、传令的人员，还建有烽火台、驿站等通信设施，利用烟、火、鼓声、快马等以接力的方式进行远距离通信。随着电信工业的发展，军队中逐渐有了电信装备，组建了通信分队。

现代世界各国军队都非常重视通信兵建设，在各军种，兵种中都编有通信兵。各国陆军的军以上部队中通常编有通信团或旅，步兵师、团、营、连中通常编有通信营、连、排、班，并且在军、师、团各级司令部中设有通信业务部门。

◉什么是装甲兵

装甲兵，也称“坦克兵”，是以坦克为基本装备的陆军兵种。装甲兵具有快速的机动力、强大的火力和较好的装甲防护力，可以减轻常规武器和核武器袭击的损伤。并能迅速利用常规火力与核武器的突击效果。在合同作战中，可在其他军种、兵种协同下或独立遂行作战任务，也可配属步兵作战。

◉什么是工程兵

工程兵，即担负军事工程保障任务的专业兵种。各国军队的军种中都编有工程兵。陆军工程兵一般由工兵、舟桥、建筑、工程维护、伪装、野战给水工程等专业部队、分队组成。其他军种的工程兵，一般只编工程建筑部队、工程维护部队等。

陆军工程兵通常区分为预备工程兵和队属工程兵。预备工程兵隶属于总部和大军区，队属工程兵隶属于集团军、师、团。陆军工程兵的主要任务是实施工程侦察，构筑工事、修筑道路、架设桥梁、开设渡场、构筑、设置和排除障碍物、对重要目标实施伪装，构筑给水站等。其他军种的工程兵主要担负军港、机场、导弹基地等军事工程的建设和维护、抢修任务。

◉现代工程兵有什么特点

古代战争中军事工程的修建和工程保障任务，均由作战部队自身和民工完成。17 世纪，法国军队最早组建了正规的工程兵部队。之后，俄国、英国、美国相继建立了工程兵部队。中国最早出现的正规工程兵是清末新军中的工兵营。工程兵是一支技术密集型的、具有综合保障能力的技术兵种，它包括工兵、舟桥、伪装、野战给水和工程维护等多种专业。它不仅要开路架桥，还要运用各种先进技术克服和构置包括雷场在内的各类人工障碍，还要构置技术复杂的阵地工程，并随着武器系统的发展，研究解决相应的防护手段，实施工程伪装，以对付敌方的可见光、红外线、雷达等侦察手段。现代工程兵基本实现了行动摩托化和工程作业机械化，进一步提高了遂行现代条件下的大范围综合作战工程保障任务的能力。

◉什么是合成部队

合成部队，即以一个兵种部队（分队）为主体，与其他兵种部队（分队）共同编成的部队。例如，以步兵（摩托化步兵、机械化步兵）部队（分队）或坦克部队（分队）为主体，与炮兵、工程兵、防化兵、通信兵等兵种部队（分队）共同编成的部队，即是合成部队。

◉合成部队是怎样形成和发展的

合成部队是新的兵种，是作战方法不断变革的结果。19 世纪初，拿破仑一世为密切几个兵种的协同动作，实施集中统一指挥，形成战术优势，将步兵、炮兵、骑兵按一定比例合编到陆军师、军的序列中。作战中，在必要的时间和地点上集中使用，使陆军的师、军初具合成性质，为合成部队的发展奠定了基础。

第一次世界大战期间，参战国陆军中普遍组建了由步兵、骑兵、炮兵及相继出现的坦克兵、航空兵、通信兵和化学兵等编成的合成师、军和集团军。之后，随着武器装备的发展和战争的需要，新的兵种不断出现，合成部队得到迅速发展。特别是第二次世界大战以后，合成部队发展到一个新的阶段。不少国家陆军中出现了导弹部队、电子对抗部队，还有的把直升机部队（分队）列为陆军师以上的建制单位，营、连也向合成化方向发展。

◉什么是战略火箭军

战略火箭军，是苏联和俄罗斯武装力量中装备地地战略导弹武器系统、遂行战略突击任务的军种，于 1960 年 1 月正式建立。编有地地中程、中远程、洲际弹道导弹作战部队及勤务保障部队、试验部队、科研机构、院校等。其领导机构为战略火箭军总司令部，使用权归最高统帅部。

◉战略火箭军的特点和任务是什么

战略火箭军既可独立实施战略核突击，也可与其他军种的战略核部队协同实施战略核突击任务。战略火箭军的基本特点：射程远，摧毁力大，战备程度高，准确性好，突防能力强，作战行动不受天候、季节和昼夜时间的限制，能广泛实施火箭核突击，在短时间内消灭和摧毁对方大量的战略目标。其作战任务是：摧毁对方的核武器和军事基地；突击对方的主要集团，包括战略预备队；破坏对方的军工生产和交通运输；袭击对方的国家机关、军事指挥机关、工业中心和重要城市、港口等。平时，还担负发射运载火箭、卫星、航天器等任务。

◉什么是雷达兵

雷达兵，即以雷达为主要装备，获取空中、海上或地面目标情报的兵种或专业兵。雷达兵部队由于担负的任务不同，其隶属关系、体制编制、遂行任务的方式也有所不同。对空警戒雷达兵，分别隶属于空军、防空军、海军航空兵、陆军野战部队；对海警戒雷达兵，隶属于海军。作为兵种，通常设有领导机关，编有部队、院校、科研机构。雷达兵是国家防空体系的重要组成部分，也是军队作战指挥和武器控制的重要保障力量。

◉雷达兵的主要任务是什么

一是警戒侦察。发现空中、海上和地面的有关目标，测定其方位、距离和高度等坐标，识别其种类、用途、型号和敌我属性；对敌方目标进行跟踪，掌握其运动要素和行动特点，判定其威胁程度；向军队指挥机关、作战部队以及民防机构报知敌方目标的情报。

二是目标引导。引导己方的航空兵截击空中、海上和地面的敌方目标；引导己方的舰艇截击敌方舰艇；为对空、对海和对地作战的炮兵、导弹兵指示射击目标。

三是武器控制。对攻击的目标进行连续跟踪，并将测定的目标数据通过指挥仪或电子计算机控制火炮或导弹，对空中、海上或地面目标进行瞄准射击。

◉雷达兵是怎样产生和发展的

20 世纪二三十年代，许多国家开展对雷达的研究。英国于 1935 年研制成世界第一部雷达，1936 年开始装备部队，并在泰晤士河口附近部署若干对空警戒雷达站，担负警戒、引导任务。此后，美、苏、德、日等国也先后研制出雷达，并组建雷达部队、分队。第二次世界大战期间，交战双方已经有大量雷达部队、分队参加战斗，担负对空、对海的警戒、引导、目标指示任务，或控制高射炮、海岸炮进行瞄准射击。战后，各国雷达部队有了进一步的发展。上世纪 50 年代后期，探测地面活动目标的战场侦察雷达在一些国家中陆续装备部队。随着弹道导弹的出现，从 60 年代开始，美、苏等国组建担负弹道导弹预警任务的雷达部队，用以提供洲际、中程弹道导弹袭击情报。

随着军事技术的发展，雷达的自动化程度和反干扰能力将不断提高，雷达兵的作用和任务将不断扩展。其发展趋势是：对空、对海目标的警戒任务将逐步结合起来，情报保障和武器控制任务将逐步结合起来，对外空目标的警戒能力将逐步提高和完善。

◉什么是特种部队

特种部队，即国家军队中担负破袭敌方重要的政治、经济、军事目标和遂行其他特殊任务的部队。一般由最高军事指挥机关直接指挥和领导，少数国家由国防部或军种领导。具有编制灵活、人员精干、装备精良、机动快速、训练有素、战斗力强等特点。其主要任务是：袭扰破坏、暗杀绑架、敌后侦察、窃取情报、心战宣传、特种警卫，以及反颠覆、反特工、反偷袭和反劫持等。

◉特种部队起源于何时何地

一般认为特种部队最早源于英国。二战期间，1940 年 6 月 6 日，为反击纳粹德国的疯狂进攻，英国首相丘吉尔下令“立即对整个德国占领区发动积极而又连续的反攻击”。于是，英国组建了一支由海军和海军陆战队的精锐部队组成的特种部队，头戴绿色贝雷帽，取名为“哥曼德”。世界上第一支独立执行特种作战任务的新型部队应运而生。

◉特种部队有什么特点

一是队员素质要求高。一般从侦察部队和空降部队中挑选体格健壮、机智勇敢、文化程度高、具有献身精神和有一定作战经验的人员。二是装备轻便、先进、高效。以手枪、匕首、步枪、冲锋枪、轻机枪、手榴弹和掷弹筒等轻武器为主，还配发高级微声枪械、高级暗杀器械和药品、微型通信器材、特种爆破装置及水下作业装备；有的还配备特种作战辆、飞机和舰艇及各种侦察器材、轻便工兵器材等。三是训练严格。训练内容和要求主要有：进行多种激烈运动训练，增强体质、耐力和毅力；进行恶劣、恐怖条件下的心理素质训练，培养沉着冷静、随机应变的能力；进行刺杀、格斗、渗透、爆破、暗杀、绑架、驾驶、通信、化装、外国语言等训练，熟练掌握各种技能；进行袭击、伏击等战术训练，学习有关战术理论，提高独立作战和相互间的协同动作与指挥能力。一般采用部队训练和院校训练相结合的方法，通过多渠道、多层次的特殊训练，全面提高特种作战能力。

◉什么是预备队

预备队，即作战部署中作为机动使用的兵力编组。按范围，分为战略预备队、战役预备队和战术预备队。按任务，陆军分为合成预备队、反坦克预备队、反空降预备队、炮兵预备队、坦克预备队、工程兵预备队、防化预备队、通信预备队等。海军、空军在遂行任务时也编有预备队。掌握并适时使用预备队对于夺取作战主动权，取得作战胜利具有重要意义。

预备队的编组根据作战性质、企图、任务、兵力兵器、地形、敌情等确定，其兵力，进攻时约为总兵力的三分之一左右，防御时较进攻时稍多。配置在便于疏散隐蔽和机动的位置，视情况集中配置或分散配置，并采取可靠的防护措施。其任务通常在作战中临时赋予。进攻时，主要用以增强或接替第一梯队或第二梯队，扩大与巩固突破口，抗击反冲击或反突击，扩张战果，应付其他情况等。防御时，主要用以封闭突破口，实施反冲击、反击或反突击，打击空降之敌，增强第一梯队防御或坚守纵深阵地等。

◉预备队是怎样产生和发展的

预备队是随着战争的演变而产生和发展的。约在公元前4世纪，中国战国时期著名军事家孙膑提出了“斗一、守二”的思想，主张作战时以三分之一的兵力为前锋，与敌交战；以三分之二的兵力作为后队，待令而动。欧洲马其顿国王亚历山大提出了以中等装备的步兵担任预备队的思想，并在高加米拉之战中建立并适时投入预备队，打败了波斯军队。公元前1世纪，罗马兵团以一部分大队留作预备队。

10世纪后，各国军队的预备队多由骑兵担任，机动范围扩大。14世纪，俄国军队在作战中出现了预备队和总预备队。18世纪以后，纵队战术和散兵线战术占主要地位，掌握强有力的预备队成为解决战斗的重要手段。19世纪初，出现了炮兵预备队。第一次世界大战后，出现了防坦克炮兵预备队。第二次世界大战时期，出现了坦克预备队、防空降预备队、工程兵预备队。战后，相继出现了合成预备队及防化预备队、通信预备队，反坦克炮兵预备队发展为反坦克预备队。

◉战略预备队有哪些作用

在未来的战争中，战略预备队将是最高司令部从整体上影响武装冲突、作战以及战争的主要手段之一。战略预备队主要用于加强战区力量；在武装冲突中击退侵略者、封堵防御缺口、实施反击、击溃敌人。

战略预备队包括能在出现威胁的方向快速部署的机动部队。机动部队应该按照最优先动员计划以合成部队或军兵种独立部队的构成形式建立。机动的部队应该包括空降分队、空中突击分队、防空与地面机动导弹分队、特种部队与电子对抗分队。

◉什么是古代十大昂贵兵种

中国车战兵：四马战车是周代中国主力部队，不但要有四匹马和战车，还要有御手一名，戈手一名，箭手一名，以及相配套的盔甲，实在是造价十分昂贵，但是其作战能力还是比较出色的。

中国明朝宝船：该船是古代最大的舰只，在耐久、积载、武装、水手数、体积等方面是当时的巨无霸。虽然是商船性质，但郑和一路击败南亚国家头疼的海盗，其战斗力可见一斑。当时只有明朝才能装备的超豪华海军舰只。

阿拉伯帝国马木鲁克骑兵：阿拉伯人认为把奴隶训练成骑兵是节约成本的好方法，结果奴隶在成为军事贵族的一员后，对财富的需要反而更加迫切，也更加腐败。

蒙古帝国的火炮队：蒙古帝国是世界上最早的拥有成建制火炮队的国家。在当时，火炮的铸造，弹药和火药的生产都是尖端技术，所以花费也很大，但是效果不错，对付夯土和砖石城墙都有不错的效果。

英格兰长弓手：是把箭矢的伤害力和射程发挥到最大的兵种，一度导致在火绳枪刚刚发明时，英国人仍然认为火绳枪不如长弓好用。长弓手在英法战争初期英国人击杀法国骑士时发挥了极大作用，但长弓的使用方法不易掌握，所以训练起来很难，无法大规模使用。

欧洲及日本骑士：他们作为一个阶级存在，骑士们要有城堡、封地、爵位、侍从、农奴、奢侈品等等，要支撑起骑士阶级花费是很大的。战场上重装甲骑士的铠甲、马铠、武器也价值不菲。

日本忍者：忍者的训练几乎到达了人的极限，不但是在山地作战有特长，忍者还充当了特工的角色。忍者的要求是平凡中的精品，除去武艺的修行，气质的修行也是难点之一。

日本火枪骑士：是一支精锐部队，往往以骑兵火筒射击后再进行突击，所以威力很大，但是在骑士上又加入了火枪的费用，更是价值不菲。

迦太基、波斯、南亚国家的象兵：象的捕捉和驯服难度很大，加上象的胃口带来的补给难度和特制的武器，造成惊人的消耗，可说得上是军事奢侈品，而且性价比差，历史上多次战败。

西班牙大型战舰：这是接舷战时代的代表战舰，需要的人手和冷兵器极多，补给压力也很大，当时只有国力强盛时期的西班牙才有能力成建制配备，号称“无敌舰队”，最后被以火炮为主的英国小型炮舰以运动炮击战术击败。

◉什么是雇佣军

雇佣军是指那些不为国家、民族利益而战，而只是为了取得报酬，可以被任何国家和民族雇佣作战的职业军人。

雇佣军最早出现在14世纪初，加隆泰人受雇于意大利南部王朝镇压农民起义。同时期，拜占庭帝国雇佣西班牙边民攻打土耳其，这些受雇的边民在帮助拜占庭帝国打败土耳其后，就掉转枪口攻打雇主。15世纪，封建割据的各国亲王、公爵就是利用雇佣军为他们作战。美国独立战争时期，英国政府曾雇佣德国黑森王子的3万士兵组成黑森雇佣军。

第二次世界大战之后，在某些国家还有利用雇佣军帮助政府军或反政府军作战的现象。

◉什么是娘子军

隋朝末年，李世民推动他的父亲李渊起兵反隋。李渊的三女儿李氏回到陕西户县故乡，散发家产，招募了大批士兵，又联络了当地武装，合并了几支零散的起义军，兵力扩充到7万。公元617年，李氏率领着这支队伍和李世民在渭北会师，宣布了隋王朝的末日。李渊称帝后，李氏被封为平阳公主。这以后，李氏统领的军队号称“娘子军”。

至于以女子为基础成员，又有严密组织的娘子军，则是从太平国的女军开始的。太平天国的女军是在男女平等的政治纲领指导下成立的，以前、后、左、中、右和数字一至八来编排番号，共 40 军，每军 5200 人，总计 10 万之众。

◉为什么秦军是当时最好的军队

秦军一统天下，兵威之猛，世所罕见。秦军可以说是中国古代军队中最具备国家军队性质的常胜军，与岳家军等私家军性质的武装相比，秦军无论是谁指挥，都可以打出辉煌的战绩，其军队的强大令人瞠目结舌。秦军有当时世界上最好的军事制度，足够激起士兵心中对战争的渴望，秦军还有当时世界上最严明的军事纪律，军令如山，誓死前行。秦军还有当时世界上最好的战车和弩箭。这一切都使其称霸天下。汉军战匈奴，前后近百年，终解除边患，秦军河套会战一战定乾坤，打得匈奴十年不敢南下牧马，真是倚天不出谁与争锋，可以说，汉朝军事的成功是吸取了秦军优点的结果，但若两军相争，秦军无疑是占据了上风的。

◉汉军有什么战斗力

卫青、霍去病、李广、赵充国……一连串流光异彩的名字，无不让每个中国人神往，让每个中国人自豪。匈奴人当年横行欧洲，13 国联军竟不能挡，西罗马帝国迅速灭亡。这样一支强大的军队，却最终倒在了汉军的铁蹄下。

汉军是一支将游牧民族的野蛮精神与汉朝人的战术纪律发挥到极致的一支军队。严酷的训练和优秀的将领造就了这支军队强大的战斗力。匈奴人被欧洲人称为闪电的鞭子，那如果他们遇见汉军呢？相信他们宁愿遇见匈奴，也不愿遇见卫青、霍去病这些汉人将领。汉王朝存在了 400 多年，与其他朝代不同的是，即使是其处于统治末期，其军队依然保持着强大的战斗力。这点更是其他王朝不能比拟的。

◉唐军的战斗力是怎样的

汉唐是中国封建社会的两个顶峰时代，而唐朝则更是将华夏武功发挥到极致。唐军是一支以汉人为主力兼有各民族士兵的混合战队，其武功极盛时曾远达里海地区。汉朝战匈奴，历经百年终告全胜。唐时的突厥其力量不弱于匈奴，而唐朝却一战定天下。李靖夜袭阴山，活捉突厥可汗，可谓千古奇功。后来唐朝军队开疆拓土，蒙古和西域尽为中华版图。实为中国封建社会的辉煌时代。唐军装备精良，马匹充足，以骑兵为主要作战方式，却也初步配置了火器装备。攻坚战能力和野战能力都为一流。充足的国力和繁荣的经济为这支军队的强大提供了保证。唐军的主要对手也都为当时的强大民族，突厥后来横行西方，建立土耳其帝国，阿拉伯帝国横跨欧亚大陆，与唐朝并立。吐蕃帝国则雄据青藏高原，对中原虎视眈眈。但其与唐军的交锋却基本是败多胜少。唐朝与突厥鏖战几十年，打了一连串的胜仗，并收复突骑施抵挡阿拉伯帝国。唐朝战吐蕃更是涌现出一批名将，每一次对吐蕃的胜利都几乎是对其军力的毁灭性打击。即使到了唐朝衰弱期，吐蕃虽然几次攻克长安，却依然无力进兵中原。

◉东晋北府军是怎样名扬天下的

东晋北府军是因为淝水之战而扬名的。淝水之战是中国古代历史上最著名的一次以少胜多的战役，87 万氐族军败于 8 万北府军，从此北府军声威天下。这是一支由南逃的北方农民组成的精锐之师，每个人都与五胡有血海深仇，每个人都把光复河山作为己任。这支军队有东晋最著名的战略家谢安，又有东晋最著名的将领刘牢之，可谓是精锐中的精锐，雄心勃勃的苻坚碰到这样的对手，就算有 870 万军队又怎能不败。胡人在战前疯狂叫嚣，要饮马长江，投鞭断流，结果却被 8 万汉族子弟兵打得丢盔卸甲。据说捷报传来的时候，谢安只是淡淡地说了句“小儿辈已破敌”。但归家的时候，却因兴奋过度连门槛都撞断了。可谓是狂喜。其实狂喜的又何止谢安呢！

那个时刻，淝水的辉煌把那个世纪中国的历史浓缩成一刻永恒的绝唱，捷报传来的时刻，令许多中国的汉人泪如雨下。

◉为什么岳家军无可比拟

武侠小说《射雕英雄传》里有一情节：成吉思汗在听郭靖说完岳飞的故事后感叹：恨不早生百年，与这位英雄交手。现在，对当年岳家军和蒙古军谁弱谁强的问题还有颇多争论，但岳家军无疑占有不可动摇的地位。因为蒙古军面对的是已经衰亡的金军，仍然不能速战胜之，常常在兵力占绝对优势的情况下依然打得举步维艰。而岳家军面对鼎盛时期的金军，即使是兵力劣势，依然能战而胜之，战斗力之强大由此可见。

◉为什么说大明水师是一支“常胜军”

从鄱阳湖水战开始，到郑成功光复台湾，大明朝立国近 300 年，大明水师却未曾遭遇一败，则是名副其实的“常胜军”。可惜中国古代军事向来重陆战轻水战，因此大明水师的光辉也就因此而淹没了。

事实上，大明水师确实是中国古代史乃至世界古代史上最强大的舰队，郑和下西洋的辉煌人所共知，斯里兰卡之战活捉其国王，大扬华夏国威。可惜后来明朝实行海禁，撤裁舰队，使倭寇横行，海防空虚，但经过戚继光整顿，大明朝水师重新焕发了战力。16世纪葡萄牙殖民者东来，本想变广东为其殖民地，但明朝水师在番于海战中将其重创，使其打消这个傻念头，转与中国通好。16世纪末日本发动侵朝战争，大明水师在露梁海战里全歼日本舰队，打得日本200年国力一蹶不振。即使到了明朝中后期，大明水师依然两战澎湖，将荷兰水师击败，17世纪末更是一举收复台湾，打得有“海上马车夫”之称的荷兰狼狈而逃。

明朝水师舰队规模之大，装备之精良，战斗力之强大，都为中国历代之最，明朝水师配备有各式战船百种，其主战炮舰载炮40多门，远超过同时代西班牙无敌舰队和英国皇家舰队的规模，堪称世界第一舰队。可惜如此强大的力量，后来在被清朝收编并用于收复台湾后即被裁撤，天才水师将领施琅在侯爵位置上终老。后来的清朝水师简直成了海上缉私队，在鸦片战争中，被英国人打得片甲无存。

◉关宁铁骑为什么能胜八旗

明朝实行文官带兵的制度，可偏偏赶上了袁崇焕这个军事天才。宁远大战1万残兵斗败13万八旗铁骑，可那是攻防战，许多人并不以为然，但宁锦会战，关宁铁骑却实实在在地在野战中打败了满洲八旗。辽东军不过7万人，却铸就了一条让满洲人一筹莫展的宁锦防线，后来满清经蒙古入寇北京，关宁铁骑星夜驰援，9000骑兵硬是在北京城外阻击了10万八旗军，此战虽然胜得侥幸，但足以体现关宁铁骑强大的战斗力，假如崇祯皇帝用人不疑，那5年收复失地并不是不可能实现的。

关宁铁骑有不亚于满清八旗的高素质骑兵队伍，还有远强于八旗的火器装备，其骑兵多数配备了火龙枪，并有数百门一流火炮，可谓是能攻善守，尽管这支军队在数量上不如满洲八旗，但如果明朝真能给袁将军足够时间将军队扩充，那必将锤炼出一支无敌天下的军队。

◉什么是日本自卫队

日本自卫队是第二次世界大战之后的日本国家军事武装力量。它正式组建于1954年7月1日，根据日本《和平宪法》第九条及相关国际条约的明文规定：日本的军事实力只能维持在自卫所需的水平，总兵力不得超过10万，军舰数量不得超过30艘，总排水量不得超过10万吨，不能拥有航母及核动力潜艇，作战飞机数量不得超过500架，不得拥有远程轰炸机，不得发展弹道导弹技术。1954年6月9日，日本政府颁布《防卫厅设置法》和《自卫队法》（通称“防卫二法”），将保安队改为拥有陆海空三军的自卫队。

◉什么是保定陆军军官学校

保定陆军军官学校，简称保定军校，是中国近代史上第一所正规陆军军校，位于河北保定市区东风东路，前身为清朝北洋速成武备学堂、北洋陆军的陆军速成学堂，陆军军官学堂。1912—1923 年期间，保定军校办过 9 期，毕业生有 6000 余人，当中不少人后来成为黄埔军校教官。在国民党及共产党内都有保定军校学生。若然从北洋军学堂算起，保定军校训练了接近 1 万名军官，当中超过 1600 人获得将军的衔头。

保定军校主要功能为训练初级军官。学习期为 2 年，分步、骑兵、炮、工、辎重 5 科，学制章程参照日本陆军士官学校，教官亦以日本陆军士官学校毕业者居多。保定军校先后任职共 8 位校长，其中第二任校长为民国最著名的军事家蒋方震（字百里）。

◉保安陆军军官学校是怎样建立的

1901 年 11 月李鸿章病逝，袁世凯到保定接任直隶总督兼北洋大臣。小站的练兵教员根据《辛丑条约》不准驻扎天津附近，于是亦移至保定。次年，袁世凯在保定开办“北洋行营将弁学堂”。1903 年 2 月，袁世凯奏请开办陆军小学堂、中学堂、大学堂，进行正规军事教育训练。之后于保定建成“北洋陆军速成武备学堂”，即为保定军校前身。

1906 年，袁世凯又分别在保定校址开办北洋陆军部陆军速成学堂、陆军军官学堂、陆军预备大学堂。1912 年，袁世凯任中华民国总统后，把陆军预备大学堂搬至北京，并更名为陆军大学。10 月，于保定原址开办保定陆军军官学校。

1920 年暑假，驻扎在军校的军人因未得薪饷发生哗变，抢劫军校，之后校舍被放火烧毁。1923 年 8 月保定军校便停办了。

◉什么是黄埔陆军军官学校

黄埔陆军军官学校，简称“黄埔军校”。1924 年，在国共两党首度携手合作、国民革命风起云涌之际，孙中山高瞻远瞩，视“教育为神圣事业，人才为立国大本”，在广州亲手创办了一文一武两所学堂——国立广东大学（今天的中山大学）和黄埔军校。建校时的正式名称为“中国国民党陆军军官学校”，因其校址设在广州东南的黄埔岛，史称黄埔军校。黄埔军校建立的目的是为国民革命军训练军官，尔后其学员成为国民政府北伐统一中国的主要军力。1946 年之后改称“中华民国陆军军官学校”。

◉为什么说黄埔军校为中国革命做出了重要贡献

黄埔军校是孙中山在中国共产党和苏联的积极支持和帮助下创办的，是第一次国共合作的产物。作为中国现代历史上第一所培养革命干部的新型军事政治学校，其影响之深远，作用之巨大，名声之显赫，都是始料所不及的。

黄埔军校建立以来，以孙中山的“创造革命军队，来挽救中国的危亡”为宗旨；以“亲爱精诚”为校训；以培养军事与政治人才，组成以黄埔学生为骨干的革命军，实行武装推翻帝国主义和封建军阀在中国的统治，完成国民大革命为目的。一方面积极进行孙中山革命的三民主义教育；一方面灌输马克思列宁主义的思想。军校采用军事与政治并重，理论与实践结合的教学方针，为中国革命培养了大批军事政治人才。广大黄埔师生在反帝反封建、争取国家统一与民族独立的斗争中立下了赫赫战功，为中国革命做出了重大贡献。

◉什么是日本陆军士官学校

日本士官学校，原名日本陆军初级军官学校，其前身是在1868年8月德明治维新期间开办的京都军校，次年迁往大阪，称大阪兵学寮。1871年迁往东京，称东京兵学寮。1873年海军兵学寮成立后，改称陆军兵学寮。1874年，根据《陆军士官学校条例》正式建立陆军士官学校，首任校长为曾我祐准，由陆军卿直接领导。该学校主要教授军事课程，并且注重向学生灌输“效忠天皇”的封建忠君思想和为了“大日本帝国”不惜肝脑涂地的军国主义思想，以非常残忍的方法来培养学生的武士道精神。

◉什么是西点军校

西点军校的正式名称是“美国陆军军官学校”。学校位于纽约市北郊的哈德逊河上“肘状”的三角岩石坡地上，该地点被当地人称为“西点”，故习惯上又称其为“西点军校”。在美国独立战争期间，西点曾经是美利坚开国总统华盛顿所率军队的驻扎地。1802年3月，美国国会通过一项法案，决定在纽约北郊的西点建立一所军事学院。同年7月4日，西点军校正式开学。在最初的10年中，西点军校主要是一所为部队培养工兵人才的学徒学校。1812年4月份，美国国会通过另一项法案，将军校确认为美国陆军培养军官的主要场所。1976年，妇女被允许进入学校学习。西点军校学制四年，学科包括工程学、兵役学、社会及自然科学以及人文科学。

西点军校的校训是“责任、荣誉、国家”。该校是美国的历史最悠久的军事学院。它曾与英国桑赫斯特皇家军事学院、俄罗斯伏龙芝军事学院以及中国黄埔军校并称世界“四大军校”。

◉什么是美国海军学院

美国海军学院是美国海军和美国海军陆战队的军官本科教育学校，位于马里兰州的安纳波利斯。1794 年，乔治·华盛顿总统劝说国会，授权他组建新海军力量以打击日益猖獗的海盗。建立海军的事宜也被提上议事日程。1825 年，约翰·昆西·亚当斯总统催促国会建立一所海军学校“以培养优秀的海军军官”。这一建议直到 20 年后才因一起重大事件而获通过。1845 年，美国海军部长乔治·班克罗夫特建立了这所学校，学院的校园本来是陆军的一个基地，学校于 10 月 10 日开学。1850 年，海军学校正式更名为“美国海军学院”。

开始，学校的学习时间为 5 年，但只有第一年和最后一年在学校度过，其他三年在海上度过。1850 年学校重新组织，由后勤和水文署的署长管理，学期被延长为 7 年，前 2 年和最后 2 年在学校度过，其他 3 年在海上度过。1851 年在学校的 4 年被连到了一起，在海上的三年放到此后。学院的第一批毕业生于 1854 年 6 月 10 日离校。

◉什么是伏龙芝军事学院

伏龙芝军事学院，即苏联武装力量培养诸兵种合成军队军官的高等军事学院；研究诸兵种合同战斗和集团军战役问题的科研中心。校址在莫斯科。根据列宁指示，奉共和国革命军事委员会 1918 年 10 月 7 日命令创办，称工农红军总参学院，旨在从工农中培养具有高等军事文化程度的指挥干部。1921 年 8 月 5 日，奉共和国革命军事委员会之命易名为工农红军军事学院，附设高级速成班，培训高级指挥人员。此外，以该院为基地，在不同时期还开办过一些高级军政训练班。1925 年 11 月 5 日，被命名为伏龙芝军事学院。

学院先后培养了数万名具有高等军事文化程度的诸兵种合成军队军官。许多毕业生在苏德战争中成长为统帅和高级军事首长。

◉伏龙芝军事学院的辉煌历史与现状

在伏龙芝军事学院走过的近百年的历程中，为苏联和俄罗斯武装力量培养了大批军事人才。“十月革命”后，“工农红军军事学院”的毕业生成为红军的骨干力量，对肃清白俄反动势力和战胜外国干涉军起到了十分重要的作用。其中最著名的学员有恰帕耶夫（夏伯阳）和切韦列夫。在卫国战争爆发后的两年半时间内，从伏龙芝军事学院直接去前线的将军和其他军官就有 6000 名以上，其中包括在高级首长进修班毕业的朱可夫、索科洛夫斯基、罗特米斯特罗夫、巴格拉米扬、崔可夫等高级将领。我军将帅刘伯承、左权、刘亚楼、杨至诚也毕业于伏龙芝军事学院。

苏联解体后，根据“俄罗斯军队2000年军队改革计划”，该院1998年与装甲兵军事学院和“射击”高级军官进修学校合并为“俄联邦武装力量诸兵种合成军事学院”。现在该院进行着大量的科研工作，学院的科研潜力在俄罗斯国内军事院校中是首屈一指的。

◉什么是桑赫斯特皇家军事学院

桑赫斯特皇家军事学院，是英国培养初级军官的一所重点院校，也是世界训练陆军军官的老牌和名牌院校之一。位于伦敦市西48公里处的伦敦路北侧，占地面积3.54平方公里。学院与19世纪中期的英国皇家参谋学院同址。学院下设军事科技、作战研究和国防事务等科室，由五个分学院组成，即新学院、老学院、胜利学院、施里文汉学院和女官军学院。

◉桑赫斯特皇家军事学院的历史沿革是怎样的

桑赫斯特皇家军事学院可以追溯到1741年4月30日。那一天，经英国国王乔治二世批准，英国皇家第一所军校在伍尔维奇——桑德赫斯特皇家军事学院的前身成立了。英军正式训练军官的历史可追溯到250年前，1671年英军开办的短期训练班，多数与军械局相关。1741年4月30日，乔治二世国王签署一份皇家文件，决定建立皇家军事学院，即现代的桑赫斯特军校的前身。当时校址在伍尔维奇，主要为皇家炮兵团培训军官。其后，皇家工程兵、皇家通信兵、皇家装甲兵等自1920年也相继建立了军事学院。第二次世界大战爆发后，学院关闭。直到1947年，英军将其与皇家军事学院合并，正式改称陆军桑赫斯特皇家军事学院，并在当年1月3日开学。英军老学院、新学院、维克多利学院三所院校驻在桑赫斯特，直到1970年。在院校集中与合并中，桑赫斯特集中了更多的军官训练机构而成为今天的规模。

◉什么是英国克兰韦尔空军学院

克兰韦尔空军学院的渊源可以追溯到第一次世界大战期间。当时，英国海军部想在南部和东部海岸建立一些航空站，以补充海岸警卫系统的不足，更好地对来自海上和空中的入侵进行预警。为此英国皇家海军航空兵于1915年决定成立一个独立单位，训练军官和船员操作飞机、观测汽球和飞艇。1916年4月1日，“皇家海军航空兵克兰韦尔中央训练团”正式成立，戈费雷·佩因海军准将任指挥官。1918年4月1日，随着皇家海军航空兵和皇家飞行团的合并，克兰韦尔的所有权也转交给英国皇家空军。前海军基地的名称也被换为“英国皇家空军克兰韦尔站”。

第一次世界大战后，英国皇家空军参谋长休·特伦查德爵士决定加强皇家空军作为独立军种的地位。其中的一项措施就是建立一所军事航空学院，为皇家空军未来的指挥官们提供基础训练和飞行训练。1920 年 2 月 5 日，英国皇家空军正式成立，朗克罗夫特空军准将为学院院长。这也标志着世界上第一个军事航空学院的诞生。

◉什么是法国圣西尔军校

19 世纪初，拿破仑·波拿巴成为法国首席执政官以后，由于军队连年征战，他手下奇缺优秀军官。同时，他也非常怀念自己早年在巴黎炮兵学校的学习生涯，于是决心成立一所军官学校。1803 年 1 月 28 日，他签署法令，在枫丹白露成立军事专科学校。1805 年 1 月 30 日，拿破仑将一面绣有“为打胜仗而受训”的校训的锦旗授予学校。1808 年 3 月 24 日，军校迁至巴黎西南郊凡尔赛宫附近的圣西尔。人们又称这所军校为“圣西尔军校”。1942 年，纳粹攻占法国全境，这所久负盛名的军校被迫解散。与此同时，一所由戴高乐创办的军官训练学校在伦敦成立，为“自由法兰西”培养军队指挥员。战后，这所在战争中成立并保留下来的军校又成为“诸兵种军事专科学校”，并迁回本土。

由于圣西尔军校的建筑已在盟军为解放巴黎而实施的轰炸中被夷为平地，新校址只好设在巴黎以西约 300 公里的雷恩市郊外。1961 年，根据招生对象不同，诸兵种军校一分为二，又恢复了圣西尔军事专科学校的名称和传统。

◉什么是慕尼黑联邦国防军大学

慕尼黑联邦国防军大学是德国培训陆、海、空军分队指挥官（尉级军官）的学校之一。校址在慕尼黑。该校建于上世纪 70 年代初，1973 年 10 月 1 日开始教学活动，1978 年完成建校工作。1985 年 4 月改名为慕尼黑联邦国防军大学。

慕尼黑联邦国防军大学的主要任务是：对陆、海、空三军的年轻学员讲授科学文化基础知识，使他们达到地方 4 年制大学毕业生的水平。国防军大学的学员在入学前，已在各军种的学校和部队经过学习和培训。

军衔军姿

◉军衔制是怎样产生的

军衔产生于15世纪资本主义萌芽和职业军队建立的时期，军衔一词最早出现于1578年的法文当中，意为“等级的台阶，不同头衔的阶梯或职衔的等级”。

我国古代从春秋时期就陆续出现了元帅、将军、校尉的称号，这比起西欧国家早了十几个世纪。中国古代军队的武官阶品体制，与西欧军衔体制职能一致，但形式不同，各自独立，两者没有承袭关系。1894年，清朝政府决定依照西欧国家军队编练新军。到1904年建立了新军的阶位、品级体制，从此进入了采用军官衔级新制时期。

现在，世界上绝大多数国家的军队都实行军衔制。各国对军衔等级的设置，大都采用西欧式军衔体制。

◉元帅的名称是何时产生的

元帅这个地位显赫的头衔，在历史上曾经有过两种含义：一是官职名称，二是军衔称号。

在中世纪的法国和其他一些欧洲国家，元帅是军队中的一般官职，他负责军队的行军队形和作战队形，监督警卫勤务的执行，管理军队庶务以及指挥前卫，选择营地等工作。

元帅一词用以表示最高军衔，始于16世纪的法国军队。1559—1560年，法兰西二世首次授予四名高级将领以元帅军衔称号，至19世纪拿破仑一世，法国先后有44人被授予这一军衔。继法国之后，元帅军衔先后被许多国家所采用。

◉中国古代的“元帅”是什么情况

在中国，元帅一词最早出现在公元前 633 年的春秋时期，当时只是表示对“将帅之长”的称呼，还不是官职名称。从南北朝起，元帅逐渐成为战时统军征战的官职名称。隋、唐、五代和宋朝，战时都设元帅职务，唐太宗李世民在继承皇位以前曾担任过“西讨元帅”。当时的元帅按其职权轻重和执掌分工，大都冠以不同名号，如“天下兵马元帅”、“兵马大元帅”、“行军元帅”、“行营元帅”，其中又有“都元帅”、“元帅”、“副元帅”的等级之分。金朝战时设元帅府，任命不同级别的元帅，专掌征讨之事。元朝各道、州，凡有军旅之事的地方，都设都元帅府或元帅府、副元帅府，任命不同名号的元帅，掌管当地的行政及军事大权。明朝初年，在枢密院之下设诸翼元帅府，任命元帅、同知元帅等官职，统军征战。元、明两朝的元帅职权较前减轻，仅为二、三品官职。

◉将军的名称是何时产生的

古代没有将军，管民政的叫司徒，管经济的叫司空，管军事的叫司马。

由于军队数量很小，天子也只有六军（每军 2500 人），诸侯最多不超过三军。当时每军的统率也不叫将军，而叫卿，卿以下叫大夫，大夫以下叫士。

到了春秋时代，诸侯为了扩大势力范围，不断增加兵力，因此，大国诸侯常常拥有三军以上的兵力，而编制上却只有三军。只能设三卿。于是，就把扩充军的统帅称为“将军”，意即将领一军的意思。以后军队数量越来越大，将军也就越来越多了。作战时军队得由一人统率，因此，在将军中选拔出“大将军”或“上将军”来全盘指挥。

到了汉代，军队数量更多，单设一位将军已管不过来了，于是又出现了骠骑将军、车骑将军、卫将军等级别。以后，各朝将军的名称虽不尽相同，但将军分成许多级别这一原则却是相通的。

◉世界各国有哪些女将军

在西方主要军事强国中，美国的女军官数量最多。得益于日益精进的自动化技术，美国在二战后解除了对女性驾机或操舰的禁令，并于 1967 年允许女性晋升至将级军衔。1970 年 6 月 11 日，来自陆军护士队的安娜·梅·海斯成为美国首位女将军；此后又经过 24 年，海军陆战队的卡罗尔·穆特被克林顿政府任命为美军第一位女中将。截至 2008 年底，美国三军中共有 57 位现役将官是女性，其中表现最突出的是当年 11 月晋升上将的安·邓伍迪，担任陆军器材司令部司令的她，大概算得上全世界军衔最高的女性了。

冷战时期苏联最著名的女军人，当数世界首位女宇航员瓦连京娜·捷列什科娃。1962年初，纺织女工出身的捷列什科娃秘密前往莫斯科郊区的星城航天基地接受训练，并于次年6月16日搭乘“东方6号”飞船成功升空，她也在一夜之间成为人类进军宇宙的新象征。遗憾的是，在苏联解体前，捷列什科娃始终未能获得属于自己的将星；直到1995年，俄罗斯政府才圆了她的将军梦。

除了美俄，英、法、德、加拿大等国近年来也陆续产生了自己的女将军。尽管数量不多，她们还是以卓越的工作成绩，诠释了性别平等在军事领域的涵义。

中国人民解放军中不乏巾帼英雄。至今已有多位女性将官诞生。

◉什么是准将

一些国家的将级军官中最低的一级军衔称号。准将一般是旅长的编制军衔，所以过去一些国家称准将为“旅将”，法文用“将军”和“旅”这两个词相组合即为“准将”。在英国，凡是担任副师长或独立旅（由两个团组成）旅长的准将，属将级军官，而担任相当于其他国家团级规模的旅长职务的准将，则不是将级军官，而是一个受到特别任命的上校，这种准将军衔带有临时性质。在俄国彼得一世时期，只在海军中设准将衔，陆军不设。

中国自清朝末年引进西欧式军衔制以后，历届政府都没有设置准将军衔。

◉中国古代的武官等级是如何规定的

中国古代有一套独特的武职官员等级制度。秦汉时期，官员的等级称“石”。魏晋以后，官员的等级称“品”，多数朝代的武职官员等级设9品18级（每品分正、从两级）。唐宋时期，武职官员等级设9品32级。隋唐以后，在品之外还设有“武阶”。阶数多少各朝不等，多者45阶，少则18阶，每阶均有等级称号，如骠骑大将军、昭武校尉、陪戎副尉等。以不同颜色和图案的冠服佩饰标志官员的品阶，是中国古代武阶制度的一个显著特点，它表明中国封建社会武职官员的等级制度已趋完善。

清朝末年，清政府参仿西方军事制度，实行营制改革。从1904年开始至1911年3月，历时6年多，逐步地在中国军队中建立起一套完整的军衔制度，取代了传统的武阶制度。中国初次建立的军衔设6等18级：上等第一级包括大将军、将军、正都统，第二级为副都统，第三级为协都统；中等第一级为正参领，第二级为副参领，第三级为协参领；初等第一级为正军校，第二级为副军校，第三级为协军校；额外军官一级；军士分上士、中士、下士3级；兵分正兵、一等兵、二等兵3级。

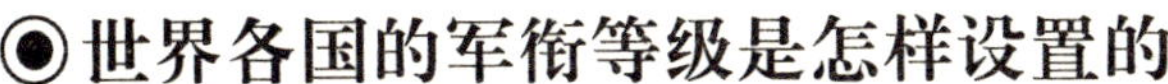

◉世界各国的军衔等级是怎样设置的

当今世界各国的军衔等级设置不同，多数国家军官分将、校、尉三个等级；部分国家在将官之上还设有元帅，军衔分帅、将、校、尉四个等级。还有一些国家把准将作为非将非校的特殊军衔。另有个别国家把准尉当作不同于尉官的单独一级军官军衔。士兵军衔，各国通常分为军士（士官）和兵两个等级。如此细分起来，各国军衔最多可分为帅、将、准将、校、尉、准尉、军士、兵八个等级。

◉哪些国家设置大元帅头衔

大元帅这个比元帅更高的头衔，起初并不是军衔称号，而是一种荣誉封号，用来授予本国或同盟国武装部队总司令，有时也授予皇家成员和国务活动家。1569年，法国的查理九世国王，封其弟弟昂茹公爵为大元帅。此后，到19世纪的3个世纪里，法国、奥地利、罗马帝国、俄国等国家，先后享有大元帅封号的共约三十人。1716年俄国陆军条令规定，大元帅为俄军最高军衔，1727年将这一军衔授予缅希科夫公爵，大元帅开始成为军衔称号。后来设过大元帅军衔的国家，仅有苏联、西班牙等少数国家，目前世界上已没有这一军衔的设置。

大元帅在中国近代，曾作为军队最高统帅的名称出现过。清朝末年，一度以皇帝为陆海军大元帅。中华民国前期，以大总统为陆海军大元帅。1927年南京国民政府成立后，规定国民政府主席兼陆海空军总司令，大元帅名称遂中止使用。1937年抗日战争爆发后，8月12日国民党国防最高会议及党政联席会议决定，军事委员会委员长蒋介石为“中华民国陆海空大元帅”，即最高统帅之意，并非实际职务和军衔。

◉哪个国家设置主帅军衔

主帅，即苏联武装力量高级军官——元帅军衔中的第三个级别。主帅军衔是1943年10月9日根据苏联最高苏维埃主席团的命令而设置的，授予在领导和指挥军种、大战役军团或兵种（专业兵）方面功勋卓著者。主帅低于苏联大元帅和苏联元帅，高于军兵种元帅，区分为空军主帅、炮兵主帅、装甲兵主帅、工程兵主帅、通信兵主帅。获得主帅军衔称号者，发给苏联最高苏维埃主席团证书和“元帅星”证章。苏联是世界上设置主帅军衔的惟一国家，它解体后主帅军衔在世界上已不复存在。

◉哪个国家设置军兵种元帅

兵种元帅，即苏联空军元帅、炮兵元帅、装甲兵元帅、工程兵元帅、通信兵元帅军衔的统称。军兵种元帅是苏军元帅中最低的一个级别，与诸兵种合成军队中的大将属同一级别。空军元帅、炮兵元帅、装甲兵元帅军衔，是根据苏联最高苏维埃主席团 1943 年 1 月 16 日的命令而设的，通信兵元帅和工程兵元帅，是根据 1943 年 10 月 9 日的命令而设的。凡获得这种军衔称号的人，都发给一份最高苏维埃主席团证书和一枚特别的“元帅星”证章。苏联的海军元帅，其他国家的空军元帅、海军元帅、陆军元帅，均不是本条目意义上的军兵种元帅，他们的级别要高于苏联的军兵种元帅。

◉美国为什么没有元帅

很多人可能感到奇怪，世界上数一数二的军事大国——美国，却一直没有元帅军衔。其实，这里牵涉到一个翻译问题。

对外国军衔名称的翻译，通常有直译和套译两种。直译就是直接将外文原文翻译过来，这种情况仅限于日本一国，如日本的“中将”、“少佐”等，汉译名和日文原词完全一样；套译则是按相当的军衔等级翻译成中文现行的军衔名称，如将法国的“师将军”（General Divesion）译作少将，将美国的“旅将军”（Brigadier General）译作准将等，都是采用套译的办法。显然，所谓的美国“五星上将”的译名，既非直译，也非套译。“Generalofthe Army”直译有“陆军将领”或“陆军统帅”的意思，套译应为“陆军元帅”。其实，有些国家（如日本）就把美国的最高军衔译作元帅，我国历史上也称美国佩戴五颗星徽的将领为元帅，如潘兴元帅、马歇尔元帅、麦克阿瑟元帅等。

◉各国的将官军衔有什么区别

世界上共有 100 多个国家设有将官军衔。其中，多数国家的将官分为四级。美、英、法等西方国家和一些较大的第三世界国家，如印度、巴基斯坦、埃及等国，将官分上将、中将、少将、准将四级。苏联、东欧各国、朝鲜、越南、蒙古、古巴等国的将官一般设大将、上将、中将、少将四级，不设准将。只有波兰例外，将官设五级（大、上、中、少、准将）。巴西、阿根廷、墨西哥等国，既不设大将，也不设准将，将官分上将、中将、少将三级。以英国为首的英联邦国家和阿拉伯国家，准将既不算将官，也不算校官，而是作为将、校之间的特殊军阶。因此，这些国家的将官军衔实际上大多为少将至上将三级。一些中、小国家，将官等级少，有的以中将、少将或准将为最高军衔。拉美一些小国，如厄瓜多尔、洪都拉斯、萨尔瓦多等国的将官只有一级，就叫“将军”。

有些国家将官的衔称比较特殊，如日本的将官称“将一”、“将二”、“将补”，通常译为上将、中将、少将。越南海军将官军衔分为“海军都督”、“海军副都督”、“海军准都督”，应套译为海军上将、海军中将、海军少将。瑞士高级军官军衔分四级：将军、军长、师长、旅长，分别相当于别国的上将、中将、少将、准将。智利陆军将官设四级，衔称为上将、四星中将、中将、少将。

◉各国的校官军衔有什么区别

所有实行军衔制的国家，都有校官军衔。东、西方各国绝大多数都设上校、中校、少校三级，只有中国和朝鲜校官为四级，多一级大校。越南虽然也设大校，但已于1982年取消了上校衔，实际上也是分三级（大校、中校、少校）。日本中级军官军衔称“佐”。旧日军军衔佐官设大佐、中佐、少佐三级，相当于别国的上校、中校、少校。第二次世界大战后日本自卫队军衔佐官设一佐、二佐、三佐三级，亦相当于上校、中校，少校。

◉各国的尉官军衔有什么区别

西方和第三世界国家一般都设上尉、中尉、少尉三级尉官军衔。苏联、东欧各国和朝鲜、越南、蒙古、古巴、阿富汗等国设大尉、上尉、中尉、少尉四级、大尉军衔一般授予连长，这与西方国家的上尉实际上是同一个等级。苏联的大尉在西方被译作上尉，上尉被译作“上级中尉”，与西方国家的中尉列为一格。此外，苏联的初级军校毕业学员一般授予中尉军衔，少尉衔基本不用；波兰不设少尉，而设大尉、上尉、中尉；罗马尼亚男军官最低军衔是中尉，少尉是专为女军官设的。因此，也有将苏联、东欧等国的大尉、上尉、中尉、少尉，依次译作为上尉、中尉、少尉、准尉的。有些国家将准尉列为尉官的最低等级，因此，尉官等级较多，一般为四至五级，最多的达七级。如土耳其、巴西、阿根廷、乌拉圭、墨西哥等国尉官设上尉、中尉、少尉、准尉四级；以色列、智利设上尉、中尉、少尉、一级准尉、二级准尉五级；巴拿马设上、中、少尉和一、二、三、四级准尉，多达七级，是世界上尉官衔级最多的国家。

◉各国士官军衔有什么区别

军士是介于军官或准尉与兵之间的一个等级，亦称为“士官”。各国军士等级差别较大，多数分三级或四级，分三级的通常为上士、中士、下士；为四级的一般为军士长、上士、中士、下士。美国、法国、德国、奥地利、比利时、波兰、意大利、阿根廷、秘鲁等国家，军士设六至七级。

◉各国兵的衔级是怎样设置的

兵是军衔等级体系中最低的一个层次。大多数国家兵的衔级设二三级。苏联、东欧国家和朝鲜、蒙古、越南、古巴等国，均设二级：上等兵、列兵；美、英、法、意等国设三级：一等兵、二等兵、三等兵（或新兵）；德国、日本等国设四级别；印度则设五级；而捷克、斯洛伐克、西班牙、荷兰、加拿大、墨西哥等国只设一级。

◉美军随军牧师制度是怎样诞生的

无论是在科威特烈日炎炎的沙漠演习场，还是在阿富汗寒冷的高山战场，遇到麻烦的美军士兵不是向他们的长官求助，而是向一些身穿军官制服却不携带武器的人咨询。这些人就是号称“服务于上帝与军人之间”的美军随军牧师。

据美国军史专家考证，美国第一位随军牧师是斯通教士。在整个美国独立战争的过程中，随军牧师在自己的教区和传教地征集士兵，并率领士兵走上战场。他们承受着个人的痛苦，并整天和饥饿、孤独、拘禁、挫折、伤病及死亡打交道。1775 年 7 月 29 日，大陆议会对随军牧师的身份给予了官方认可，还表决了有关大陆军中各级军官和招募人员的薪酬支付问题。这一天被认为是美国随军牧师制度的诞生日。

◉为什么美军随军牧师是“行走于战火的上帝仆人”

1920 年 6 月 4 日美国颁布了陆军部法案，里面第一次明确了牧师的地位，其中一个关键条款是这样规定的：一名军衔不低于少校的牧师，可由总统任命，并得到参议院的同意，成为首席牧师。牧师的奉献精神使得他们赢得了普通士兵的信赖。1943 年 2 月 3 日，一枚鱼雷击中了美国的“多切斯特”号，该船正载着 904 名军人穿越北大西洋到英国。678 名“在行动中失踪”的人中有 4 名是随军牧师。他们英勇地把救生衣给了其他人，为其他人提供祈祷和帮助，备好了救生筏，然后，面对死亡，他们紧握着手相互祈祷，随船一起沉入海底。他们的行为获得了公众的敬仰，体现了牧师的精神。

如今，美国军队中共有 2700 多名训练有素的军队牧师。他们分布在陆军营、空军联队、海军大型舰艇和小型舰艇中队以及机关和军队医院，并授军官军衔，着军服、佩牧师标志。在国防部设“武装力量委员会”，主席为少将军衔，各军种设牧师局和牧师学校，陆空军参谋部和海军作战部设少将衔牧师长，军以上司令部设牧师处，师设牧师科。随军牧师中绝大部分为基督教牧师，还专门为女兵配备了女牧师。

◉什么是军事识别标志

识别标志在军队中有多种使用情况：一是象征军队、军种或建制部队的标志。如军旗、军徽等。世界各国对此类标志的颁发、授予、制作、悬挂和使用都有严格的规定。二是用以表明军人所属军队、军种、兵种、专业性质和军人军衔的标志。如帽徽、胸章、臂章、领章、领花、肩章、袖章、袖标、军种符号、兵种符号、专业勤务符号等。此类标志有的用合金金属、涂漆金属制成，有的用纺织品绣制。各国军人着军装时需佩带哪些标志和标志应置于的位置等都有严格的规定。三是用以表明武器装备所属国籍、军队、军种、兵种、部队的标志。一般在武器装备表面适当部位标上国旗、军旗、军徽或其他象征性图案以及阿拉伯数字、拼音文字的字母、专用符号等。如军用飞机识别标志等，舰艇上悬挂的国旗、军旗、彩旗（挂满旗）皆属识别标志。

◉什么是军用飞机识别标志

为标示军用飞机的所属国籍而喷涂在机翼、机身或尾翼上的特定标记。习惯上称军用飞机机徽。世界各国均规定了本国的军用飞机机徽。有的采用国旗或军徽的形式，有的按照自己的民族习惯绘制色彩鲜艳的几何形状图案。大多数国家诸军兵种的军用飞机均采用同种机徽，个别国家有所区别。军用飞机识别标志不是固定不变的，往往因国家的国体、政体改变或其他需要而加以更改。一些国家为区别飞机所属的军种、兵种、部队，以便于实施空中指挥，还在军用飞机上标有文字、数字和图形等特殊符号。

◉符号在军队中有什么应用

符号在军队中的使用，主要有两种情况：一指表示军人及各种军用物资所属国籍、军队、军种、兵种、专业兵机关、部队、院校或勤务部门的象征性图案。如军种符号、兵种符号，在各国军队中几乎皆有，美军还有总部参谋符号、监察署符号、军法队符号等。符号可佩戴在军装的固定部位上，亦可绘制在旗帜或武器装备上，还可印刷在证件上。一是军用地图和图解文书上表示地物、敌我双方兵力部署情况、战斗情况、气象情况等的象征性标记。按用途，分为地形符号、军队标号、气象符号；按与实物的关系，分为比例符号、非比例符号；按绘制方法，分为线状符号、说明符号等。

◉什么是军种符号

军种符号，即佩戴在领章（衣领）、肩章上，用以表明军人所属军种的标志。现代世界各国军队多有军种符号，其造形能反映军种的特点。

◉什么是兵种符号

兵种符号，即佩戴在领章、肩章、臂章上，用以表明军人所属兵种的识别标志。图案由单一或多种象征性图形组成，一般用金属或塑料制作。现代世界各国军队多有兵种符号，其种类多样，规格不一，造形能反映兵种的特点。如以降落伞和飞机图案表示空降兵，以坦克图案表示装甲兵，以古代火炮、现代火箭表示炮兵，以两支步枪交叉构成的图案表示步兵，等等。

◉美军兵种符号有什么特点

美国陆军各兵种都有代表本兵种特点的符号。如防空炮兵的兵种符号是在两门交叉的火炮上压一枚导弹，交叉的火炮表明防空炮兵同野战炮兵之间有关系，压在火炮上的导弹图形则代表现代炮兵的新发展；野战炮兵的兵种符号为两门交叉的古炮；航空兵的兵种符号由一对金色鹰翅和压在上面的一个银色螺旋桨构成；工程兵的兵种符号为三塔城堡，象征工兵的建筑和设防功能；特种部队的兵种符号是两只交叉的翎箭；化学兵的兵种符号由两个交叉的曲颈瓶和一个苯环组成，表示化学兵的职能与化学紧密相连，宪兵的兵种符号为两只交叉的手枪；通讯兵的兵种符号是两面相交叉的旗帜和一只火炬组成的图案；军事情报兵的兵种符号仿照希腊神话中眼观六路、耳听八方的太阳神赫利俄斯的太阳式样的图形，太阳的光线象征该兵种的任务遍及世界各地，其上的玫瑰花图形是古代秘密的象征，被部分遮挡住的匕首，显示该兵种行动所固有的攻击性、隐蔽性和自身的危险性。

◉什么是专业勤务符号

专业勤务符号，即表示军人所担负的勤务的识别标志。图案由单一或多种象征性图形组成，一般用金属或塑料制作，与领章、肩章或袖章配合使用，为领章、肩章或袖章的组成部分。现代世界各国军队多有专业勤务符号，其种类多样，规格不一，造形能反映专业勤务的特点。如以地球仪、圆规和三角板图案表示测绘人员。

◉什么是带穗肩章

带穗肩章，是一些国家军官和具有特殊身份的军人佩戴在肩上的一种识别标志。通常用金银条（线）或金银丝线制成，并能表明军人等级。佩戴带穗肩章可使军人显得更加威武、庄重。

◉哪些国家的军官佩戴带穗肩章

带穗肩章同肩章一样，在一些国家军队中出现于 18 世纪初。在俄国军队中，1763 年始采用单肩带穗肩章，1807 年又采用双肩带穗肩章。19 世纪下半叶起，俄军只在礼服上保留带穗肩章。这种带穗肩章与肩章的区别在于其表面上绣织有一个圆盘，圆盘上嵌着表示军衔（官衔）的符号或金属制成的星。俄军校官带穗肩章上的圆盘用很细的金银条或线编成的穗子镶边；将官的用粗螺旋状穗子镶边；尉官的不带穗子。有的在带穗肩章的面上绣着首领姓名第一个字母的花字和部队代号或番号的开头字母。俄军的带穗肩章于 1917 年取消。

中国清朝末期和北洋政府时期军官礼服均佩戴带穗肩章。北洋政府时期陆军军官礼服所佩戴的带穗肩章，其外端为圆盘，圆盘上缀有 1—3 颗金星，以区分尉、校、将级军官，肩章的版面，尉官的为黄色，校官的为红色，将官的为金色。1936 年 1 月，国民党政府颁布的《陆军服制条例》规定，陆军军官大礼服肩章为圆盘带穗肩章，肩章外端为圆盘，绣梅花 1 朵，将军肩穗为金线，校、尉官肩穗为黄丝线，肩章内端盘柄缀三角星花 1—3 颗，以区分尉、校、将级军官，不缀星花的为准尉。

◉什么是单肩肩章

单肩肩章，是军人佩戴在军衣肩上的识别标志的最初形式。俄军中最早的单肩肩章始佩于 1763 年，开始只是佩戴在长衣的左肩上，作为隶属于某一团队的识别符号，同时还是一种用来拌住子弹背袋绳的装具。1801—1809 年逐渐采用固定颜色的双肩肩章，取代了单肩肩章。

◉什么是军装绶带

即军服上用于连挂勋章、奖章和略表的带子。通常以丝绸制作，有规定的颜色和花纹。世界上很多国家的勋章和奖章皆配有绣带。苏联规定其勋章和奖章配有绶带，在向机关、团体、部队授勋时，将绶带系在他们的旗杆上，个人可佩裹有相应缀带的略章，以代替勋章和奖章。美军规定，在参加庆典时可在穿常服和礼服的情况下佩戴绶带。

各军种绶带的颜色都有明确的规定，如陆军规定各兵种和专业兵绶带的颜色是：鲜红色——炮兵、工兵，黄色——装甲兵、骑兵，橘色——通信兵，深蓝色——航空兵，步兵蓝——步兵，绿色——宪兵、专业参谋，深绿色——特种部队，砖红色——运输兵，等等。

◉什么是军服穗带

即军服的装饰品。一般用金线、银线或彩色丝线编织成的有金属装饰端的带子，通常一端扣在右（或左）肩肩章之下，另一端扣在右（或左）衣领下，呈半椭圆形垂在胸前。

穗带作为军服的一个组成部分，最早于17世纪在西欧一些国家的军队中采用。1762年始，俄国总参谋部的将官、校官和尉官、副官、军事地形测绘员、宪兵、机要信差以及某些龙骑兵团、胸甲骑兵团、火枪营和掷弹营的人员，均佩戴穗带。现代，穗带通常是礼仪兵、军乐团员、文工团员等人员礼服的装饰品。

◉什么是略表

略表，也称“勋表”、“略章”。代替勋章和奖章而供佩戴用的直角形板条。通常用金属制成小窄板条，表面微凸，有的裹有所授勋章和奖章的绶带，背面大都有可别在衣服上的别针。军人在着常服时，一般不佩戴勋章、奖章，而在左胸衣兜上部横排佩戴略表。

◉什么是袖章

袖章，即军人佩戴在军衣衣袖上的标志。主要用于表示其军衔、属何军种兵种、执行何种勤务等。在中国，清朝末年和中华民国时期，军队的袖章缀于军衣两袖口上方，主要用于表示军衔等级。1905年，礼服袖章为五花辫图案，以花辫的颜色区分等次；常服袖章，官佐、军士和兵均为红细辫一道。1936年1月，国民党政府规定，军官大礼服袖章图案为金辫和梅花，以金辫的多少区分等次，以梅花的数量区分级别；特级上将于梅花之上加缀圆环三个，成品字形，一级上将加缀圆环两个。

世界上许多国家的军队都以袖章作为军人军衔和所属军种、兵种、专业兵及勤务的识别标志。苏联军队的袖章既可表示军衔、属何军兵种或技术勤务，又可表示超期服役年限或院校学员的年级。美国军队的袖章主要用于士兵，通常表示其军衔和属于何军种。日本海军军官的袖章是在两袖口上缀1朵金色樱花和按军衔等级缀不同数量的宽（35毫米）、中等宽度（12毫米）和窄（6毫米）金辫带。

◉什么是肩章

肩章，即军人佩戴在军衣肩上的识别标志。形状有梯形、剑形、斜角形、矩形等。缀有军衔等级或军兵种专业勤务符号。依佩戴时机通常分为常服肩章、礼服肩章、作训服肩章等。各种肩章样式基本相同，礼服肩章以饰物相衬。肩章的作用，是按肩章的种类、式样、颜色、肩章上的彩色杠（竖条带）和条纹的数量、宽度以及星徽或其他图案的数量、大小，区分军衔等级和勤务的属性。

18 世纪初，肩章作为一种识别标志在军队佩戴。20 世纪初，中国军队即开始佩戴肩章，1904 年，清政府批准练兵处和兵部上奏的《陆军官务服帽章记》，对肩章的式样、颜色等作了详细规定。中华民国时期军队的礼服和某些时期的常服，亦配备肩章。

◉美军军官的肩章有什么特点

美军将官肩章，用星徽标志等级，五至一星，分别标志五星上将、四星上将、中将、少将和准将；上校肩章缀鹰，中校、少校肩章缀枫叶，中校为银色，少校为金色；尉官和准尉肩章，用金色和银色杠杠标志等级。从将军到尉官，肩章符号的标志意思依次是：星星在苍穹闪耀，雄鹰翱翔蓝天，树木枝叶茂盛，树干连着大地。

◉军章为什么戴在左胸

军功章佩戴在左胸这一习惯，源于古代军队。

在冷兵器时代，士兵在作战时，右手持剑，左手持盾。因为，左胸系心脏所在部位，须重点防卫。后来，武器发展了，士兵们不再使用矛盾作战，便在左胸上佩戴一些装饰物，用以保护心脏。如早期十字军士兵在左胸佩戴的小十字架，即是这个用途。渐渐地逐步演变为左胸佩戴军功章的习惯。

◉什么是领章

领章，即军人佩戴在衣领上的识别标志。形状有平行四边形、长方形、正方形、斜角形等。一般用布呢制品制作，缀有军衔或军兵种专业勤务符号。有的国家战时领章的星徽、符号多用无光泽金属制作。

20 世纪初，中国军队开始佩带领章，用以区分军人的军衔等级。1905 年清政府规定，陆军军官礼服衣领上绣有领章，样式为飞蟒抱珠和金辫，以珠子颜色区分等次，以金辫数区分级别。1911 年改官兵领章为长方形，分上下两部分，上部区分兵种及缀标号，下部缀六角星徽区分级别，以颜色区分等次。1912 年 11 月，中华民国政府颁布了新的陆军领章样式，常服领章改为剑形，领章背面填写部队番号或本人编号。1936 年 1 月，国民党陆军军官、士兵的领章均为长方形，以条杠和三角星徽区分军衔等级。

◉什么是领花

领花，即军人佩戴在军服衣领上的识别标志。多为金属制品。

◉什么是臂章

臂章，即军人佩戴在军衣衣袖上臂部位，表示身份或勤务的标志。一般佩戴在左臂，形状有长方形、菱形、盾形等，套在袖子上的长方形臂章亦称袖章或袖标。

◉苏美军人的臂章有什么特点

世界上许多国家的军队都以臂章作为军种、兵种或技术勤务的标志，也有的作为军阶符号或所属部队的标志。如苏军的臂章一般表示军兵种或技术勤务。美军的臂章主要用于表示士官和士兵的军阶，如陆军的等级用金色角线和弧线来区分；二等兵角线1条；一等兵角线和弧线各1条；下士角线2条；中士角线3条；上士角线3条，弧线1条；军士长按等级增设弧线。

◉什么是军徽

军徽，即象征军队的标志之一。有些国家的军队各军种都有自己的军徽。把具有一定意义的图案制作成徽章，作为某一军事集团的象征和军事首领的标志，在古代已有之。公元前5世纪，欧洲一些国家的军队中出现装饰有神祇和动物小雕像或刻绘着特殊象征性图案（公牛、猫头鹰和互握的手等）圆盘的矛和杆。同时，还出现了军事首长、高级官员的个人标志。10—13世纪，西欧骑士的盔甲和旗帜上出现了区分穿戴这样甲胄的骑士的贵族家族纹章，这是纹章主人力量、勇敢、敏捷和机智的象征。之后，军旅中的徽章不断发展，逐渐发展成象征军队或建制部队的标志之一。

◉什么是帽徽

帽徽，即军人佩戴在军帽上的标志。18世纪上半叶，欧洲许多国家的军队开始佩戴帽徽作为标志。中国清朝末年的新军和中华民国时期的军队，都佩戴帽徽作为标志。

◉为什么海军军帽没有檐

海军士兵戴的无檐帽，通常为白色或蓝色，帽檐为硬圈，其外表为黑色，前方一般标有文字；帽檐的后方有两条黑色的飘带，有的飘带上亦标有文字，有的飘带上还印有勋章的绶带等识别标志。

19 世纪初，无檐水兵帽取代了漆布水兵帽而风行于世界各国海军。水兵帽无檐，主要是避免舰艇高速航行时帽檐兜风和使用观察仪器时帽檐碰坏仪器；水兵帽的硬檐圈对水兵的头部有保护作用，使他们不至于因海上颠簸而碰伤头部，水兵帽的飘带既可以做风向标使用，也可以用以系住帽子不使其脱落。

◉海军帽后面的两根飘带有什么传说

海军帽飘带的来历，在早期虽然主要是为了测试风向而设计的，但还有另外一种说法。1805 年，法国拿破仑军队入侵英国，英国海军统帅纳尔逊率领舰队与法国舰队激战，打败了拿破仑舰队。战中，纳尔逊将军重伤身亡。英国皇家海军为他发丧时，全体水兵都在帽后缀上两条黑纱，表示悼念和敬重。自此以后，英国海军士兵帽就正式缀上了两条黑色飘带。由于飘带所具有的测风和装饰作用，逐渐为各国海军所仿效。

◉为什么法国海军帽上缀着红绒球

当今，世界各国的水兵帽大致相同，但亦有某些国家略有差异。法国的水兵帽就有一点明显的不同，就是水兵帽的顶端缀有一个分外鲜艳的红绒球。据说该绒球是法国国防部规定的制式水兵服的组成部分，象征“一滴血”，寓意为“作战勇敢，不怕牺牲”。顶端缀有小红球的水兵帽，戴着非常精神，容易引人注目，因此深受法国水兵喜爱。

说起红绒球来，还有一段颇为有趣的来历。法国古代海军的木质战船，由于舱室低矮，水兵们经常被碰得头破血流。为了防止碰破头，水兵们就在帽中垫上一团棉纱。即使这样，也还有被碰破头的，鲜血浸染棉纱，变成了红球。经过若干年的演变，法国海军开始在水兵帽顶端缀上一个红绒球，寓意是“祝你走好运，不会碰破头”。如今，现代化军舰的舱室虽已没有碰破头的危险，但法国水兵帽顶上的红绒球仍然保留着。现在，水兵帽顶端的红绒球不但成了法国水兵服的装饰品，也成了他们喜爱的吉祥物和收藏品。

◉水兵服的样式源于什么

古代男子流行蓄长发，而水兵为适应海上生活，喜欢将长发梳成辫子。但辫梢常沾污水手的服装，于是他们又在自己肩上披上一块方巾来保洁。逐步演变为水兵上装款式。

水兵肥裤筒，与他们海上生活有关；裤口肥大可以罩住靴子，阻挡水花溅入；有助于将裤筒翻卷过膝盖。水兵一旦落水，肥大的裤子能扎紧裤口，充以空气，这是一个唾手可得的应急浮游气袋。

◉为什么军装多是绿色的

现在，世界上的军装大多数是绿色的，含草绿、深绿或黄中偏绿。军装采用绿色是从实战的教训中总结出来的。

19 世纪末，英帝国主义发动了对南非的侵略战争。当时，南非有一个叫“布尔”的倔强民族，他们不甘心自己的国土受到外来侵略者的蹂躏，组织起来进行武装反抗。布尔族参战的兵力很少，英军人多，双方兵力对比约为 1 ： 5，布尔人在战争初期失利。英军自恃人多势壮，骄横冒进。布尔人通过一段时间的观察，发现英军有一个很大特点，都穿红色军装，在南非的森林和热带草原的绿色背景中，格外显眼，因而行动极易暴露，布尔人从这里得到启发，立即把自己的服装和枪炮涂成草绿色，以便利用密草丛林的绿色背景作掩护，这样一来，布尔人很容易发现英军，英军不容易发现布尔人。布尔人常常神不知鬼不觉地接近英军，突然地发起攻击，打得英军措手不及，而英军想打却找不到目标。在这场战争中，英军以惨败告终。英国人在南非受到的教训，很快被许多国家的军队所汲取。为了在野战条件下较好地隐蔽军队的行动，人们首先就是从服装上着手，不断改进军装的颜色，尽量使之与自然背景的颜色接近。这样，世界各国军队虽然军装形式差别很大，但在颜色上却逐渐在绿色基调上统一起来。

◉什么是战旗

战旗，是军人荣誉、英勇和光荣的象征，它提醒军人牢记自己的神圣义务，英勇善战，不惜牺牲自己的鲜血和生命保卫国家的尊严。古今中外，不少国家的军队都拥有战旗，且名称多样。中国宋代有战旗“净天鹘旗”，据史料记载，宋将张威以勇见称，临阵战酣，则精神奋发，两眼皆赤，时号“张红眼”，又号“张鹘良”，为金人所惮，故张威乃立战旗为“净天鹘旗”。苏军把军旗称为战旗，出现于 1918 年，最初是作为一种战斗奖赏，表彰指战员在对敌作战中表现出来的集体英雄主义精神。后来，战旗便成了军人荣誉的必然象征。

◉什么是勋章

勋章，即国家对有特殊功绩者的荣誉奖赏，规格多高于奖章。通常由国家最高权力机关颁发和授予。勋章和奖章授予的对象多是立有不同等次军功的人，但也发给在其他方面有突出贡献者，如在社会政治活动、科学技术发展和文化艺术等领域建树甚丰者。勋章和奖章多发给个人，也发给集体。有的勋章和奖章也可授予外国人。

◉中国历史上的第一枚勋章是什么

清朝末年，中外国际交往日益增多，许多国家为了联络情谊，对外国重要来宾如使节、考察官员、游历要员等，往往赠以本国勋章。然而，清朝政府按传统却是赠赐马褂、花翎、顶戴等物，与国际惯例很不相宜。于是，清政府总理各国事务衙门于光绪十七年（1891 年）十二月二十九日，向朝廷上奏了勋章章程，建议设置“双龙宝星”勋章。这个奏折和勋章章程、勋章图案很快得到批准，诞生了中国历史上的第一枚勋章。

“双龙宝星”勋章外形为星状，图案仿照清朝旗帜，以龙为标志。勋章共分五等 11 级，第一、二、三等各分三级，第四、五等不细分级。等级用满文标于宝星之上，并镶嵌珠宝，或珍珠，或珊瑚，或宝石，以其颜色区分等次。授予勋章时，同时发给“勋章证明”，作为凭证。

◉什么是奖章

奖章，即国家或军队对立有军功或取得其他成就者的奖赏，实际上是对勋章的一种补充。奖章一词源于拉丁语“金属”。作为奖赏的奖章到 17 世纪才出现。1632 年，瑞典国王古斯塔夫·阿道夫铸金质奖章，奖励参加纽伦堡会战的军官。这种方式为他人所效仿。世界上大多数国家都有自己特色的奖章。奖章的原料及命名与勋章大体相当。

◉南京临时政府的勋章有什么特点

辛亥革命胜利后，南京临时政府陆军部于 1912 年 2 月 26 日，将拟定的《勋章章程》呈报临时大总统孙中山审批，3 月 1 日孙中山核准颁发施行。共颁发勋章三种，第一种称“九鼎勋章”，授予民国陆海军人中有特别战功者；第二种称“虎罴勋章”，授予民国陆海军人中有寻常战功者；第三种称“醒狮勋章”，授予民国一般为国尽瘁功劳卓著者。九鼎勋章共分九等，头等、二等授予将官，三至六等授予将、校、尉官，六至九等授予士兵。凡获得九鼎勋章者，每年均按等级向国家领取年金，直至本人去世。

九鼎勋章，中间刻黄帝像，列五兵于其身旁，外围以九鼎。取义是，黄帝作五兵，挥斥百族，定九鼎，以显扬战功。虎罴勋章，中间刻虎罴两兽，外围以花纹。取义是，前有士师，则载虎罴，以表扬佩此章的军人，有如虎如罴之势。醒狮勋章，中间刻狮子一头，外围花纹，上刻一古钟，取义是，自由钟声，惊醒全国同胞。获得九鼎勋章者，同时发给勋章证明书，证明书内详载功绩，写明年金数额，凭证向国家领取年金。

◉北洋政府时期的勋章、奖章有什么特点

北洋政府于民国元年（1912 年）12 月 6 日颁发《陆海军叙勋条例》和《陆海军奖章令》，民国三年（1914 年）1 月 14 日颁发《陆海军勋章令》，到民国五年又作过几次修正和补充，根据这些法令先后设置了“大勋章”、“大绶宝光嘉禾章”、“嘉禾勋章”、“白鹰勋章”、“文虎勋章”、“勋表”和“陆海军奖章”，以及“功绩”、“学术”、射击等奖章。“大绶宝光嘉禾章”分为五等，其余勋章分为九等。分九等者，一至四等授予将官，三至六等授予校官，四至七等授予尉官和准尉见习军官，六至九等授予士兵。授予勋章时均附给执照，有的勋章还可以凭执照领取年金。陆海军奖章分为四等，一至二等奖给军官，三至四等奖给士兵。勋章的图案：“大勋章”由两层八角星组成，中间绘制日月星辰山龙华虫等 12 种事物。

“大绶宝光章”、“宝光勋章”外形为两层以八组宝剑组成的八角星，中间双边圆圈夹层内镶嵌珊瑚圆珠，圆心内镂刻“嘉禾”（即长得特别茁壮的禾稻）谷穗。“白鹰勋章”为两层光芒线组成的八角星，中间镂刻白鹰图案，用标于鹰头顶上方的五角星数量区分等级，星多者为高。“文虎勋章”的外形与白鹰勋章略同，中心圆圈内镂刻文虎一只，勋章的等级用圆圈外上方的五角星数量标志。“陆海军奖章”为银质，外形为五瓣梅花叶，各瓣之间连以一朵小梅花，中间镌刻“中华民国陆（海）军奖章”八字。奖章同“宝光嘉禾章”、“嘉禾勋章”一样，以颜色区分等次，不过嘉禾类章的颜色较复杂，奖章较单纯，只以金银蓝白各一色区分一至四等。勋章除按战时建有“殊勋”、“武功”和平时积有“劳绩”的大小，授予本国官兵以外，还可由大总统特赠外国总统、皇帝、君主。

◉什么是军服

军服，即军人着用的制式服装，亦称军装。有统一规定的式样、颜色、用料和穿着方式。主要包括军上衣、军裤、衬衣、军帽、大衣、军鞋、标志符号等。按着装场合的不同，军服分为常服、礼服、作训服和工作服四类。按军种分，有陆军服、海军服、空军服等。按穿着季节分，有夏服和冬服。军服有防护、识别和象征三大功能。军服的式样通常由国家最高权力机关制定。

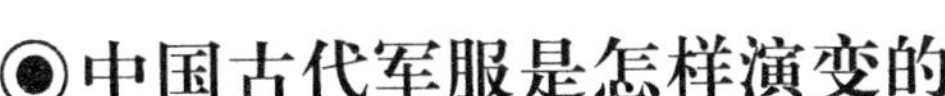

◉中国古代军服是怎样演变的

古代作战和现代截然不同，出战有战车，战将衣铠甲，威风凛凛，雄姿百态。历代的戎装虽然与常装在风格品位上存在着一致性，但是由于功能的特殊要求，其衣、帽以及所有服饰，形成了极具特色的服饰体系。据史书记载，军服的演变，是从简——繁，又从繁——简这样一个发展过程延伸至今的。这种变化是与当时年代的冶铁业、制革业、手工加工业、服装服饰业的发展状况及经济水平息息相关的。军戎可显示国威、士气，军戎也可以向人们述说它的功绩和败北的原因。

文献记载，赵武灵王由于战争需要，毅然改革军服，即所谓“胡服骑射”。因为窄袖、长靴、衣束腰带的胡服能适应长途跋涉的战时需要。战时地势险要，北方匈奴强悍，并要行程数千里，如只以步行和战车是远远无法抵御的。最有效的办法是在迎战时以骑兵为主力，步兵配合，才可取胜。所以，赵武灵王的军服改革是意义十分重大的创举。

◉清朝的军服有什么特点

清朝的甲胄与前代均有所不同，虽也按上衣下裳分开，总的来说仍依传统形制，但其配置与满族旗装紧密相连。军中将领的服式是，上身甲衣以马褂为基本式样，衣身宽肥，袖端是马蹄袖，设有左右两块用带联系的护肩，腋下有护腋，胸前后背有护心镜，镜下底襟边有护腹的“前裆”，左边缝上同样的一块“左裆”。军服的下身是“裳”，此“裳”由于不是筒形，而是左右两片，故用围穿形式，在围裳的中间，用一块绣有虎头的蔽膝遮盖住。此外镶边还代表了八旗兵的标志。正蓝旗兵，其背心是蓝色镶大红色边；正黄旗兵，其背心是黄色镶大红色边；正红旗兵，其背心是红色镶白色边；正白旗兵，其背心是白色镶朱红色边。在这些背心上的胸背各缝一个圆圈，圈内书写一个标志字样。步兵的标志是“兵”“队”“勇”字样，水兵的襟前缝“某船”等字样。清兵的足下以绑腿、鞋或短靴相配。

◉古埃及王国的军服是怎样的

公元前 28 世纪到公元前 525 年，是埃及王国时期。埃及法老在掌政的同时，也是军队的统帅，他们亲临战场，直接指挥部队。法老的甲胄非常豪华，由犀牛皮制成的铠甲，上面不仅缀有青铜甲片，而且还有蓝宝石做装饰。头盔由染成蓝色的皮革制成，表面钉有铜钉并镶着铜边。手腕除戴护腕外还配有手镯，脚上一般穿皮制凉鞋，腰配青铜短剑。埃及常备军的步兵们的铠甲是在麻布上编缀青铜甲片，在胸甲带上镶嵌彩石做装饰。

◉古巴比伦王国和波斯帝国的军服是怎样的

巴比伦王国（前 626 年—前 330 年）的近卫军是王国军队中的精锐部队，勇士们一般上着带穗饰的长披肩，外挂用青铜甲片编缀成的布胸甲，下身穿短裙，腿上护有锁子腿甲，脚穿带鞋带的长筒软皮靴。头盔则是用青铜制成的，两侧带有颊挡。

波斯帝国的近卫军异常勇猛，被誉为“不灭之队”，不灭之队人数规定为整数一万。近卫军的军服非常华丽，但缺乏实战作用。一般着用的黄绸上衣和长袍除绣有蓝绿花纹外，袖口和衣边均用刺绣花边做装饰。士兵们平时还佩戴金耳环和金手镯，头顶驼毛编织成的绿头圈，脚上是黄皮军靴。

◉古希腊的军服是怎样的

古希腊（前 3000 年—前 196 年）斯巴达重装步兵的甲胄分为盔、胸甲和胫甲三部分，没有铠甲保护的部分用大型圆盾来辅助防护。钟形胸甲由前后二部分构成，表面打铸成胸肌形，左侧以铰链相连，右侧用皮带扣住。胫甲也采用腿肌造形。头盔上用黑白马鬃制成翎饰。上身是短袖束腰长衣，脚下是皮凉鞋。

雅典重装步兵的铠甲是由多层亚麻布重叠成 5 毫米厚而制成的布甲，其中包括胸甲和甲裙。以后吸收了亚述人制作铠甲的方式，在胸甲的前后编缀青铜甲片来增加防御力。

◉古罗马帝国的军服是怎样的

古罗马帝国的罗马军团作战时也以重装步兵为主力，并排列成密集型的进攻方阵。步兵们头戴铁盔，身披板金铠甲，腰系嵌金属甲片的腰带，佩挂带圆钉镶嵌的前挡。铠甲下是羊毛编织的短袖束腰长衣。脚穿皮凉鞋。

罗马军团的百人队长的铠甲是仿希腊的布甲造形。皮革表面编缀有鱼鳞状铁甲片，外包有红布边。护臂和甲裙是用带穗饰的皮革制成的。身上装束为头戴红色羽翎装饰头盔，身穿短袖束腰长衣，外披红色斗篷，两腿护有带纹饰的胫甲，脚穿皮凉鞋。

◉欧洲骑士的军服是怎样的

欧洲骑士时期（4 世纪—17 世纪）持续至中世纪结束长达 1500 年左右。其中法兰菲利蒲 1 世的军队基本上以重装骑兵为主力。法兰克骑兵的铠甲是用几层皮革重叠缝制成的短袖造形，表面缀有铁环。头上是带护鼻的圆锥形铜盔。下身是绑腿和带马刺的皮靴。公元11世纪至13世纪，十字军东征标志着骑士文化黄金时代的到来。骑士的铠甲多为锁子甲。锁子甲最早在公元前6世纪，由凯尔特人发明，之后被罗马人采用。十字军东征时，骑士们几乎全部披挂锁子甲。其重量大约13公斤。另外，由于长时间被太阳照射，铠甲发热易灼伤皮肤。为此，骑士们都在外面罩上缝有红十字纹样的白色长袍，头上的圆筒状铁盔上开着横条视孔和用来呼吸的小圆孔。14世纪以后，为了提高锁子甲的防御力，在胸、臂和腿等容易受到攻击的部分，增加了钢铁板金护甲。这些护甲成为日后盛行欧洲的板金铠甲的前身。头盔也由圆筒状换成尖锥形。到了15世纪，板金铠甲的制作技术变得愈加成熟，出现了全身披挂板金铠甲的重装骑士。但是，整套甲胄的总重量达50公斤。1585年，英国的甲胄匠人制作出新型板金铠甲，以当时流行的绅士服款式为造形，表面涂成黑色，并刻有精美的镀金装饰，这种镀金装饰既美观又可防锈。在实战时，还配备有缓冲面罩和护胸甲。此种造形的铠甲凝集了当时甲胄匠人制作工艺的最高技术。

◉日本武士时代的军服是怎样的

日本武士时代（1180年—1868年）的日本大铠定型于源平战乱时期至镰仓时代，当时战斗形式以武将马上弓箭战为主流。铠甲也根据骑射的要求得到了改进。大铠以胸甲、披膊、腋挡和甲裙等部分构成，整领铠甲有2000块甲片，甲片的表面涂有黑漆，用染色的皮带和缎绳编缀。日语称编缀带为“威”，大铠也以“威”的材料和颜色来命名，大铠的装饰豪华，在胸肩部还挂有被称作“苦楝板”和“鸽尾板”的金属护板，以保护胸肩免遭飞箭射穿。与大铠同时被启用的还有大型头盔。其最大特点是在盔檐上装有以狮、龙等为造形的前挡台，并插有锹形前挡。

徒步作战的下级武士，一般着用简略而轻便的“胴丸”。胴丸是由两挡式挂甲发展而来，以胸甲和甲裙构成。胸甲是用整块黑漆绘金的铁板制成，甲裙由黑漆甲片用缎绳编缀而成。胳膊上戴用网甲和甲片制成的护腕，头戴黑漆阵笠，下身是大口裤并绑有胫甲，脚穿草鞋。

◉土耳其奥斯曼帝国的军服是怎样的

奥斯曼帝国（1290年—1922年）的常备军除前面提及的西帕希骑兵军团和配有先进的火绳枪装备的耶尼切里兵团以外，还增有炮兵部队、运送部队、工兵部队等辅助军团。西帕希骑兵军团又分为轻、重装骑兵队。轻装骑兵的军服是带刺绣花边装饰的短袖长袍，内穿锁子甲衣，胳膊上套波斯式铜护腕，头上为皮盔外罩头巾帽。凶猛强悍的近卫重装骑兵则身披坚固的甲胄。铠甲的胸甲、肩甲、腿甲、护腕等都是在锁子甲上编缀鳞状甲片，再在甲片上嵌装铜钉。头盔是包三色布边的甲片式金属盔，带盔缨和翎饰。

精锐耶尼切里步兵兵团的军服为红色窄袖呢绒长袍，一般头戴土耳其式高筒帽，以镀金银鞘为装饰。鞘上多镶嵌有红玉和土耳其蓝宝石。下身着长裤和翻边皮靴。

◉印度莫卧儿帝国的军服是怎样的

莫卧儿（1526 年—1857 年）武士的铠甲为锁子甲衣，外罩短袖长袍，胸前装圆护，腰系宝石镶嵌的金带。胳膊套波斯式护腕，腿部有皮腿甲，下穿绸布条纹小口裤，外绑胫甲。脚穿软底皮鞋。一般装备形象为身背犀牛皮制的圆盾，腰插印度式短剑，手持长剑。

在莫卧儿帝国之中，拉杰布特族的武士以其勇敢善战而闻名。他们的铠甲保持着本民族传统的款式，被称为“万钉甲衣”。即在布制的长袍上钉有无数铜甲泡，类似于中国的布甲。在胸、腹、腋、腿等要害部位还装有护甲。头顶波斯式钢盔，带盔钉、翎饰、护鼻和护颈锁子甲。

◉第一次世界大战主要参战国的军服是怎样的

一战初期，法国军队的军服为醒目的深蓝色军大衣和红色长裤，一年后更换成蓝灰色军服。德国军队的军服为红色镶边的绿制服，头上是传统的带盔钉的皮盔，1916 年又换成新式钢盔。交战国中以英军的卡其色军服最适合野战。卡其色军服始于 19 世纪末，“卡其”名称出自印度乌尔都语，意为泥土。驻印度的英军最先采用卡其色粗布做军服，以后众多国家的陆军部队也纷纷采用。英军苏格兰人部队的军服却仍保留着苏格兰传统的褶迭短裙，腰系毛皮袋。俄国军队的制服是传统的民族式上装和马裤，外穿防寒用灰色军大衣。1917 年，美国参战时，从法国登陆的美国士兵军服均为卡其色，头戴平毡帽。作战时则改换使用英军的碟形钢盔。

◉第二次世界大战主要参战国的军服是怎样的

法国军队的个人装备在欧洲各国陆军中最为落后。野战服与前次大战一样，既笨重又妨碍身体运动。而英国陆军则非常注重步兵的实战装备研究，士兵的新式野战服和武器装备，使英军能在欧洲和非洲战场上与德军抗衡。而德军由于投入大量的人力、财力，军队的装备最为精良，其中野战服的设计极为合体，且适合实战，钢盔的防弹性能也颇为良好，防御面积较大。苏联陆军的军服却仍旧保持着传统的俄国式上装和马裤。美军步兵的军服为新型 M1941 茄克衫和毛料长裤，战争期间，美军军服设计人员不断听取前线士兵的意见和建议，多次对野战服和个人装备进行改良，因此，后来居上，其装备比其他各国更趋于现代化。亚洲战场的日本陆军军服早在1868年便已定型。日俄战争后，日本开始采用英国陆军的卡其色。二战中，又受德国影响，改旧式竖领为翻领。中国由于当时工业处于极其落后的状态，军队的武器装备基本上依赖于进口，陆军军服为德国式蓝灰色，之后也开始采用卡其色野战服。

◉什么是迷彩服

迷彩服是作训服的一种基本类型，由绿、黄、茶、黑等颜色组成不规则图案的一种新式保护色。迷彩服要求它的反射光波与周围景物反射的光波大致相同，不仅能迷惑敌人的目力侦察，还能对付红外侦察，使敌人现代化侦视仪器难以捕捉目标。

迷彩服在战场上的广泛应用，极大地增强了部队行动的隐蔽性，减少了人员伤亡。

迷彩服最早是作为伪装服出现的，希特勒的军队在第二次世界大战末期首先使用了迷彩服，为“三色迷彩服”。后来，以美国为首的一些国家装备了“四色迷彩服”。现在世界通用的是“六色迷彩服”。

◉日美等国家的迷彩服有什么特点

日本最新研制的迷彩服有春、夏和秋季通用类，采取细线条四色迷彩、两种色调，分别采用与季节的环境植物红外辐射相等的布料，提高了对红外线、紫外线等夜间侦视的防护，增加了保暖、透湿、防水和不易燃性。冬用迷彩服则在秋季迷彩服的表面套上紫外线反射率与雪相等的单层布料制作的白色罩衫，里面配有木棉汗衫、毛衣和棉衣，增加了吸湿、保暖功能，即使在零下30摄氏度气候条件下，也可以发挥“防水御寒”的超高性能，可起到良好的避水、防风效能。

为了提高迷彩的通用性，美军专门为其作训服研制了一种布料两面印染多种颜色的工艺，一面印有标准森林陆地图案，另一面印有三色沙漠图案。与此同时，美军还为其防化服研制了专门的迷彩图案。

现代迷彩服还可根据不同需要，用多种基本色彩变化出多种图案。英军上世纪80年代的温区、热区作战服和雨衣全是迷彩色的，体现了一服多用的特点，反映出目前国际上作战服装的发展趋势。

◉为什么数码迷彩源于苏格兰猎鸟人的伪装服

有关迷彩服的雏形，最早可以追溯到苏格兰的“吉利服”。这原本是一种由猎户使用的伪装用具，相传为猎手吉利所发明，主要用在隐身于丛林中，麻痹鸟儿以实施猎杀。最初的吉利服就是一件装饰着许多绳索和布条的外套，在植被茂密的环境中隐蔽效果很好，即使警觉敏锐的鸟儿也难以发现。

第一件真正意义上的迷彩服诞生于1929年的意大利，有棕、黄、绿和黄褐4种颜色。二战时德国发明的“三色迷彩服”，则是首次大规模投入使用的型号。这种迷彩服上遍布形状不规则的3色斑块，一方面可歪曲人体的线条轮廓，另一方面其中部分斑块颜色与背景色近似一体，部分斑块又与背景色差别明显，从视觉效果上分割了人体外形，从而达到伪装变形的效果。

◉什么是贝雷帽

贝雷帽，即一种无檐软质制式军帽，通常作为一些国家军队的别动队、特种部队和空降部队的人员标志。贝雷帽具有可以折叠、不怕挤压、容易携带、美观等优点，还便于外套钢盔。著名的将领蒙哥马利元帅在第二次世界大战中就经常戴着贝雷帽，而且还与众不同地戴着将军和装甲兵两个帽徽。一些国家主要是在颜色上对不同的兵种予以区分。如美军的别动队戴黑色贝雷帽，特种部队戴绿色贝雷帽，空降部队戴栗色贝雷帽。各兵种的贝雷帽除颜色不同外，式样都一样，均属制式统一发放物品。

美国在第二次世界大战中曾组建了一支特种部队，因其队员头戴绿色贝雷帽而俗称“绿色贝雷帽”。这支部队由一些勇于冒险的人员志愿组成，进行特殊训练，专门从事特种任务作战，曾以“魔鬼之旅”闻名于世。联合国维持和平部队统一佩戴蓝色贝雷帽。对贝雷帽的戴法有明确的要求。如美军规定戴贝雷帽时，应使帽圈平正地位于前额上，且高于眉毛1英寸，帽顶向右耳方向倾侧，并使硬衬正好位于左眼上方。贝雷帽只有在穿常服、作训服和工作服时才能戴。穿常服戴贝雷帽时，可以穿战斗皮靴，并将裤腿束紧。

◉日本军帽为什么后面耷拉两块布

第一种说法是用于遮太阳。这种军帽最先是法国北非军团使用的，在沙漠地区对防止阳光灼伤后颈效果不错。日本古代足轻（普通步兵）的阵笠（出征作战时戴的斗笠）后面就有遮阳帘。现代的日军是明治时期组建的，最早采用法军的训练方法和服装样式，因此也有人说那两块布是遗传自法军军帽的。

第二种说法是作为护身符。日本人较为迷信，军工部门在引进时，改为两块布，视为天皇赐予每个士兵的护身符，一块是“八宏一宇”，一块是“四海一体”。

第三种说法是防炮震。步炮兵或专业炮兵战斗时防止自己的耳朵被火炮发射的巨大声响震聋，同时防止被对方的炮声震聋耳朵。

第四种说法是提防被大刀直接砍掉脖子。这是日军的传统，在平安时代以后，日本军服盔甲就普遍采用护颈帘，足轻和枪兵队用布帘，而高级武士和剃刀武士则有钢制头盔，明治维新后，日本开始了传统文化和西方相结合，加上崇尚武士道，也就衍生出了我们所看到的“屁帘”结构式军帽。

◉抗战时期国民党军军帽上的纽扣是做什么用的

在1930年中原大战结束后，北伐时期的大盖帽被一种圆筒形布制军帽所取代，成为部队的制式军帽。该帽是德国军事顾问以中北欧的“滑雪帽”为原型，依据中国人的头形改进而成的，最大的特点是带帽舌，帽子周围有一层护布，平时折叠起来，用两颗纽扣固定在正面，天冷时可以放下，以保护脸部及后颈部。一般来说，国军部队军帽样式较为统一，惟一区别是正面固定护布的纽扣。在改制之初，曾出现过不同样式，如两颗纽扣的、一颗纽扣的，甚至还有没纽扣的，《陆军服制条例》颁布后即进行了统一。此外，大盖帽在布帽出现后并未被完全取代，很多高级军官仍在正式场合佩戴。

◉对待战俘的国际公约有哪些内容

《关于战俘待遇之日内瓦公约》针对第二次世界大战期间德日法西斯虐杀战俘的暴行，详细规定了保护战俘和战俘待遇的原则和规则。主要内容包括：战俘是处在敌国国家权力管辖之下，而不是处在俘获他的个人或军事单位的权力之下，因此拘留国应对战俘负责；战俘在任何时间均须受人道的待遇和保护，不得对战俘加以肢体残伤或供任何医学或科学试验，不得使其遭受暴行或恫吓及侮辱和公众好奇心的烦扰，禁止对战俘施以报复措施；战俘的自用物品，除武器、马匹、军事装备和军事文件外，应仍归战俘保有；战俘的住宿、饮食及卫生医疗等应得到保障；对战俘可以拘禁，但除适用的刑事和纪律制裁外不得监禁；纪律性处罚绝不得非人道、残暴或危害战俘健康；不得命令战俘从事危险性和屈辱性的劳动；对战俘不得施以肉体或精神上的酷刑或以任何其他胁迫方式来获得任何情报；战事停止后，应立即释放或遣返战俘，不得迟延；在任何情况下，战俘均不得放弃公约所赋予的部分或全部权利等。

◉第一个涉及战俘保护的双边条约是什么

1648年《威斯特伐利亚条约》第一次确立了现代战俘的观念。1785年，普鲁士和美国签订了世界上第一个内容涉及保护战俘的双边条约，规定应给予战俘正当待遇，禁止将战俘囚禁在罪犯的监狱里并禁止使用镣铐，战俘必须监禁在合乎卫生的场所，可以像军队一样地生活、饮食和进行体育运动。19世纪，战俘的待遇应和本国军队的待遇相类似的原则得到了普遍的承认。

◉军礼是怎样产生的

军礼的起源可以追溯到古罗马时代，当时在古罗马帝国庞大的骑兵军团里就已经有了军礼的雏形。每当帝国的骑士们策马相遇时，都会相互举起头上戴的面甲，据说这一方面是为向对方表示敬意，体现骑士精神，另一方面也是为了显示出自己的脸部，以免被对方所误伤。

到了11世纪，欧洲各国的骑士们大都去掉了面甲，举面甲的传统也慢慢演变成脱下头盔或帽子以示敬意。英国资产阶级革命以后，其代表人物克伦威尔领导的新式军队正式把脱帽致礼的传统改为用手接触帽檐敬礼。这时候的英国军人相互敬礼时，右手掌紧贴帽檐，手心向外翻，用以向对方表示自己手中没有武器，同时两腿并拢呈立正姿势，以显示其军人的气魄。这种军礼形式，最先从英国陆军开始，然后传到了海军和以后的空军。法国大革命后，法国军队也实行了这一新式军礼。不久，这种军礼又传到了美国，进而逐渐传到了全世界。目前世界各国军队的军礼虽然各不相同，但举手接触帽檐致敬的这一表现形式却是通行的。

◉军礼的由来还有哪些说法

军礼，是军队中使用的严肃礼节。当今世界各国的军礼，其由来有两种传说。

其一：英国军队奋力击败了西班牙的无敌舰队后，女王为凯旋归来的将士举行了一次壮观的祝捷大会。在会上，英国女王伊丽莎白一世亲自为有功的将士颁发奖品。当时，为了维护女王的尊严，特别规定将士领奖时，要用手遮蔽眼部，不得对女王平视。这一动作逐渐演变成了今天的军礼。

其二：严肃的军礼来自中古情场。欧洲中古时代，一个公主若下嫁给一位勇敢的武士，而武士要得到公主，就免不了要在公主面前刀光剑影一番。比武之前，武士们必须列队在公主的宝座前走过。为了示意自己被公主的美丽所晕眩，都将手举起盖在眼前。渐渐地，这个动作演变成了当今的军礼。

◉鸣放礼炮的仪式源于何处

鸣放礼炮的礼仪起源于英国。400多年前，英国海军用的是火炮，当战舰进入友好国家的港口之前，或在公海上与友好国家的舰船相遇时，为了表示没有敌意，便须把船上大炮内的炮弹统统放掉，对方的海岸炮舰船也同样做以表示回报。这种做法以后就逐渐成为互致敬意的一种礼仪。由于当时最大的战舰装有大炮21门，所以鸣炮21响就成了一种最高礼节。

鸣放次数与战舰级别（装炮门数）相当。21 响为最高，以下次数为 19、17、15、13 响。据说当时认为双数不吉利，因此，舰炮都是单数，现在也有鸣双数的。

后来，21 响礼炮成为国家元首的礼遇。最先采用这一礼仪的是美国，时间是 1875 年。

◉肩章是怎么来的

肩章最早本是古代侠客义士用来保护双肩，以防冷兵器打击的金属板片。后来，肩章在法国军队中是戴在肩上作为区别军官与士兵的记号，而在俄国军队中，肩章出现的最初时间是 1763 年，戴在男式长衣的左肩上，作为隶属于某一团队的识别记号，同时还是一种用来绊住子弹带背绳的装具。

从 1810 年以后，各种肩章便逐渐固定下了各自的颜色，用来戴在双肩上面。1854 年，在俄国军官和将军的制式军服上便出现了正规的肩章。从此，肩章在各国军队中便逐渐地实行起来，并且成了表明军衔高低和军兵种区别的符号标志了。从此，各国军队都由此受到启发，纷纷装备了肩章。

◉海上阅兵有什么仪式

通常情况下，海上阅兵分为阅兵式和分列式。举行阅兵式时，受检阅的舰船都有固定的泊位，整齐地排列。检阅舰则搭载领导人和海军将领，以及受邀的别国宾客，依次检阅列队战舰。在检阅过程中，军舰鸣放 21 响礼炮，向首长致敬。与此同时，海军航空兵的战机会从空中列队飞过，接受检阅。

分列式又称为码头校阅式，受阅舰艇编队以一定顺序从码头的检阅台前通过。如同奥运会入场仪式一样，战舰的排列也遵循一定的惯例，但是也并不拘泥于一种规则。

海上阅兵式时，速度可能比较快，很快就过去了；等到分列式的时候，可能看得比较清楚，分列式的时候主要的水面舰艇、潜艇、航空兵都依次从领导人面前通过，可以看到一些舰艇的细节。

◉海上阅兵与陆上阅兵的区别

海上阅兵在场地、受阅装备、阅兵形式等方面，与陆上阅兵都有很大区别，概括说有三大不同：

一是阅兵场地不同。陆上阅兵是在陆地，海上阅兵是在海上。这个最大区别衍生出许多不同，如观礼台、观众、活动范围等。

二是受阅装备不同。陆上阅兵只能以水兵方队和海军航空兵的形式展示海军建设的某些方面，海上阅兵则可以出动水上、水下、空中等所有海军武器装备。

三是阅兵式和分列式不同。陆上阅兵，阅兵首长是乘车检阅部队；而海上阅兵，阅兵首长是乘舰检阅部队。在分列式上，陆上阅兵受阅队伍是以方队的形式迈正步通过检阅台；海上阅兵受阅部队则是以军舰列队形式通过检阅台，并以变换的不同队形向阅兵首长展示海军的风貌。

◉口令起源于何时何地

口令源于2000多年以前的吴国。当时，吴国与楚国交战，在一次战斗中，楚军竟把吴王乘坐的船给缴获了，吴王感到受了奇耻大辱，命人夺回这条船。

经过一番策划，吴军派了三个十分精明的士兵化装成楚兵，潜入楚军营内，设法打听吴王的船，而后约定了碰头的地点和联络的口头暗号。

三个化装成楚兵的吴军士兵潜入楚军后，从几位楚兵那里，探到了吴王船的隐藏地点。一天深夜，三名吴兵以夜幕为掩护，将这条船拉到约定的地点。

“余皇!”一个吴兵轻轻叫了一声。

“余皇!”有人迅速回答。

这个吴兵连呼三声“余皇”，有人回了三声“余皇”。暗号接上了，前来接应的吴军随即和三个潜伏的士兵一起，将这条船夺了回来。

从此，“暗号”开始在军队中使用。一般在对敌作战中的夜晚，视觉不灵的情况下，以此来辨别敌我，通常以单词或数字表示。后来，“暗号”演变成为“口令”。

在现代战争中，“口令”是不可缺少的。

◉为什么美国“退伍军人节”最热闹

美国关于军队的节日主要有两个。不过严格来讲，这两个节日是针对军人而不是军队的，它们是“阵亡将士纪念日”和“退伍军人节”，分别源自美国南北内战和第一次世界大战。

美国把每年5月最后一个星期一作为阵亡将士纪念日，纪念在美国内战中南北双方的阵亡将士。“退伍军人节”由第一次世界大战停战日（11月11日）演变而来。从1919年开始，美国人每年都要在11月11日举行庆祝活动。但时间一长，人们庆祝的热情难免减退，到1953年，美国已经很少有人庆祝这个节日了。1954年6月1日，美国总统艾森豪威尔签署了一项法案，将“停战纪念日”更名为“退伍军人节”，从而将纪念的意义改为向美国全体退伍军人表示敬意。

此后每逢这一天，美国总统和各州州长都要向全体美国退伍军人致敬，缅怀他们在战争期间的功绩。这一天，许多退伍老兵也会纷纷集会游行。在华盛顿的阿林顿国家公墓无名战士墓前，人们还会举行各种纪念活动。

1968年，美国通过“星期日假日法”，将“退伍军人节”改在每年10月的第4个星期一。这一立法从1971年开始生效，目前美国大多数州都在这一天举行各种纪念活动。

◉为什么俄罗斯的“祖国保卫者日”也是“男人节”

作为传统军事大国，俄罗斯对军队十分重视，其军人节日之多堪称世界首位，每年竟然有34个。其中最为重要的就是2月23日的“祖国保卫者日”。

“祖国保卫者日”为纪念红军1918年战胜德军而设立的。1918年，苏联红军刚一组建，就受到来自德军的巨大威胁。当年2月18日，德军大举进攻，严重威胁彼得格勒的安全。在万分危急的情况下，苏俄人民委员会发布动员令，号召人民踊跃参军。2月23日，这一爱国主义运动达到高潮，仅在彼得格勒就有数万名志愿者参加红军。为纪念这一事件，2月23日被定为“红军和红海军节”。1946年，苏联将“红军和红海军节”改称“苏军建军节”。苏联解体后，俄罗斯将“苏军建军节”改称“祖国保卫者日”，仍作为俄罗斯军人的法定假日。从2002年开始俄罗斯政府决定将“祖国保卫者日”作为全国性假日，全国放假一天。

现在，俄罗斯社会上还将这一天视为“男人节”。在这一天，不仅军人可以收到鲜花和礼物，所有男士都能享受节日的快乐，广播和电视里整天都播放着母亲、妻子、女儿为心中最重要的男士点播的歌曲，商场也不失时机地以优惠价等方式推出男士礼物。

◉英国的军人节是什么时候开始的

英国军队的节日是每年11月11日，纪念在第一次和第二次世界大战中牺牲的无名烈士，但这并不是真正意义上的建军节。2009年6月27日，英国100多个城镇举行活动，庆祝英国历史上第一个军人节，向军人、老兵及军属表达谢意。在这期间，有大约3000个政府机关和学校、企业和家庭会挂起军人节的特别旗帜，表示敬意。

以往军人节叫做老兵节，但是英国政府决定扩大范围，鼓励民众肯定现役军人所做的贡献。英国国防部长艾恩斯沃斯说，近年来对现役军人的贡献不加以重视是“不能接受”的。在典礼致词的时候，艾恩斯沃斯还强调，人们更应该肯定退役老兵为社会所做的贡献。

◉罗马尼亚的建军节有什么意义

罗马尼亚建军节是10月25日，是为了纪念推翻法西斯政权，赶走德国侵略军，解放全部领土。

1940年，反动军官首领安东尼斯库取代国王建立了罗马尼亚法西斯政权。他在这一年10月准许德国军队开进罗马尼亚，1941年6月，又与德国法西斯军队一起，参加了侵苏战争。为了反对法西斯政权，罗马尼亚共产党于1943年制定了组织武装起义的政治路线，建立并训练爱国卫队和游击队，联合各方面的反法西斯力量，组成了工人统一战线和民族民主同盟。

在1944年夏天，罗马尼亚共产党和其他爱国力量达成协议，成立了起义军事委员会，并通过了武装起义的具体步骤和计划。8月23日，起义开始。当天下午，起义军逮捕了安东尼斯库及其亲信，推翻了军事独裁政权，组成新政府。随后，罗马尼亚人民军和苏军协同作战，到1944年10月25日，终于将德国侵略军赶出国境，解放了罗马尼亚全境。

◉为什么澳大利亚和新西兰两国共庆军人节

每年的4月25日，澳大利亚和新西兰会同时举行隆重的庆祝活动，被称为“澳新军团日”。这个纪念日对两国的军人来说，是个非比寻常的日子，因为这一天代表了两国的军人特征：英勇顽强和队友情谊。“澳新军团日”是为纪念1915年4月25日的加里波利战役中牺牲的澳新两国士兵。第一次世界大战爆发后，澳大利亚和新西兰在1915年联合组建了一支参战部队，称为澳新军团。根据计划，英军和澳新军团在1915年4月25日夜间从加里波利登岸，对土耳其军队发起进攻。由于错误地登陆在一个无名小湾，澳新军团在进攻失败之后不得不撤退，此战导致上万名将士阵亡。

1916年4月25日，“澳新军团日”得到认可，举行了第一次纪念活动，以缅怀在加里波利之战中牺牲的英勇将士。此后，“澳新军团日”在澳大利亚和新西兰均被定为公众假日，是两国最重要的节日之一。

经典战例

◉东周息国和蔡国是怎样自取灭亡的

东周初期，楚国势力日益强大，汉江以东小国，纷纷向楚国称臣纳贡。当时有个小国叫蔡国，仗着和陈国联姻，认为有个靠山，就不买楚国的帐。楚文王怀恨在心，一直在寻找灭蔡的时机。

蔡国和另一小国息国关系很好，蔡侯、息侯都是娶的陈国女人，经常往来。但是，有一次息侯的夫人路过蔡国，蔡侯没有以上宾之礼款待，气得息侯夫人回国之后，大骂蔡侯，息侯对蔡侯有一肚子怨气。

楚文王听到这个消息，非常高兴，认为灭蔡的时机已到。他派人与息侯联系，息侯想借刀杀人，向楚文王献上一计：让楚国假意伐息，他就向蔡侯求援，蔡侯肯定会发兵救息。这样，楚、息合兵，蔡国必败。楚文王一听，何乐而不为？他立即调兵，假意攻息。蔡侯得到息国求援的请求，马上发兵救息。可是兵到息国城下，息侯竟紧闭城门，蔡侯急欲退兵，楚军已借道息国，把蔡国围困起来，终于俘虏了蔡侯。

蔡侯被俘之后，痛恨息侯，对楚文王说：息侯的夫人息妫是一个绝代佳人。他这话是刺激好色的楚文王。楚文王击败蔡国之后，以巡视为名率兵到了息国都城。息侯亲自迎接，设盛宴为楚王庆功。楚文王在宴会上，趁着酒兴说："我帮你击败了蔡国，你怎么不让夫人敬我一杯酒呀？"息侯只得让夫人息妫出来向楚文王敬酒。楚文王一见息妫，果然天姿国色，马上魂不附体，决定一定要据为己有。第二天，他举行答谢宴会，早已布置好伏兵，席间将息侯绑架，轻而易举地灭了息国。

息侯害人害己，他主动借道给楚国，让楚国灭蔡，给自己报了私仇，却不料，楚国竟不丢一兵一卒，顺手将自己消灭。

◉墨子是怎样破云梯的

在战国初年的时候，楚国的国君楚惠王要去攻打宋国。他重用了一个当时最有本领的工匠，名叫公输般，也就是后来人们称为鲁班的。公输般被楚惠王请了去，当了楚国的大夫。他替楚王设计了一种攻城的工具，比楼车还要高，看起来简直是高得可以碰到云端似的，所以叫做云梯。

楚惠王一面叫公输般赶紧制造云梯，一面准备向宋国进攻。楚国制造云梯的消息一传扬出去，宋国觉得大祸临头了。

不过，楚国想进攻宋国的事，也引起了一些人的反对。反对得最厉害的是墨子。墨子反对那种为了争城夺地而使百姓遭到灾难的混战。这回他听到楚国要利用云梯去侵略宋国，就急急忙忙地亲自跑到楚国去，先去见公输般，劝他不要帮助楚惠王攻打宋国。

公输般说："不行呀，我已经答应楚王了。"

墨子就要求公输般带他去见楚惠王，公输般答应了。在楚惠王面前，劝楚惠王不攻宋，楚惠王不听，认为用云梯攻城很有把握。墨子直截了当地说："你能攻，我能守，你也占不了便宜。"他解下了身上系着的皮带，在地下围着当做城墙，再拿几块小木板当做攻城的工具，叫公输般来演习一下，比一比本领。公输般采用一种方法攻城，墨子就用一种方法守城。一个用云梯攻城，一个就用火箭烧云梯；一个用撞车撞城门，一个就用滚木檑石砸撞车；一个用地道，一个用烟熏。

公输般用了九套攻法，把攻城的方法都使完了，可是墨子还有好些守城的高招没有使出来。公输般呆住了，但是心里还不服，说："我想出了办法来对付你，不过现在不说。"

墨子微微一笑说："我知道你想怎样来对付我，不过我也不说。"然后对楚惠王说："公输般的意思很清楚，不过是想把我杀掉，以为杀了我，宋国就没有人帮助他们守城了。其实他打错了主意。我来到楚国之前，早已派了禽滑釐等三百个徒弟守住宋城，他们每一个人都学会了我的守城办法。即使把我杀了，楚国也是占不到便宜的。"

楚惠王听了墨子一番话，又亲自看到墨子守城的本领，知道要打胜宋国没有希望，只好说："先生的话说得对，我决定不进攻宋国了。"

◉鲁国是怎样取胜长勺之战的

春秋时，有一年，齐国发兵攻打鲁国，在长勺打了一仗。曹刿既非武将，也非文臣，但深通兵法。他主动要求面见鲁庄公，提出"取信于民，是战前重要的政治准备，也是获胜的保证"。并要求作战时允许他一起去，于是庄公便叫他同车出发。

在长勺的地方，齐、鲁两军相遇。双方列成阵势，战斗即将开始。只见齐军大擂战鼓，准备进兵。庄公也准备擂鼓迎击。曹刿阻止道："等一等。"齐军见鲁军没有反应，又擂了一通鼓。这样齐军擂鼓三通，鲁军总是按兵不动。直到齐军三通鼓罢，曹刿才说："现在可以进兵了！"鲁军战鼓一响，下令冲杀，士兵们一齐呐喊，直扑敌阵，猛不可当。齐军大败，狼狈而逃。

庄公正想下令追击，曹刿却又阻止，并下车细看地面齐军兵车轮迹，又攀上车前横木，注意瞭望敌军退走的情形，然后说："现在可以追击了！"庄公当即下令追击。鲁军乘胜前进，把齐军全部赶出国境。

这次获胜，鲁庄公却不明由曹刿为什么这样指挥。曹刿说："战斗，主要是靠勇气。第一通鼓时，士兵们勇气最足，到再擂鼓时，勇气有些衰落；到第三通鼓，勇气更全部消失了。敌军勇气消失，我们则一鼓作气，斗志昂扬，所以打败了他们。齐国是大国，很难预料它的作战行动，担心齐军有埋伏，我看见他们的车轮印已乱，又见他们的旗帜已倒，才放心追击敌军。"

◉曹沫是怎样从齐桓公手里夺回国土的

齐桓公是春秋时期最先称霸的霸主。由于实力相当雄厚，齐桓公不断对外发起战争，扩大领土。公元前 681 年，齐国战胜鲁国，鲁庄公只好割地求和，双方约定在柯（今山东阳谷东）地举行签约仪式。鲁国有位大将叫曹沫，有勇有谋，决定乘鲁齐在柯地会盟之机，教训一下齐桓公。

齐桓公拥重兵到达柯地，曹沫作为鲁庄公的侍卫也参加了会盟仪式。仪式开始后，鲁庄公和齐桓公同时登上会盟仪式的"坛"，正在这时，曹沫突然跳到坛上，一手抓住齐桓公，一手拔出藏在战袍下的匕首，对准了齐桓公。齐桓公被这突如其来的袭击吓得面无人色，挣扎了几下，曹沫力大，齐桓公挣脱不了，只好颤颤惊惊问："你……你到底想干什么？"

曹沫道："你们齐国以强自恃，到处欺负我们小国，我们鲁国已经没有多少土地了，你还不放过，我现在只求你把齐国夺走的土地归还给鲁国，否则，我和你一起死在这里！"

齐桓公望着寒光闪闪的刀刃，哆哆嗦嗦只好答应。曹沫要他当着坛下的贵宾和所有的人宣布，齐国从今起归还鲁国的所有土地。齐桓公迫于无奈，只好照着曹沫的话做了。

会盟仪式结束后，齐桓公越想越生气，不但不准备把土地归还鲁国，还想起兵灭掉鲁国。这时相国管仲劝道："大王既然已经当众答应了鲁国，再兴兵伐鲁，岂不是失信于诸侯？这样做实在是因小失大啊！"齐桓公听从了管仲的劝告，把靠战争夺到的土地如数归还了鲁国。

◉楚庄王是怎样吃掉庸国的

楚庄王为了扩张势力，发兵攻打庸国。由于庸国奋力抵抗，楚军一时难以推进。庸国在一次战斗中还俘虏了楚将杨窗。但由于庸国疏忽，三天后，杨窗竟从庸国逃了回来。杨窗报告了庸国的情况，说道："庸国人人奋战，如果我们不调集主力大军，恐怕难以取胜。"

楚将师叔建议用佯装败退之计，以骄庸军。于是师叔带兵进攻，开战不久，楚军佯装难以招架，败下阵来，向后撤退。一连几次，楚军节节败退。庸军七战七捷，不由得骄傲起来，不把楚军放在眼里。军心麻痹，斗志渐渐松懈，渐渐失去了戒备。

这时，楚庄王率领增援部队赶来，师叔说："我军已七次佯装败退，庸人已十分骄傲，现在正是发动总攻的大好时机。"楚庄王下令兵分两路进攻庸国。庸国将士正陶醉在胜利之中，怎么也不会想到楚军突然杀回，仓促应战，抵挡不住。楚军一举消灭了庸国。师叔七次佯装败退，是为了制造战机，一举歼敌。

◉赵襄子是怎样水淹智伯的

公元前455年，魏桓子和韩康子各自率领一队人马随智伯去进攻赵襄子。赵襄子情知不敌智、魏、韩三家联军，急忙退到先主赵简子的封地晋阳，试图依靠坚固的城墙、丰足的粮食和百姓的拥戴，以守为攻求得自保。

一天，智伯望见晋水远道而来，绕晋城而去，立刻有了主意。他命令士兵们在晋水上游筑起一个巨大的蓄水池，再挖一条河通向晋阳城，又在自己部队的营地外筑起一道拦水坝，以防水淹晋阳城时也淹了自己的人马。蓄水池筑好后，雨季到来。智伯待蓄水池蓄满水后，命人挖开堤坝，汹涌的大水即沿着河道扑向晋阳城，将晋阳全城泡在水中。但是，全城军民爬上房顶和登上仅剩6尺未淹的城墙坚持守护，宁死也不投降。

赵襄子的家臣张孟谈连夜出城找到魏恒子和韩康子，对他们说："智伯今天用晋水灌晋阳，明天就会用汾水灌安邑（魏都）、用绛水灌平阳，我们为什么不联合起来消灭智伯，平分智伯的土地呢！"

魏桓子和韩康子正在担心自己会落得与赵襄子一样的下场，于是和张孟谈定下除掉智伯的计策。两天后的晚上，赵襄子与魏桓子、韩康子共同行动，杀掉守堤的士兵，挖开护营的堤坝，咆哮的晋水顿时涌入智伯的营中。智伯从梦中惊醒，慌忙涉水逃命，但前有赵襄子，左有魏桓子，右有韩康子，智伯被杀死，智伯的军队也全部葬身大水之中。智伯被消灭。

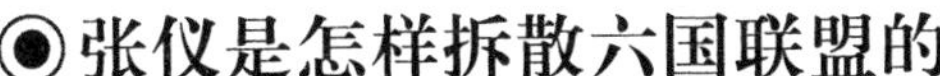

◉张仪是怎样拆散六国联盟的

战国时，秦惠文王不断扩张势力，引起了其他六国的恐慌。怎样对付秦国的进攻呢？有一些政客帮六国出主意，主张六国结成联盟，联合抗秦。这种政策叫做“合纵”。还有一些政客帮助秦国到各国游说，要他们靠拢秦国，去攻击别的国家。这种政策叫做“连横”。其实这些政客并没有固定的政治主张，不过凭他们能说会道的嘴皮子混饭吃。不管哪国诸侯，不管哪种主张，只要谁能给他做大官就行。在这些政客中，最出名的要数张仪。

张仪认为，在六国之中，齐、楚两国是大国，要实行“连横”，非把齐国和楚国的联盟拆散不可。他向秦惠文王献了个计策，就被派到楚国去了。楚国，张仪先拿贵重的礼物送给楚怀王手下的宠臣靳尚，求见楚怀王。

张仪对楚怀王说：“秦王特地派我来跟贵国交好。要是大王下决心跟齐国断交，秦王不但情愿跟贵国永远和好，还愿意把商于（今河南淅川县西南）一带六百里的土地献给贵国。这样一来，既削弱了齐国的势力，又得了秦国的信任，岂不是两全其美。”

楚怀王是个糊涂虫，经张仪一游说，就挺高兴地说：“秦国要是真能这么办，我何必非要拉着齐国不撒手呢？”于是跟齐国绝交，一面派人跟着张仪到秦国去接收商于。

齐宣王听说楚国同齐国绝交，马上打发使臣去见秦惠文王，约他一同进攻楚国。

楚国的使者到咸阳去接收商于，想不到张仪翻脸不认账，说：“没有这回事，我说的是六里，不是六百里，而且是我自己的封地，不是秦国的土地。”

使者回来一回报，气得楚怀王直翻白眼，发兵十万人攻打秦国。秦惠文王也发兵十万人迎战，同时还约了齐国助战。楚国一败涂地，不但商于六百里地没到手，连楚国汉中六百里的土地也给秦国夺了去。

张仪用欺骗手段收服了楚国，后来又先后到齐国、赵国、燕国，说服各国诸侯“连横”亲秦。这样，六国“合纵”联盟终于被张仪拆散了。

◉晋厉公是怎样取胜鄢陵之战的

公元前 575 年，晋厉公联合齐、宋、鲁、卫四国攻打郑国。楚国是郑国的盟友，立即出兵支援。双方的军队在鄢陵短兵相接。

面对这种情况，晋将大多惧于楚郑联军的兵力优势，主张坚守不战，以待友军来到。晋军中军主将栾书在仔细观察敌阵后，发现楚郑军士气不佳，认为几天之后，楚郑联军必然疲乏，因此也主张等待友军来到后再出战。惟有新军副将郤至在观察了敌阵之后发表了主战的意见。郤至认为，楚郑联军有六个致命的弱点，一是人数不少，但老兵多，没有什么战斗力；二是郑国的军队一团糟，到现在还没有列成像样的阵势，这说明他们缺乏训练，不堪一击；三是两军都在喧闹不止，没有一点临战的紧张气氛；四是楚郑两军协调不好，就是楚军内部，中军和左军也在闹意见……郤至说得有理有据颇能服众，于是晋厉公和众将都赞同郤至的建议立即发起进攻，以击败楚军。

战斗开始后，晋厉公的战车忽然陷入泥沼中，进退不得，楚共王远远地看在眼里，亲自率领一支人马杀奔而来，企图活捉晋厉公。不料，晋将魏锜早已发现楚共王的企图，一箭射去，正中楚共王的左眼，楚共王拔箭，连眼珠都带了出来。楚军见楚共王负伤，军心浮动。这时候，晋厉公的战车从泥沼中挣脱出来，晋厉公指挥晋军掩杀过去，楚军以为诸侯四国的军队已经赶到，阵势大乱，纷纷后撤，一直退到颍水南岸方才停止，当天晚上就班师回国了。

◉晋文公是怎样退避三舍取得城濮之战胜利的

春秋时，晋献公听信谗言，杀了太子申生，又派人捉拿申生的弟弟重耳。重耳闻讯，逃出了晋国，在外流亡十几年。后经过千辛万苦，重耳来到楚国。楚成王认为重耳日后必有大作为，就以国君之礼相迎，待他如上宾。

一天，楚王设宴招待重耳，两人饮酒叙话，楚王问重耳："你若有一天回晋国当上国君，该怎么报答我呢？"重耳略一思索说："美女侍从、珍宝丝绸，大王您有的是，珍禽羽毛、象牙兽皮，更是楚地的盛产，晋国哪有什么珍奇物品献给大王呢？"楚王说："公子过谦了。话虽然这么说，可总该对我有所表示吧？"重耳笑笑回答道："要是托您的福，果真能回国当政的话，我愿与贵国友好。假如有一天，晋楚国之间发生战争，我一定命令军队先退避三舍（一舍等于三十里），如果还不能得到您的原谅，我再与您交战。"

四年后，重耳真的回到晋国当了国君，就是历史上有名的晋文公。晋国在他的治理下日益强大。

公元前 633 年，楚国和晋国的军队在作战时相遇。晋文公为了实现他许下的诺言，下令军队后退九十里，驻扎在城濮。楚军见晋军后退，以为对方害怕了，马上追击。晋军利用楚军骄傲轻敌的弱点，集中兵力，大破楚军，取得了城濮之战的胜利。

◉弦高是怎样智退秦军的

公元前 628 年，晋襄公即位。有人再一次劝说秦穆公讨伐郑国。他们说："晋国前任国君刚死去，还没举行丧礼。趁这个机会攻打郑国，晋国绝不会插手。"

留在郑国的将军也送信给秦穆公说："郑国北门的防守掌握在我们手里，要是秘密派兵来偷袭，保管成功。”

秦穆公便派百里奚的儿子孟明视为大将，蹇叔的两个儿子西乞术、白乙丙为副将，率领三百辆兵车，偷偷地去打郑国。第二年二月，秦国的大军进入滑国地界。忽然有人拦住去路，说是郑国派来的使臣，求见秦国主将。

孟明视大吃一惊，亲自接见那个自称使臣的人，并问他前来干什么。那“使臣”说：“我叫弦高。我们的国君听到三位将军要到郑国来，特地派我送上一份微薄的礼物，慰劳贵军将士，表示我们一点心意。”接着，他献上四张熟牛皮和十二头肥牛。

孟明视原来打算在郑国毫无准备的时候，进行突然袭击。现在郑国使臣老远地跑来犒劳军队，这说明郑国早已有了准备，要偷袭就不可能了。

他收下了弦高送给他们的礼物，对弦高说：“我们并不是到贵国去的，你们何必这么费心。你就回去吧。”

弦高走了以后，孟明视对他手下的将军说：“郑国有了准备，偷袭没有成功的希望。我们还是回国吧。”说罢，就灭掉滑国，回国了。

其实，孟明视上了弦高的当。弦高是个牛贩子。他赶了牛到洛邑去做买卖，正好碰到秦军。他看出了秦军的来意，要向郑国报告已经来不及。他急中生智，冒充郑国使臣骗了孟明视，一面派人连夜赶回郑国向国君报告了情况。

◉孙膑是怎样取得桂陵之战胜利的

战国时，魏惠王派大将庞涓带兵攻打赵国，将赵国都城邯郸围住。赵国立即派使臣向齐国求援。齐国国君齐威王当即任命田忌为主将，孙膑为军师，发兵救赵。

田忌打算尽快赶到邯郸，而孙膑却不同意，他说：“要理清乱丝，不能硬扯瞎拽，要解开斗殴，不能加入乱打。我们不如把部队开往魏国都城大梁（今河南开封），因为魏军的主力现在正在赵国猛攻邯郸，国内空虚，魏军知道我们打大梁，他们一定会从赵国撤兵，赶回抢救。这样，我们既可援助赵国，又能打击魏军，比赶到邯郸去厮杀要便利得多。”

田忌采纳了孙膑的计策，便直奔大梁。魏军得悉，果然撤兵回国，邯郸于是解围。因忌、孙膑率领的齐国大军，预先在桂陵（今河南长垣县西北）设下埋伏，当魏军撤退到这里时，齐军一声号令，奋勇杀出。魏军久战疲劳，突遭袭击，几乎全军覆没。

这次战役，历史上称为“围魏救赵”。

◉孙膑是怎样在马陵之战中报庞涓之仇的

桂陵之战后，魏国国力渐渐恢复，再次发动战争，将矛头指向了自己的另一邻国——韩国。韩国难以抵挡强大的魏军，遂派使向齐国求救。齐威王采纳孙膑“深结韩之亲而晚承魏之弊”的建议，在魏韩两国几经激战、韩危魏疲之际，再次以田忌为将、孙膑为军师，出兵救韩。

为了赢得战争的胜利，孙膑向田忌提出了诱敌的方法，就是与魏军接触后就假装败退，败退中，第一天挖掘10万个炉灶，第二天减少到5万个炉灶，第三天减少到3万个炉灶，让魏军误认为齐军每天都有大量的士兵逃亡，战斗力迅速减弱，而不顾一切地来追赶。果然如孙膑所料，庞涓见齐军炉灶天天减少，得意忘形地说：“我原来就知道齐军胆小，进入我国境内才三天，士兵就逃走了一多半。”于是，他丢下主力，只率一部分轻装的精锐部队，日夜兼程地追赶。孙膑根据魏军的行动，在道路狭窄、地形险要、便于埋伏重兵的马陵，埋伏了1万多名射箭能手。庞涓夜间率兵追赶至此，齐军伏兵万箭齐发，魏军顿时乱作一团，死者甚众。庞涓看到败局已定，羞愧自杀。齐军乘胜大破魏军，歼灭魏军10万余人，还俘获了魏太子申。

◉田单是怎样计败燕军的

战国中期，著名军事家乐毅率领燕国大军攻打齐国，连下七十余城。不久，燕昭王去世，继位的惠王马上用自己的亲信名叫骑劫的大臣去取代乐毅。齐国守将田单深知骑劫根本不是将才，虽然燕军强大，只要计谋得当，一定可以击败。

田单首先利用两国的士兵都具有迷信心理，他要求齐国军民每天饭前要拿食物到门前空地上祭祀祖先。这样，成群的乌鸦、麻雀结伙地赶来争食。城外燕军一看，觉得奇怪：原来听说齐国有神师相助，现在真的连飞鸟每天都定时朝拜。弄得人心惶惶，非常害怕。

田单的第二手，是让骑劫本人上当。田单派人放风，说乐毅过于仁慈，谁也不怕他。如果燕军割下齐军俘虏的鼻子，齐人肯定会吓破胆。骑劫觉得有道理，果然下令割下俘虏的鼻子，挖了城外齐人的坟墓。这样残暴的行为激起了齐国军民的义愤。

田单的第三手，是派人送信，大夸骑劫治军的才能，表示愿意投降。一边还派人装成富户，带着财宝偷偷出城投降燕军。骑劫确信齐国已无作战能力了，只等田单开城投降吧！

田单最绝的一招是：齐军人数太少，即使进攻，也难取胜。于是他把城中的一千多头牛集中起来，在牛角上绑上尖刀，牛身上披上画有五颜六色、稀奇古怪图案的红色衣服，牛尾巴上绑一大把浸了油的麻苇。另外，选了五千名精壮士兵，穿上五色花衣，脸上涂得五颜六色，手持兵器，命他们跟在牛的后面。

这天夜晚，田单命令把牛从新挖的城塘洞中放出，点燃麻苇，牛又惊又燥，直冲燕国军营。燕军根本没有防备，再说，这火牛阵势，谁也没有见过，一个个吓得魂飞天外，哪里能够还手。齐军五千勇士接着冲杀进来，燕军死伤无数。骑劫也在乱军中被杀，燕军一败涂地。齐军乘胜追击，收复七十余城，使齐国转危为安。

◉伍子胥是怎样打败楚国的

公元前512年，吴王阖闾认为可以攻打楚国了，于是召集孙武、伍子胥、伯嚭等人共议出兵大计。伍子胥提出了一个“疲楚”的妙计：把吴国的士兵分为三军，每次用一军去袭扰楚国的边境，一军返回，另一军则出发，这样，自己的军队可以得到充分的休整，而使楚国的军队疲于奔命，劳苦不堪，以致精神崩溃。

第二年，阖闾开始实施伍子胥的“疲楚”计划：派一支部队袭击楚国的六城和潜城，楚国急忙调兵援救潜城，吴兵则已离开潜城攻破了六城。过了一些日子，吴兵又攻击楚国的弦，楚国慌忙调兵奔走数百里援救弦，但是，援军还没有赶到弦，吴兵已撤退回国了。一连6年，吴国用此“疲楚”之计使楚国士卒疲于奔走，消耗了大量实力。

公元前506年，楚国令尹囊瓦攻打蔡国，蔡国联合唐国向吴国求救，阖闾认为这是一个出兵攻楚的大好时机，便于这年冬天亲率6万多军队誓师伐楚。楚军由于连年奔走作战，现在已是“疲劳”至极，因此，吴军长驱直入，迫近汉水方才遇到囊瓦的“阻挡”。决战时刻，吴军士气旺盛，而楚军战战兢兢，勉强应战。双方军队一接触，楚军就土崩瓦解，囊瓦率先逃走，大夫史皇战死，吴军乘胜追击，接连在郧、随一带和雍澨大败楚军，然后渡过汉水，迅速攻占楚国都城郢，楚昭王由于跑得快了一步，才没有落在吴军之手成为俘虏。

◉赵奢是怎样解阏与之围的

赵惠文王二十九年，秦国将领胡阳率兵包围了赵国的阏与城，赵惠文王便命赵奢领兵去救阏与。

但是赵奢离开邯郸后只向西行军30里就停了下来，并下令“有来谈军事、劝我急速进兵者斩”。眼见秦军在武安的西侧昼夜操练人马，磨刀霍霍，将士们无不着急万分。有个军吏实在忍耐不住了，强行来见赵奢，请求速速发兵救武安，却被赵奢动真的砍了人头。

一个月过去了，赵奢仍旧按兵不动，还不停地加固工事，构筑营垒。秦国派人到赵奢营中察看，赵奢也不得罪，用好酒好肉款待他，客客气气地送他走了。对于他们的到来，越奢明知是来刺探军情，却只是不动声色。然而，一送走秦国间谍，赵奢立即下令拔营，急速行军一昼夜，来到阏与前线。赵奢还让善于射箭的军士迅速到距阏与五十里一带构筑营垒。并派一万精兵火速抢占北山。

秦国的将领胡阳没想到赵奢竟有此一举，此前他听了秦间谍的报告，还以为赵军驻足不前，自己指日便可夺取阏与呢。此时方知上当，便气急败坏地率领全部人马也赶到那里准备拼杀。

赵军刚刚登上山顶，秦军也已来到山下，他们蜂拥而上，山上赵军箭如雨下，秦军几次冲锋，都没有冲上去。赵奢见时机已到，下令总攻。赵军从四面八方掩杀过来，秦军弃甲抛戈，狼狈而逃，阏与之围便解除了。

◉郑庄公是怎样树立霸主地位的

春秋初期，周天子的地位实际上已经架空，群雄并起，逐鹿中原。郑庄公在此混乱局势下，巧妙地运用“远交近攻”的策略，敢得了当时称霸的地位。当时，郑国近邻的宋国、卫国与郑国积怨很深，矛盾十分尖锐，郑国时刻都有被两国夹击的危险。郑国在外交上采取主动，接连与邾、鲁等国结盟，不久又与实力强大的齐国在石门签订盟约。

公元前 719 年，宋、卫联合陈、蔡两国共同攻打郑国，鲁国也派兵助战，将郑国东门围困了五天五夜。虽未攻下，郑国已感到本国与鲁国的关系还存在问题，便千方百计想与鲁国重新修好，共同对付宋、卫。

公元前 717 年，郑国以帮邾国雪耻为名，攻打宋国。同时，向鲁国积极发动外交攻势，主动派使臣到鲁国。果然，鲁国与郑重修旧谊。齐国当时出面调停郑国和宋国的关系，郑庄公表示尊重齐国的意见，暂时与宋国修好。齐国因此也对郑国加深了感情。

公元前 714 年，郑庄公以宋国不朝拜周天子为由，代周天子发令攻打宋国。郑、齐、鲁三国大军很快地攻占了宋国大片土地。宋、卫军队避开联军锋芒，乘虚攻入郑国。郑庄公把占领宋国的土地全部送与齐、鲁两国，迅速回兵，大败宋、卫大军。郑国乘胜追击，击败宋国，卫国被迫求和。郑庄公势力扩张，霸主地位形成。

◉秦王嬴政是怎样除掉赵将李牧的

公元前 229 年，秦王嬴政派大将王翦和杨端分兵两路进攻赵国，赵王迁命李牧和将军司马尚领兵阻击秦军，双方各有胜负。为此，嬴政决定用离间计除掉李牧。

于是王翦便派使者送信给李牧，假意要和谈。李牧不知是计，于是回了封信，派使者送给王翦。从此以后，双方的使者频繁往来，为和谈的条件讨价还价。

秦国的间谍王敖回到赵国都城邯郸，拿出秦王派人送来的金银珠宝四处活动，和赵王最宠信的大臣郭开来往频繁。郭开贪得无厌，忌贤妒能，王敖投其所好，奇珍异室、黄金白银，无所不送。郭开每每设宴款待，酒酣之后，无所不谈。一天，王敖对郭开说：“李牧在与王翦秘密来往，据说，秦王答应李牧，破赵之后，封李牧为代王……”

郭开得知这一消息，认为是向赵王邀宠的好时机，急忙报告给赵王。赵王半信半疑，派人去李牧处察访，果然发现了李牧与王翦来往的许多信件。于是传令让赵葱为大将，接替李牧的兵权。

赵葱有郭开作后盾，强行接管了李牧的兵权并将李牧杀害。王翦得知李牧已死，挥兵长驱直入。赵葱指挥不利，一败而不可收拾，还赔上了自家性命，秦军大获全胜。

◉蒯通是怎样说降三十城的

陈胜麾下有一名将军叫武臣，这天武臣奉命率 3000 义军横渡黄河，攻打河北地区的各个城池。镇守范阳的徐公得知武臣杀来，急忙整顿士卒，日夜小心提防，打算与范阳共存亡。

就在这时，蒯通求见徐公，开口就说：“守令大人，蒯通今日特来为您吊丧来了!”看到徐公大怒，蒯通大声说道：“大人息怒！请听我言。你做了十多年的范阳令，今天杀了张家儿子，明天又杀了李家的父亲，被你砍掉手脚的更是不计其数。您的仇人太多了。过去他们没找你报仇，那是因为惧怕秦朝的法律；现在天下大乱了，陈胜的义军就到，老百姓恨不得挖了你的心，割了你的肉，你难道还能不死吗?”

蒯通的话正好说到徐公的心病上，徐公连忙作揖求教。蒯通道：“除了向义军投降，别无生路。如果您愿意，我可以代您去见武臣，保证您绝处逢生免遭遇厄运。”

说通了徐公，蒯通进入武臣营中，对武臣说：“以前，将军没费多大力气就得了十多个城池，这是莫大的功劳，不过嘛，以后可就难了。”

武臣知道蒯通是范阳城中有名的辩士，便向蒯通请教：“为什么?”蒯通不慌不忙地说：“以前，有些城池的守吏开城向您投降，您却把他们杀了，这是大错特错的事。远处的先不讲，就说这范阳令徐公吧，他就是想跟您顽抗到底，决不投降，因为他怕像以前那些投降的秦朝官吏一样被您杀掉。”

“嗯，有道理。”一席话，说得武臣连连点头。

“如果范阳令投降被杀，其他城池的守将势必固守城池，抵抗到底，将军能轻易夺取河北各城池吗？相反，如果您能优待范阳令，就等于给其他城池的守将吃了定心丸，他们也会相继投降，那么，占领整个河北，不费吹灰之力。您看怎样?”蒯通进一步劝说道。

武臣被说得喜笑颜开，连呼“甚妙”，并让蒯通给范阳令送去侯印，又把一百辆车、二百匹马赠送给范阳令。范阳令投降义军受到优待的事情一传开，其他城池守将纷纷开城投降，迎接起义军。就这样武臣很快就占领了整个河北地区。

◉周亚夫是怎样平定吴楚之乱的

汉景帝时期，吴楚等七国诸侯联合起来，发动叛乱。汉景帝派周亚夫统率三十六位将军为主力，东进抗击吴楚叛军。周亚夫决定智取。

于是，他率军迅速进兵到达淮阳，而吴楚正会兵奋力攻打梁城，梁王告急，多次请求周亚夫派兵救援。周亚夫却径自带兵到昌邑坚守，不肯救梁。实际上，周亚夫暗中早已派轻骑兵截断吴军后路，断绝了他们的粮道。吴军攻梁不克，只得转而攻击周亚夫军。眼看军粮将尽，吴军求战心切，想速战速决。无奈周亚夫只是命将士坚守，绝不出击。

这天夜间，他们假意从东南角攻城，却被周亚夫识破。周亚夫只派少数兵士防守东南，而让大批精兵强将在西北待命。不出所料，吴军果然是“声东击西”，那东南方的精兵迅速转移到西北，发起猛攻。周亚夫早有准备，伏兵四起，奋力杀敌，吴军自然抵挡不住。见此阵势，吴王刘濞气得哇哇大叫：“好一个周亚夫老匹夫，果然厉害！”只得带了数千残兵败将连夜逃走。周亚夫乘胜追击。东越王见吴楚叛军大势已去，便杀掉吴王，派勇士将他的头颅交与周亚夫。楚王在兵败之后也自杀身亡。

至此，吴楚之乱彻底平定，先后只用了三个月。

◉韩信是如何背水列阵胜赵王的

楚汉相争的时候，刘邦命手下大将韩信领兵攻打赵国。赵王带了二十万大军在太行山的井陉关迎击。

当时，韩信只带了一万二千人马。为了打败赵军，他将一万人驻扎在河边列了一个背水阵。另外派两千轻骑潜伏在赵军军营周围。交战后，赵营二十万大军向河边的一万汉军杀来。汉军面临大敌，后无退路，只能拼死奋战。这时潜伏的那两千士兵乘虚攻进赵营。赵军遭到前后夹击，很快被韩信打败。

战后，有人问韩信：“背水列阵乃兵家大忌，将军为何明知故犯？”韩信笑着说：“置之死地而后生，这也是兵书上记载的呀。”

◉刘邦是怎样打败章邯的

秦朝被推翻后，参加反秦的项羽、刘邦以及其他各路将领，齐集商议胜利以后怎样割据国土。当时势力最强的项羽企图独霸天下，他表面上主张分地封王、分配领地，心里却已开始盘算，将来怎样一个个地消灭他们。

刘邦素有独霸天下的野心，自然很不服气，其他将领对于自己所分得的更小的地盘也都不满。可是，慑于项羽的威势，大家都不敢违抗，只得听从支配，各就各位去了。刘邦也不得不暂时领兵西上，开往南郑，并且接受张良的计策，把一路走过的几百里栈道全部烧毁。栈道，是在险峻的悬崖上用木材架设的通道。烧毁栈道的目的是为了便于防御，而更重要的是为了迷惑项羽，使他以为刘邦真的不打算出来了，从而松懈对刘邦的戒备。

刘邦到了南郑，发现部下有一位才能出众的军事家，那就是韩信。刘邦就拜韩信为大将，请他策划向东发展、夺取天下的军事部署。

韩信的战略是：先夺取关中，打开东进的大门，建立兴汉灭楚的根据地。于是派出几百名官兵去修复栈道。这时，守着关中西部的章邯听到了这个消息，不禁笑道："谁叫你们把栈道烧毁的！你们自己断绝了出路，现在又来修复，这么大的工程，只派几百个士兵，看你们哪年哪月才得完成。"因此，章邯对于刘邦和韩信的这一行动，根本没有引起重视。

可是，不久章邯便接到紧急报告，说刘邦的大军已攻入关中，陈仓（在今陕西宝鸡市东）被占，守将被杀。章邯起初还不相信，以为是谣言，等到证实的时候，慌忙领兵抵抗，已经来不及了。章邯被逼自杀，驻守关中东部的司马欣和北部的董翳也相继投降。号称三秦的关中地区于是一下子被刘邦全部占领了。

◉陈平是怎样离间项羽的

公元前204年，刘邦被项羽包围在荥阳城中已达一年之久，断绝了汉军的外援和粮草通道。刘邦内外交困，计无所出，便去请教谋士陈平。陈平认为项羽这个人爱猜忌易信谗，他所依赖的不过是亚父范增、钟离昧、龙且等几个能人，可用反间计，离间其君臣关系，使之上下疑心，引起内讧，到那时乘机反攻，定能一举击败楚军。

刘邦慨然交给陈平四万金巨资，让他操办。陈平用重金收买楚军中的将士，让他们散布流言："钟离昧、龙且、周殷等将领功绩卓著，但却不能封王，他们图谋与汉王联合造反……"

这些谣言传到钟离昧等人耳中后，他们哭笑不得。但谣言传到项羽耳后，却使项羽果然起了疑心，不再与钟离昧等人商议军机大事，甚至对亚父范增也怀疑起来。适逢刘邦派使者与项羽讲和，项羽便派使者回访，企图探察谣言的真实性。

陈平听说项羽的使者到了，早已想好计谋，他立刻指使侍从抬起上等的餐具和十分丰盛的食品，待一见楚使之后，又佯装惊讶，低声议论道："原以为是亚父范增的使者，却是项王使者！"于是匆忙把原物送回，又换上劣等食物及餐具。楚使受此大辱，回去后一五一十地报告给了项羽，项羽更加起了疑心。

但范增并不知道项羽已对他不再信任，他几次三番地劝项羽速取荥阳，否则会夜长梦多，又生它变。项羽故意冷却范增，不理睬范增。范增对项羽忠心耿耿，见项羽竟然疑心自己，又气又恨，要求归乡。

范增离去，项羽对钟离眛等人的不信任更加一步，于是陈平又施乔装诱敌之计，让将军纪信冒充刘邦开东城门出降，吸引楚军到东门外围看，而刘邦和陈平等人在众将的掩护下乘西门楚兵空虚之计，大开西门，匆匆逃离荥阳。

也许正是这些计谋起到了大作用。一年后，刘邦击败项羽，建立了汉王朝。

◉项羽是怎样取胜巨鹿之战的

秦朝末年，天下大乱，诸侯割据，军阀混战。公元前 208 年，赵王歇被秦军将领王离率领 20 万大军围困在巨鹿（今河北平乡），无奈之下派使者向楚怀王求援。当时秦军十分强大，没有人敢前去迎战。项羽为报秦军杀叔父项梁之仇主动请缨，于是楚怀王便以宋义为上将军，项羽为次将，范增为末将，率军五万以解巨鹿之困。

援赵大军进至安阳（今山东曹阳东南）后，宋义被秦军的气焰所吓倒，逗留 46 天不敢前进。项羽痛斥宋义的怯懦行为并杀死了他。楚怀王遂封项羽为上将军，并令英布和蒲将军两支起义军也归其指挥。

项羽先派遣部将英布、蒲将军率领两万人为先锋，渡过漳河，切断秦军运粮通道。然后，项羽亲率全部主力渡河，并下令全军将士破釜沉舟，每人只携带三天的干粮，以示决一死战之决心。项羽对将士们说："我们这次出兵巨鹿，有进无退，三天之内，一定要打败秦军。"

项羽破釜沉舟的决心和勇气，极大地鼓舞了将士们的士气。楚军个个士气振奋，以一当十，奋勇死战，九战九捷，大败秦军。此时，齐、燕等各路援军也冲出营垒助战，最后俘获了秦军统帅王离，杀了其副将，巨鹿之困因而得解。

◉虞诩是怎样用计平羌乱的

东汉末期，北边羌人叛乱。朝廷派虞诩平定叛乱，虞诩的部队在陈仓崤谷一带受到羌人阻截。这时，羌人士气正旺，又占据有利地势，虞诩不能强攻，又不能绕道，真是进退两难。虞诩决定骗羌人离开坚固的据点，他命令部队停止前进，就地扎营。对外散布行军受阻，向朝廷请派增援部队。羌人见虞诩已停止前进，等待增援部队，就放松了戒备，纷纷离开据点，到附近劫掠财物去了。

虞诩见敌人离开了据点，下令部队急行军，日夜兼程，每日超过百里，通过山谷。他命令在急行军时，沿途增加灶的数量，今日增灶，明日增灶，敌人误以为朝廷援军已到，自己的力量又已经分散，不敢轻易出击。虞诩顺利地通过陈仓崤谷，转入外线作战，羌人在时间和空间上都转入被动局面，不久羌人叛乱被平定。

◉曹操是怎样解白马之围的

公元200年春，袁绍派大将颜良作先锋，率兵东进，将曹操的东郡守刘延围困在白马。接着，袁绍又亲自率十万大军，向黄河开拔，准备渡河东进。此时曹操正在许昌与刘备的大将关羽饮酒，那关羽在徐州战败后便留在曹营效力。曹操忽然接到刘延的告急文书：白马被围，危在旦夕。

曹操急忙率领大军行进在通往延津的山道上，一路浩浩荡荡，十分张扬，并传出消息：要渡过黄河，袭击袁绍后方。袁绍探得曹军行动的情报，急忙调出一支军队西去延津，准备迎战曹军。谁知曹操却趁春夜月色朦胧，悄悄地率领五万精兵，突然掉转马头，往白马方向急驰而去。

第二天天刚放亮，颜良出账一看，大惊失色。原来曹军已到达离白马十里的土山前，正摇旗呐喊。颜良忙率军摆阵迎战，曹操阵中冲出关羽，手提青龙刀，骑赤兔马，旋风似地刮到眼前，颜良措手不及，被杀死在马上。袁军不战而溃。袁军残兵败将在撤退途中遇到袁绍，向他哭诉曹操如何解了白马之围。袁绍愤恨不已，誓与曹操决一死战。

再说曹军解了白马之围后，又赶到延津。这日，南山坡的瞭望哨向曹操报告：袁军以文丑为先锋，黑压压一大片，排山倒海般压了过来。曹操面不改色，命人将粮车马匹散在路上。不久，文丑的骑兵与袁绍的后继部队相继赶到，争先恐后地抢夺粮食马匹，乱成一团。曹操这才下令将士冲杀过去。袁军自相践踏，死伤大半，文丑也死于乱军之中。

从此，曹袁两军的力量对比发生了根本的变化。

◉袁绍是怎样诈取冀州城的

东汉末年，关东诸侯联合起兵，共推渤海太守袁绍为盟主，反对董卓专权。取胜后率军退屯河内（今河南武陟县西南），观望形势发展。渤海郡属冀州，因而袁绍在名义上应算冀州牧韩馥的部下，所以韩馥经常派人运送粮草接济袁绍。谁知好心不得好报，袁绍及其部下却暗中算计起富庶的冀州来。谋士逢纪向袁绍献计说："大丈夫当纵横天下，怎能光靠人接济为生！冀州乃钱粮广盛之地，将军何不取之！"

得到袁绍赞同后，逢纪进一步具体谋划说："可暗中派人送信给北平太守公孙瓒，约其共攻冀州，平分其地。他必定欣然起兵攻冀州。面对公孙瓒的进攻，韩馥这样的无谋之辈肯定会请您协助守冀州。您便可趁势行事，冀州唾手可得。"袁绍闻言大喜，即依计送信给公孙瓒。瓒得信，即应约发兵杀奔冀州而来。袁绍却又使人将公孙瓒发兵攻冀州的消息密报韩馥。韩馥得报后，即召集谋士荀谌、辛评二人商议对策。荀谌说："公孙瓒率领燕、代之众，长驱而来，锐不可当。

今袁绍智谋过人，手下名将极广，将军可请其同治州事，就不怕公孙瓒了。”韩馥以为得计，便差别驾闵纯去请袁绍。长史耿武谏曰：“袁绍孤客穷军，仰我鼻息，譬如婴儿在股掌之上，绝其乳哺立可饿死。怎能将州权委托给他？这等于引虎入羊群啊！”忠厚的韩馥答道：“我本是袁家先世的故吏，才能又不如袁绍，让贤是自古以来的美德，现在我决计请袁绍与我一同治理冀州，诸位不要忌妒！”耿武等人见韩馥固执己见，不听忠告，只好叹息而出。

数日后，袁绍应韩馥之邀率领大队人马来到冀州。忠于韩馥的耿武、闵纯不愿冀州落入袁绍之手，便伏于城外，欲刺杀袁绍，结果被袁绍大将颜良、文丑斩杀。袁绍入据冀州后，即以韩馥为奋威将军，并以自己的亲信部下田丰、沮授、许攸、逢纪分掌州事，架空韩馥，逐渐篡夺韩馥之权，终将冀州据为己有。至此，韩馥懊悔无及，只好弃下家小，只身投靠陈留太守张邈去了。

◉曹操是怎样烧掉袁绍粮仓的

公元 200 年，袁绍集结十万大军于河北面的阳武；曹操率领三万人马固守河南的官渡。两军相持已有三月之久。袁绍倚仗兵力雄厚，信心十足；而曹操自感兵力薄弱，粮草不足，心中十分忧虑。不久，曹操得知袁绍在乌巢屯集军粮的情报，立即动了偷袭乌巢、烧掉粮草、釜底抽薪的念头。

这天夜里，曹操亲自率领骑兵五千，打着袁军旗号，每人口中衔枚，身背一捆干柴，马嘴都用布条束上，悄悄地从小路直奔乌巢，悄无声息地急急穿行在山间小路上，只惊起一二只寒鸦。不久来到袁军防线，防守兵士见“袁”字大旗，以为是增援人马，也未加阻拦。混过防线，五千轻骑快马加鞭，直奔乌巢。只见乌巢大营毫无动静，座座粮仓醉汉般沉睡在暗夜中。曹操急命人马将大营和粮仓团团围住。只听得一声呼哨，刹时间千万只火把点燃，一齐投向粮仓，在震天动地的呐喊声中，浓烟四起，火浪翻滚，直映红了半边天。

袁军发现火光冲天，大惊失色，仓促应战。曹操乘袁军混乱之际，率领骑兵左冲右突，把袁军斩杀大半。这场大火将袁军粮草烧得一干二净，为官渡之战的决战奠定了基础。

◉孙刘联军是怎样火烧赤壁的

东汉末年，曹操在平定北方、统一中原之后，统率 20 万（对外称 80 万）大军沿长江东进，企图迫使占有江南六郡的孙权不战而降，然后一统中国。

这时候，屡遭败亡的刘备已退守到长江南岸的樊口。受刘备的委托，诸葛亮只身一人前往柴桑会见孙权。诸葛亮舌战群儒，坚定了孙权迎战曹操的决心，于是，孙权和刘备结为联盟，共同抗击曹军，孙、刘的军队与曹操的军队在赤壁相遇，拉开了赤壁大战的序幕。

曹军不善水战，无奈之时遂将大船、小船或三十为一排，或五十为一排，首尾用铁环连锁在一起，这样，大江之上，任凭风吹浪打，战船不再颠簸，曹操以为这样就可以达到目的。周瑜得信，决心用火攻打败曹军。诸葛亮能察天文地理，早已测知冬至前后将会有一场大东南风出现，于是自告奋勇，要“借”一场东南大风，助周瑜一臂之力。

同时，大将黄盖以死相助，以“苦肉计”骗得曹操的信任，在东南风乍起之时，驾着十余只载满浇上了油和裹有硫磺等易燃物的干草的战船，在夜幕来临之际，迅速接近了曹操的战船。黄盖一声令下，点燃干草，十余艘战船在东南风的劲吹之下，犹如十余只火龙，直扑曹操的战船。刹时间，江面上烟火冲天。曹操的战船连在一起，一船着火，几十只船跟着着火，曹操的水军士兵大部分被烧死、溺死在江中。火从江面蔓延到曹军岸边的营寨，岸边的曹营也变成了一片火海。

孙、刘联军乘势水陆并进，曹操从华容道侥幸逃得性命，20 万大军损失殆尽。赤壁一战，为以后的魏、蜀、吴“三国鼎立”奠定了基础。

◉诸葛亮是怎样占领荆州的

赤壁大战后，孙权、刘备都在打南郡荆州的主意。为了稳住周瑜，刘备首先派人到周瑜营中祝贺胜利。双方约定，先让周瑜打荆州，如果打不下来，再由刘备去攻取。周瑜走后，诸葛亮建议按兵不动，让周瑜先去与曹兵厮杀。

周瑜发兵攻打南郡，却中了曹仁诱敌之计，自己中箭而返。曹仁见周瑜中了毒箭受伤，非常高兴，每日派人到周瑜营前叫战。周瑜只是坚守营门，不肯出战。一天，曹仁亲自带领大军，前来挑战。周瑜带领数百骑兵冲出营门大战曹军。开战不多时，忽听周瑜大叫一声，口吐鲜血，坠于马下，被众将救回营中。原来这是周瑜定下的欺骗敌人的计谋，一时传出周瑜箭疮大发而死的消息。周瑜营中奏起哀乐，士兵们都戴了孝。曹仁闻讯，大喜过望，决定趁周瑜刚死、东吴没有准备的时机前去劫营，割下周瑜的首级，到曹操那里去领赏。

当天晚上，曹仁亲率大军来劫营，城中只留下陈娇带少数士兵护城。曹仁大军趁着黑夜冲进周瑜大营，只见营中寂静无声，空无一人。曹仁情知中计，急忙退兵，但是已经来不及了。只听一声炮响，周瑜率兵从四面八方杀出。曹仁好不容易从包围中冲出，退返南郡，又遇东吴伏兵阻截，只得往北逃去。

周瑜大胜曹仁，立即率兵直奔南郡。等周瑜率部赶到南郡，只见南郡城头布满旌旗。原来赵云已奉诸葛亮之命，乘周瑜、曹仁激战正酣之时，轻易地攻取了南郡。诸葛亮利用搜得的兵符，又连夜派人冒充曹仁救援，轻易地诈取了荆州、襄阳。周瑜这一回自知上了诸葛亮的大当，气得昏了过去。

◉刘备是怎样夺取四川的

赤壁大战之后，刘备和孙权都把眼睛盯住四川。但是，曹操统一中原的决心已定，虎视眈眈，牵制住了孙权的力量。刘备、孙权一时都对四川无法下手。公元 215 年，曹操进攻汉中，张鲁降曹。益州刘璋集团形势危急。这时，刘璋集团内部争权夺利，分崩离析。刘璋深怕曹操进攻四川，心想，不如请刘备来，共同抵御曹操。刘备得讯，喜不自胜，正中下怀，这不正是他进军四川的大好时机吗！他派关羽留守荆州，亲自率步卒万人进入益州。刘璋推举刘备为大司马领司隶校尉，自己为镇西大将军兼益州牧。

一天，刘备接到荆州来信，说曹操兴兵侵犯孙权。刘备请刘璋派三万精兵，十万斛军粮前去助战。刘璋怕削弱了自己的力量，只同意派三千老兵出川。刘备乘机大骂刘璋："我为你抵御曹操，你却吝惜钱财，我怎能和你这种人合作共事！"于是向刘璋宣战，乘胜直捣成都，完成了占领四川的计划。

◉诸葛亮是怎样收服孟获的

孟获是南中地区少数民族领袖。刘备死后，孟获乘机造反。诸葛亮为巩固大后方，分兵三路讨伐孟获，一举将孟获活捉。孟获不服，道："我是中了你们的埋伏才被捉住的，如果是硬拼硬打，你们不是我的对手。"

诸葛亮笑道："好，那就放你回去，我们再打一仗。"

孟获离开蜀营后，收拾残兵败将夺过泸水，将所有船筏都渡靠南岸，又命令大、小酋长率本部人马修筑土城，企图借泸水天险和土城死守。诸葛亮从当地人那里了解到泸水下游 150 里处的沙口水浅，可以扎筏渡过去，于是派大将马岱率 3000 人马在土人带领下夜半渡水，奇袭孟获，再次把孟获活捉。

孟获这次被俘仍旧不服，诸葛亮再次将孟获释放。

就这样诸葛亮一连六次活捉孟获，又一连六次释放孟获。孟获屡战屡败，本部兵马均无斗志，孟获为了作最后一拼，便向马戈国主请来三万藤甲军。藤甲军身穿藤甲，刀枪不入，箭射在藤甲上也不能穿透，蜀兵接连吃了败仗。但是，藤甲军的藤甲有一个致命弱点，就是藤甲是用油反复浸泡过的，只怕火。诸葛亮发现了这个致命弱点，便将藤甲军引入一个狭窄的山谷中，截断藤甲军的归路，在山谷中放起火来，藤甲军被烧得焦头烂额，全军覆没，孟获再一次被活活捉住了。

这时，诸葛亮没等孟获说话，第七次传下命令：放孟获回去，让他整顿兵马，再决一胜负。孟获满面惭愧，表示真心臣服。

◉诸葛亮是怎样解救东吴的

周瑜病逝后，曹操设计杀了西凉守备马腾，然后起兵 30 万，直扑江东。江东闻报之后，立即让鲁肃派使者西上荆州，向刘备求援。诸葛亮看罢江东的求救信，胸有成竹地对刘备说：“既不用动江南之兵，也不用动荆州之兵，我自有妙计使曹操不敢进兵东南。”他让使者带回江东的信中说：“如果曹军南犯，刘皇叔自有退兵之策。”诸葛亮告诉刘备说：“曹操平生最担心的就是西凉之兵。曹操杀了马腾，马腾长子马超仍然统领着西凉之众，曹操的杀父之仇定使马超刻骨切齿。主公只要修书一封，派人结援马超，让马超兴兵入关。这样一来，曹操岂能兵犯江东？”刘备闻言大喜，立即修书，派使者投送西凉的马超。

马超听说父亲遇害的消息后，放声大哭，悲伦倒地。他咬牙切齿，痛骂曹贼。正在此时，刘备的使者持书赶到。马超拆书一看：刘备在信中除了大骂曹操之外，还回忆了昔日与马腾同受汉帝密诏、誓诛曹贼的往事和旧情。指出，现在曹操与马超又结下不共天地、不同日月之深仇。他建议马超率西凉之兵以攻曹之右，他统荆、襄之众以遏曹之前。马超于是率 20 万大军，浩浩荡荡杀奔长安。曹操得到关中警报以后，遂放弃南下攻击孙权的计划，专力对付关中的马超、韩遂之军。诸葛亮一封书信就轻而易举地制止了曹军的南下，救了孙权的大驾。

◉张飞是怎样假计破巴郡的

三国时，刘备进军四川，命先锋张飞先取巴郡。张飞率兵来到巴郡城下，百般叫骂挑战，但巴郡守将严颜就是坚守不出。于是张飞心生一计，命令士兵散开去打柴，寻找进攻巴郡的道路。严颜守在城里，好几天不见张飞有什么动静，心里不免有些发慌，就也派了十几个士兵，扮作打柴的，悄悄溜出城，混在张飞的士兵中间，到处探听消息。

一天，张飞把出去打柴的士兵都找回军营。他坐在大营中问：“你们找到进攻巴郡的道路了吗？”帐前有几个士兵立刻回答说：“将军不必着急，我们已经打探出一条小道。”张飞听完，故意大声命令说：“事不宜迟。今天全军二更起来做饭，趁三更时分，明月当空，全军出动，我亲自在前面开路，你们跟在后面前进！”

严颜从扮作打柴的士兵口中听到这个消息后，十分高兴，决定抄张飞的后路。他命令全军二更做饭，三更出城，在林木茂盛的地方埋伏下来，只等张飞从小路过后，一举杀出。三更时分，果见张飞横矛纵马，从小路上走了过来，后面跟着辎重粮草。严颜看见时机已到，急令擂鼓，伏兵杀出。正在这时，更响的一阵鼓声擂起，一队凶猛的人马杀了出来，为首的一人大喝：“老贼，你跑不了啦，我等的就是你！”严颜回头一看，正是张飞，张飞背后的军队也勇猛冲杀过来。

严颜见了，手足无措，只得勉强应战，不出十个回合，就被张飞生擒了。其实，走在前面的"张飞"是假扮的。

◉陆逊是怎样火烧连营败刘备的

三国时，吴国杀了关羽，刘备怒不可遏，亲自率领70万大军伐吴。蜀军从长江上游顺流进击，居高临下，势如破竹。举兵东下，连胜十余阵，锐气正盛，直至彝陵、哮亭一带，深入吴国腹地五六百里。孙权命青年将领陆逊为大都督，率五万人迎战。

陆逊深谙兵法，正确地分析了形势，认为刘备锐气始盛，并且居高临下，吴军难以进攻。于是决定实行战略退却，以观其变。吴军完全撤出山地，这样，蜀军在五六百里的山地一带难以展开，反而处于被动地位，欲战不能，兵疲意阻。相持半年，蜀军斗志松懈。

陆逊看到蜀军战线绵延数百里，首尾难顾，在山林安营扎寨，犯了兵家之忌。时机成熟，陆逊下令全面反攻，打得蜀军措手不及。陆逊一把火，烧毁蜀军七百里连营，蜀军大乱，伤亡惨重，慌忙撤退。

因此，陆逊创造了战争史上以少胜多，后发制人的著名战例。

◉关羽是怎样败走麦城的

三国时期，由于荆州地理位置十分重要，成为兵家必争之地。公元217年，鲁肃病死。孙、刘联合抗曹的蜜月已经结束。

当时关羽镇守荆州，孙权久存夺取荆州之心，只是时机尚未成熟。不久以后，关羽发兵进攻曹操控制的樊城，怕有后患，留下重兵驻守公安、南郡，保卫荆州。孙权手下大将吕蒙认为夺取荆州的时机已到，但因有病在身，就建议孙权派当时毫无名气的青年将领陆逊接替他的位置，驻守陆口。

陆逊上任，并不显山露水，定下了与关羽假和好、真备战的策略。他给关羽写去一信，信中极力夸耀关羽，称关羽功高威重，可与晋文公、韩信齐名。自称一介书生，年纪太轻，难担大任，要关羽多加指教。关羽为人，骄傲自负，目中无人，读罢陆逊的信，仰天大笑，说道："无虑江东矣。"马上从防守荆州的守军中调出大部人马，一心一意攻打樊城。陆逊又暗地派人向曹操通风报信，约定双方一起行动，夹击关羽。

孙权认定夺取荆州的时机已经成熟，派吕蒙为先锋，向荆州进发。吕蒙将精锐部队埋伏在改装成商船的战舰内，日夜兼程，突然袭击。关羽得讯，急忙回师，但为时已晚，孙权大军已占领荆州。关羽只得败走麦城。

◉王睿是怎样灭掉东吴的

公元 279 年，西晋六路大军水陆并进，浩浩荡荡开向东吴。大将王睿自带七万水军，顺江进击。江面上战船相连，旌旗蔽日，好不威风。战船进入西陵峡，遇上吴军设置的拦江铁索和水下铁锥。王睿早有准备，先让木筏随激流猛冲，把铁锥带走，开辟船道。又命士兵燃起麻油大火炬，猛烧铁索，直到索熔化，沉入江心。一时烟雾滚滚，江面一片通红。突破障碍，水陆两军密切配合，迅速东进，直逼武昌。东吴人马纷纷投降，东吴领土大部被晋军占领。

这时，西晋朝廷听信贾充之言，欲罢兵休战。老臣杜预坚决反对："我军势如破竹，应乘胜前进，顺手牵羊，攻灭东吴。"在杜预的坚持下，王睿率水军直逼东吴国都建业。东吴上下震动，人心惶惶。

东吴大将王浑率兵来到长江边上，风急浪险，难以渡江，只得驻守等待。同时给王睿去信，要他休兵前来商讨战事。那王睿的战船正顺风顺水，只顾挥师直进，涌向建业古城。孙皓面临绝境，假意修书请降。王睿不予理睬，数万大军，百里战船，紧紧围住建业，日夜猛攻。兵临城下，孙皓见败局已定，只得让人绑了双手，亲往王睿军门请降。王睿终于灭了东吴，完成了统一中国的大业。

◉周德威是怎样智败梁军的

公元 910 年深秋，后梁王的大将王景仁率七万步兵，占据了河北隆阳北岸，准备进军伐晋。只见旌旗蔽日，剑影刀光，好不威风。晋王和老将周德威率领不足一万兵，驻扎在河的南岸。晋王年轻气盛，求胜心切，想渡河攻打，被周德威阻止。

周德威道："梁军兵多将广，武器精良，但多为步兵，善于坚守；我军以骑兵为主，善于在平川旷野作战。现在的地形无法发挥我军的优势。"

晋王觉得周德威言之有理，便将军队交给他指挥。周德威便下令把部队撤到地形平坦空旷的高邑附近埋伏起来。然后派出三百骑兵隔河骂阵挑战，他自己亲率三千人马在后面严阵以待。王景仁见晋军骂阵，不由火冒三丈，立即下令全军出动。他亲自率领几万人马，用船搭桥渡河，气势汹汹地向晋军扑去。周德威带领骑兵，一边假装抵抗，一边向后退去，一直把梁军引到高邑南面一望无际的平川旷野之上。这时，周德威突然掉转马头，一声令下，埋伏的部队顷刻间像潮水般从四面八方涌了过来，摆开阵势。王景仁一看情况不妙，急忙下令停止追击，摆出迎战阵势。两军相恃到中午，梁军将士已奔波几十里，滴水未进，又饿又渴，疲惫不堪，阵势大乱。周德威一看时机已到，下令发起总攻。只见骑兵纵横驰骋，横挑直刺，把梁军杀得大败。

◉石勒是怎样智胜王浚的

东晋末年，幽州都督王浚企图谋反篡位。晋朝名将石勒闻讯后，打算消灭王浚的部队。王浚势力强大，石勒恐一时难以取胜。他决定采用“欲擒故纵”之计，麻痹王浚，他派门客王子春带了大量珍珠宝物，敬献王浚。并写信向王浚表示拥戴他为天子。信中说，现在社稷衰败，中原无主，只有你威震天下，有资格称帝。王子春又在一旁添油加醋，说得王浚心里喜滋滋的，信以为真。正在这时，王浚有个部下名叫游统的，伺机谋叛王浚。游统想找石勒做靠山，石勒却杀了游统，将游统首级送给王浚。这一着，使王浚对石勒绝对放心了。

公元 314 年，石勒探听到幽州遭受水灾，老百姓没有粮食，王浚不顾百姓生死，苛捐杂税，有增无减，民怨沸腾，军心浮动。石勒亲自率领部队攻打幽州。石勒的部队到了幽州城，王浚还蒙在鼓里，以为石勒来拥戴他称帝，根本没有准备应战。等到他突然被石勒将士捉拿时，才如梦初醒。王浚中了石勒“欲擒故纵”之计，身首异处，美梦成了泡影。

◉淝水之战苻坚是怎样败北的

公元 383 年，前秦皇帝苻坚组织 90 万大军，南下攻打东晋。东晋王朝派谢石为大将、谢玄为先锋，带领 8 万精兵迎战。

苻坚认为自己兵多将广，有足够的把握战胜晋军。他把兵力集结在寿阳（今安徽寿县）东的淝水边，等后续大军到齐，再向晋军发动进攻。

为了以少胜多，谢玄施出计谋，派使者到秦营，向秦军的前锋建议道：“贵军在淝水边安营扎寨，显然是为了持久作战，而不是速战速决。如果贵军稍向后退，让我军渡过淝水决战，不是更好吗?”秦军内部讨论时，众将领都认为，坚守淝水，晋军不能过河，待后续大军抵达，即可彻底击溃晋军。因此不能接受晋军的建议。

但是，苻坚求胜心切，不同意众将领的意见，说：“我军只要稍稍后退，等晋军一半过河，一半还在渡河时，用精锐的骑兵冲杀上去，我军肯定能大获全胜!”

于是，秦军决定后退。苻坚没有料到，秦军是临时拼凑起来的，指挥不统一，一接到后退的命令，以为前方打了败仗，慌忙向后溃逃。谢玄见敌军溃退，指挥部下快速渡河杀敌。秦军在溃退途中，丢弃了兵器和盔甲，一片混乱，自相践踏而死的不计其数。那些侥幸逃脱晋军追击的士兵，一路上听到呼呼的风声和鹤的鸣叫声，都以为晋军又追来了，于是不顾白天黑夜，拼命地奔逃。就这样，晋军取得了“淝水之战”的重大胜利。

◉刘坦是怎样平定叛乱的

南北朝时，萧齐的始兴内史王僧粲起兵造反，自称湘州刺史，领兵进袭长沙。长沙太守刘坦素以多智著称，一边调兵迎敌，一边注意内部动向。

长沙城外有家大族很有势力，族长名钟玄绍。他早已接到王僧粲的密信，准备响应王僧粲起事。刘坦得报，一边派人火速往前线送信，抽调一批人马回城，一边让手下老弱残兵各处调防。折腾了一天，傍晚时候，吩咐手下人一反常规，大开城门。钟玄绍等人夜深人静时果然悄然来到城门外，准备偷袭守门兵。一看城门大开，悄无人声，一下子疑惑起来。为了慎重起见，他令手下退回。次日，他装作没事的样子来到城中刘坦衙中，像往常那样与刘坦攀谈，准备探点口风。刘坦早看透了钟玄绍的诡计，一边与钟玄绍虚言周旋，一边暗中派人去查抄钟玄绍的家，查到了钟玄绍与王僧粲的来往信件。刘坦把信甩给钟玄绍，钟玄绍一看傻了眼，手下人又不在，只好听凭捕抓。

刘坦公布了钟玄绍通敌谋反之罪，杀了钟玄绍和几个主要人物，当众烧了钟玄绍的党羽名单，安定了民心。派人传令回救部队半路返回前线。这样，刘坦巧用疑兵，一反常规，开城迎敌，却吓得敌人推迟起事时间，为刘坦平灭叛乱争得了时间。

◉安史之乱时张巡是怎样固守睢阳的

唐朝安史之乱时，安禄山气焰嚣张，连连大捷，安禄山之子安庆绪派勇将尹子奇率十万劲旅进攻睢阳。御史中丞张巡驻守睢阳，见敌军来势汹汹，决定据城固守。敌兵二十余次攻城，均被击退。尹子奇见士兵已经疲惫，只得鸣金收兵。晚上，敌兵刚刚准备休息，忽听城头战鼓隆隆，喊声震天。尹子奇急令部队准备与冲出城来的唐军激战。而张巡“只打雷不下雨”，不时擂鼓，像要杀出城来，可是一直紧闭城门，没有出战。尹子奇的部队被折腾了整夜，没有得到休息，将士们疲乏已极，眼睛都睁不开，倒在地上就呼呼大睡。这时，城中一声炮响，突然之间，张巡率领守兵冲杀出来。敌兵从梦中惊醒，惊慌失措，乱作一团。张巡一鼓作气，接连斩杀五十余名敌将，五千余名士兵，敌军大乱。张巡急令部队擒拿敌军首领尹子奇，部队一直冲到敌军帅旗之下。张巡从未见过尹子奇，根本不认识，现在他又混在乱军之中，更加难以辨认。张巡心生一计，让士兵用秸秆削尖作箭，射向敌军。敌军中不少人中箭，他们以为这下完了，没有命了。但是发现，自己中的是秸秆箭，心中大喜，以为张巡军中已没有箭了。他们争先恐后向尹子奇报告这个好消息。张巡见状，立刻辨认出了敌军首领尹子奇，急令神箭手、部将南霁云向尹子奇放箭。正中尹子奇左眼，这回可是真箭，只见尹子奇鲜血淋漓，抱头鼠窜，仓皇逃命。敌军一片混乱，大败而逃。

◉李愬是怎样夺取蔡州的

唐朝中期，各镇节度史都拥有军事、经济大权，根本不把朝廷放在眼里。蔡州节度使的儿子吴元济在父死之后，起兵叛乱。唐宪宗派大将李愬担任唐州节度使，剿灭吴元济。

李愬到任，散布说，我是个懦弱无能的人。朝廷派我来，只是为了安顿地方秩序，至于攻打吴元济，与我无干。目的是放风麻痹吴元济。吴元济观察了李愬的动静，见他毫无进攻之意，也就不把李愬放在心上了。

其实李愬一直在思考攻打吴元济老巢蔡州的策略。他趁机擒获了吴元济手下的大将李佑，对他优礼有加，感动了李佑。李佑告诉李愬，吴元济的主力部队都部署在洄曲一带，防止官军进攻，而防守蔡州城的不过是些老弱残兵。蔡州是吴元济最大的空隙，如果出奇制胜，应该迅速直捣蔡州，活捉吴元济。

李愬在一个雪天的傍晚，率领精兵抄小路，神奇地直抵蔡州城边，趁守城士兵呼呼大睡时，爬上城墙，杀了守兵，打开城门，部队静悄悄涌进了城。等吴元济从睡梦中惊醒，发现宅第已被围困，负隅顽抗，终于被捉。李愬将吴元济装进囚车，押往长安。驻扎在洄曲的董重质见大势已去，也向李愬投降。

◉郭子仪是怎样战胜吐蕃的

唐朝有个叛将叫仆固怀恩，他煽动吐蕃和回纥两国联合出兵，进犯中原。大兵三十万，一路连战连捷，直逼泾阳。泾阳的守将是唐朝著名将军郭子仪，他想：何不乘机分化这两支军队？他在安史之乱时，曾和回纥将领并肩作战，对付安禄山。这种老关系何不利用一下呢？他秘密派人前往回纥营中转达想与过去并肩作战的老友叙叙情谊。回纥都督药葛罗，也是个重视旧情的人。郭子仪便亲赴回纥营中，会见药葛罗，叙叙旧情，并乘机说服他们不要和吐蕃联合反唐。将士们深怕回纥有诈，不让郭子仪前去。郭子仪说：“为国家，我早已把生死置之度外！我去回纥营中，如果能谈得成，这一仗就打不起来了，天下从此太平，有什么不好?”他拒绝带卫队保卫，只带少数随从，到回纥营去。

药葛罗见真的是郭子仪来了，非常高兴。设宴招待郭子仪，谈得十分亲热。酒宿时，郭子仪说道：“大唐、回纥关系很好，回纥在平定安史之乱时立了大功，大唐也没有亏待你们呀！今天怎么会和吐蕃联合进犯大唐呢？吐蕃是想利用你们与大唐作战，他们好乘机得利。”药葛罗愤然说道：“老令公说得有理，我们是被他们骗了！我们愿意和大唐一起，攻打吐蕃。”双方马上立誓联盟。

吐蕃得到报告，觉得形势骤变，于己不利，他们连夜准备，拔寨撤兵。郭子仪与回纥合兵追击，击败了吐蕃的十万大军。吐蕃大败，很长一段时期，边境无事。

◉张守珪是怎样在瓜州退蕃兵的

唐玄宗时，数万吐蕃骑兵于一个夜晚突然从天而降瓜州城，守城将士们左冲右杀，终因寡不敌众，全部阵亡。吐蕃人进了瓜州城，见人便砍，四面放火。三天后，吐蕃人在马后载了妇女和财宝，一溜烟地撤退了。

新任瓜州刺史张守珪进入劫后的瓜州城，召集起劫后余生的军民，对他们说，要振作精神，防御敌人的再次袭击。他把一千余名士兵组织起来，修筑城墙，建造房屋，幼弱老病的百姓也都安顿在刚搭好的草棚中。城墙快修好了，房屋也修建起一大半。

这一天，张守珪正和军民安装城墙上的木板，守城的军士来报：吐蕃人来了！张守珪急忙登上城楼，果见烟尘滚滚，吐蕃骑兵漫山遍野而来。瓜州城又陷入一片惊恐之中。张守珪当机立断对大家说："敌众我寡，不可硬拼，我们给他来个空城计。"说罢命大家如此这般，分头准备。

此时，吐蕃骑兵已来到城下。抬眼望去，只见城楼上正置酒设乐，张守珪居中，文官武将依次而坐，举杯交盏，酒兴正浓。吐蕃将领大疑，下令停止攻城。吐蕃人在城下徘徊了一阵，又见四处城门大开，远远望见城中百姓正在从容地买卖物品。吐蕃将领互相商量，都觉得唐人多诈，城中定有重兵埋伏，不如赶快退却。

吐蕃骑兵刚刚掉转马头，两旁高地突然冲下两队骑兵，宛如神兵天降。吐蕃兵顿时人慌马乱，死伤无数，剩下的残兵败将落荒而逃。瓜州城内欢声雷动，百姓奔走相告，无不钦佩张守珪的沉着机智。

◉曹仁师是怎样兵败契丹的

公元696年，契丹攻占营州。武则天派曹仁师、张玄遇、李多祚、麻仁节四员大将西征，想夺回营州，平定契丹。契丹先锋孙万荣熟读兵书，颇有机谋。他想到唐军声势浩大，正面交锋，于己不利。他首先在营州制造缺粮的舆论，并故意让被俘的唐军逃跑，唐军统帅曹仁师见一路上逃回的唐兵面黄饥瘦，并从他们那里得知营州严重缺粮，营州城内契丹将士军心不稳。曹仁师心中大喜，认为契丹不堪一击，攻占营州指日可待。

唐军先头部队张玄遇和麻仁节部，想夺头功，向营州火速前进，一路上，还见到从营州逃出的契丹老弱士卒，他们自称营州严重缺粮，士兵纷纷逃跑，并表示愿意归降唐军。张、麻二将更加相信营州缺粮、契丹军心不稳了。他们率部日夜兼程，赶到西峡石谷，只见道路狭窄，两边悬崖绝壁。按照用兵之法，这里正是设埋伏的险地。可是，张、麻二人误以为契丹士卒早已饿得不堪一击了，加上夺取头功的心情驱使，下令部队继续前进。

唐军络绎不绝，进入谷中，艰难行进。黄昏时分，只听一声炮响，绝壁之上，箭如雨下，唐军人马践踏，死伤无数。孙万荣亲自率领人马从四面八方进击唐军。唐军进退不得，前有伏兵，后有骑兵截杀，不战自乱。张、麻二人被契丹军生擒。孙万荣利用搜出的将印，立即写信报告曹仁师，谎报已经攻克营州，要曹仁师迅速到营州处理契丹头人。曹仁师早就轻视契丹，接信后，深信不疑，马上率部奔往营州。大部队急速前进，准备穿过峡谷，赶往营州。不用说，这支目无敌情的部队重蹈覆辙，在西峡石谷，遭到契丹伏兵围追堵截，全军覆没。

◉隋文帝是怎样消灭陈叔宝的

公元583年，陈叔宝当了陈朝皇帝。他整日吃喝玩乐，不理朝政，奸臣乘机为非作歹，欺压百姓，搞得民不聊生，陈朝危在旦夕。当时，隋文帝统一了北方，国力强盛，斗志正旺。他分析局势，深知陈朝国力空虚，已不堪一击，便派兵南下，依老臣高颖的计策，兵分几路浩浩荡荡一齐进发，首先切断了长江上游与中下游陈军的联络，使他们不能相互照应。

与此同时，隋朝大将贺若弼率大队人马向陈朝国都建康进军。兵马来到长江北岸驻扎下来。只见帐篷林立，军旗飘扬，人喊马嘶，一派战前景象。江南陈朝将领见这阵势，以为隋军即将渡江攻城，顿时紧张起来，召集全部人马，抖擞精神，准备与隋军决一死战。谁知剑拔弩张地等了几天，隋军不但没有渡江攻城，反而撤了回去，渡口只留了一些破旧小船。陈朝将士以为隋军水上力量不足，上上下下都松了口气。可是不久，隋军又集结江北，安营扎寨。陈国慌忙再度备战。这样反复折腾几次，弄得陈军人困马乏，加上粮食又被隋军间谍烧毁，陈军更是人心惶惶，进退两难。

就在这时，隋军突然发起总攻。浩浩长江之上，万船齐发，金鼓震天，陈军哪里还有还击之力？连陈后主也乖乖地当了俘虏。

◉杨行密是怎样打败孙儒的

公元887年，唐朝大臣杨行密和孙儒在江淮一带为争地盘，打得不可开交。经过激烈厮杀后的江淮大地，尸横遍野，血染江水。几年之中，杨行密分兵占领了长江以南的许多城池。而屯驻在广陵的孙儒，眼看自己的地盘越来越小，加上粮草不足，军心不稳，心中又气又急，纠集了五十万大军，气势汹汹地南渡长江，直向杨行密屯驻的宣州扑了过去。杨行密看着众将领又惊又怕，一筹莫展的样子，垂头丧气地说：“孙儒的兵力为我十倍，看来我们只有弃城逃走一条路了。”

大将刘威高声反对，并提出了釜底抽薪之计，随即又详细谈了自己的计策。于是，杨行密下令将原属孙儒管辖，现已归顺自己的降兵百姓送回淮南故乡，每人都发给充足的盘缠和优厚的生活补贴。百姓无不交口称快。消息传到孙儒将士耳中，上下人心浮动，不想再战。有的说："我们要是也能如此，该有多好！"有的干脆丢掉武器，趁着夜色成群逃亡。杨行密又密令屯驻安吉的大将张训伏击孙儒运送粮草的队伍，不但劫下粮草，而且切断了运送粮草的通路。孙儒兵营中，号声呜咽，士气低落。由于粮草断绝，士兵们个个面黄肌瘦，愁眉苦脸；加上病疾流行，兵卒更是少气无力，溃不成军。

公元 829 年 6 月，连降暴雨，杨行密乘机率兵冲出城来，杀向孙儒军营，大获全胜，孙儒被俘。

◉狄青是怎样平定邕州的

北宋皇祐年间，大将狄青到广西征讨"大南国""惠仁皇帝"侬智高。由于前将领几次征讨失败，士气低落，如何振奋士气便成了个问题。狄青看到南方有崇拜鬼神的风俗，便心生一计：他率官兵刚出桂林之南，就拜神祈佑。只见他拿出一百个制钱，口中念念有词："此次用兵胜负难以预料，若能制敌，请神灵使钱面全都朝上！"左右官员对此感到茫然，担心弄不好反会影响士气，都劝狄青不必这么做。而狄青却不加理睬，在全军众目睽睽之下，一挥手，一百个制钱全撒到地面。大家凑近一看，一百个钱面全部朝上。官兵见神灵保佑，雀跃欢呼，声震林野，士气大振。狄青当即命左右侍从，拿来一百根铁钉，把制钱原地不动地钉在地上，盖上青布，还亲手把它封好，说："待胜利归来，再收回制钱。"于是率官兵南进，越过昆仑关，设计在归仁铺与侬智高决战。结果大败侬军，"追赶五十里，斩首数千级"，俘侬智高主将 57 人。侬智高遁往云南大理，后死在那里。狄青平定了邕州，带领胜利之师北还，如约到掷钱处取制钱。僚属们将钱起出一看，原来这一百个制钱两面都是钱面，大家才恍然大悟，对狄青的"静不露机"更是佩服得五体投地。

◉毕再遇是怎样成功撤军的

宋朝开禧年间，金兵屡犯中原。宋将毕再遇与金军对垒，打了几次胜仗。金兵又调集数万精锐骑兵，要与宋军决战。此时，宋军只有几千人马，如果与金军决战，必败无疑。毕再遇为了保存实力，准备暂时撤退。金军已经兵临城下，如果知道宋军撤退，肯定会追杀。那样，宋军损失一定惨重。毕再遇苦苦思索如何蒙蔽金兵，转移部队。这时，只听帐外，马蹄声响，毕再遇受到启发，计上心来。

他暗中作好撤退部署，当天半夜时分，下令兵士擂响战鼓，金军听见鼓响，以为宋军趁夜劫营，急忙集合部队，准备迎战。哪知只听见宋营战鼓隆隆，却不见一个宋兵出城。宋军连续不断地击鼓，搅得金兵整夜不得休息。金军以为宋军采用疲兵之计，不再理会。到了第三天，金兵发现，宋营的鼓声逐渐微弱，金军首领断定宋军已经疲惫，就派军分几路包抄，小心翼翼靠近宋营，见宋营毫无反应。金军首领一声令下，金兵蜂踊而上，冲进宋营，这才发现宋军已经全部安全撤离了。

原来毕再遇命令兵士将数十只羊的后腿捆好绑在树上，使倒悬的羊的前腿拼命蹬踢，又在羊腿下面放一面鼓。羊发急，前蹄乱刨，敲得鼓面咚咚作响，宋军乘机悄悄撤退。宋营内依旧鼓声不绝，金兵以为是宋军在操练兵马，也未加提防。后来鼓声渐渐零落，金将不觉心生疑团，率兵冒险冲进宋营，发觉已人去营空，这才明白中了“金蝉脱壳”之计。

◉刘频是怎样使用连环计决战金兀术的

公元 1140 年，南宋刘频被任命为东京（今开封）副留守，率军 3 万余人前去东京驻扎，以伺机牵制敌人，保卫江南。但当大军行进到顺昌（今阜阳）时，却得到消息，说东京已被金兵占领，而且金兵正向南扑来。刘决定固守顺昌，以牵制敌人。

他先派人日夜加固城墙，赶制防御器械，并让人在城墙上增修避箭矢的工事，而在外城土墙上挖了许多可望敌、射敌的洞。工事修好，金兵便扑了过来。刘让手下大开城门，迷惑敌人。敌兵怕中了埋伏，果然不敢杀进来，只是远远放箭。宋兵有避箭工事，故而伤亡不大。宋兵都伏在墙上从洞口中射箭，却给敌人以很大杀伤。金兵见占不到便宜，便退守 20 里以作打算。刘借机率部冲出去，打得敌人狼狈逃窜，掉进颖水中淹死了不少。

敌人在 20 里外扎营，妄图重新部署，组织攻城。刘未等敌人下手，便乘一个雷雨之夜，让部将阎充带 500 名勇士，摸进金兵大营偷袭，直杀得敌人狼狈后退 30 里扎营。第二夜，天又雷雨。刘让战士百余人穿上黑衣，每人带一竹制哨子，当雷电照射时便起身猛砍敌人，同时吹哨。电光一灭就伏下不动。敌人不知是什么怪物，以为有鬼神作祟，又退出 50 里处扎营。

敌主帅兀术听说遇到强敌，便亲率十几万大军从开封赶来增援。刘为诱敌深入，先派两人在战斗中故意坠马，让金兵掠去。金兀术审问时，他们按刘预先布置好的说：“刘只是一个花花公子，只熟悉些小玩艺儿，不会用兵。”以引敌人轻进。同时，刘频让人在颖水河南岸撒下大批毒药，又送信给金兀术说：“你敢过颖水作战吗？若敢，我将在颖水上架五座浮桥迎接你。”金兀术一听，气得火冒三丈，即刻率主力杀到颖水边。一看，颖水上果然架着五座浮桥。金兀术气得哇哇叫，挥军从浮桥上杀过颖水，正进了刘的“毒药区”，人马饮水时中毒的不计其数。刘让手下自带水、粮，杀进“毒药区”。上午隐蔽不出，下午等敌人晒得疲惫至极时则小股突袭。这种“藏猫猫”战术，打得兀术军哇哇叫，找刘主力作战又找不到，只好狼狈退兵。

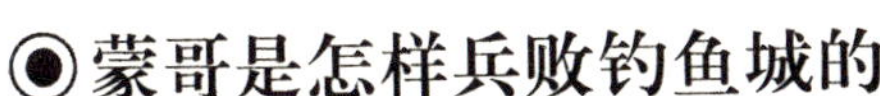

◉蒙哥是怎样兵败钓鱼城的

元朝的蒙哥继位做了蒙古可汗后，为了吞并南宋江山，采用迂回的策略，绕道西南，向南宋发起进攻。蒙哥先派其弟忽必烈攻克了云南，然后亲率西路主力四万人马，经六盘山进入四川，苦战一年，才抵达钓鱼城下。

钓鱼城地处嘉陵江、涪江、渠江的汇合之处，山城的四周尽是悬崖绝壁，犹如刀削一般，那阵势真可谓是“一夫当关，万夫莫开”。蒙哥企图越过钓鱼城，进军重庆，与蒙古南路军会师，直取南宋都城临安，钓鱼城因此成为蒙哥的必争之地。

但是，钓鱼城的守将王坚忠于南宋朝廷，抗蒙志坚。早在蒙哥到达之前就已储备了足够的粮食，开拓了水源。山城中有百姓约十万人，守城将士也有一万余人，足可以对蒙哥构成威胁。

蒙哥一面派将军纽磷到涪州的蔺市建造浮桥阻止宋军的增援，一面亲率大军使用种种手段向钓鱼城发起一次又一次的进攻。王坚率全城军民据险而战，一连数月，蒙古军虽一再猛攻，钓鱼城则依然岿然不动。

蒙哥久攻钓鱼城不下，心中十分焦急。为了观察钓鱼城内的虚实，蒙哥命令士兵在钓鱼城前修造起一座高高的瞭望台。王坚发现蒙哥在城下亲自督建，吩咐将士准备炮石轰击瞭望台。蒙哥不知道钓鱼城城上的情况，瞭望台建好后，连忙登上台顶，王坚心中大喜，连忙命令士兵发炮。在大炮的连续轰击下，瞭望台被摧毁，蒙哥本人也被飞石击成重伤，不久即死去。蒙古军只好载着蒙哥的尸体从钓鱼城往北撤回。

◉宋太宗是怎样收复北汉的

公元 979 年，宋太宗赵光义在平定南方之后，又兴兵讨伐北方的北汉。北汉急忙向辽国求援。辽景帝派宰相耶律沙和冀王塔尔火速增援。耶律沙和塔尔走后，辽景帝还不放心，又派南院大王耶律斜轸率其部属前去救援。

耶律沙驰援北汉，行军至石岭关附近的白马岭，这时宋军已抢先占据白马岭的高地险隘。天刚下过几场暴雨，山洪暴发，原先并不深的山涧已淹至人的腰部，而且宽阔了不少。面对湍急的涧水和守卫在高地隘口的宋军，耶律沙准备安营扎寨，等待后续部队，塔尔则耻笑耶律沙胆小，执意要率先头部队渡涧。

而守卫在白马岭上的郭进见塔尔率辽军渡涧，便令宋军一齐摇旗呐喊，击鼓助威，但就是不出击。塔尔以为宋军是在虚张声势，放心大胆地向对岸缓慢前进。郭进等塔尔的先头部队渡过山涧大半之后，令旗一挥，命令守在隘口的士兵放箭。刹时，乱箭如蝗，辽兵纷纷中箭倒下，又被急流卷走。侥幸登上对岸的士卒还来不及立足稳定，宋军的骑兵又疾驰而至，将辽兵砍翻在涧边，塔尔虽然勇猛无比，但人在激流之中，有力用不出来，塔尔和他的儿子以及五名将领都被乱箭射死在山涧之中，连尸体也没有留下来。如果不是南院大王耶律斜轸及时赶到，辽军伤亡还会增大。

辽军被堵截在石岭关后，宋太宗从容向太原发兵进攻，北汉主刘继元久盼辽军不至，无力对抗宋军，只好开城向宋太宗投降了。

◉朱元璋是怎样巧胜陈友谅的

元末农民起义时，陈友谅占据江州，他一直把朱元璋视为心腹大患，就率所有兵力顺流而下去攻打朱元璋，直逼应天府。面对大兵压境的局面，朱元璋决定诱敌深入，大打伏击战以歼灭陈军。他首先采用诈降计，召来属下康茂才，让他写一封诈降信给陈友谅。因为这康茂才原是元朝降将，他本是陈友谅的老友，朱玩璋认为他是诈降的合适人选。康茂才欣然答应，依计修书一封，表示愿做内应。

陈友谅读了康茂才的信后，信以为真，便水陆并进。他亲率数百艘战船顺江而下，前哨到大胜港时，遭朱元璋手下将领阻击，无法登岸，又见新河航道狭窄，于是下令直奔江东桥，以便和康茂才里应外合。船到江东桥，陈友谅见是一座石桥，心中起疑。原来，朱元璋为了防备康茂才的假投降变成真投降，已于当天夜里把木桥改造成石桥了。陈友谅急命部下高喊“老康”，喊了多时，竟无人答应，方知中计，急令陈友仁率水军冲向龙湾。几百艘战船聚集于龙湾水面，陈友谅下令一万精兵登陆修筑工事，企图水陆并进，强攻应天城。这时，只见卢龙山顶上黄旗挥动，战鼓齐鸣，朱元璋的大将徐达、常遇春率军从左右杀来，修筑工事的一万精兵顿时被冲得大乱。尽管陈友谅大声呼喝，仍然制止不住，败军逃到江边，蜂拥登船。陈友谅急令开船，哪料正当退潮之际，近百条战船全部搁浅，徐达与常遇春乘势上船追杀，陈友谅溃不成军，只好跳进小船逃跑了。朱元璋从此改变了敌我力量的对比，争得了战争的主动权和制胜权。

◉朱元璋是怎样决战鄱阳湖的

鄱阳湖之战，朱元璋和陈友谅相比，不论人力或装备皆处于劣势。朱元璋首先派部队切断敌人的退路和补给线，以动摇陈友谅的军心；而自己却把洪都作为供应基地，以保证部队的粮秣物资得到源源不断补充，他还借鉴三国时期孙刘联军火烧赤壁的经验，决定采取火攻战术，准备了火炮、火铳、火箭、火枪等各种火器。其中有一种叫作“没奈何”的是用芦席作圈，周围五尺，长七尺，糊以布纸，缠以丝麻，内贮火药捻子及诸火器，燃烧力极强。当与敌船相遇时，将“没奈何”用竿子挑于头桅之下，点燃火线，割断悬索，即可使“没奈何”落于敌船燃烧。在准备各种火器的同时，朱元璋又组织了敢死队，准备撑着装满火药和芦苇的小船撞击敌船。战前，朱元璋还规定了指挥信号，白天用旗，黑夜用灯；远用信炮，近用金鼓，使全军行动一致。具体打法则采取先火攻后混战。

这次战役，两军主力苦战 36 天。战斗中，朱元璋指挥全军各种火器射击敌舰，陈友谅的战船浓烟四起，烈火熊熊，军中大乱。接着，朱元璋率军杀上敌舰。陈友谅立即派大舰迎战，朱元璋则令敢死队驾着载满火药和芦苇的船只向敌大舰猛冲。只见湖面浓烟滚滚，烈焰冲天，湖水都成了红色。陈友谅被打得溃不成军。激战中，陈友谅中箭身亡，其残部被朱元璋事先部署的伏兵拦截砍杀。只有陈友谅之子陈理带着少数将士逃回武昌。

◉李自成是怎样在朱仙镇大败明军的

1642 年，闯王李自成率数十万大军转战河南并包围了河南首府开封，并占领开封的重要门户——朱仙镇，截断沙河上流水道以断绝明军水源，又在西南要道上挖掘了深、宽各丈余的壕沟，环绕百余里，以截断明军逃往襄阳的道路。左良玉、丁启睿和杨文岳率明军在朱仙镇东水波集会齐后，联营 20 余里，但三路人马各揣心腹之事，谁也不愿意首先出击。加上开封明军惟恐李自成乘机攻入，不敢开城迎战，明军与李自成对峙了数日之后，断水缺粮，左良玉率先下令南撤，丁启睿和杨文岳跟着也下令撤离朱仙镇。

左良玉的十万余兵马是明军中的精税。撤退的路线恰是直奔襄阳。李自成的部将纷纷要求出击，李自成则以示弱之计任左良玉的步兵从容退走，不加追击；与左良玉的骑兵接战后，也是打不多时即主动退却。左良玉果然中计，他错误地认为农民军并不敢追击官军，便放心大胆地命令队伍向襄阳疾进。快到襄阳时，左良玉的大军行至李自成事先挖好的沟壕处。经过 80 余里的奔波，明军已经人困马乏，又遇到大沟深壕，人马拥挤，顿时乱作一团。紧跟在左良玉身后的李自成见时机已到，指挥大军，突然从后面杀向前去，明军官兵全无斗志，一个个争先越壕逃命，人马互相践踏，你拥我挤，尸体几乎将丈余深的壕沟填平。左良玉侥幸越过壕沟，但早已埋伏在前方的农民军又截杀过来，左良玉的 10 万精锐部队全被歼灭，左良玉只带领几名亲信杀开一条血路逃入襄阳。

李自成在全歼了左良玉的明军后，乘机追歼丁启睿和杨文岳的明军。农民军从此大显声威。

◉袁崇焕是怎样炮退金军的

1616 年，努尔哈赤建立后金政权后，见明边关防务松懈，就不断发动进攻，到 1622 年，关外的大片土地已归入后金版图，这直接威胁山海关的安危。这时，袁崇焕自告奋勇去守辽东。

金军调十三万大军，浩浩荡荡地杀到宁远城。宁远城共有一万多兵马，袁崇焕只好让百姓全部退入城中，烧掉所有民房，不给敌人留下任何掩体。努尔哈赤开始攻城后，袁崇焕早已命人用水泼在城墙上，冻了一层冰，惯于爬城的后金兵怎么也爬不上这光溜溜的城墙。金兵又搬来云梯、撞车，努尔哈赤亲自督战，大批骁勇的士兵头顶盾牌，前仆后继。袁崇焕在城头上指挥明军用石头、弓箭、各种火器狠狠打击金军。但明军炮石、火器终归有限，此时又无援军，只能利用速战解决战斗。袁崇焕便令炮手对准金兵密集的地方轰击，在明军的炮火下成片成片的金兵倒下了，在这种情况下努尔哈赤被迫收兵。

次日，努尔哈赤又调集铁甲军顶着盾牌，分十几处强行登城。金军的箭如飞蝗越过城墙，眼看各处人马拥了上来，明军将士们急得直跺脚，可袁崇焕就是不许开炮，直等金兵接近城下，他才下达开炮命令。霎时炮声连天，地动山摇，金兵死伤不计其数，侥幸未伤者仓皇逃命，互相践踏，连努尔哈赤也受了重伤，只得退兵，明军出城追杀金兵，大获全胜。

◉王振是怎样败给瓦剌首领也先的

公元 1449 年，瓦剌首领也先亲自率领大军攻打大同，进犯明朝。明英宗决定御驾亲征，命王振为统帅。粮草没有准备充分，五十万大军仓促北上。一路上，又连降大雨，道路泥泞，行军缓慢。也先闻报，满心欢喜，认为这正是捉拿英宗平定中原的大好时机。等明朝大军抵达大同的时候，也先命令大队人马向后撤退。王振认为瓦剌军是害怕明朝的大部队，畏缩而退，于是下令追击瓦剌军。也先早已料到，已派骑兵精锐分两路从两侧包围明军。明军先锋朱瑛、先晃，遭到瓦剌军伏击，全军覆没。明英宗无可奈何，只得下令班师回京。

明军撤退到土木堡，已是黄昏时分。大臣们建议，部队再前行二十里，到怀来城凭险据守，以待援军。王振以千辆辎重未到为理由，坚持在土木堡等待。也先深怕明军进驻怀来，据城固守，所以下令急追不舍。在明军抵达土木堡的第二天，就趁势包围土木堡。

土木堡是一高地，缺乏水源。瓦剌军控制当地惟一水源——土木堡两侧的一条小河。明军人马断水两天，军心不稳。也先又施一计，派人送信王振，建议两军议和。王振误以为这正是突围的好时机，他急令部队往怀来城方向突围。这一下正中也先诱敌之计，明军离开土木堡不到四里地，瓦剌军从四面包围。明英宗在乱军中，由几名亲兵保护，几番突围不成，终于被也先生擒。王振在仓皇逃命时，被护卫将军樊忠一锤打死。明军没有了指挥中心，溃不成军，五十万大军全军覆没。

◉多尔衮是怎样进占北京的

皇太极早有入主中原的打算，只是直到去世都未能如愿。顺帝即位时，年龄太小，只有七岁，朝廷的权力都集中在摄政王多尔兖身上。多尔衮对中原早就有攻占之意，想在他手上建立功业，以遂父兄未完成的入主中原的遗愿。他时刻虎视眈眈地注视着明朝的一举一动。

明朝末年，政治腐败，民生凋敝。崇祯皇帝宵衣旰食，倒想振兴大明。可是，他猜疑成性，贤臣良将根本不能在朝廷立足，他一连更换了十几个宰相，又杀了明将袁崇焕，他的周围都是些奸邪小人，明朝崩溃大局已定。

1644 年，李自成率农民起义军一举攻占京城，建立了大顺王朝。可惜农民军进京之后，立足未稳，首领们渐渐腐化堕落。明朝名将吴三桂的爱妾陈圆圆也被起义军将领掳去。吴三桂本是势利小人，惯于见风使舵。他看到明朝大势已去，李自成自立为大顺皇帝，本想投奔李自成巩固自己的实力。而李自成胜利之后，滋长了骄傲情绪，没把吴三桂看在眼里，抄了他的家，扣押了他的父亲，掳了他的爱妾。本来就朝三暮四的吴三桂，“冲冠一怒为红颜”，终于投靠清政权，借清军势力消灭李自成。

多尔衮闻讯，欣喜若狂，认为时机成熟，可以实现多年的愿望了。这时中原内部战火纷飞，李自成江山未定，于是多尔兖迅速联合吴三桂的部队，进入山海关，只用了几天的时间，就打到京城，赶走了李自成，奠定了大清入主中原的基础。

◉郑成功是怎样收复台湾的

1660 年 5 月，民族英雄郑成功决定离开厦门，东进收复台湾。为了麻痹当时的荷兰统治者，他一面招募士兵、修造船只、积极做好东进准备，一面给占据台湾的荷兰总督揆一写了一封信，表示自己无意对台湾采取敌对行动。接到郑成功的信后，荷兰人认为“可信”，便调走一部分兵力。

郑成功得报，认为机不可失，遂于 1661 年 3 月 22 日率精兵 3 万从料罗湾出发，直奔台湾岛。当时的情况是，在台湾的荷军总兵力为 2000 余人。由外海进入台湾的水道主要是一鲲岛和北线尾岛之间的大港，这里完全处于荷军的炮火控制之下。进入台湾的另一条水道是北线尾岛与鹿耳屿岛之间的鹿耳门港，只能通行小船，荷军在那里只建有一座小屋，派一名伍长率 6 名士兵驻扎。

郑成功认真制定了避开荷军炮火控制下的“大港”，经由鹿耳门港直接在台湾登陆的计划。4 月 2 日下午，郑成功的战舰利用海水涨潮的机会平安穿过鹿耳门港，消灭了毫无戒备的 6 名荷兰士兵，成功地驶抵台湾。在台湾老百姓的帮助下，只用了两个小时就全部登岸。接着，郑成功迅速抢占了赤嵌街的粮食仓库，包围了仅有 200 名荷军防守的普罗文查城。

消息传到揆一那里，揆一大吃一惊。但是，面对十多倍于己的敌军，揆一心有余而力不足。4 月 6 日，普罗文查城的 200 名荷兰守军全部投降。此后，郑成功包围了揆一盘据的赤嵌城，荷兰人虽然从岛外派兵来增援，但回天乏术，到这一年年底，荷兰人全部投降，台湾岛回到了祖国的版图。

◉李秀成是怎样解天京之围的

1860 年，清军派和春率领数十万大军进攻太平天国的都城天京（今南京），清军仗着人马众多，层层包围，使天京成为一座孤城。

为了解救天京，天王洪秀全召集诸王众将商讨对策，年轻的将领忠王李秀成为洪秀全献上一计。他说："如今，清军人马众多，硬拼只会凶多吉少。请天王拨给我两万人马，乘夜突围，偷袭敌军屯粮之地杭州。这样，敌人一定会分兵救援杭州。然后天王乘此机会突围，我也回兵天京，形成两面夹击之势，天京之围可解。"翼王石达开急忙响应，并表示也带一支人马协同忠王作战。

这年正月初二，半夜时分，李秀成、石达开各率一部人马，乘着黑夜，从敌人封锁薄弱的东南角突围出去，分兵两路：李秀成奔杭州，石达开奔湖州。李秀成抵杭州城下，率部冲入城内，下令焚烧清军的粮仓。和春闻讯，急令副将张玉良率十万人马，火速回救杭州。洪秀全见清军已分兵解救杭州，敌军正在调动，于是下令全线出击。李秀成攻下杭州，放火烧了粮仓之后，火速回兵天京。石达开也率部回撤天京。两路兵马汇合一处，机智地绕道而行，回避了张玉良回救杭州的部队，终于顺利地赶回天京。此时城内城外的太平军对清军形成夹击之势，清兵始料不及，左冲右突，阵势大乱，死伤六万余人，一败涂地。

◉冯子材是怎样取得镇南关大捷的

清光绪十一年（1885 年）初，法军侵占镇南关，后因兵力不足、补给困难而退至文渊（今越南同登）、谅山，伺机再犯。清朝老将冯子材受命帮办广西关外军务，驰赴镇南关整顿部队，部署战守。二月初，冯子材得悉法军将犯镇南关，便于初五派兵夜袭文渊，打乱了法军部署，促使法军在援军未到之前即仓卒发动进攻。初八晨，法军在炮火掩护下，沿东岭、西岭、中路谷地进攻关前隘。冯子材一面令各部迎战，一面通告扣波、幕府各军前来策应。当敌逼近长墙时，年近七旬的冯子材持矛大呼，冲入敌阵，全军感奋，一齐涌出，与敌白刃格斗，战至中午，终将法军击退。冯子材指挥清军乘胜追击，连破文渊、谅山，重伤法军指挥官尼格里，将法军逐至郎甲以南。镇南关大捷使清军在中法战争中转败为胜，振奋了民族精神。法军战败的消息传至巴黎后，导致茹费理内阁倒台。

◉古希腊重装步兵是怎样取胜波斯大军的

西方古典重型步兵是伴随着青铜时代文明发展的历程产生的，最早出现的是古希腊重装步兵。它是古希腊文明时期各城邦军队的主要组成部分，也是最受到重视的部分。公元前 479 年 8 月，斯巴达国王普萨尼亚斯率领的希腊联军与波斯军在普拉提亚展开交战。波斯人首先用骑兵轻率地冲击希腊方阵，遭到了沉重的损失。尔后，波斯军队改变战术，利用骑兵的机动性袭扰希腊军后方，在正面交战中则保持弹性，不与希腊方阵正面交手，而是利用弓箭和投石手反复进行远程杀伤。普萨尼亚斯无法给波斯人造成打击，自身又不断遭到削弱，在后勤被波斯骑兵切断的情况下只好连夜撤退，希腊军队损失惨重。不过，波斯军队为了聚集力量给希腊人最后一击，将主力步兵在弓箭手和骑兵背后列阵。希腊军队立刻抓住这一生死攸关的机会，将重装步兵重新集结为方阵向波斯军发起冲锋。波斯军队向后退却机动的空间被自己的军队堵死，被迫与希腊人正面交锋。虽然波斯人作战勇敢，然而在短兵相接的战斗中仍不是训练有素、装备精良的重装步兵的对手。但波斯人数量占优势，双方一时僵持不下。就在此时，波斯统帅马多尼乌斯本人战死，胜负的天平迅速向希腊人一方倾斜。

◉伊凡四世是怎样侵吞立沃尼亚的

1503 年，俄国沙皇伊凡三世同西部邻国立沃尼亚签订了为期 50 年的停战协定。协定里规定，原属俄国的尤里耶夫城归立沃尼亚，而立沃尼亚则每年应向俄国缴付一定的赔款，借以给俄国补偿。但是，长期以来立沃尼亚却未能照协议执行这个条款。1558 年，沙皇伊凡四世决定对立沃尼亚发动战争。

出兵前，为了寻找借口，伊凡四世翻出了历史旧账。他突然向立沃尼亚提出，要立沃尼亚立即向俄国缴纳 4 万塔勒的赔款。立沃尼亚回复请缓交付，伊凡四世便迫不及待地发表声明，声称立沃尼亚违背两国协定，拒不执行协议，因此俄国决定出兵进攻立沃尼亚，以便给予它严厉惩罚。1558 年 1 月，俄军开始进攻。到当年秋天，俄国夺取立沃尼亚 20 座城堡，几乎占领了立沃尼亚整个东部地区，并且生俘立沃尼亚骑士团团总。到了这个时候，立沃尼亚的领主贵族们想尽了办法，终于凑足 4 万塔勒送到莫斯科。这时伊凡四世露出了真实面目，他声言他要在立沃尼亚夺取的东西不只值这些钱，因此俄国必须继续作战。不久，立沃尼亚骑士团被打垮，大部分国土也被俄国侵占。

◉俄军是怎样攻陷喀山汗国的

16 世纪初，与俄国毗邻的喀山汗国具有较强的实力，对俄国是一个威胁。伊凡四世决定乘机远征喀山。他亲率俄军于 1552 年 6 月向喀山推进，40 天后，俄军集结于喀山城下。

喀山城位于陡峭的高山上，周围有河流、湖泊，城边还有坚固的护城木墙，易守难攻。喀山城中有守军四五万人，人人勇敢无畏，准备以身殉国。面对喀山城这种状况，伊凡四世制定了攻城方略。他在城边架设重型火炮，猛烈轰击城墙；在城的正面挖掘战壕，俄军伏于其中，用各种武器向城中开火并不时发起冲击；另外，俄军还架设木制活动攻城塔，塔上装上火炮，居高临下向城内军民射击。但是，这一切只是为了吸引城中喀山守军的注意力。与此同时，伊凡四世命令俄军在炮火掩护下，偷偷在喀山城墙下挖掘深洞，洞内埋设大量火药桶，准备实施爆破，一举炸毁城墙，冲入城中，攻陷喀山城。沙皇还秘密破坏了地下水道，给城内军民用水造成重大困难。

俄军正面进攻了40天，喀山城岿然不动，城内军民严正拒绝沙皇的劝降。

10月12日，沙皇军队一切准备就绪，开始发动总攻。此日拂晓，连续不断的巨响震撼了喀山城内军民，这是俄军偷埋的火药爆炸了。喀山城墙被炸毁数处，大批俄军从多处蜂拥而入。城内守军英勇奋战，激烈鏖斗。由于众寡悬殊和预先没有料到俄军采取暗渡陈仓的策略，喀山城守军全部牺牲，喀山汗也被俘虏。

◉波兰是怎样打败俄国的

波兰在16世纪后期开始，一直想侵略俄国，虽然那时俄国由于长期政局动荡，已日趋衰弱，但毕竟地广人多，要征服它并非易事，如果贸然用兵，反而会激起俄国各种势力一致对外的决心。波兰自知力量有限，就采取假手于人的策略。

当时，俄国新沙皇戈都诺夫是个野心家，他将合法继承人德米特里在其幼年时就谋害了，从而夺得了皇位。他接位不久，一个自称是德米特里一世的人在一些哥萨克人及众多农奴的拥戴下也另立政权，并起兵攻打戈都诺夫。但苦于力量薄弱，难成气候。波兰趁机插手，借给戈都诺夫的反对派4000名兵丁，并提供物资援助。假德米特里顿时力量大增，一些拥有实力的贵族主纷纷倒戈于他，因而使反对派的军队能所向无敌地进入莫斯科，夺取了皇位。

但那些倒向德米特里的贵族和地主并非真心拥戴他，而是为了维护和扩张自己的势力，一旦攻入莫斯科后，他们又起而反对并杀死了德米特里，拥戴了柏伊斯基为沙皇。经过这一次的战争，俄国的军事力量更加脆弱不堪。

事隔一年，俄国又出现了一个自主立皇者，称为德米特里二世。波兰人故伎重演，借给他两万人马，助其进攻。这个自立为皇者一直打到莫斯科，与柏伊斯基的政权对峙了将近两年，双方互有死伤。一些贵族地主一会倒向这边，一会儿又倒向那边。这一切都消耗了俄国的实力，完全破坏了正常的秩序。

波兰统治者这时觉得坐享其成的时机到了，就直接出兵进犯俄国，没花多少力气就大败俄军于莫斯科近郊，并进入俄国首都，虽然它的力量无法覆盖整个俄国，但这时俄国已无中央政权和统一指挥的军队，俄国的局势已陷于深度的危机之中。

◉阿军统帅斯坎德培是怎样抗击土耳其入侵的

土耳其是15世纪欧亚地区的强国。它经常不断地大规模入侵欧洲各国。1444年6月，土耳其发兵2.5万人在著名将领阿里·巴夏指挥下，从第勃拉方向攻入欧洲小国阿尔巴尼亚。阿尔巴尼亚军队在民族英雄斯坎德培统帅下迎击入侵的土耳其军队。

斯坎德培见土军来势汹汹，傲慢骄横，狂妄之极，于是决定利用土军的骄狂轻敌心理，诱使其落入自己设计的圈套，以少胜多，彻底歼灭之。于是假装遭到土军打击，全线溃败。斯坎德培率阿军按事先确定的路线退却，撤入被丛山和密林包围的、狭窄的托尔维奥拉平原。而在这里，四周山上林中，早已埋伏好阿尔巴尼亚的千军万马。阿军在撤退中，沿途丢下大量辎重军械，显得狼狈不堪，以让土军深信不疑。土耳其部队见阿军退入托尔维奥拉平原这个不利的地域，大喜过望，以为阿军这下进入了绝境，于是倾全部兵力穷追而来。结果，他们落入了阿尔巴尼亚人早已掘好的陷阱。严阵以待的阿军从四面八方猛扑过来，退却的阿军也转入攻击。土军毫无准备，手足无措，阵形大乱。一战之下，2万多土军全部被歼。

◉拿破仑是怎样摧毁“反法联盟”的

拿破仑自称法兰西皇帝后，俄、奥、普等国结成“反法联盟”，企图一举打败拿破仑。拿破仑心焦如焚，忽然想到：俄皇亚历山大是个刚愎自信的人，如果创造一个“机会”，让亚历山大认为完全能打败他的法国敌人，他一定不会放过这一重新露面的“机会”！

次日，一名法国军官拿着拿破仑的亲笔信去见亚历山大和奥皇，希望与俄皇举行个人会谈，商议休战问题。但是亚历山大只派了一名使者去与拿破仑会谈，使者回来对亚历山大说：“拿破仑的士兵衣衫不整，毫无斗志，这正是打败拿破仑的好机会，千万不能与他和谈，上他的当！”亚历山大果然上当，下令与拿破仑决战。

拿破仑见亚历山大和奥皇中计，故意连连后退。与此同时，拿破仑毫不放弃阻止普军参战的决心。拿破仑针对普鲁士国君贪得无厌而又目光短浅的弱点，授意法国外交大臣再三向普鲁士表示友好，并保证把汉诺威地区割让给普鲁士。普鲁士竟相信法国人的话，下令十余万军队停止前进。

1805年12月2日，法国与俄、奥联军在奥斯特里茨展开决战。拿破仑命令部队先放弃普拉岑高地向后撤，把联军吸引过去，然后又以精兵攻占普拉岑高地，并把全部大炮拉上高地，对准完全暴露在炮口下的俄奥联军猛烈轰击。俄奥联军损兵折将，被迫向一个刚刚结冰、但冻得不结实的湖上跑去。当联军将士登上湖面，企图向对岸逃遁时，法军的炮弹一颗又一颗准确地落在了湖面上，在一片哀嚎中，数千名联军官兵沉入湖底。

奥斯特里茨战役宣告了俄、奥、普反法联盟的彻底破产。

◉法军是怎样取得凡尔登争夺战胜利的

凡尔登位于法国和德国边境一个高地上，距法国首都巴黎仅 220 公里，是一个要塞。1916 年 2 月 21 日，发起第一次世界大战的德军第 5 集团军首先向凡尔登正面约 13 公里长的防御阵地发起猛攻。德军总攻发射了 200 多万发炮弹，使用了毒瓦斯和喷火器，还出动了飞机轰炸，终于攻克了凡尔登法军的第一道防御阵地，突破了法军的第二道防线。法军紧急调遣 19 万大军增援凡尔登，遏制住了德军的强劲攻势，战斗进行到 3 月 8 日，德军举步艰难，只向前推进了 4 公里。

6 月 7 日，德军以 20 个师的兵力再次向凡尔登发起攻击。德军向要塞发射了 11 万发窒息性毒气炮弹和催泪性毒气炮弹，法军拼死顽抗，双方死伤惨重。战斗进行到 7 月 1 日，由于英俄的参战，德军被迫从凡尔登前线抽调兵力去对付英俄，战争的主动权渐渐转到法国人手中。10 月 24 日，法军以 17 个师的兵力在 150 架飞机和 700 多门大炮的掩护、支援下向德军发起反攻，一举夺回了重要的杜奥蒙炮台和伏奥炮台，收复了所有丢失的阵地，历时约 10 个月的凡尔登战役至此才算结束了。

法军在凡尔登战役中的胜利打破了德国企图速战速决、进而征服法国的梦想，加速了德国在第一次世界大战中的失败进程。

◉一战中英军是怎样争取美军的

第一次世界大战进行到第三个年头，协约国和同盟国已厮杀得精疲力尽，但仍是势均力敌，尚难预料鹿死谁手。美国至此为止一直保持中立，然而他们与交战双方大做军火买卖，大发战争横财。

1917 年，英国人轻易地争取了美军的支持。一次，英国情报机关“破译”了一份著名的“齐默尔曼电报”。电报内容清楚地表明，德国不仅打算无限制地进攻所有协约国和中立国的船只，还想拉墨西哥参战，和德国站在一边。这一行动是对美国宣称的美洲大陆中立化政策的挑战，而这个政策又是迄今为止美国对外政策的基础。

为了掩盖已破译德国外交密码一事，英国人先把这份电报和其他类似电报的详细内容告诉了美国驻伦敦大使馆的爱德华·贝尔。贝尔起先怀疑这些消息的可靠性，认为这或许是德国人搞的骗局，或许是协约国情报机构伪造的。经过英国海军情报处处长霍尔的反复解释，他才相信，并将情报报告了美国驻英国大使。

美国大使佩奇博士是坚定的亲协约国分子，他对此消息十分感兴趣，因此立即敦促英国外交部把电报全文交给美国总统。电报很快就转到了美国总统威尔逊的手中，不久又被公布于众。这使美国大为轰动，公众舆论立刻转向了协约国一边。威尔逊总统就此对国会发表了讲话，他说，德国政府的阴谋“使我们终于认识到，德国政府对我们没有什么真正的友谊可言，相反却打算在他们认为合适的时候，破坏我们的和平与安全”。几天后，威尔逊总统签署了宣战文告。

◉二战中波兰是怎样沦陷的

二战中，希特勒为了避免在第一次世界大战中德军两线作战的错误，决定先避开苏联这块硬骨头，首先攻占波兰，打垮没有战争准备的英、法两国再图其他。便于 1939 年 8 月 23 日与苏联签订了《苏德互不侵犯条约》。而德国的邻国中，波兰是最没有看到德国威胁的国家。它盲目地认为德军不会冒天下之大不韪贸然挑起战争。

在经过周密的准备后，德国将 150 万钢铁军队调入波兰边境的前沿阵地。1939 年 9 月 1 日拂晓，德军分北、南、西三路向波兰发起突然进攻。当德军成群的成斗机和轰炸机黑压压地飞过来时，波兰的空军竟不知所措。波兰 500 架第一线的飞机大部分还没有来得及起飞，就被德国“斯图卡”式战斗轰炸机炸毁在自己的机场上。不到 48 小时，波兰的空军就全被摧毁。德军整师整师的坦克横冲直撞，如入无人之境，每天以三四十英里的速度向前推进，就连能迅速开炮的摩托化重炮也能在波兰坎坷不平的道路上以每小时 40 英里的速度隆隆挺进。在德军闪电般的攻击下，波兰军队的抵抗显得不堪一击！在德军的狂轰滥炸之下，9 月 27 日，华沙最终落入纳粹德国之手。

◉希特勒是怎样在阿登反击战中取得主动的

1944 年秋，第二次世界大战已接近尾声。希特勒制订出一个大胆的反击盟军的计划：集中优势兵力，出其不意发动反攻，突破盟军的防线，直捣缪斯河；再分兵两路，直插安特卫普和布鲁塞尔，夺取艾森豪威尔的主要供应基地，将欧洲盟军切成两半，消灭美第一、九集团军、英第二集团军和加拿大第一集团军。用这个办法一举夺回战略主动权，彻底解除德国西部边境的威胁。

12 月 15 日晚，天特别黑，浓雾笼罩阿登森林地区，大雪覆盖着群山。在接连几天的恶劣气候掩护下，28 个师的德军悄悄进入了进攻阵地。16 日晨，密集的德军大炮突然喷出凶恶的火舌，几乎所有的美军阵地都遭到了猛烈轰击。惊恐的美军官兵慌乱地钻出睡袋，爬进掩体。电话线早被炸断，美军呆在掩体里，根本不知道是怎么一回事。炮击刚一停止，数百架德军探照灯“唰”地放光，美军还没反应过来，德军的坦克履带已经碾碎了残存的美军工事。阿登前线的美军被打得措手不及，几乎全线崩溃。

在中线进攻的德军进展神速。因为在这里防守的是正在休整补充的美军和从美国国内刚调来的新兵。12 月 17 日晚，美军第 106 师约 9000 人被德军包围，最后被迫全体投降。这是美军在欧洲战场上一次最惨重的失败。

在南线，希特勒命令特种旅身穿美军制服，乘坐缴获的美军坦克和吉普车，伪装成美军潜入盟军后方。他们切断交通线，杀死盟军传令兵，在交通要冲胡乱指挥美军运输；他们还散布美军司令艾森豪威尔已遭暗杀、德军已获大胜的谣言；一些小股部队越过前线，控制了缪斯河上的桥梁，使德军装甲部队主力顺利通过。由于这些特种兵的破坏，美军前线情报乱成一团。到 12 月 18 日晚，盟军最高统帅部才搞清敌情，确定这是德军的一次大规模反攻。

到这时为止，在阿登战役中，德军占尽了主动，盟军付出了惨重代价。

◉为什么斯大林格勒保卫战是第一次大规模的巷战

斯大林格勒保卫战，是名副其实的“城市绞肉机”，其惨烈程度可谓举世无双，空前绝后。1942 年 7 月，德军以优势兵力攻抵斯大林格勒。骄狂的德军企图用屡试不爽的闪电战碾平这座象征苏联最高统帅的城市，但不久他们就发现掉进了一个满布死亡的深坑。在斯大林“不准后退一步”的严令下，苏军依托市内复杂地形和众多建筑，同敌人展开殊死搏斗。一层楼、一间房、一座水塔、一段铁路路基，甚至一堵墙、一堆瓦砾，都能引发激烈的争夺战。德军往往付出极大代价攻下的残垣断壁，转眼又被苏军重新夺回。火车站反复易手即达 13 次之多。整个斯大林格勒烈焰升腾，血肉横飞。敌我双方拼死对垒，子弹打完了，就贴身展开白刃格斗，坦克上来了，身上绑着手榴弹冲过去与之同归于尽。在苏联军民的拼死抵抗下，德军死伤惨重，寸步难行，随后而来的严冬恶劣天气使德军更加虚弱不堪。1943 年 1 月苏军发动总攻，被巷战消耗得筋疲力竭的德军溃不成军，德军第 6 集团军遭受到毁灭性打击。斯大林格勒战役成为二战的转折点，从此，纳粹德国丧失了在苏德战场上的战略主动权。

◉炮兵在斯大林格勒战役中发挥了什么作用

从 1942 年 7 月 17 日开始，德军向斯大林格勒方向先后调来 50 个师的兵力，疯狂地进攻了四个月，但未能实现其战略意图。11 月 19 日清晨 7 时 30 分，大雪纷扬，浓雾弥漫，西南方面军和顿河方面军开始了冲击前长达 80 分钟的炮火准备。苏军数千门火炮一齐怒吼，震天动地，雨点般的炮弹呼啸着直落敌阵。霎时，德军前沿和纵深的支撑点、抵抗枢纽部、观察所和炮阵地尘土飞扬，烟火冲天。德军官兵阵脚大乱，纷纷弃阵，抱头鼠窜，四散逃命。

8 时 50 分，苏军发起冲击，炮兵迅即延伸火力，隐蔽地转入炮火支援。为始终保持对德军的火力压制态势，炮手们在冰天雪地里，且有敌炮火射击的威胁下，艰难地拖拉着火炮跟在步兵后面前进，以不间断的火力支援了步兵和坦克兵作战。反攻第一天，仅一个方面军的炮兵就歼灭和压制了德军 100 个炮兵连、60 个迫击炮兵连，摧毁和破坏了 196 个掩蔽部和 126 个防御工事。战至 11 月 23 日，斯大林格勒方面军和西南方面军合围了鲍卢斯领率的德军第 6 集团军和坦克第 4 集团军的一部兵力，共 22 个师，总计 33 万人。至 1943 年 1 月初，被围德军第 6 集团军的防守阵地被压缩得越来越小，加之受到苏军严密的空中封锁，濒于弹尽粮绝的地步。此时该集团军总兵力减至 25 万人，坦克 300 辆，火炮和迫击炮 4130 门，作战飞机 100 架。

为彻底歼灭拒不放下武器的德军第 6 集团军，12 月底，苏军最高统帅部制定了代号为“指环”的进攻战役计划。1 月 10 日，总攻开始。隆隆炮声震耳欲聋，炮火似飓风一般席卷德军阵地。顿时，德军防御地域内飞沙走石，硝烟滚滚，混乱不堪。成营成团的官兵失魂落魄，他们无奈地跪在掩蔽部内绝望地祷告，祈求上帝保佑免遭俄国炮火的杀伤。经过 55 分钟猛烈的炮火准备后，紧接着炮兵又第一次以徐进弹幕射击实施炮火支援，此刻辽阔的草原上“乌拉”声响彻云霄，苏军坦克搭载着步兵，紧紧跟随绵密的弹幕推进，以排山倒海之势向德军前沿冲击。

在整个斯大林格勒会战期间，德军损失约 150 万人，占其在苏德战场作战总兵力的四分之一。在会战中，苏军炮兵建立了巨大功勋，甚至德军也把未能彻底攻占斯大林格勒归咎于苏军的强大炮兵群。苏军大本营最高统帅斯大林亦高度评价了炮兵对取得这场会战的胜利所起到的重要作用，为此他赞誉“炮兵是战争之神”。为了表彰炮兵部队的卓越功绩，苏联政府还把斯大林格勒反攻开始的日子 11 月 19 日，定为炮兵节。

◉希特勒是怎样营救墨索里尼的

第二次世界大战正打得不可开交的时候，意大利陆军总参谋长罗西奥将军成功地发动了一次政变，解除了意大利元首、战争罪魁墨索里尼的所有职务，把他囚禁在大萨索山上的“均普将军饭店”里。希特勒得到这一情报后，决心把墨索里尼从均普将军饭店里救出去。他把任务交给了特种部队头目斯科尔兹内。斯科尔兹内经过思考，选择了“空降”营救。

1943 年 9 月 12 日下午 2 点，斯科尔兹内亲自率领特种部队乘坐两架滑翔机平安地在距饭店仅 40 米的地方降落，当第一个士兵抱着冲锋枪跳出滑翔机时，守卫在高地上的意大利士兵竟握着枪不知所措。斯科尔兹内是第 2 个跳出滑翔机的，他指挥几十名士兵以迅雷不及掩耳的速度冲入饭店，将守卫饭店的意大利士兵全部消灭，救出了墨索里尼。

饭店外，一架名为“费塞勒怪鸟”的轻型接应飞机正在焦急地等候墨索里尼和斯科尔兹内。轻型飞机的载重量有180公斤，墨索里尼体重90公斤，斯科尔兹内也重达90公斤。斯科尔兹内将墨索里尼扶上飞机，自己小心地在他身边坐下，飞机强行起飞，载着这两个“庞然大物”成功地离开了大萨索山。

◉英军是怎样在北非巧摆“迷魂阵”的

1941年11月初，英国第8集团军为了进攻德军在利比亚和埃及边境的防线，于空旷无际的沙漠里建立了一个大型铁路终点站，准备装卸和储备大批的汽油、弹药和轻重武器等作战补给品。为了迷惑德军，减少德军飞机对这个终点站的轰炸，英军总司令部在该站前方不远的地方，秘密设立了一个假补给基地，并且在终点站与假补给基地之间，按正常的筑路速度铺设了一条假铁路，铁路上设有一辆辆机车、煤水车、棚车和油槽车，这些车辆时常重新组编，造成一种运输繁忙、车队流动不停的现象。基地的空地上，整齐地停放着大批卡车、装甲车、坦克和其他补给品，这些作战物资经常变换位置，给人一种货物搬运频繁、旧去新来之感。不过，基地内所有的车辆和作战物资都是假的，机车只是个模型，上面生了一个火炉，昼夜冒烟、喷火。与此同时，英军还特地安排卡车运输队不停地在假基地内来往通行。假基地周围还配置了几个高炮连，既给假基地增强了真实感，又有效地阻止了德军侦察机的接近，以免看出破绽。英军摆出这种迷魂阵，果然使德军中计。假基地牵制了德军大批轰炸机，不仅掩护了终点站的安全，从而为英军的作战行动保证了补给供应，还促使德军对英军的作战行动作出了错误的判断。

◉日军是怎样偷袭珍珠港的

1941年1月，日本联合舰队司令长官山本五十六经过深思熟虑。提出了偷袭美国太平洋舰队重要基地珍珠港的作战方案。日本为了达到战争发起的突然性，同美国进行了频繁的和平外交，以麻痹对方。1月下旬，新任日本驻美大使野村吉三郎以和平使者的面孔赴美就职，日本报纸就此大加渲染，称其为“日美关系新纪元的前夕”。3月，野村大使与美国国务卿会谈，表示日本政府愿意重新建立与美国的友好关系。

一直到太平洋战争爆发前，这样的和平外交会议不下五六十次，借此制造日本诚心诚意以和平外交手段处理两国关系的假象。在日本国内也弥漫着和平烟幕。9月，日本首相近卫秘密邀请美国驻日本大使共进晚餐。席间，近卫表示赞同美方关于维持太平洋现状的意见，还再一次提出在夏威夷举行日美首脑会谈，共商两国关系的建议。

在日本全方位的和平外交烟幕中，12月7日，日军舰载飞机倾巢出动，突然袭击珍珠港。由于美军毫无准备，仅2个小时的空袭作战，美军就损失各种舰艇 40 余艘，飞机 260 余架，伤亡 4500 多人，美国太平洋基地一度陷于瘫痪状态。日本终于摘下了和平面具，公开对美宣战，这时，美国才完全惊醒过来。

◉以军舰艇是怎样被埃军导弹击沉的

1967 年 6 月 5 日，第三次中东战争爆发，以色列强占了埃及的西奈半岛。埃及人为保卫苏伊士运河，花重金从苏联购买了装有“冥河”导弹的“蚊子”级导弹艇，并把它隐藏在塞得港内，准备用它袭击以色列的舰艇。

以色列的驱逐舰“埃拉特”号经常出现在西奈半岛北部海域进行侦察巡逻活动。10 月 21 日，在对埃军海岸雷达和通信台站进行观测后，“埃拉特”号没有发现任何可疑迹象，于是按原计划继续向前航行。17 时 30 分，晚餐的时间到了，部分官兵进入餐室，开始用餐。突然，在甲板上值班的哨兵惊恐地发现一架尾部喷着火焰的“小飞机”从南面飞来，直扑军舰，哨兵及时发出警报，舰长命令舰艇快速躲避，同时命令主、副炮向“小飞机”射击。“小飞机”并不躲避，而是一往无前“落”入锅炉舱爆炸了。仅仅过了 2 分钟，第 2 架“小飞机”又击中了轮机舱，并发生猛烈爆炸，刹时，“埃拉特”号通信联络中断、主机停转、舰体倾斜。正在全舰官兵倾尽全力抢修舰艇的时候，第 3 架、第 4 架“小飞机”分别在舰尾和人群中爆炸，“埃拉特”号舰尾下沉，舰体几乎成直立状态，不一会儿，就沉入海底。

这就是第三次中东战争时埃及人引以自豪的偷袭成功战例。这也是反舰导弹在世界上的首次实战使用。

◉摩加迪沙巷战的重大影响是什么

1993 年 10 月 3 日，驻索马里的美军维和部队出动“黑鹰”直升机和突击队员围剿索马里最大的军阀艾迪德。此前艾迪德领导的反美武装利用伏击游击战术，让美军吃够了苦头。这次美军又遭暗算，在摩加迪沙街头巷尾陷入他们最害怕的巷战泥淖，成百上千的群众瞬间几乎全部变成杀手，连一些妇女和儿童也在不熟练地操着武器射击。由于狭窄的街道被路障堵死，美军后续部队无法及时赶至增援。半天的战斗结束后，19 名美军突击队员丧生，2 架“黑鹰”直升机被击落。次日，索马里民众拖着一名美军的尸体到街头示众庆功。这个镜头被记者拍到，在美国国内播放后引起一片哗然，迫于各方压力，克林顿政府不得不很快宣布从索马里撤军。

◉为什么格罗兹尼巷战是越战后最残酷最血腥的巷战

俄罗斯军队与车臣非法武装从 1994 年开始，先后在车臣首府格罗兹尼爆发两次较大规模的巷战。格罗兹尼当初建城时即是按照作战要塞的要求来设计，故而城内堡垒星罗棋布，密如蛛网。俄军入城恍若进了迷宫，摸不着北，空有优势武器和装备却无从发挥。而车臣武装的狙击手却可以凭借熟悉的地形，藏在暗处像练习射击一样，逐一射杀目标。

1995 年第一次巷战结束时，据说突入该市的俄军一个千余人的团，仅剩 1 名军官和 10 名士兵活着离开。26 辆俄军坦克被击毁了 20 辆，120 辆装甲车也损失了 102 辆。俄军尸体甚至被车臣武装用来当作沙包，垒在一起筑成“人体碉堡”。第二次格罗兹尼巷战发生在 1999 年 12 月 25 日至 2000 年 2 月，俄军更是尸横遍野，1173 名士兵死亡，甚至俄军前线总指挥马洛费耶夫少将也被射杀。格罗兹尼成为俄罗斯军人心中永远的痛。

◉英法军队是怎样空降塞得港的

1956 年 7 月 26 日，埃及总统纳赛尔在开罗独立广场，面对数万兴高采烈的人民群众庄严宣布，将苏伊士运河收归国有，从而震惊了全世界。纳赛尔保卫国家主权、维护民族利益的果敢行动，给了英法殖民主义者以沉重打击。英法政府为夺回其业已丧失的殖民利益，决定对埃及联合发动一场代号“火枪手”的侵略战争。战争开始，以色列于 1956 年 10 月 29 日黄昏入侵西奈，以色列伞兵、装甲兵一路斩关夺隘，越过西奈沙漠，于 11 月 3 日前先后抵达苏伊士运河东岸南、中、北各战略点。11 月 5 日英法伞兵在埃及港口城市、苏伊士运河北端重镇塞得港的贾米勒机场和通往大陆的桥梁附近实施空降。

在这次空降伞兵的过程中，英法军队首先利用黎明前的黑暗，向空降点投放了大批用木头和橡皮制造的假伞兵，诱使埃及防空部队用高射炮和高射机枪猛烈射击，接着又出动地面部队围歼。当埃及方面的防空火力和兵力部署充分暴露之后，英法空军便杀了一个回马枪，给了埃及防御力量以重创，从而为后续伞兵顺利实施空降创造了条件。英法殖民主义者发动的这场侵埃战争，虽然遭到可耻的失败，但从战役上讲，英法空军在实施空降过程中所施行的“打草惊蛇”计却是成功的。

战争逸事

◉指南车是怎样发明的

远古的时候，黄帝为行“仁道”的事跟主宰南方的炎帝打了起来，结果炎帝失败了。蚩尤聚集好多人马神兽，假借炎帝的名号，自称“为帝”，扛着大旗，杀气腾腾地朝黄帝的部落扑去。酣战中，蚩尤施了一道魔法，弄出漫天遍野的大雾来。一时间，白茫茫的大雾包围了黄帝的大军，他们只看见或隐或现、时出时没、逢人便砍、遇兵便杀的蚩尤，却辨不出东西南北方向。他们的高强武艺也无法施展，那雾好像白布幔子，罩在他们的四周，束缚着他们的手脚。黄帝站在高大的战车上，挥舞着宝剑，高声喊着：“拼命往外冲呀！拼命往外冲呀！冲出去就是胜利！”可是，谁能冲出去呢！大雾死死地“锁”住了他们。

黄帝心如刀绞，决心造出一个能辨别方向的东西。于是头脑中竟出现了一幅清晰的图画：一个小人，站在一辆小车上，手指着南方。这车子不论怎样转圈，小人手的方向也不变。这时，黄帝的手不知怎么的开始动作起来，一辆精巧的“指南车”便做成了。在这辆“指南车”的引导下，黄帝率领着他的队伍，顺利冲出了迷雾。

后来，黄帝又重振旗鼓，打败了蚩尤的军队，并把蚩尤的脑袋砍了下来。

◉为什么商纣王与周兵交战一触即溃

商纣王是一个暴虐无道的昏君。他贪恋酒色、荒淫无度，整日花天酒地，寻欢作乐，不理朝政。他听信谗言，重用奸臣，残害忠良，戮杀无辜，他强征暴敛，动用巨资，强迫百姓为自己修建宫苑，他惨无人道，制造种种酷刑，以观看人受刑后的痛苦为乐。在他暗无天日的统治下，百姓无不怨声载道，苦不堪言。

虽说商朝的士兵不下数万，但打起仗来，因为兵士不愿意为纣王战死，所以

"倒矢而射"把兵器扔在一边。商朝军队士气如此低落，商朝的政权自然是岌岌可危了。

所以，当周武王左手擎着用黄金作装饰的大戟，右手执用牦牛尾装饰的白色旌旗，坐着战车，势不可挡地杀来时，所到之处，无不披靡，纣王军队纷纷溃败，商政权的垮台就如瓦片的碎裂，泥土倒塌，迅速而无法挽救。

◉张良是怎样得到"天书"的

黄石公是秦始皇父亲的重臣，姓魏名辙，由于不满秦始皇的独断专行，隐居在邳州西北黄山北麓的黄华洞中，因人们不知道他的真实姓名，就称他为黄石公。

黄石公虽然隐居，但内心一直忧国忧民，就把一生的知识与理想倾注在笔墨上。著有《内记敌法》、《三略》三卷，《三奇法》一卷，《五垒图》一卷，《阴谋行军秘法》一卷，《黄石公记》三卷，《略注》三卷，《秘经》三卷，《兵书》三卷，《阴谋乘斗魁刚行军秘》一卷，《神光辅星秘诀》、《兵法》一卷，《三监图》一卷，《兵法统要》三卷、《备气三元经》二卷，还有《地镜八宅法》、《素书》等作品。

书写好后，他就四处寻找合适人物，目的是委托重任，以实现他为国效力的意愿。一日，黄石公在圯上（圯，即桥）与张良相遇，便以拾鞋（即古书上说的纳履）方式试张良，看到张良能屈人所不能屈，忍人所不能忍，知道他胸怀开阔，将来必有一番抱负，绝非是人下之小人，遂以《素书》相赠。张良爱不释手，秉烛细读，大悟大彻，心领神会，要不多天，便把一本《素书》从头到尾背得滚瓜烂熟。后来，张良做了刘邦的谋士，佐高祖定天下、兴汉邦，大部分运用《素书》中的知识。

◉风对战争的成败起过什么作用

在战争史上，借风之力而成功者颇多。汉将卫青与匈奴军在汉北作战，汉兵5000人，匈奴兵10000人，兵力敌优我劣。卫青乘风沙扑面，两军对面不能相见之机，指挥军队从两翼迂回，匈奴军不知虚实，首尾难顾，顷刻大败。三国时期的诸葛亮，在著名的赤壁之战中，也是借助风力，使火势与风向相辅相成，从而使曹操的连环战船在大风大火中化为灰烬。历史上不识风情，受风之害的，也不乏其例。元世祖忽必烈，由于没有掌握日本海的季风特点就冒然发兵，第一次攻日，900艘战船被风袭沉了200艘，幸存者慌乱逃回；第二次攻日，4400艘战船全部被台风袭沉，14万大军仅有3人得以生还。

◉苏代是怎样说服赵国停止侵燕的

战国时，苏代（著名纵横家苏秦之弟）听说赵国将要攻打燕国，他替燕当说客到赵国去劝阻。苏代见赵惠文王时，讲了这样一个故事：

从燕国来赵国途中，经过易水（今河北省中部的一条河，流经易县）时，看到一只蚌露出水面大晒太阳，正巧飞来一只鹬鸟去啄蚌肉。蚌马上合拢其壳，将鹬鸟的长嘴紧紧地夹住。鹬鸟说：今天不下雨，明天不下雨，你就会被晒死。蚌回答说：今天不放你，明天不放你，你就会被憋死。双方互不相让，来了一个打渔的人，一下子把它们都捉了起来。

在苏代的劝说下，赵王放弃了攻打燕国的打算。苏代讲的这个故事，叫做“鹬蚌相争，渔人得利”。至今还被人们常常引用，以说明由于双方互不相让，结果弄得两败俱伤，使第三者从中得到好处。

◉秦惠王是怎样坐收渔人之利的

有一年，韩国与魏国打仗，长久不分胜负。秦惠王打算派兵援助，他想听听大臣们的意见，陈轸说：“从前有个叫卞庄子的人，看见两只老虎，就想举剑刺杀它们。旁边的人劝他说：‘你不必着忙，你看两只老虎在吃牛，一会儿把牛吃光了，它们必然会争夺，由争夺而引起搏斗，结果大虎受伤，小虎死亡。到了那时候，你再将那只受伤的大虎刺杀，岂不是一举而得到两只老虎吗？”

秦惠王恍然大悟，道：“你的意思是说，先让韩国和魏国打一阵子，等着一个大败，另一个受损时，我再出兵讨伐，就可以一次打败他们两个国家，就与那卞庄子刺虎一样，是吧？”

陈轸点点头，说：“正是这样！”秦惠王采纳陈轸的意见，真的获得了胜利。

◉滕国为什么要施仁政

战国时，各国诸侯都为开疆拓土而不断发动战争，尤其是大国诸侯随便制造一个事端就向小国兴兵。取胜后，小国轻则割地赔款，重则国家从此消失。大国诸侯由此尝到了甜头，发动战争的积极性也越来越高。滕国是一个小国，本来就国势衰微，到了滕文公继位时，面临的局面更为严峻：府库空虚，民生凋敝，四周列强环伺，虎视眈眈，随时都有亡国的可能。滕文公决心收拾残局，振兴滕国。

一次，滕文公去见孟子，请教不受邻国欺侮的良策。孟子说：“人民是国家的本源，把一个国家比喻为大树，那么人民就是树根，树根越发达粗壮，才能使枝干强健，树叶茂密，大树才能茁壮生长呀。”

滕文公问："怎样才能使树根健壮呢？"

孟子说："当然要施仁政，孔子说：仁者爱人。要珍惜民力，不要做劳民伤财的事情，更不要随意增加人民的负税。人民安居乐业了，还愁国家不富吗。阳虎说的想发财就不能讲仁义这句话十分荒谬。对一国之君来说，只有讲仁义才能使人民爱国，人民才肯为国家效命。如果，国君横征暴敛，弄得人民怨声载道，人民当然不愿为国君效力了。"

滕文公面露喜色，决心在国内推行仁政。

◉春秋时为什么晋国不敢侵略郑国

春秋时，有一年，晋国召集一些小国开会，郑国没有出席。晋国怀疑郑国要投靠南方的大国楚国，于是准备出兵攻伐郑国。

郑国得了消息，就给晋国去信说："我们郑国地小势弱，对你们向来不敢怠慢，贡品礼物定期不断敬送。但你们还要怀疑欺压我们。郑国宁可灭亡，也不能一味忍受了。古人说过，如果前头也怕，后面也怕，全身还有哪个地方不怕的呢？又说，鹿到生命危急时，就无暇选择藏身之所了。我们郑国临到要被灭亡时，也会像鹿一样随便找个躲避的地方，那就是只好去投靠楚国了，是你们逼得我们不得不这样做。"

晋国见郑国态度强硬，一是不怕，表示要全力反抗；二是万不得已时准备和楚国结盟，而不向晋国屈服。晋国考虑，出兵不一定对自己有利，便派员前往郑国，进行和谈了事。

◉晋惠公是怎样成为秦国俘虏的

春秋时代，有一年，秦军攻打晋国，晋国形势十分危急。晋惠公决心亲自出征，抵抗秦军，于是便叫人给他的战车套上郑国出产的名马。谋士庆郑劝阻说："古代有祭袍活动或打这样的大仗，一定要用本国产的马，因为本国的马在本国的国土长大，熟悉本国的水土，懂得本国人的心，因而它听从本国人的使唤，而且它熟悉本国的道路，所以用它套车，不会不顺从你的意志。"但晋惠公听了，不以为然。

庆郑继续说道："现在您改用郑国的马，您不熟悉它的性情，这太危险了，此马又高又大，又很强壮，但一旦受惊，就会变得难以驾驭，它会惊恐紧张，血管膨胀，呼吸急促；外貌虽很强壮，但内部已气虚力竭了。若发生这样的事，后果不堪设想，那时，要进进不得，要退退不得，后悔也晚了。"

可是，晋惠公还是没有接受庆郑的劝告，一意孤行，套上郑国的马出征了。不久，秦晋两国的军队在韩地交战，战斗十分激烈。正在此时，晋惠公的战车所套的马，陷入了泥泞之中，战马受惊，狂嘶乱叫，拼命挣扎，越陷越深，进退不得，晋军因此大败，晋惠公也成了秦国的俘虏。

◉晋悼公为什么要采纳魏绛的建议

春秋时期，晋、宋等 12 国联合攻打郑国，郑国只好向晋国求和，晋国答应了。

为了报答晋国，郑国给晋国送去金钱珠宝和美女等。晋悼公就把贡品分给大臣享乐，并把歌女的一半分给了功臣魏绛，对他说："这几年你为我出谋划策，事情办得很顺利，真是太好了，现在让我们一起享乐吧。"

然而，魏绛却劝谏晋悼公不要只图享乐："现在您能团结和统率许多国家，这是您的能耐，也是大臣齐心协力的结果，我并没有什么功劳，怎么能无功受禄呢？不过，我很愿意您在享受快乐的时候，能够想到国家以后的许多事情。听人说，安居的时候，应该想到可能发生的危险。能够做到这样才会先有准备，有准备才能避免失败和灾祸的到来。"

晋悼公认为他言之有理，就采纳了他的建议。

◉晋景公为什么要赦免荀林父

春秋时，晋国发兵去救援被楚攻打的郑国，可是晚到了一步，郑国已投降了楚军。这时晋军主帅荀林父主张退兵，可副帅反对，最后由于意见不一致，晋军被楚军打得大败。晋景公得到这一消息，很是气愤。晋军将领回国后，晋景公令人将荀林父捆绑起来。

这时，大夫士贞子上前阻止，不慌不忙地对景公说："三十多年前，先君文公在对楚的城濮之战中大获全胜，晋国举国欢腾，但文公面无喜色，左右感到很奇怪，就问文公：'既然击败了强敌，为何反而愁闷？'文公说：'这次战斗，由于我们采取了正确的战略原则，击破了楚军的左、右翼，中军主帅子玉就完全陷入被动，无法挽回败局，只得收兵。但楚军虽败，主帅子玉尚在，哪里可以松口气啊！困兽犹斗，更何况子玉是一国的宰相呢？我们又有什么可高兴的，他是要来报仇的！'直到后来楚王杀了子玉，文公才喜形于色。楚王杀子玉，是帮了我们晋国的忙。如果说楚国被先王打败是一次失败，那么，杀掉子玉是再次失败。现在您要杀掉林荀父……"

景公听了士贞子的话，恍然大悟，笑着说："大夫别说了，我懂了，我杀了荀林父，岂不是帮了楚国的忙？"于是当场就赦免了荀林父等将帅。

◉李牧是怎样施用"美马计"的

战国的时候，塞北的匈奴人经常南侵骚扰赵国的边境，掠夺百姓的财物、牲畜。将军李牧奉命驻守雁门关，抵御匈奴。由于李牧兵马有限，在较长一段时间内基本处于守势，匈奴人则依仗强大的骑兵纵横驰骋，没有把李牧放在眼中。

有一次，匈奴人把几百匹好马赶到河边洗浴。李牧在雁门关上远远望见，心生一计："匈奴人的骏马都是雄马，如果用我们的几百匹母马来引诱它们，逗引它们全跑过河来，再把它们赶到城里，不就可以获得良马吗？"

于是，李牧下令挑选了几百匹母马，让士兵们把母马牵出城，系在隔河的树荫下。不一会儿，一匹匹母马仰头向着河那边嘶叫起来；河那边匈奴人的数百匹公马听到母马的叫声，一个个抬起头来向河这边的母马张望。接着，几匹公马带头嘶叫起来，似乎是在回答母马的呼唤。随即，有几匹公马率先游过河，向树荫下的母马狂奔去。那群公马有了"带头者"引路，一阵狂嘶，纷纷渡河狂奔而去，这时看马的匈奴人想拦也拦不住。早已守候在河岸旁的赵军将士乘机一涌而出，将数百匹好马赶进了雁门关中。

◉秦赵长平之战是如何爆发的

公元前 262 年，秦昭王令大将白起率军攻打韩国。秦军一路旗开得胜，攻陷了野王，直逼上党。上党守将冯亭看到野王既已失陷，上党孤立无援，很难再保住，于是决定把上党献给赵国，以便得到赵国保护。

赵国的平阳君赵豹认为，平白无故接受人家的好处，是祸患的根源，便劝导赵孝成王不要接受。可是平原君赵胜却被眼前的利益蒙住了双眼，认为不费一兵一卒就白白得到了上党这么一块好地方，何乐而不为？因此极力主张接受上党。平原君的主张正好迎合了赵孝成王的心思。赵国接受了上党，并封冯亭为华阳君。

眼看就要到嘴的这块肥肉轻易地被赵国得到，秦国极为恼怒，于是派大将军白起率军大举进攻赵国。战争一直持续了三年，最后赵国四十万大军在长平全军覆没。这就是历史上著名的秦赵长平之战。

◉楚庄王是怎样中止伐越的

楚庄王想要讨伐越国，杜子劝阻说："大王想要讨伐越国是因为什么呢？"

楚庄王说："越国政治昏乱，军队疲弱。"

杜子说道："我见识不多，但为这件事担忧。一个人的智慧就好比人的眼睛，可以看见百步以外的事物却不能自己看见它的睫毛。大王你的军队自从战败给秦、晋两国后，丧失了数百里的土地，这是军队软弱。庄蹻在我国境内做了盗贼但是官吏们不能阻止，这是政治混乱。大王国家政治混乱军队软弱，并不在越国之下，却想要讨伐越国，这就是智慧像眼睛看不到睫毛一样，看不到自己的弱点。"

楚庄王于是就取消了攻打越国的打算。

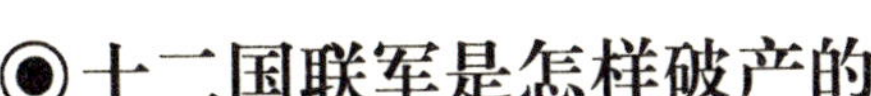

◉十二国联军是怎样破产的

战国时，晋淖公联合了 12 个诸侯国攻伐秦国，晋国的大将荀偃负责指挥联军。

荀偃以为，有了十二国联军的强大阵容，秦军一定会惊慌失措。但秦景公得知联军心不齐、士气不振，就毫不胆怯，也不想求和。荀偃没有办法，只得准备打仗，他向全军将领发布命令说："明天早晨。鸡一叫就开始驾马套车出发。各军都要填平水井，拆掉炉灶。作战的时候，全军将士都要看我的马头来定行动的方向。我奔向哪里，大家就跟着奔向哪里。"

谁知，荀偃的下军将领认为，荀偃这样下指令，实在是大专横了，都反感他说："晋国从未下过这样的命令，为什么要听他的？好，他马头向西，我偏要向东。"

将领的副手说："他是我们的头，我听他的。"于是也率领自己的队伍朝东而去。这样一来，全军顿时混乱起来。

荀偃失去了主军，仰天叹道："既然下的命令不能执行，就不会有取胜的希望，一交战肯定让秦军得到好处。"他只好下令将全军撤回去。

◉齐国将士是怎样利用老马走出山谷的

公元前 663 年，齐桓公应燕国的要求，出兵攻打入侵燕国的山戎，相国管仲和大夫隰朋随同前往。

齐国的军队是春天出征的，到凯旋而归时已是冬天，草木变了样。大军在崇山峻岭的一个山谷里转来转去，最后迷了路，再也找不到归路。虽然派出多批探子去探路，但仍然弄不清楚该从哪里走出山谷。时间一长，军队的给养发生困难。

如果再不找到出路，大军就会困死在这里。情况非常危急。管仲思索了好久，有了一个设想：既然狗离家很远也能寻回家去，那么军中的马尤其是老马，也会有认识路途的本领。于是他对齐桓公说："大王，我认为老马有认路的本领，可以利用它在前面领路，带引大军出山谷。"

齐桓公同意试试看。管仲立即挑出几匹老马，解开缰绳，让它们在大军的最前面自由行走。也真奇怪，这些老马都毫不犹豫地朝一个方向行进。大军就紧跟着它们东走西走，最后终于走出山谷，找到了回齐国的大路。

◉晏婴是怎样挫败晋国阴谋的

晋平公为了巩固霸主地位，就想征伐齐国。为了探清楚齐国的虚实，他派大夫范昭出使齐国。范昭到了齐国后，齐景公设盛宴招待晋国使者。酒酣耳热时，范昭要求齐景公把酒杯借他用一下，侍从倒满酒恭恭敬敬地送到范昭面前，范昭端起酒，一饮而尽。晏婴把范昭的举止和神色看在眼里，十分愤怒，厉声命令斟酒的侍从撤掉这个酒杯，换一个干净的给国君。

范昭知道自己的行为被晏婴识破，暗吃了一惊。于是，他干脆假作喝醉，站起身手舞足蹈地跳起舞来，并要求乐师给他奏一曲成周之乐。聪明的乐师从晏婴命令侍从撤杯的这一举动中看出了范昭的险恶用意，站起来拒绝了。

范昭接连讨了个没趣，借口已经喝醉，告辞回驿馆去了。

齐景公见范昭不悦而去，责怪了晏婴。晏婴回道："范昭的用意不过是以喝醉为名来试探我国的实力，我这样做，正是要挫掉他的锐气扬我国威风，使他不敢小看我们齐国。成周之乐是供天子听的，范昭不过是个小小使者，有什么资格听？他也太狂妄自大了。"

范昭回国后，对晋平公说："齐国国力一点也不弱，而且群臣上下同心，暂时还不可图谋啊。"晋平公于是打消了攻伐齐国的念头。

◉晋文公是怎样赏罚分明的

春秋时，曹国人僖负羁曾救过晋文公的命，是晋文公的救命恩人。因此晋文公在攻下曹国时，为了报答僖负羁的恩情，就向军队下令，不准侵扰僖负羁的家，如果有违反的人，就要处死刑。

大将魏平和颠颉却不服从命令，带领军队包围了僖负羁的家，并放火焚屋。

魏平爬上屋顶，想把僖负羁拖出杀死。不料，梁木承受不了他的重量而塌陷，正好把魏平压在下面，动弹不得，幸好颠颉及时赶到，才把他救了出来。

这件事被晋文公知道后，十分气愤，决定依照命令处罚。

大臣赵衰向文公请求："他们两人都替国君立下汗马功劳，杀了不免可惜，还是让他们带罪立功吧！"

晋文公说："功是一回事，过又是一回事，赏罚必须分明，才能使军士服从命令。"于是便下令，革去了魏平的官职，又将颠颉处死。

从此以后，晋军上下，都知道晋文公赏罚分明，再也不敢违令了。

◉晋平公是怎样亡于靡靡之音的

春秋末年，晋平公花费大量财力物力，在都城效外建造了一座奢华的宫殿。落成后，各诸侯都来参观道贺。卫国新继位的灵公为了巴结晋国，也备了厚礼前往晋国祝贺。一行人途中来到濮水边，天色已晚，便在驿馆住下。

半夜时，卫灵公忽然听到不知什么地方传来柔弱的琴声。这琴声动人又迷人，听了还想再听。于是他让随行的涓乐师记录下乐谱。

晋平公对卫灵公亲自来拜谒并送礼非常高兴，当即设宴款待。席间，卫灵公令涓乐师弹奏途中听到的那首乐曲。一曲未了，旷乐师制止说："停下来，别弹了，这是亡国之音！"

晋平公疑惑地说："你根据什么说它是亡国之音？"

旷乐师严肃地说："商朝末年，延乐师为纣王制作了这首柔弱、萎靡、颓废的音乐，供纣王和美女日夜寻欢。纣王沉湎其中不能自拔，不理朝政，以致国家灭亡。延乐师害怕受到处罚，抱着琴跳水自杀了。涓乐师听的音乐，正是延乐师从水中发出来的。"

但晋平公不信这是亡国之音，也整天沉湎于声色犬马之中，不理朝政，很快就亡国了。

◉晋国的两大集团是怎样停止造反的

晋国时，有两大集团，一个是范氏，一个是中行氏，势力非常大。有一年，两个集团的人准备起兵攻打晋定公。当时，有人提出战事成功和失败的关键，要看民众是否支持，假如不能取得民众的信任和支持，便将失败无疑。范氏和中行氏起兵攻打晋定公是一种反叛行为，民众自将不会支持他们的。何况晋定公自己曾经伐君失败，落得流居异国的田地，可以说是经历过失败的过来人。正如一个经过三次折伤手臂的人，虽经医疗后获得痊愈，但他已尝透了折臂的滋味；在几次三番的折臂和治疗的经历中，他已了解到折臂的原因，和治疗的经过与方法，换句话说，他已是个中的老手了。

两大集团的首领一听，就停止了造反行动。

◉吴王夫差是怎样凭实力赢得黄池之会的

春秋末期，吴国国力逐渐强盛，吴王夫差想当中原霸主，带领大军来到卫国的黄池（今河南封丘西南），约天下诸侯前来会盟，要大家推他为盟长。为了显示实力，夫差在一夜之间把带来的三万军队分成左、中、右三路，每路百行，每行百人，各摆成一个方阵，他亲自高举斧钺，以熊虎为旗号，指挥中军前进。中军全体将士，全都身穿白色战袍，披上白色铠甲，打着白色旗帜，插起白色箭翎，远远望去，好像遍野盛开的一片白花；左军一万将士，一律身穿红色战袍，披上红色铠甲，打着红色旗帜，插起红色箭翎，望去好像一片熊熊烈火；右军则全用黑色，犹如一片乌云。三路大军，开到会盟地点附近，摆开阵势。天刚蒙蒙亮，吴王夫差亲自鸣金击鼓发令，三万人一齐大声呐喊，那声音简直像天崩地裂一般，惊动了到会的各路诸侯。

吴军军容如此盛大，军威如此整肃，各国诸侯都不敢和夫差相争，不得不承认吴国为盟主。黄池之会，就在吴王夫差显示如火如荼的盛大军容后，取得成功。

◉越王勾践是怎样"卧薪尝胆"的

春秋时，吴王夫差为报越王杀父之仇，举兵攻打越国。结果越国战败，勾践被吴王俘获。越王勾践为了保住性命，以求将来有机会报仇雪耻，便请求到吴国当吴王的臣下，伺候吴王。吴王夫差为了显示自己的大度，答应了他的请求，决定留他一条性命。

到了吴国后，勾践被吴王安排住在阖闾大坟旁的一间古屋里，每天干一些喂马、扫马粪的脏活。吴王每次出去游乐，勾践都要趴在地上做马梯，让吴王踩着自己的背脊上马，再拿着马鞭走在车子前。周围的人看到了都取笑说："看，这是大王的马夫。"勾践听了，就像什么事也没有发生似的，脸上没有丝毫怨恨的神情。

勾践在吴国忍受了三年的屈辱。这三年中，他忍辱负重，小心翼翼地伺候吴王，百依百顺。吴王被他的"忠心"所感动，就放他回到了越国。

勾践从吴国回到国内，就尽心治国。他整天忧心苦思，为国操劳，食不甘味，睡不安席，一心致力于复国大业。他将一枚苦胆挂在自己的座位旁边，睡的时候看着它，休闲的时候也打量着它，吃饭之前，也要先尝尝这苦胆。他常常提醒自己："你忘掉了在吴所受到的耻辱吗?"

他亲自纺织，亲自种地，不吃肉食，只吃蔬菜，不穿华丽的衣服，和百姓们一样，只穿粗衣粗衫。他放下国王的架子，谦虚待人，热情地接待四方宾客，所以在短短的几年时间里，就有大量有德行有智谋的人归顺越国。

就这样，经过了七年，越国的力量大增，越王勾践觉得时机已经成熟，就准备向吴国报仇。公元前 437 年，越王勾践终于亲自率领大军攻打吴国。吴国大败，吴王自杀。越国成了当时最强大的国家。

◉范蠡为什么要功成身退

范蠡帮助越王勾践灭掉吴国之后，勾践因为范蠡功劳卓著，而拜他为上将军。但是范蠡却觉得自己名声鹊起、地位显赫，恐怕长久不了，况且与勾践谋事 20 多年，他深深了解勾践的品行，可与之共患难，不可与之共安乐。于是他便写信向勾践辞别。勾践要与之平分越国，以此来挽留他，但范蠡婉言谢绝了。最后范蠡乘船飘洋过海到了齐国。

范蠡虽然逃到了齐国，可是他还惦记着越国大夫文种，于是他就给文种写信，告诉他说："飞鸟尽，良弓藏；狡兔死，走狗烹。越王为人长颈鸟喙，可与共患难，不可与共乐。子何不去?"意思是：越王这个人心胸狭窄，脖子很长，嘴尖得像鸟喙一样。同他一起共患难可以，但不能同他一起共享富贵。现在越国强盛了，好像一个猎人因为没有飞禽和兔子可打，就用不着弓箭和猎狗一样，越王大概也不会再要我们了，你为何不离去呢？

范蠡劝文种早点离开越王，免得受害。文种看了书信，从此托病不再上朝。有人进谗言说文种将要作乱，越王于是赐给文种宝剑，说："你教给我 7 种讨伐吴国的计谋，我用了其中的 3 样就打败了吴国，还有 4 种在你那里没有使用，你为我到先王那里去试用这些计谋吧。"文种于是自杀了。

◉伍子胥为什么要鞭楚王尸体

春秋后期，楚平王听信谗言，把太子的师傅伍奢及他的长子伍尚杀掉。伍奢的次子伍子胥逃往宋国。为了替父兄报仇，伍子胥历尽千辛万苦，从宋国逃奔到吴国。他决定借吴国的兵力去攻打楚国，同时帮助阖闾刺杀吴王僚，夺得王位。后来他同吴王率领大军进攻楚国，一直攻进楚国的都城郢。执政的楚昭王带着一部分大臣和将士，逃往随国（在今湖南随县南）去了。

进郢都的第二天，伍子胥劝阖闾把楚国的宗庙拆了，又请求阖闾让他去挖楚平王的坟。楚平王的坟在东门外的谬台湖，但带军士到那里后，只见茫茫的湖面，不知道坟在哪里。后来在一个石工的指点下，才找到了坟地，挖出了棺材，把楚平王的尸体挖了出来。伍子胥一见这尸体，便怒气冲天，抄起铜鞭，一气打了 300 下，连骨头也打折了，最后把脑袋砍了下来。

伍子胥鞭尸的事，被他先前的好朋友申包胥知道了。申包胥特地派人送了一封信给伍子胥。信中说："你这样做太过份了。你曾经是楚平王的臣下，可是为了报私仇，竟连死人也不放过，真是太残忍了！"

伍子胥读信后，对来人说："我因军务太忙，没有时间回信。请你代我谢谢申君，并告诉他：忠孝不能两全，我好比一个走远路的人，天快黑了，路途还很遥远，所以我只好做出这种违背常理的事！"

◉宋襄公是怎样讲仁义的

春秋时，宋襄公想出头称霸。因为郑文公有一次访问楚国，向楚国表示友好，宋襄公不满意，便出兵攻伐郑国。楚成王派兵援助郑国，抵御宋军。

宋军和楚军在泓水（今河南柘城县北）边上会战。宋军的阵势已经摆好，楚军却还正在渡泓水。"司马"子鱼劝宋襄公趁机袭击，说："敌人兵多，我们兵少，这时动手，可以得胜。"宋襄公不同意，说："我一向主张仁义，怎可这样不择手段取胜？"过了一会，楚军已经全部渡过河来，正在布置阵势。子鱼又劝道："要打就快打，现在也还来得及。错过了这样的机会，我们就有危险了！"宋襄公还是满口"仁义"，不听子鱼的话。

待楚军阵势摆好后，只听得战鼓一响，杀声连天，直冲了过来。宋襄公这才击鼓进军，下令抵敌。可是哪里还抵挡得住，只好纷纷溃退，四散逃命。宋襄公车子两旁的警卫都丧了命，他自己的大腿也受了伤。

宋国人都议论宋襄公错误的战术。宋襄公还作解释说："君子作战，不杀伤已经挂彩的敌人，不俘虏上了年岁的敌人，也不依靠地势等机会。对方还没列成队形，就袭击取胜，有什么光彩！"由于腿伤，第二年他就死了。

◉赵国邯郸之围是怎样解除的

战国时，秦国的昭王出兵侵犯赵国，把赵国国都邯郸团团围住，形势十分危急。赵国的孝成王急忙向魏国求援，魏国的安釐王便派将军晋鄙带兵去救，却不敢同秦军交战，在魏、赵交界的荡阴地方（今河南汤阴县）驻扎，按兵不动。

与此同时，魏王又派将军辛垣衍为使臣，从小路进入邯郸，去见赵王，对赵王说："现在秦王称雄天下，谁都怕他三分。其实他倒也未必为了要占领邯郸，不过是希望各国拥戴他，让他称帝。赵国如果赶快派代表到秦国去，就尊称秦王为帝，他一定高兴。那样，邯郸就可解围了。"

这时，齐国的鲁仲连正在访问邯郸。他很有才识，却不愿意做官，只爱游历各国，替人排除纠纷，解决难题，而不取任何报酬。当他听说赵国将要尊秦为帝，向秦国屈服，立刻去见赵相平原君，说："我一向以为您是很贤能的，原来您这样糊涂。快带我去见辛垣衍。"

鲁仲连见了辛垣衍，列举历史事实，分析当前形势，严厉斥责他"尊秦为帝"的谬论，指出屈服的结果，对赵国、魏国都有极大的祸害。辛垣衍听了深受感动，当即表示坚决放弃"尊秦为帝"的妥协政策。秦军得了这个消息，不免吃了一惊，为了防止意外，立刻退兵五十里。这时，魏国的信陵君杀了晋鄙，带领魏军赶来援救，邯郸就解了围。

◉廉颇和蔺相如是怎样成为"刎颈之交"的

战国时，赵国的蔺相如带着稀世珍宝和氏璧出使秦国。他凭着智慧与勇气，完璧归赵，得到赵王的赏识，封为上大夫。后来，秦王又提出与赵王在渑池相会，想逼迫赵王屈服。蔺相如和廉颇将军力劝赵王出席，并设巧计，廉颇以勇猛善战给秦王以兵力上的压力，蔺相如凭三寸不烂之舌和对赵王的一片忠心使赵王免受屈辱，并安全回到赵国。赵王为了表彰蔺相如，就封他为上卿，比廉颇将军的官位还高。

廉颇很是不服气，就决心要好好羞辱他一番。蔺相如听到这个消息，便处处回避与廉颇见面。到了上朝的日子，就称病不出。有一次，蔺相如有事出门遇到廉颇。廉颇就命令手下用各种办法堵住蔺相如的路，最后蔺相如只好命令回府。廉颇就更得意了，到处宣扬这件事。蔺相如的门客们看到蔺相如怕廉颇，替蔺相如感到羞辱。蔺相如问："你们说是秦王厉害还是廉颇将军厉害？我连秦王都不怕，又怎么怕廉颇呢？秦国现在不敢来侵犯，只是慑于我和廉将军一文一武保护着赵国，作为赵王的左膀右臂，我又怎能因私人的小小恩怨而不顾国家的江山社稷呢？”

廉颇听说后，非常惭愧，便袒胸露背背着荆条向蔺相如请罪。从此，他们便成了同生死共患难的好朋友，齐心为国效力。

◉楚共王在鄢陵之战前是怎样观察晋军的

春秋时，有一年，楚国和晋国在鄢陵发生了一场战争。战斗开始前，楚共王和太宰伯州犁登上战车，瞭望和观察晋军的情况。

楚王问伯州犁：“晋军中那几个人骑着马在奔来跑去，干什么啊？”

伯州犁答：“在召集各军将领。”

“你看有不少人会集到一起了！”

“他们在商议作战计划。”

“怎么张起帐篷来了？”

“为了要祭祀祖先，祝祷胜利。”

“帐篷怎么又撤了？”

“那就是要发布命令了。”

“他们大声喧闹，而且尘土上扬的，这是干什么？”

“这是在填井平灶，准备摆开阵势了。”

“晋军都上战车了……咦，怎么又都下车了？”

“下车进行战前宣誓。”

楚共王和伯州犁所见到的这些情况，说明晋军是指挥有方、行动有序、士气很高、纪律很严的。然后楚共王执意要与晋军展开一战。战斗一打响，晋军果然猛不可当，楚军大败。

◉项梁反秦是怎样打起楚王旗号的

秦朝末年，陈胜、吴广在大泽乡起义反秦，一时各地纷纷响应，声势浩大。项梁和他的侄子项羽也在江东集合了八千人，准备西进。陈胜牺牲后，项梁召集各路将领在薛县（今山东滕县东南）开会，商议大事。起兵于沛县（今属江苏省）的刘邦，也前往参加。

这时，有个名叫范增的70多岁的老人，去看项梁，对项梁说：“秦灭六国，要算楚国最冤枉。楚怀王访问秦国，被无故扣留，终于死在秦国，楚人至今还想念着他，一提起来总是愤愤不平。所以楚南公说：‘楚虽三户，亡秦必楚也。’陈胜起义，就因为没有立楚王的后裔，所以他长不了。现在您起兵江东，楚地各起义将领都来归附您，为的是您项家世代都是楚将，都以为您是会重立楚王、复兴楚国的。”

项梁听从了范增的建议，果真访求楚王的后裔，结果找到一个楚怀王的孙子，小名叫熊心，在家替人牧羊。项梁把他弄来，立他为王，仍称楚怀王，借以获得各路将领和百姓的支持。

◉项羽起义前为什么要杀殷通

秦朝末年，项梁和侄子项羽为躲避仇人的报复，跑到吴中。会稽郡郡守殷通一向敬重项梁，为商讨当时的政治形势和自己的出路，便派人找来了项梁。项梁便向殷通谈了自己对时局的看法：“现在江西一带都已有人起兵反秦，这是老天爷要灭亡秦朝了。先发动的可以制服人，后发动的就要被别人所制服啊！”

殷通听了，叹口气说：“听说您是楚国大将的后代，是能干大事的。我想发兵响应起义军，请你和桓楚一起率领军队，只是不知道桓楚现在什么地方？”

项梁听了，心想：“我可不愿做你的部属。”于是，他灵机一动，连忙说：“桓楚因触犯了秦朝刑律流亡在江湖上，只有我的侄子项羽知道他在什么地方；我去叫项羽进来问问。”说完，项梁走到门外，轻声地叫项羽准备好宝剑，伺机杀死殷通。叔侄俩一前一后走进厅堂。殷通见项羽进来，刚站起身，想要接见项羽。说时迟，那时快，项羽拔出宝剑直刺殷通，随即砍下他的脑袋。项羽提着殷通的人头，佩带着郡守的大印，走到门外。随后发动起义。

◉楚汉之争是怎样开始的

刘邦率军攻占秦都咸阳，推翻秦朝统治。不久，项羽率大军进入咸阳，杀了秦朝的降王子婴，烧了秦朝的宫室，大火三个月都不熄灭。

接着，项羽派人向他所拥立的楚怀王禀报了入秦的情况。怀王表示，按以前的约定办：谁先打败秦军、攻入咸阳，谁就当王。项羽虽然是后进咸阳的，但他倚仗自己兵马强大，所以自封为西楚霸王；而将刘邦封为汉王，让他到道路险阻、人烟稀少的巴蜀之地去。同时，给了楚怀王一个徒有虚名的尊号——义帝。但不久，又暗中指使人把义帝杀死。项羽的这些举动，引起了诸侯王的强烈不满。汉王刘邦领兵到了洛阳，董公对刘邦说：“我听说顺德的昌盛，逆德的灭亡。没有正当理由，做大事就不能成功。项羽无道，杀了他的君王，为天下人所怨。您乘此率军征伐，四海之内都会仰慕你的德行。这样，您就同从前的周武王讨伐殷纣王一样，兴的是仁义之师。”从此，刘邦与项羽进行了长期战争。

◉刘邦是怎样收买人心的

楚汉之争时，刘邦率领大军攻入关中，到达离秦都咸阳只有几十里路的霸上。刘邦进咸阳后，本想住在豪华的王宫里，但他的心腹樊哙和张良告诫他别这样做，免得失掉人心。刘邦接受他们的意见，下令封闭王宫，并留下少数士兵保护王宫和藏有大量财宝的库房，随即还军霸上。

为了取得民心，刘邦把关中各县父老、豪杰召集起来，郑重地向他们宣布道："秦朝的严刑苛法把百姓害苦了，应该一律废除。现在我和大家约定，不论是谁都要遵守以下三条法律。一是杀人者要处死，二是伤人者要抵罪，三是盗窃者也要判罪！"父老、豪杰们都表示拥护约法三章。接着，刘邦又派出大批人员，到各县各乡去宣传约法三章。

百姓们听了，都热烈拥护，纷纷取了牛羊酒食来慰劳刘邦的军队。由于坚决执行约法三章，刘邦得到了百姓的信任、拥护和支持，最后取得了天下。

◉刘邦是怎样收回荥阳的

刘邦与项羽在荥阳一带激战。刘邦因抵挡不住，一时又调不来援兵，导致荥阳失守。于是，他打算把成皋以东的地区让给项羽。为此，他特地找到郦食其来商量这个问题。郦食其是一个六十多岁的读书人，听了刘邦的话后，表示反对。他说："称王的人世间百姓为依赖，而百姓又以粮食为依赖。成皋以东是储藏粮食的要害之地，如果放弃了，等于把它拱手让人，这对战局是非常不利的。"

刘邦听了，点头称是。并听取了他的建议，收回了荥阳，扭转了不利局面。

◉刘邦是怎样不杀蒯通的

楚汉相争时，韩信接连平定齐地，声势浩大。他手下的谋士蒯通劝他自己争夺天下，他念及刘邦的好处没同意。刘邦统一天下后，把韩信降为"淮阴侯"。韩信便暗中联合巨鹿的陈稀，准备造反。不久，事泄被捕。临刑前，韩信感慨不已，后悔没听蒯通的话。刘邦马上把蒯通也抓来，下令将蒯通投入油锅活活炸死。

蒯通一听到刘邦要将他投入油锅活活炸死，心里害怕了，急忙大声喊道："皇上，您不能这样对我啊！想当年，秦始皇暴政，人民揭竿而起，群雄混战。秦朝灭亡时，就像是一只鹿在地上奔跑。天下各种政治势力都想得到这只鹿，成为中原的霸主，但是并不是人人都可以抓到这只鹿得到天下的。到底谁能最先抓到呢？那就得看谁跑得最快，谁的动作迅速，谁才能先抓到。在群雄混战的情况下，我劝说韩信抓住政权，起兵谋反有什么不对？更何况当时我是韩信手下的谋士，本来就应该尽心尽力为他出谋划策。再说，当时的情形非常混乱，人民揭竿而起，结成了很多不同的团体，大家相互争夺政权，相互征战，又不只皇上你一人。我劝韩信造反，也不是只造你一个人的反。你为什么要将我活活炸死呢？"

刘邦觉得蒯通说得有理，便把他放了。

◉项羽是怎样自刎乌江的

楚汉之争时，项羽和刘邦原来约定以鸿沟（在今河南荥县境贾鲁河）东西边作为界限，互不侵犯。后来刘邦听从张良和陈平的规劝，觉得应该趁项羽衰弱的时候消灭他，就又和韩信、彭越、刘贾会合兵力追击正在向东开往彭城的项羽部队。终于布置了几层兵力，把项羽紧紧围在垓下。

当时，项羽手下的兵士已经很少，粮食又没有了。夜里听见四面围住他的军队都唱起楚地的民歌，不禁非常吃惊地说："刘邦已经得到了禁地了吗？为什么他的部队里面楚人这么多呢？"说着，心里已丧失了斗志，便从床上爬起来，在营帐里面喝酒，并和他最宠爱的妃子虞姬一同唱歌。唱完，直掉眼泪，在旁的人也非常难过，都觉得抬不起头来。一会，项羽骑上马，带了仅剩的八百名骑兵，从南面突围逃走。边逃边打，到乌江畔自刎而死。

◉陈平是怎样智救刘邦的

一次刘邦率军与匈奴交战，因为求胜心切，不慎误中埋伏，被迫困守在白登山。此时，后续部队被分头阻挡在各要路口，无法救驾，形势相当危急，把刘邦急得像热锅的蚂蚁，坐卧不安。

随从谋士陈平机灵一动，想出一条妙计，立即回营同刘邦商量。他派一使者带着金银财宝和一幅图画前去秘见阏氏。使者指着礼物说："这些珠宝都是大汉皇帝送给您的，大汉皇帝想与贵国和好，所以送来了礼物，请务必与匈奴王疏能疏通。"阏氏的心被这份厚礼打动了，全部收了下来。

这时，使者又献上图画，打开一看，原来上面画的是一个绝色无比的美女。使者说："我大汉皇帝怕匈奴王不答应讲和，特又准备把中原头号美人献给他。这就是她的画像，请您过目。"

阏氏接过图画一看，图上的美女长得像天仙一样，顿时暗想：丈夫如果得到如此绝色的中原美女，还愿把我放在眼里吗？于是她摇摇头，道："这个就不必了，拿回去吧！我让单于退兵就是了。"

使者卷好图画，告辞了。

阏氏送走汉军使者后，去见匈奴王，说："听说汉军的援军快打过来了，这里的汉军久攻不下，等他们的援军一来，我们就被动了。不如答应他们的要求，乘机多索些财物就是了。"

匈奴王听了夫人的话，经过反复思考，同意了刘邦的要求，双方达成了停战协议。

◉汉武帝为什么要给司马迁用腐刑

汉武帝时，李陵带着部队深入到匈奴境内作战，开始时士气旺盛，武帝得知后很高兴，许多大臣也都凑趣地祝贺皇帝英明，善于用人。后来李陵战败投降，武帝很生气，那些大臣也反过来责骂李陵无用和不忠。

当时，司马迁却认为，李陵只有5000步兵，被匈奴8万骑兵围住，但连续战斗十几天，杀伤1万多敌人，最后因粮尽箭完，才被迫投降，李陵仍不失为一位了不起的将军，他的功劳可以弥补他的失败之罪。武帝见司马迁为李陵辩护，便将其关进狱中。次年，又误传李陵为匈奴练兵，武帝不但杀了李陵的母亲和妻子，而且对司马迁施行了最残酷的“腐刑”。对此，司马迁极端痛苦和愤恨，曾想自杀。但转念一想，像他这样地位低微的人死去，在许多权贵者的眼中实在是微不足道，不但得不到同情，反而会惹人耻笑。在给他的好友任少卿的信中，司马迁写到，如果这样死去，好比九条牛身上掉了一根毛，和死掉一个蝼蚁差不多。于是，司马迁忍受耻辱，以顽强的毅力完成了历史巨著《史记》。

◉班超是怎样投笔从戎的

班超是一位出使西域的英雄。他从小刻苦耐劳，勤工好学。因家境贫困，青年时代常给官府抄写文件，也替私人抄写书籍，得些报酬，供养老母，补助家用。

当时，北方的匈奴时常侵犯汉朝的边境，班超很是愤慨；同时，他又看到西域各国同汉朝的交往，已断绝了五十多年，更是心怀忧虑。有一天，他一面抄写文件，一面觉得十分烦闷，忍不住立起身来，将笔猛地一扔，大声道：“大丈夫应当像傅介子、张骞那样，立功异域，怎能长期把时间消磨在笔砚之间？”

在班超以前，傅介子和张骞都曾通西域，为汉朝立过功。傅介子在汉昭帝时，出使西域，曾到过大宛国、龟兹等国。张骞的通西域，比傅介子还早。但是到东汉班超的时候，汉朝和西域之间的往来，久已断绝，班超就在这时立下傅介子、张骞式的雄心壮志。

班超扔下笔，考虑之后，决定从军，当了一名军官。随后，他在新疆的哈密一带，打过匈奴，得了胜仗。接着，他建议通西域，东汉朝廷同意，他被任命为副使，随同正使郭恂出使西域，那时他四十岁。他在西域工作了三十一年，同五十多国建立了关系，回来时已经七十二岁。他在青年时代许下的心愿，终于实现。

◉班超是怎样从西域退伍返乡的

班超受东汉明帝派遣，率领几十个人出使西域，屡建奇功。然而，班超在西域经过了27个年头，年事已高，身体衰弱，思家心切，于是就写了封信，叫他的儿子捎至汉朝，请求和帝刘肇把他调回。此信未见反应。他的妹妹班昭又上书皇帝，申明哥哥的意思。

信中有这样的几句话："班超在和他同去西域的人中，年龄最大，现在已过花甲之年，体弱多病，头发已白，两手不遂，耳朵不灵，眼睛不亮，扶着手杖才能走路……如果有猝不及防的暴乱事件发生，班超的气力，不能顺从心里的意愿了，这样，对上会损害国家的长治之功，对下会毁坏忠臣好不容易取得的成果，实在令人痛心呀!"

和帝刘肇被深深地感动了，马上传旨调班超回汉。班超回到洛阳不到一个月，就因胸胁病加重而去世，终年71岁。

◉汉宣帝为什么要采纳不打匈奴的建议

汉朝时，匈奴经常搔扰汉朝边境。双方军队也因此经常发生战争。在公元前68年的这场战争中，汉军夺了车师，匈奴也派骑兵袭击车师。

听到这个消息，汉宣帝赶忙召集群臣商量对策。在群臣中有两种意见：将军赵充国主张攻打匈奴，使他们不再骚扰西域。而丞相魏丞则不以为然，他对汉宣帝说："近年来匈奴并没有侵犯我们的边境。我们边境上的老百姓生活困难，怎能为了一个小小的车师去攻打匈奴呢？况且，我们国内还有许多事情要做，不但有天灾还有人祸。官吏需要治理，违法乱纪的事情也在增多。现在摆在眼前的事情不是去攻打匈奴，而是整顿朝政，治理官吏，这才是大事。"

接着，魏丞又指出了攻打匈奴的错误主张："如果我们出兵的话，即使是打了胜仗，也会后患无穷。仗着国大人多而出兵攻打别人，炫耀武力，这样的军队就是骄横的军队。而骄横的军队一定会灭亡。"

汉宣帝认为魏丞说得有道理，便采纳了他的意见。

◉汉武帝是怎样接受匈奴求和的

韩安国是汉武帝时的御史大夫。当时，北方的匈奴派人到汉朝来要求和好，武帝就同大臣商议对策。有一个名叫王恢的，曾在靠近匈奴的边境地区当过许多年地方官，很熟悉匈奴的情况，他说："跟匈奴和好，总是长久不了，不出三几年，它就又要背约，不如不理它，干脆发兵，将其彻底征服。"

韩安国竭力反对，道："人家派人来同我们和好，我们反而进攻，这怎么说得过去？况且，千里远征，路途跋涉，战线拉得很长，人马拖得很累，强弩之末，不能入鲁缟，冲风之衰，不能起毛羽，我们未必能打胜仗!"

大臣们都认为韩安国说得有理，汉武帝也表示同意，于是接受匈奴要求，进行和好谈判，建立和好关系。

◉七国之乱是怎样爆发的

刘邦取得政权后，把一些刘家的子弟，分封各地为诸侯，成立若干王国，其中较大的王国，兼有五六郡的地盘，而中央直辖的只有十五郡。汉高祖死后，诸侯各国就渐渐不听号令，到汉景帝（刘启）时，各国和中央对抗的形势更加严重。那时，汉景帝手下的主要谋划人晁错为御史大夫，是个富有才能的政治家，人称“智囊”，他主张削减各国的领地，加强京师的权力和威信，以巩固汉朝的统一。

当时诸侯中，吴国是个大国，吴王刘濞的野心也最大。他早有篡夺帝位的阴谋，便趁此机会，挑拨和煽动其他诸侯，联合起兵反抗。他说：“现在皇上任用邪臣，听信谗言，侵削诸侯，一天紧一天，正如古语所说：‘舐糠及米’，其结果恐怕不仅是削减领地而已！”

刘濞引用这句话的意思是：今天削减领地，以后难保不进一步取消诸侯。这样，历史上所谓的“吴楚七国之乱”或“七国连兵”的事件就爆发了。

◉刘秀是怎样倒鞋脱身的

西汉末年，王郎派兵包围了守卫蓟县的刘秀。刘秀率部突围出去，但王郎并不放过，在后面紧追不舍。刘秀怕骑马逃跑目标太大，便命令士兵把战马赶到树林里隐藏起来，然后，又让士兵们把鞋脱下来，鞋后跟朝前，鞋尖朝后绑在脚上，然后继续向西逃跑。这样，他们人分明是向西走了，脚印却变成向东走了。王郎率军追到树林边，看到地上的脚印，便率军向东追去，刘秀率领部队就这样脱身了。后来，刘秀终于打败了王郎，并在洛阳称帝，建立了东汉王朝。

◉刘秀为什么要接受窦融归顺

窦融是东汉时期的一名武将。新莽末年，为将军，后来投降刘玄，担任张掖属国都尉。刘玄败亡以后，他联合酒泉、敦煌等五郡，割据河西，号称河西五郡大将军，势力很大。

汉光武帝刘秀取得政权后，中原的局势越来越稳定，窦融便想归附刘秀。于是他派长史刘钧携带珍宝拜见刘秀。刘秀很高兴地接受了请求，并封窦融为凉州牧，赏赐黄金二百斤，还给窦融写了一封信，分析了当时政治、军事形势，肯定窦融治理河西五郡的政绩。信中说，除朝廷和窦融之外，还有益州的公孙述和天水的隗嚣，他们都野心勃勃，想称王称霸。在此形势下，窦融的地位举足轻重，对统一全国起着关键作用。

窦融接到光武帝的信后，表示一心一意归顺朝廷。后来，他率兵协助朝廷，平定了隗嚣的叛乱，又灭掉了公孙述。因此，刘秀封他为安丰侯，让他担任大司空。

◉东汉虞诩是怎样一显身手的

东汉时，西部的羌族和北方的匈奴不断入侵汉朝边境，大将军邓骘认为朝廷兵力较弱，不如放弃西部，集中力量对付北部的匈奴。太尉李修的府里有一个叫虞诩的门客，不同意他的看法，说："前人花费了不少心血开拓的地方，怎么可以轻易就放弃呢？况且，西部人熟悉军事、善于作战的人很多，过去羌人之所以不敢入侵，就是害怕他们。如果真的放弃了西部，长安就变成了边塞，那后果是不堪设想的。"虞诩的话在朝廷上引起了很大反响，也得罪了大将军邓骘，邓骘十分恼火，决定有机会整治虞诩。

这一年，河南发生动乱，百姓起来进攻官府，杀死地方官员。邓骘觉得这是一个机会，便向皇帝奏明，派虞诩任河南县令，前去平息叛乱。消息传出，虞诩的朋友们都为他捏了一把汗，担心这一去凶多吉少。虞诩却满不在乎，笑着对朋友们说："有志气的人不应当贪求省力，办事不畏艰难，正是臣子的责任，这好比砍伐树木，不遇到盘结交错的根节，怎么显示出刀斧的锋利呢？"

虞诩来到河南上任后，很快平息了叛乱，得到皇帝的赏识。后来，他又任太守、尚书等多种官职，而他刚正不阿、不畏权贵的性格始终未变，以致得罪权贵，多次受到处罚。

◉刘备为什么不让关羽杀曹操

有一次，汉献帝与丞相曹操、皇叔刘备一起去打猎。曹操为了显示自己的武力，竟跟汉献帝齐头并进。汉献帝见不远处有只兔子，就叫刘备射，说是要看看皇叔的箭法。刘备连忙弯弓射箭，正好命中兔子，献帝连夸好箭法。献帝又看见一只大鹿，连射三箭不中，就叫曹操射。曹操拿过献帝的金比箭，一箭就射中了鹿。将士们见射中鹿的是金比箭，以为是献帝射的，都高呼"万岁"，曹操得意地站到献帝前接受欢呼。

关云长实在看不下去，要拍马刀砍曹操，刘备忙暗示他不可轻举妄动。事后，关云长问刘备为什么不让杀曹操，他说："投鼠忌器，他身边还有献帝呢。"

◉曹操是怎样随机应变献宝刀的

东汉末年，曹操奉命要刺杀宰相董卓，便佩刀来到相府等候，见董卓坐在床上，吕布侍立于侧。董卓一见曹操，便问他为什么来得晚。曹操回答说："乘马羸弱，行动迟缓。"于是，董卓即让吕布去从新到的西凉好马中选一匹送给曹操。

吕布领命而出。曹操觉得机会来了，即想动手，但又怕董卓力大，难以制服。正犹豫间，董卓因身体胖大，不耐久坐而倒身卧于床上并转面向内。曹操见状急忙抽出宝刀，就要行刺。不料董卓从衣镜中看到曹操在背后拔刀，急回身问道："曹操干什么?"此时吕布已牵马来到阁外。曹操心中不免暗暗发慌，他灵机一动，便表情镇静地双手举刀跪下说："今有宝刀一口，献给恩相。"董卓接过一看，果然是一把宝刀：七宝嵌饰，锋利无比。董卓便将宝刀递给吕布收起，曹操也将刀鞘解下交给吕布。然后，董卓带曹操出阁看马，曹操趁机要求试骑一下。董卓不加思索便命备好鞍辔，把马交给曹操。曹操牵马出相府，加鞭往东南逃去。

◉曹操是怎样让士兵"望梅止渴"的

有一次，天气非常炎热，曹操带领几十万的大军经过一片大原野，士兵们从早上走到下午，没有吃过一点东西、喝过一口水。其中一个士兵实在受不了了："我们如果再没有水喝，一定会死掉的。""对呀！对呀！我也快渴死了！我们不要再走啦!"士兵一个接着一个开始埋怨起来。

曹操看到大家因为口渴都不愿意再走，有什么好办法让大家觉得口不渴呢?忽然，他想到一个办法，曹操指着很远很远的一片山林，大声地对士兵说："喂！弟兄们，赶快起来！前面是一座梅子林，树上结了好多好多酸溜溜的梅子。我们只要走过这一片大原野，就有梅子可以吃了。"

士兵们一听到前面有酸酸的梅子可以吃，嘴里面不知不觉就有了很多口水，感觉不那么渴了："有梅子可以吃，那我们赶快走吧!"大家一下子都有精神了，曹操也就顺利地带领大军继续向前走。

◉诸葛亮是怎样抢割新麦的

公元231年春，诸葛亮率10万大军四出祁山攻伐魏国，司马懿率张碑、费曜等大将迎战蜀军。诸葛亮兵至祁山后，见魏军早有防备，便让众将秘密抢割陇上的麦子。于是诸葛亮留下王平、张嶷等人守卫祁山大营，自己则率领姜维、魏延等将领直奔上邽。

司马懿率大军赶到祁山，蜀军却并不出战。司马懿心中疑惑，又闻有一支蜀军径往上邽而去，不由恍然大悟，急忙引军去救上邽。

诸葛亮赶到上邽，上邽魏将费曜出兵迎战，姜维、魏延奋勇向前，费曜被打得落荒而逃。

诸葛亮乘机命令三万精兵手执镰刀、绳子，把陇上的新麦一割而光，运到卤城打晒去了。

司马懿技差一等，致使失去了陇上的新麦，心中多有不甘，便与副都督郭淮引兵前往卤城偷袭，企图夺回新麦，擒拿诸葛亮。岂知诸葛亮早有防备，他让姜维、魏延、马忠、马岱四将各带2000人马埋伏在卤城东西的麦田之内，等魏兵抵达卤城城下时，一声炮响，伏兵四起，诸葛亮又大开城门，从城内杀出，司马懿拼力死战，才得以突出重围。

◉孙权是怎样赔了夫人又折兵的

东吴孙权想从蜀汉刘备手中讨还荆州，都督周瑜定计，假借将孙权之妹配与刘备为名，诳骗刘备到东吴，然后扣留作人质进行要挟。

刘备一行到达东吴时，根据诸葛亮的锦囊妙计，命500名兵卒披红挂彩，到东吴都城南徐采买喜庆礼品和物件，逢人便说刘备入赘东吴的消息，弄得城中百姓人人皆知。孔明的锦囊妙计中还教刘备到东吴后首先拜访孙策、周瑜之妻“二乔”的父亲乔国老，刘备也按计而行。他牵羊担酒，往拜乔国老，叙说特来成亲之事。乔国老又向孙权的母亲吴国太叙说了此事。吴国太还蒙在鼓中，便招来孙权问话。

孙权知道露了馅，只得如实道来。国太一听，更加怒不可遏，她大骂周瑜。乔国老也从旁打边鼓，对她说：“刘玄德乃汉朝皇室宗亲，倒不如顺水推舟，招他为婿，免得张扬出去丢丑。”孙权又不同意。正在孙权与乔国老争论不休的时候，国太又发下了话，她说：“我明天要在甘露寺与刘备见面，亲自相亲。如不中意，任你们发落；如果中了我的意，我就作主将女儿嫁他。”孙权奉行孝道，心里虽然不情愿，但也无可奈何。

乔国老又将孙权、吴国太要见的事情告诉了刘备，并教刘备好生留意。第二天，吴国太、孙权、乔国老等在甘露寺会见刘备。吴国太一见刘备就大喜过望，把刘备大大地夸奖了一番。这样，刘备与孙权之妹的婚事，就由国太作主当场敲定。

娶了孙权之妹后，刘备又悄悄带着新夫人逃离了东吴。周瑜带兵追赶，又被诸葛亮伏兵打败。蜀军士兵齐声大叫道：“周郎妙计安天下，赔了夫人又折兵。”周瑜气急败坏，当场昏死过去。

◉诸葛亮是怎样给刘琦定计免陷害的

后汉末年，刘表偏爱少子刘琮，不喜欢长子刘琦。刘琦的后母害怕刘琦得势，影响到儿子刘琮的地位，非常嫉恨他。刘琦感到自己处在十分危险的环境中，多次请教诸葛亮，但诸葛亮一直不肯为他出主意。

有一天，刘琦约诸葛亮到一座高楼上饮酒，等二人正坐下饮酒之时，刘琦暗中派人拆走了楼梯。刘琦说：“今日上不至天，下不至地，出君之口，入琦之耳：可以赐教矣！”诸葛亮见状，无可奈何，便给刘琦讲一个故事。春秋时期，晋献公的妃子骊姬想谋害晋献公的两个儿子：申生和重耳。重耳知道骊姬居心险恶，只得逃亡国外。申生为人厚道，假尽孝心，侍奉父王。一日，申生派人给父王送去一些好吃的东西，骊姬乘机用有毒的食品将太子送来的食品更换了。晋献公哪里知道，准备去吃，骊姬故意说道，这膳食从外面送来，最好让人先尝尝看。于是命左右侍从尝一尝，刚刚尝一点，侍从倒地而死。晋献公大怒，大骂申生不孝，阴谋弑父夺位，决定要杀申生。申生闻讯，也不作申辩，自刎身亡。讲罢这个故事后，诸葛亮对刘琦说："申生在内而亡，重耳在外而安。"刘琦马上领会了诸葛亮的意图，立即上表请求派往江夏（今湖北武昌西），避开了后母，终于免遭陷害。

◉马谡是怎样大意失街亭的

司马懿用计杀掉叛将孟达后，奉魏主曹睿之令，统率 20 万大军杀奔祁山。诸葛亮在祁山大寨中闻知司马懿统兵而来，急忙升帐议事。诸葛亮问谁愿意守街亭，参军马谡自告奋勇并写下军令状。于是，诸葛亮拨给马谡二万五千精兵，又派上将王平做马谡的副手。

马谡和王平来到街亭，看过地形后，王平建议在五路总口下寨，马谡却执意要在路口旁的一座小山上安寨。王平说在山上安寨，魏军会将山包围。马谡则说居高临下，势如破竹。王平又担心魏军断了山上水源，马谡坚持认为，如果魏军断了水源，将士必定死战，以一当十，不怕魏军不败。

于是，马谡不听王平劝告，传令上山下寨。王平无奈，只好率五千人马在山西立一小寨，与马谡的大寨形成犄角之势，以便增援。

司马懿兵抵街亭后，见马谡下寨在山上，不由仰天大笑，一面派大将张郃率兵挡住王平，一面派人断绝了山上的饮水，随后将小山团团围住。蜀军在山上望见魏军漫山遍野，队伍威严，人人心中惶恐不安，马谡下令向山下发起攻击，蜀军将士竟无人敢下山；不久，饮水点滴皆无，蜀军将士更加惶恐不安；司马懿下令放火烧山，蜀军一片混乱。马谡眼见守不住小山，拼死冲下山，杀开一条血路，向山西逃奔，幸得王平、高翔以及前来增援的大将魏延的救助，方才得以逃脱。

◉曹操是怎样借刀杀关羽的

公元 219 年，刘备拜驻守荆州的大将关羽为前将军。当时，孙权进攻合肥，曹操调兵到淮南抵挡孙权，关羽乘机率兵北上，包围了曹军据守的重镇樊城、襄阳，大有长驱直入之势。曹操不觉有些担忧。

这时，曹操采纳了司马懿的计策，一面命徐晃率兵救援樊城，一面派人带亲笔信去见孙权，激他出兵攻打荆州，抄袭关羽后方，并许诸事成之后将江南之地给他。荆州原是孙权地盘，他早欲收复，如今自是欣然同意。

孙权亲自到江陵坐镇，加强对关羽的进攻部署，并派人慰问蜀军家属，发粮赐衣，给药治病。蜀军将士得知后，军心涣散，斗志锐减。孙权乘机派人劝关羽投降。关羽虽气得七窍生烟，却也无可奈何。关羽急中生智，假意表示愿降，暗中却带着部下北逃，不料军中士卒失散，最后只有十几个骑兵跟着他左冲右杀，逃出重围。谁知退路又被陆逊切断。最后，关羽和他的儿子关平、部将赵累都被俘处死。一代名将，就这样做了孙权的刀下鬼。

孙权虽打败关羽，但失掉盟军，势力也削弱了许多。曹操利用孙、刘之间的矛盾，借孙权之刀杀了关羽后，愈战愈强，终于成了头号霸主。

◉祖逖为什么要闻鸡起舞

晋代的祖逖是个胸怀坦荡、具有远大抱负的人。进入青年时代，他意识到自己知识的贫乏，深感不读书无以报效国家，于是就发奋读起书来。他曾几次进出京都洛阳，接触过他的人都说，祖逖是个能辅佐帝王治理国家的人才。祖逖 24 岁的时候，曾有人推荐他去做官司，他没有答应，仍然不懈地努力读书。

后来，祖逖和幼时的好友刘琨一起担任司州主簿。他与刘琨感情深厚，不仅常常同床而卧，同被而眠，而且还有着共同的远大理想：建功立业，复兴晋国，成为国家的栋梁之才。

一次，半夜里祖逖在睡梦中听到公鸡的鸣叫声，他一脚把刘琨踢醒，对他说："别人都认为半夜听见鸡叫不吉利，我偏不这样想，咱们干脆以后听见鸡叫就起床练剑如何?"刘琨欣然同意。于是他们每天鸡叫后就起床练剑，剑光飞舞，剑声铿锵。春去冬来，寒来暑往，从不间断。功夫不负有心人，经过长期的刻苦学习和训练，他们终于成为能文能武的全才，既能写得一手好文章，又能带兵打胜仗。祖逖被封为镇西将军，实现了他报效国家的愿望；刘琨做了都督，兼管并、冀、幽三州的军事，也充分发挥了他的文才武略。

◉荀灌娘是怎样搬兵救父的

晋愍帝建兴元年，荀崧驻守宛城，也就是今天的河南南阳。他有个女儿叫荀灌娘。荀灌娘 13 岁这年，春耕刚过，几万贼兵在匪首杜曾带领下由西域流窜到宛城。当时宛城守军仅有千人，又在青黄不接的时侯，贮存的粮草十分有限，势难长期固守，情况非常危急。

荀崧自忖城中兵力薄弱，守御尚且不足，更不可能轻言出击，然而长此困守，待至矢尽粮绝又当如何呢？想来想去，惟一可行的办法，就是派遣一个智勇双全的人突围出城，驰往临近的襄阳求救。对此，大家虽然十分赞同，但却没有一人愿意担任突围求救的任务。

正在这时，荀灌娘由屏风后转出，朗声说道："女儿愿往襄阳投书请援!"荀崧大惊，加以拒绝。不料荀灌娘却答道："女儿虽然幼小，但却习得一身武艺，乘敌不备，出其不意，必可突围而出。与其坐以待毙，何不冒险一行。倘能如愿，不仅可以保全城池，实际上也拯救了黎民百姓的生命财产，如果不幸为贼兵所阻，顶多也不过是一死而已，同是一死，何不死里求生，冒险一行呢！"

荀崧考虑良久，终于同意了女儿的请求，于是选派了壮士10余人，组织了一支突击队，借着浓浓的夜色作掩护，一涌而出，向襄阳城飞奔而去，马快情急，穿垒而过，贼兵措手不及，眼睁睁地看着一队人马消失在黑暗的远方。

援军赶来，战斗展开，荀灌娘挥舞银枪左冲右突，大获全胜。

◉檀道济是怎样撤离历城的

檀道济是南北朝时宋武帝的开国武将，曾领兵北伐前秦，颇有功勋。宋文帝即位后，檀道济被进封为"武陵郡公"，拜征南大将军，都督征讨诸军事。在他统帅大军，征讨北魏的那一次战事中，打了三十多仗，连连获胜，曾进攻到历城（今山东）一带，只因后方军粮接济不上，才不得不退兵。

当时，檀道济军至历城，军粮不足，准备撤退。宋军中有投降魏军的士兵，把缺粮的事告诉了魏军，并建议趁机追击。魏军就先派密探到宋军营中侦察。檀道济料到敌人这一着，便在晚上故意叫管军粮的人点数军粮，用大批沙子充作米，用斗来量，一边量，一边唱：一斗，两斗，……几石，几十石，……一袋又一袋的沙子，高高地堆着，而把少量的米散露在上面。魏军的密探把看见的情况回去作了报告，魏军以为宋军军粮有余，便不敢追击，还把投降过去的人处死，说他们是假降谎报的间谍。檀道济于是率领宋军，安全撤回。

◉刘方是怎样用陷阱制伏大象军的

公元605年1月，隋炀帝听说林邑国多奇宝，就派瓜州刺史刘方为统帅，带兵占领林邑，以图把奇宝据为己有。刘方受命之后，火速行动，不久就到了林邑国附近。林邑的国王梵志听说隋朝大军到了，急忙调兵遣将，但都被刘方打败，只得狼狈退走。正当刘方乘胜追击时，林邑国的士兵驱赶着一群群大象，从四面八方蜂拥而来。刘方的军士见了惊恐万状，不战而逃。为了对付林邑国的大象军，刘方想出了设陷阱的办法。他命令士兵多掘坑穴，上面用草覆盖，看上去就像平地一样。

再次打仗时，刘方就假装失败，引诱敌人追击。当敌人追到他们设置的陷阱区时，大象一只只地掉入陷阱，在陷阱内乱蹦乱跳，全军大乱。刘方又命令军士用弓箭射击大象，大象惊恐退回。接着，刘方又命精锐的部队继续猛追，把林邑国的军队打得大败，俘虏和击杀万余人。刘方乘胜率大军追击，屡战屡胜。4月时，林邑国王梵志弃城逃走。刘方率军入城，刻石记功，随即凯旋。

◉岳飞是怎样借敌除逆的

公元 1130 年，金人在大名府封宋朝投降官员刘豫做大齐皇帝。此后，刘豫多次配合金人攻打宋军，成为宋军北伐的障碍。岳飞认为要想驱逐金兵，必须先除去刘豫。他了解金元帅兀术对刘豫非常忌恨，就想利用这一关系铲除刘豫。

恰巧这时，宋军捉到一个金国奸细，岳飞认为这是个好机会。当岳飞见到那被捉的奸细时，便故意将他当做是自己派出去的人，责问他说："你不是张斌吗？前些日子我派你送信给刘豫，要他设法把兀术骗出来。谁知你却一去不复返，我只好另派人去联系。如今刘豫已经答应到冬天把兀术引诱到清河，并和我共同夹击。当初你为什么不把信送到呢？"奸细一听，逃生的机会来了，也就顺水推舟，聪明地冒认张斌。岳飞说要他将功赎罪，令他再送一封信给刘豫，信中叙述谋杀兀术的具体事宜，将信封成蜡丸。岳飞又嘱咐道："这回你一定要保守秘密，把信送到，这封信关系到我们抗金救宋的大事。"这奸细连连点头承诺，想不到不仅保住了小命，还窃得重要情报。

他火速赶回金国，将信立即交给兀术，将所听到的又做了补充。金兀术勃然大怒，立即撤销了刘豫的皇帝称号，并将他充了军。

◉皇太极是怎样除掉明将袁崇焕的

努尔哈赤父子亲率十数万后金兵攻打宁远，以十三万之众围攻宁远守兵万余人。十三比一，力量悬殊。宁远守将袁崇焕，身先士卒，奋勇抗敌，击退敌军三次大规模进攻。明军的奋勇抵抗，力挫骄横的敌军。袁崇焕乘敌气馁之时，开城反攻，追杀数十里，击伤努尔哈赤，敌军惨败。怒尔哈赤遭此败绩，身体负伤，攻占明朝的壮志难酬，羞愧愤懑而死。皇太极继位，第二年，又率师进犯。袁崇焕早有准备，皇太极又兵败而回。

皇太极对袁崇焕又忌又恨又害怕，为了除掉袁崇焕，他绞尽脑汁，定下借刀杀人之计，他深知崇祯帝猜忌心特重，难以容人。于是秘密派人用重金贿赂明廷的宦官，向崇祯告密，说袁崇焕已和努尔哈赤订下密约，故此后金兵才有可能深入内地。崇祯勃然大怒，将袁崇焕下狱问罪，并不顾将士吏民的请求，将袁崇焕斩首。皇太极借崇祯之刀，除掉心腹之患，从此肆无忌惮，再也没有遇到袁崇焕这样的劲敌了。

◉古希腊人是怎样施"木马"计攻下特洛伊城的

古希腊人攻打特洛伊城，很久打不下来，希腊人奥德赛想出了木马计，旷日持久的特洛伊战争才得以结束。当时，希腊人制造了一匹巨大的木马，在马腹内藏着一批勇士。随后他们就装出战败撤退的样子，逃到海边，把船驶入附近的一个海湾躲藏了起来。特洛伊人不知这是敌人的计谋，以为希腊人厌战了，他们追出城外，发现了希腊人留下的大木马，便把它作为战利品拉进城内。深夜，在特洛伊人毫无戒备的时候，希腊勇士们从大木马的肚子里跳了出来，他们打开城门，发出了信号。这时在海上隐蔽的希腊人悄悄返回，在城中同伴的配合下，里应外合，迅速地夺取了特洛伊城。

◉白鹅是怎样救了罗马军队的

公元前 4 世纪末的欧洲，罗马人被高卢人打败后，退到罗马城后的卡庇托林山上。卡庇托林山一边是悬崖峭壁，另一边山势较平坦，但也是易守难攻。高卢人向卡庇托林山发起的一次又一次进攻均遭到惨败。

这时，高卢人便选择了一个漆黑的夜晚，挑选了最勇敢、最敏捷、最强壮的将士，一寸寸、一尺尺地从悬崖下向山顶上攀登。他们一点一点地逼近了山顶。可是，就在即将登上悬崖的时候，一阵响亮的“嘎——嘎嘎!”“嘎嘎嘎——”的鹅叫声突然打破了夜的宁静，把沉睡中的罗马人唤醒。

这些鹅是用来奉献给女神的，它们浑身上下洁白如雪。虔诚的罗马人被围困多日，宁肯挨饿也要把鹅喂饱。

罗马军人从沉睡中惊醒，突然意识到发生了某种危险，便都握着刀剑和长矛冲了出去。

那些刚刚爬上悬崖的高卢人立足未稳就被赶下了悬崖，跟在后面的高卢人也被英勇的罗马战士用石块和投枪打了下去。

从此，机敏的鹅成了罗马人最忠实的“哨兵”。它们使这场战争一直持续了七个月不分胜负，当严冬降临时，高卢人不得不撤离了卡庇托林山，撤回了本土。罗马人得以解围。

◉法国将领杜戈梅是怎样利用敌军军旗的

军旗是军队的灵魂。军旗在，意味着军队在；军旗不在，意味着军队转移了。但是，神圣的军旗也有被利用的时候。那是在 1793 年 12 月 18 日，法军偷袭并收复土伦军港以后，法军司令杜戈梅将军下达了一道命令：任何人不得将港口上的敌军军旗取下。对于这道奇怪的命令，士兵们有的感到惊讶，有的感到耻辱，但都不敢声张。

在以后的一个月内，不断有满载着物资的敌船驶入港内，结果都被法军俘获。

原来，敌军补给船远远看到土伦军港上插着他们的军旗，以为阵地还在自己人手里，便放心地驶进来了。

◉叶卡特琳娜二世为什么要击沉自己的军舰

1770年5月，一个阳光明媚的日子，刚刚巡航归来的俄国“神圣的瓦尔瓦拉”号军舰平稳地停泊在海港。官兵们有的在擦拭武器，有的在冲刷甲板，还有的哼着小调在舱里刮胡子。突然，海岸上一串串炮弹呼啸而来，水兵们还没反应过来是怎么回事，浓烟、烈火便笼罩了整艘军舰。爆炸声、倒塌声、呼救声响成一片，海水如潮般地涌进军舰，船身很快倾斜，不久便带着悲哀从海上消失了。海水中，几百名官兵痛苦地挣扎着。

谁也没想到，这艘军舰是被自己的炮兵故意击沉的。原来沙俄女皇叶卡特琳娜二世想要一幅真实地反映海战的巨型油画，为了使画家能目睹战舰被击沉的真实场景，她于是下令，让炮兵一边打，画家一边画。

一艘战舰及舰上的几百条生命与一幅油画相比，在“尊贵”的女皇眼里，后者是胜过前者的。油画，可以装饰她华丽的宫殿，显示她的富贵，也可以使她多一点虚荣。为了这点虚荣，她可以置起码的人道于不顾，置为她屡建战功的军舰和数百名官兵的生命于不顾，竟然丧心病狂地下令炮兵炮击自己的军舰，演出了一场不可思议的悲剧。

◉俄国是怎样坚壁清野退法军的

1812年6月，拿破仑调集了60万大军进攻俄国，迅速推进到俄国腹地数百公里的斯摩棱斯克。俄军总司令库图佐夫分析敌我形势后，决定避开敌人的锋芒，主动放弃莫斯科，实行大退却，诱敌深入，伺机歼灭敌人。

9月中旬，库图佐夫指挥俄军撤出了莫斯科。为了使法军进占莫斯科后不能就地获得补给，俄国采取“坚壁清野”的策略。库图佐夫命令俄军组织大批车船，运走城内物资，并动员城内居民撤出。接着，俄军放火焚城，将来不及运走的粮食和军用装备统统烧毁。城内大火数日不灭，2000余所房屋化为灰烬。法军占领莫斯科后，在城内找不到一点粮食充饥，大军饥寒交迫，疲惫不堪，加上疾病和寒冷，处境日益艰难，兵力削弱，士气低落。拿破仑看到形势的严峻，便想体面地在冬季来临之前退出这场战争。他多次派人诱逼沙皇签订和约，均未得逞。在万般无奈的不利情况下，拿破仑被迫率军撤出莫斯科，开始战略退却。库图佐夫抓住战机，及时转入战略反攻，大败法军。

◉哈莉是怎样从法国将军身边获取情报的

玛塔·哈莉是第一次世界大战中最成功的间谍之一，她受雇于德国。她曾是红极一时的舞蹈明星。进入巴黎后，她施展开自己的全部伎俩，令昔日曾拜倒在她石榴裙下的法国军政要人再次为她倾倒。当时，已退役的莫尔根将军因战争需要回到陆军部担任要职，时逢老伴刚刚去世，见到哈莉后，顿时神魂颠倒，迫不及待地邀请哈莉住到他那里去。哈莉欣然搬入莫尔根家中，睡到了将军的身边。

哈莉很快就搞清楚了莫尔根将军把机密文件藏到了什么地方——书房的秘密金库。秘密金库的锁使用的是拨号盘，号码拨不对，金库是不会打开的，而知道秘密号的人只有莫尔根将军一个人。她认为莫尔根年纪大了，不可能把号码记在脑子里，很可能是记录在什么地方。趁将军熟睡之机，哈莉搜遍了一切可能记录号码的地方——抽屉里、写字台上、笔记本中、手帕上……均一无所获。

一天晚上，哈莉忽然被墙上的挂钟吸引住了——住进将军的寓所已有一段时间了，在她的印象里，那个挂钟好像一直未走动过。她似乎还建议过将军把钟修理一下，将军也曾随口答应过，但是并没有照办。哈莉的目光凝聚在静止的钟面上，9 时 35 分 15 秒——93515，或 213515。哈莉兴奋地转动拨号盘——213515，咔！清脆、悦耳，哈莉从来没有听到过如此动人的声响。

金库的门终于被打开了，金库中藏有英国制造的最新坦克的设计图和其他绝密文件。哈莉迅速取出了微型照相机，将这一切全部拍照下来。

权威人士透露，玛塔·哈莉的这一次行动使协约国的军队至少损失 10 万人。

◉鹦鹉是怎样充当活雷达的

一战期间，雷达还没有出现。德军拥有强大的空军，对英国进行了狂轰滥炸，使英国受到很大的损失。当时的防空火力还很落后，只要德国飞机一出现在目标区的上空，防御就来不及了。为了提前报警，提前发现敌机，英军想出了各种办法，但都不太理想。

后来，英国人发现鹦鹉具有灵敏的听觉，并且判断力很强，在远距离上就能听到并分辨出飞机的引擎声。于是，立即挑选了一批体格好、接受力强的鹦鹉进行专门训练，使它们担负起防空警戒的任务。这些鹦鹉被放在预定地点，每当德军飞机飞近，鹦鹉就会很快飞回英军司令部报警，使英军有所准备，从而减少了人员伤亡。

◉一战中英军是怎样突破土军防线的

一战间，英国军队与土耳其军在西奈沙漠地区作战。当时，双方势均力敌，都无法突破对方的防线，双方处于对峙局面。英军司令阿伦比对此一筹莫展，天天思索作战方案。这天，他到前沿阵地观察敌情，发现敌方物资供应极为困难，生活十分艰苦，于是一个新的作战方案在他脑中产生了。他下令马上生产 12 万包含有大量鸦片的香烟，并用飞机空投在土耳其军队的阵地上。土军士兵因断了香烟，早已烟瘾大发，难过之极，一见空投下成箱的香烟，纷纷上来抢着就往回跑。他们顾不得上级的警告，管它里面有没有什么名堂，都痛痛快快地过了一阵烟瘾。

次日，英军早已养足了精神，集中了1.2万士兵向土军阵地发起猛烈的进攻。土军士兵由于吸足了英国“赠送”的香烟，一个个鸦片中毒，昏然入睡，束手就擒。就这样，英军轻而易举地突破了土军防线，取得了这场战斗的胜利。

◉二战中德国为什么没有航空母舰

实际上德国也有航空母舰，只不过一艘在图纸上，还有一艘在船厂里。为什么德国航母迟迟不能加入海军的行列呢？原来，德国空军总司令是个霸道而独裁的人，他曾经说过：在德国土地上一切会飞的东西都是我管的！海军多次提出要建造航母，加强海军航空兵力量。这位空军司令就坚决反对，他清楚知道，这航空母舰是海上的流动机场，有了这玩意儿，海军岂不是有了飞机了？航空母舰是海军的，我空军司令管不了，岂不是削弱我的力量，扩大海军力量了吗？后来在海军的一再申诉下，又看到美国、日本纷纷建造航母，德国议会就同意海军建造两条航空母舰。空军司令心里很不爽，就有意捣乱。他知道希特勒是支持他的，跟他是一个政治观点的，因此他就背地里使心眼儿。当时航母舰体部分是海军建造，机场和舰载机方面由空军研制。结果舰体造好了，机场和舰载机却迟迟没有配套，许多重大技术没有解决。

德国海军看到这种情况，没有指望了，只好投入大量潜艇和盟军作战。后来，德国的大型战列舰、巡洋舰纷纷被盟军击沉，这也使更多人失去了对大型军舰的信心，因此对航母也就不那么热心了。

◉二战中“特鲁巴多”号是怎样妙闯鬼门关的

第二次世界大战期间，为了把紧缺的战争物资运往苏联，不顾德军的袭击，冒险使用挪威海—北冰洋航线，出现了许多船队计闯德军鬼门关的惨烈故事，其中PQ－17船队的故事最为悲壮。

PQ－17船队共有商船36艘、护航驱逐舰6艘和轻型巡洋舰若干。1942年6月底船队从英国起航，前往摩尔曼斯克。出海不久，船队即遭到18艘德国潜艇和许多架飞机的猛烈攻击，23艘商船下沉海底，剩下的只有13艘，情况万分危急。

这时，商船“特鲁巴多”号的船长乔治·萨尔福森急中生智，想出了一条保命的办法。他让“特鲁巴多”号和另外两艘商船、一艘英国武装拖网船编为一队，尽量贴近大块浮冰航行，利用浮冰作掩护。但是，这个办法并不牢靠，只能算是权宜之计，因为它很容易被德军潜艇和飞机识破。萨尔福森船长接着又想出一计，而且是相当出奇的计谋。他发现船上运了大量白色油漆，便命令船员马上动手，用油漆把船的右舷涂成白色，因为当时船是在挪威外海向北航行，把右舷涂成白色后，海上和岸上的德军就难以发现了。另外，他还下令用白床单、白桌布等把船上的突出部位统统罩起来。在北冰洋那种冰天雪地、一片洁白的环境中，船只和天地浑然一色，难以发现。萨尔福森船长看到效果良好，便劝另外3艘船的船长照样办理。4艘船前后一字排列，贴着冰块，慢慢向比较安全的地方马托什金海峡驶去。

◉美军飞机是怎样被德军诱歼的

1943年5月，德军情报机关破译了盟军发给美军某空军基地的一份电报：进攻西西里岛之战的方案已定，命你部务必于5月8日23时前，完成向该地空运地面作战部队的任务。德军为破坏这次空运行动，立即制定了一个用无线电通信手段进行欺骗活动的作战计划。

5月8日夜，美军的空运行动开始了。飞机离开基地不久，德军首先干扰了机队与基地之间的无线电通信，使其迷失了方向。与此同时，德军派出轰炸机轮番轰炸停泊在英军基地附近海面上的英、美军舰。同以往轰炸时一样，所有轰炸机始终保持在5000英尺的高度上轰炸，这样就使英、美军舰上的作战人员产生一种误解：以为5000英尺高度的机群都是德国人的。接着，德军冒充美军地面指挥部，向由于迷航正焦急万分地在空中兜圈子的美军空运机群发出指令："请保持5000英尺的高度！请保持5000英尺的高度！"美军飞行员听到后如获至宝，他们忘记了识别与分析指令信号，便立即按指定的高度和方向飞去。当他们被诱骗到英、美军舰上空时，这些水面舰只一看机群高度大约是5000英尺，误以为又是德机前来轰炸，于是急忙开火，密集的对空火力使他们机毁人亡。

◉英国是怎样刺杀德军干将海德里希的

二战时，英国情报机关曾制定了一个"类人猿行动"计划，目的是刺杀希特勒最信任、最得力的干将海德里希。行动小组完全知道这次计划的危险性，他们在特种训练学校接受了训练，携带了准备与海德里希同归于尽的英国最新研制的生物武器——"X"毒剂弹。为了摸清海德里希的活动规律，行动小组在海德里希可能出没的地区潜伏了足足5个月。

1942年5月27日，行动小组在掌握了海德里希的动向后，在布拉格郊区的特罗雅桥附近一个"U"形急转弯处埋伏下来。特罗雅桥是通向设在赫拉德卡尼城堡海德里希司令部的必经之路。10时31分，海德里希坐着梅塞德斯牌绿色敞篷汽车行驶到了这个转弯处。行动小组成员之一举起冲锋枪，跃上公路，对准海德里希扣动扳机。但枪没有响。海德里希命司机快加速，但司机忙中出错，一脚踩在刹车上，敞篷轿车停了下来了。行动小组的另一成员随即向海德里希掷出了一颗毒剂弹，然后，拉住战友，转身就跑。

毒剂弹在海德里希车旁爆炸，炸开了车门，一块弹片钻进海德里希的腰部。海德里希拔出手枪跳到公路上向逃跑的袭击者们射击，但仅仅几秒钟后，他就倒在了地上。

◉克里姆林宫和列宁墓是怎样免于德军轰炸的

在第二次世界大战期间，德军逼近莫斯科，德国空军将对莫斯科进行大规模的轰炸，莫斯科保卫战随之开始。苏军最高统帅部面临的任务之一，就是绝对地保证克里姆林宫和列宁墓的安全。最高统帅部的高级参谋部集中了科学家、心理学家、建筑师、工程师，请他们配合军事家一起想高招。有人主张用沙袋保护，但这个主意经过分析，认为不好，因为那样会更加暴露目标。还是一位美术家提出的方案，经过专家、学者的论证，认为是比较理想的方案。

这位美术家提出用各种伪装布制成模拟楼房，画上门窗、树林，放在保护目标相反的方向，造成敌空军视觉上的错乱。结果，这一方案被最高统帅部采纳，克里姆林宫和列宁墓因为有此绝妙点子而免遭轰炸。

◉德军是怎样上双重间谍的当

在第二次世界大战中，英国的海军情报机关曾多次将俘获的德国间谍收买过来，把他们培养成双重间谍，为英国服务。

例如，德国潜艇曾使用一种反探测战术，每当遭到英国“潜艇探测器”的搜索时，德国潜艇就从鱼雷管里往外打出空气，制造大量气泡，让英国的潜艇探测器去跟踪气泡，而德国潜艇便乘机逃之夭夭。为了破坏德军的这种反探测战术，英军派一名叫达特的双重间谍给德国情报局发电报，谎称他最近宴请了一位英国海军新式驱逐舰上的指挥官，这位指挥官酒后失言，吐露真情说：“我们有了对付德国反探测的新方法，这些德国笨蛋不知道他们喷出去的气泡恰好帮了我们的忙！”达特把这份情报与前不久英国人偶然发现的一艘经过反探测训练的德国潜艇联系起来，向德国情报机关作了报告。

德军不加核实轻信了这位派往间谍的假情报，错误地估计了英国反潜技术的发展，因而一度放弃了已经取得成功的反探测战术，结果在战争中遭受了重创。

◉美国是怎样艰难搜捕一名间谍的

1942年2月20日，美国联邦调查局截获了一封信件，上面有纽约港内组成护航船队的军舰和货船的详细情报，联邦调查局立刻确认：这是一名十分危险的敌人，必须尽快逮捕他！

首先要确定罪犯的藏身之地。为此，调查局认为：敌人就在纽约市内。一位有经验的反间谍人员从敌人的信件中看到了某些真实性的描写，于是进一步确认：该间谍是一名空防人员——纽约市有 9.8 万多名空防人员，联邦调查局日以继夜地对这些空防人员进行审查，将范围缩小到 8 万人。

4 月 14 日，调查局截获了该敌特的第 12 封信，信中有一段对“埃斯托利尔海滩”的怀念。埃斯托利尔是葡萄牙里斯本郊外的海滨避暑胜地！联邦调查局的情报人员兴奋起来了。

调查局决定从信上签名的笔迹入手——当然，那名字是假的，对从 1941 年春天以来由里斯本进入美国的每一个人进行审查。一个又一个人，一个又一个昼夜，一张又一张入境填写的海关行李申报单……终于，有一天，激动人心的时刻到了——一名侦探发现了一张申报单上的签名笔迹与间谍信上的签名笔迹相似。调查局把签名拍照、放大，又请来笔迹专家进行鉴定，结论是：二者的笔迹出于同一人之手。

下一步的工作就容易了：查阅空防人员名单，住在纽约斯塔顿岛上汤金斯维尔牛津街 123 号的欧纳斯特·弗·莱密兹与行李申报单上的姓名完全相同。

1943 年 6 月 27 日，美国联邦调查局将欧·弗·莱密兹逮捕归案，后者对自己的罪行供认不讳，依照反间谍法，他被判处 30 年徒刑。

从截获第一封间谍信到逮捕间谍，美国联邦调查局一共用了一年零四个月零七天，这真是一次艰难的搜捕。

◉邮票是怎样泄密的

第二次世界大战期间，法国抵抗部队的炮兵排长腓里对新婚不久的妻子瑞拉十分眷恋，每天都要给妻子写上一封思意绵绵的信。瑞拉有一位女友，名叫妮莎。腓里随部队出发后，妮莎一有空就来陪伴瑞拉。妮莎是位集邮爱好者，她把自己积攒的邮票带到瑞拉家中，请瑞拉鉴赏。瑞拉从未见到过那么多形形色色的漂亮邮票，对它们赞不绝口。妮莎是个很善解人意的女人，见瑞拉高兴，就把邮票送给瑞拉一些，渐渐地，瑞拉也开始喜欢起集邮来。她把腓里寄来的信一封封找出来，小心地裁下信封上的邮票，一张张地放在集邮册中。妮莎观看后，着实夸奖了瑞拉一番。

从此，瑞拉对丈夫的来信更加期盼，因为丈夫的来信不但送来温情蜜意的问候，还给她的集邮册增加了一枚邮票。但是，突然间，腓里的信中断了，一连好多天，一封信也没有来，令瑞拉难过的是，妮莎也不再来看望她、陪伴她了。瑞拉好不孤独。

终于有一天，腓里又来信了。瑞拉急忙撕开信封一看，那竟是一封没有写完的信，而且，信纸上还带有斑斑血迹。信上写道：“……真是活见鬼了！最近半个月以来，不论我们转移到什么地方，德国人的炮弹就像长了眼睛似地能够找到我们。我们的损失很大，我也负了重伤，现在……”

瑞拉被突然来到的打击击倒了。不知过了多久，她从昏厥中醒来，一眼又看到了掉在地上的信、信封、信封上的邮票。这时瑞拉猛地坐起来，拾起信封，失声惊叫：“上帝啊！……”

因为信封的邮票上清楚地印着腓里发信时所在地邮局的邮戳。直到这时，瑞拉一切才都明白过来。

◉山本太郎是怎样葬身沼泽地的

二战进入尾声，英军开始向入侵缅甸孟加拉湾的日军发起一连串的猛烈攻势，日军司令官山本太郎走投无路，只好率领一千多陆军官兵向兰里岛逃去。英军指挥官望着狼狈逃窜的日军官兵发出一阵冷笑：“我们不必追赶了，那里的沼泽地就是山本大郎的坟墓!”

日本逃兵进入兰里岛后，展现在他们面前的是一片漫无边际的沼泽地。早已疲惫不堪的逃兵只得深一脚、浅一脚地踏入沼泽地，缓缓向前挪动。这些沼泽地好像是无边无际似的，一千多名日军官兵行至半夜，月亮已高高地升上天空，全体官兵仍然望不到沼泽地的尽头。就在这时，突然听见一阵阵“哗哗哗”的水声从沼泽地深处响起，和夫向水响处望了一眼，顿时打了个冷颤，“不好，快跑!”他拉住侦察兵佐佐木向官兵稀少的东南方跑去，幸运的是，他们发现了一处露出水面半尺高的土埂，俩人急忙登上土埂，回头望去，一大片黑乎乎的怪物蓦然浮出水面，怪物的双眼反射着冷光，使沼泽中呈现一片阴森、恐怖的气氛。

“哎呀，我的腿，腿啊!”一声惊恐的惨叫率先打破沼泽地的沉寂，几乎是在同一时刻，沼泽地便被震耳欲聋的惊叫声、呼救声、哀嚎声淹没了。当然也夹杂着奋力搏击、开枪射击和手榴弹的爆炸声。

佐佐木突然发现了挥刀乱砍的山本太郎。“山本司令官!”佐佐木恐惧地叫了一声，转瞬之间，山本太郎发出了一声哀嚎，抛掉战刀，一头扎倒在水洼中。

仅仅十多分钟，一千多名日军官兵全倒在了水洼中，寒森森的月光下，鳄鱼们张着血盆大嘴，得意而满足地喘息着……

◉二战中英军是怎样运用“日冕”战术的

1943年10月，英国皇家空军在夜战中首次使用代号为“日冕”的新战术，开创了在电子战中运用心理学的先河。作法是，在英国空军轰炸机夜袭德国的目标时，由设在英国本土上的“幽灵”电台对德国空中和地面播音，制造混乱。

起初，“幽灵”电台播音员播的是假命令、假航线，但是，由于英国人讲德语口音不纯，被德国飞行员和地面引导军官识破而未获成功。后来，“幽灵”电台改变了播音方式。每当英国空军夜袭德军某一目标时，播音员就对德国空中和地面长时间反复进行如下的通话测试："1—2—3，3—2—1"；"A—B—C，C—B—A"等。这些枯燥乏味的通话，严重影响了德国军官和士兵的战斗情绪。

当德国人自己要求作通话测试时，"幽灵"电台又可使几个频率上的通话同时中断达几分钟之久。若干星期以后，德国人不得不停止通话测试。这时，"幽灵"电台就改播哥德诗篇或德国哲学中的浮躁词汇，有时甚至播放希特勒演讲的录音，再不冒充德国飞机引导指挥官的声音了。

到了 1944 年初，英国皇家空军又把"日冕"战术跟其他干扰结合起来使用，给德军的通讯联络造成了极大的混乱。

◉日军是怎样施放气球炸弹的

1942 年秋，日本制作"风船"气球，使用定时装置，携带燃烧弹顺着高空西风带，二三天飘移到美国后，就掉下去。从 1944 年 11 月到 1945 年 4 月，日本共放气球约 9000 个。据美国统计，到达美国的至少有 287 个。

气球到达美国后，由于燃烧弹爆炸，常引起森林失火。开始时，美国不知道"火源"从何而来，经气象部门研究后，才知道真相。因此美国费尽心思地加强森林防火的天气预报。为了防止森林失火，美国还派了大批妇女去昼夜守护。

日军为了掩盖其罪行，战败投降时，下令把有关气球炸弹的资料烧毁了。但据荒川秀俊战后供称：日军不仅使用气球炸弹，当时日军设在我国东北的"陆军兽医研究所"，甚至曾秘密研究用气球携带细菌，飘放到苏联亚洲的滨海地区。反法西斯战争的胜利结束，使得日本战争狂人的这一丧心病狂的计划未能实现。

◉军犬炸坦克是怎么回事

1941 年 8 月，苏军建立了 4 个反坦克军犬连，每连有 126 条军犬。这些军犬都是由苏军中央军犬学校训练出来的。这些经过训练的军犬一般是以排为单位配属到团。作战时，把它们配置在敌人坦克威胁的方向上，靠近反坦克炮兵预备队配置地域，每个引导员及其军犬都挖有一个散兵坑，并有交通壕与堑壕相连。发现敌坦克时，引导员迅速将炸药固定在军犬背上，把简易引信插入炸药的点火索中，打开保险钩，抓住颈带，准备放狗。当敌坦克接近到 75—100 米的距离时，引导员拔出引信，将军犬放出。军犬毫无畏惧地疾速奔向敌坦克，钻到它的底盘底下，顷刻之间，敌坦克在猛烈的爆炸声中被炸毁，当然，英勇的军犬也被炸死。如果坦克乘员从炸毁的坦克里爬出来，军犬引导员则用手榴弹或步兵轻武器把他消灭掉。

◉什么是二战中的"月亮女神"

在第二次世界大战中，有一个代号为"月亮女神"的美国人贝蒂·索普加入了英国情报机构。1937 年，贝蒂被派往波兰华沙，凭姿色勾引了波兰外交部长的一位副手，搞到了破译德国密码的诀窍。二战爆发后，她被派到美国华盛顿，她先拿一个意大利海军武官开刀，这武官年纪已不小了，却甘愿坠入她布下的情网。这个意大利人向她提供了密码本。皇家海军破译了意大利东地中海海军的全部信号，1941 年 3 月 28 日，该舰队在希腊马塔潘角的外海全军覆没。

英国情报机构又交给她一项艰巨的任务，设法猎取法国维希政府驻华盛顿大使馆与欧洲之间定期往来的全部通信。这位女间谍走进使馆，接待她的是夏尔·布鲁斯，40 岁上下，是个美男子。立刻，两人都互相吸引住了对方，热恋就开始了。在“月亮女神”的要求下，夏尔帮她搞到了全部通信的抄件，还得到有关该使馆一月活动的每日报告。这些情报的价值是不可估量的。

英国情报局胃口越来越大，竟然要求“月亮女神”设法搞到密码本。然而，谈何容易，大使馆内日夜有人守卫，还有很凶的狼狗。他们制订了一个大胆的方案：夏尔佯装要与索普晚上在使馆内约会，给了夜班警卫一笔可观的小费。晚上，他俩将撬锁专家放进密码室，两人却在长沙发上搂抱亲热。值班警卫用手电筒照到了他们，不好意思地走开了。就这样，她从保险柜中弄到了密码，使同盟国掌握到登陆期间维希海军的一切计划和动向。

◉丘吉尔为什么要割爱考文垂城

1940 年 11 月 12 日，英国破译德军新通讯密码，获知德军要轰炸考文垂，如何应付这次空袭，英国人面临着两难的选择。一种方案是采取主动措施保卫考文垂，当时曾制订了一项代号为“冷冲”的行动计划，即动用一切可以调动的飞机，在一开始就挫败敌人的袭击。因为当时有足够的时间集中高射炮火、探照灯和烟幕防御设施，加强全城的救火和救护工作。用炮火和探照灯配合作战，至少可以迫使德国人在高空飞行或把他们驱离目标上空。然而，这样一来，就有可能使德国人怀疑自己的密码已被破译，英国人已经事先得到了空袭的警告，接着，德国人就会更换一种新的密码系统，而已被英国人掌握的“超级机密”也必将失去作用。因此，另一种方案就是让考文垂的防务措施保持原封不动，对空袭作出合乎常情的反应，也就是要忍痛割爱，用牺牲考文垂城来保住“超级机密”。

丘吉尔首相经过反复权衡，认识到“超级机密”的安全比一个重要工业城市的安全更为重要，因为这个机密在未来的战役中肯定是有决定性意义的重要武器。为了全局利益，只有牺牲考文垂来保住“超级机密”了。结果，考文垂就在没有任何更多防务的情况下，痛苦地承受了德国飞机长达 10 小时的空袭。

◉日本投降仪式为何在军舰上举行

1945 年 9 月 2 日上午 9 时，日本投降仪式在停泊在东京湾的美国战列舰“密苏里”号上举行，以美国为首的主要盟国代表出席签字仪式，日本外相重光葵和参谋总长梅津美治郎在投降书上签字。日本投降仪式为什么不在盟军总部所在地横滨新大饭店进行，而偏要选在军舰上举行呢？

原来，1945 年 8 月 15 日，日本宣布无条件投降，美国总统杜鲁门任命陆军上将麦克阿瑟为远东盟军最高司令，并由他负责安排受降仪式。对此，太平洋海军司令尼米兹上将愤愤不平。他认为，海军从瓜岛一直打到冲绳岛，是赢得太平洋战争胜利的主角，现在却让陆军代表接受日本投降，这不公平。他向杜鲁门总统表示，如不能体现海军在太平洋战争中的巨大作用，他将不出席受降仪式。这使美军参谋长联席会议感到很为难。后来，由海军部长福雷斯特尔从中调解，提出一个折中方案让麦克阿瑟以盟军最高司令的身份代表盟军各国，尼米兹则代表美国，分别在日本投降书上签字；签字仪式由麦克阿瑟主持，签字地点则定在海军的军舰上。

但是，临近签字那天，又出现了新的矛盾：“密苏里”号战列舰上挂谁的将旗呢？按美军规定，军舰上应挂最高指挥官的将旗，而麦克阿瑟与尼米兹的军衔相同，都是五星上将。负责安排仪式的军官不敢造次，就把一红、一蓝两面将旗并排挂起，红旗代表麦克阿瑟，蓝旗代表尼米兹，这种挂旗方式在美国海军史上还是第一次。9 月 2 日上午 9 时 25 分，签字仪式结束时，上千架美军飞机从“密苏里”号上空低空掠过，其中半数是海军舰载飞机，另一半则是陆军航空兵部队的飞机，也体现了陆、海军的“平等”。

美国军队中，陆军与海军之间矛盾由来已久。早在独立战争和南北战争中，陆军与海军之间就经常为地位与待遇等问题发生矛盾。第二次世界大战中，尤其是在太平洋战场上，美国陆军与海军围绕主导权问题更是争论不休。为此，美军最高当局把太平洋战区分为西南太平洋和中太平洋两个战场，分别由麦克阿瑟和尼米兹指挥，这就为后来受降仪式上的矛盾埋下了伏笔。

◉斯大林是怎样累垮罗斯福的

1944 年，法西斯德国败局已定，为了研究如何处理战后一系列遗留问题，特别是如何处理战败国德国，苏、美、英三国领袖决定再次举行最高首脑会晤。斯大林早已了解到罗斯福身体不好，他知道一个疲惫不堪、精力不支的首脑在谈判中是不会保持坚强的意志和耐力的，于是斯大林电告罗斯福：由于形势发展急速，一系列问题迫切需要解决，因此最高首脑会晤最迟应该在 1945 年的二月份内举行。无可奈何之下，罗斯福只好同意这个日期。他又提出，因为健康原因他只能坐船去开会，这样旅途要花很长的时间，所以他希望会谈地点不要选得太远。另外，最好开会地点的气候能温暖一些，对身体有利。斯大林则拒绝去任何苏联控制以外的地方，而坚持会议必须在黑海地区举行。并且具体提出在黑海边上克里米亚半岛的雅尔塔小城镇举行。这样，斯大林可以逸待劳，并可随时与莫斯科保持联系。

罗斯福再没办法讨价还价，他只好拖着病躯，硬着头皮，前往冰天雪地的雅尔塔。当罗斯福经过十几天艰辛跋涉到达雅尔塔的时候，人们发现这位总统面色憔悴，几乎精疲力竭。斯大林、罗斯福、丘吉尔到达雅尔塔后，无休无止的会晤、谈判开始了。日程安排得极为紧张，首脑会谈多达 20 次。每次罗斯福都得参加。另外还有大量的宴会、酒会、晚会。这一切使罗斯福疲劳不堪。在谈判中，罗斯福强自打起精神，与斯大林讨价还价，但终因体力不支，注意力分散，争辩不过斯大林，最后不得不草草结束会谈，按苏联的意思签订了协议。

◉越战中美军是怎样安插“林中间谍”的

越南战争期间，越军在热带丛林中经常遭到美国侵略者的炮火袭击，其命中精度令人惊讶不已。原来美军安置了一种奇怪的“树”混在热带树林中，这种“树”外形酷似热带树，有“树干”、“树叶”，很难辨出真伪。这就是美军专门用于窃取越南情报的“电子间谍树”——振动探测器。“树干”和“树叶”是它的发射天线，机芯和电源就装在“树干”底部。它具有较高的灵敏度，能接收周围 30 米内活动人员或 300 米内机动车辆产生的振动波，并将振动波转换成电信号发射出去。然后，经过自动化指挥系统的接收、处理，美军就可以在 5—7 分钟内判断出对方兵力、兵器的种类、数量和位置，从而为空军或炮兵的进攻提供准确的数据。

◉世界上最大的舰炮为什么会发生爆炸事故

1989 年 4 月 17 日上午，正在大西洋水域参加“舰队 3－89”海上联合军事演习的美国海军“依阿华”号战列舰，在向海上活动目标进行射击演练时，二号炮塔突然发生爆炸，全舰火光冲天，浓烟滚滚，经紧急抢救，炮塔内 58 名水兵只有 11 人生还，其余 47 人全部死于非命。

“依阿华”号战列舰是一艘满载排水量为 58 000 吨级的世界上最大的战列舰，其舰首和舰尾装备的 3 座 3 联装 406 毫米大口径舰炮，是战后以来世界上独一无二的巨型舰炮，如果攻击舰艇，一发炮弹准保让舰艇沉于海底；如果攻击岸上的地堡工事，它可穿透厚达 9 米的混凝土，然后再行起爆。

为了调查事故原因，海军部委派一名曾任过战列舰舰长的少将率调查团驻舰调查。调查团经过 3 个月的调查，最后证实：这起爆炸事故是由一名叫哈特维希的 25 岁青年水兵自杀而造成的。哈特维希的生前好友作证说，他用 9 伏电池控制一个电子点火开关，开关则由一个小定时器控制，以此来引爆爆炸物。

◉ “库尔斯克”号核潜艇事故是怎么回事

2000 年 8 月 12 日俄罗斯海军号称是“世界吨位最大、装备最强”的导弹核潜艇“奥斯卡”级“库尔斯克”号在参加一次军事演习时，鱼雷中的燃料发生爆炸，导致该艇沉没，核潜艇上所载的 118 名海军官兵全部死亡，所幸的是该事件没有造成海洋核污染。后来的研究发现，艇内大多数人死于爆炸后数分钟内，他们死于鱼雷燃料引起的火灾。但一些人在舰尾还幸存了三天左右。最后，一支英国与荷兰组成的营救队打捞了“库尔斯克”号。逝世的 118 人的遗体均被发现，其中三具无法辨认。